# 인간 특성과 교육

이용남 · 김은아 공저

학지사

故 靜雲 吳炳文 前 전남대학교 총장, 교육부 장관님 영전에
이 조그만 책자를 바칩니다.

# 서 문

원래 이 책은 저자 중 한 사람이 30년 이상 계속해서 관심을 갖고 연구하며 가르쳐 온 교육심리학의 한 분야라 할 수 있는 '인간 특성과 교육'의 관계에 대해 정리할 목적으로 시작되었다. 그래서 처음에는 단순히 인간 특성과 관련된 주요 심리학적 연구들을 나름대로 정리하고, 거기에서 교육적 시사점을 추출하려 하였다. 다시 말해, 학교에서 학생의 학업성취에 영향을 주는 인지적 특성과 정의적 특성에 대한 연구를 정리하자는 것이었다.

그런데 연구를 해 나가면서 인간 특성이 생각보다 훨씬 더 다양함을 알게 되었다. 특히 정의적 특성 중에는 학업성취와 직접 관련이 없는 긍정적 정서와 부정적 정서도 아주 많았다. 그 외의 인간 특성으로는 사회적 특성과 행동적 특성도 있고, 또 인지적·정의적·사회적 특성이 혼합된 복합적 특성도 있음을 파악하였다.

한편 최근의 새로운 교육학적 연구 전형, 즉 패러다임(paradigm)은 현전의 교육학처럼 철학, 심리학, 사회학 등 타학문의 개념, 이론, 방법론을 무분별하게 이용하여 학교태(schooling)를 연구하는 것이 아니라, 교육현상을 설명할 새로운 고유의 개념 창출과 그 탐구영역의 확대에 초점을 두고 있다. 이와 관련하여 저자 중 한 사람은 얼마 전 한국교육원리학회에서 '교육과 인간의 심리적 특성'의 관계에 대한 발표를 하기 위해 논문을 작성하게 되었고 그러면서 이에 대해 다시 한 번 생각해 보는 계기가 되었다.

새로운 교육학의 패러다임에 따라 연구를 진행하면서, 그전과는 달리 교육을 전경으로 내세우고 심리적 특성을 배경으로 돌려 보니, 심리적 특성 또한 정치, 경제, 사회, 문화, 종교처럼 교육의 여건이나 환경으로 부각되기 시작했다. 그와 동시에 교육의 여건으로서 인간 특성에는 인지적 특성과 정의적 특성 외에도 아주 많은 특성이 있음이 드러났다.

이 책은 그러한 취지를 염두에 두고, '인간 특성과 교육'의 관계를 폭넓게 조명하고자 집필되었다. 그러나 그동안의 연구 대부분이 심리학적 연구라서 아직은 그 연구결과를 소개하는 것이 큰 부분을 차지하였지, 교육의 여건이나 환경으로서의 인간 특성의 역할은 크게 부각시키지 못하였다. 그럼에도 불구하고 최근에 인성교육 문제가 크게 거론되고 있어, 저자들은 이 책자가 그에 대한 조그만 안내가 되기를 바라는 마음으로 집필하였다.

이 책이 나오는 데 많은 사람의 도움을 받았다. 우선 오랫동안 저자에게 학은을 베풀어 주신 스승님들께 감사의 말씀을 올리는 것이 도리라 생각된다. 특히 정범모, 오병문, 이성진, 노희관, 장상호 선생님은 저자들의 오늘이 있게 해 준 분들이다. 이 자리를 빌려 그분들께 깊은 감사를 드린다. 특히 전남대 총장과 교육부 장관을 지내신 오병문 선생님은 호남의 교육학을 창설하시고, 작고하실 때까지 저자들의 공부 모임을 후원하고 이끌어 주셨다. 그간의 은혜를 이 조그만 책 한 권으로 다 갚을 수는 없겠지만, 이 자리를 빌려 다시 한 번 영전에 감사를 드리는 것이 제자들의 최소한의 도리라 생각된다.

그리고 어려운 여건 속에서도 이 책의 출판을 허락하신 학지사 김진환 사장님과 편집을 담당한 백소현 선생님 외 모든 직원들에게도 감사를 드리는 바다. 마지막으로 이 책은 2011년도 전남대학교 학술도서출판 연구비의 지원으로 가능하게 되었음을 밝히며, 이를 허락해 준 김윤수 前 총장님께도 고마움을 표하고자 한다.

2013년 2월
저자 대표 이용남 씀

# 차례

# 제1장

# 인간 특성과 교육

# 1. 인간의 제 특성

현재 우리나라에서 교육적으로 인간의 여러 측면을 분류할 때 흔히 쓰는 방법이 지정체(知情體), 지정행(知情行), 또는 지정의(知情意) 등으로 분류하는 방법이다. 이를 종합해서 보면, 이는 인간에게 인지적 측면, 정의적 측면, 사회적 측면, 그리고 운동적 측면 등 여러 측면이 있음을 나타내는 표현이라고 할 수 있다. 현전의 교육학 내지 교육심리학에서는 이러한 인간의 제 측면을 인간 특성(human characteristics)이라고 하여 연구한다.

그런데 이 분야에서 그동안 세계적으로 가장 권위를 인정받은 블룸(Bloom, 1976)의 경우, 인간 특성을 대체로 인지적(cognitive) 영역, 정의적(affective) 영역, 그리고 운동적(psychomotor) 영역으로 분류하고 나서 교육에 적용한 바 있다. 그 후 전 세계의 많은 학자들이 그의 연구결과를 교육의 실제에 적용하는 것은 일반적인 경향이다. 여기에서 인지적 특성은 대체로 사고방식, 정의적 특성은 느낌 또는 감정의 방식, 그리고 운동적 특성은 운동기능과 관련이 있다.

그러나 이러한 분류에는 인간 특성의 중요한 측면이 한 가지 빠져 있다. 바로 인간의 사회적(social) 특성이 그것이다. 그동안 교육계나 교육학계에서는 이를 정의적 특성에 포함시켜 부수적으로 다루는 경향이 강했다. 그러나 앞으로 이 책에서 점차 밝히겠지만, 인간의 정의적 측면이 인지적 측면이나 운동적 측면보다 훨씬 복잡하기 때문에, 사회적 측면까지를 포함시키기에는 무리가 있다. 또한 인간의 사회적 특성들은 정의적 특성과는 중복되는 부분도 있지만 상당히 다르기 때문에, 이를 따로 분리하여 다루는 것이 타당하다 할 것이다.

한편 인간 특성 중에는 인지적 특성, 정의적 특성, 사회적 특성의 어느 한 유형으로 분류하기 어려운 것들도 있다. 물론 각 특성 간에도 약간의 중첩된 부분이 있지만, 어떤 특성들에는 몇 가지 특성이 복합된 특성들도 있다. 따라

| 분석 수준 | | 인간 특성의 유형 | | | |
|---|---|---|---|---|---|
| | | 인지적 | 정의적 | 사회적 | 운동적 |
| | 생리적 | ○ | ○ | ○ | ○ |
| | 지적 | ○ | ○ | ○ | ○ |
| | 행동적 | ○ | ○ | ○ | ○ |

**[그림 1-1] 인간 특성의 유형과 분석 수준**

출처: Gagné, Yekovich, & Yekovich(1993). 원래의 그림에 저자가 사회적 특성을 추가함.

서 이 책에서는 인간 특성을 인지적 특성, 정의적 특성, 사회적 특성, 복합적 특성, 그리고 운동적 특성의 5가지로 분류하여 다루기로 한다.

　그런데 이러한 인간의 여러 특성들을 연구할 때는 인간 특성의 유형 외에 분석 수준에 따라 생리적 수준, 지적 수준, 그리고 행동적 수준에서 다룰 수 있다. 따라서 인간 특성과 분석 수준을 결합하면 [그림 1-1]과 같이 된다. 학자들은 이런 여러 가지 조합 중에서 어느 것을 택해 연구하게 된다.

　여기에서 먼저 인지(認知, cognition)란 우리 두뇌 속에서 일어나는 일련의 복잡한 지적 과정을 말한다. 예를 들면, 우리가 어떤 지식을 획득하거나 획득된 지식을 활용하여 어떤 문제를 해결하려 할 때, 이에 관련되는 과정을 말한다. 이를 최근에는 정보처리(information-processing) 과정이라 하는데, 그림으로 나타내면 대체로 [그림 1-2]와 같다.

　정보처리 과정에 대해서는 학자들에 따라 약간의 견해 차이가 있지만, [그림 1-2]에서 보듯이, 대체로 지각(perception), 작동기억(working memory: WM), 장기기억(long-term memory: LTM), 인출(retrieval)의 과정을 말한다(이용남 외 역, 2005). 여기에서 지각이란 눈이나 귀 등의 감각기관을 통해 들어온 자극에 대해 그 형태를 파악하는 것을 말한다. 예를 들면, 호랑이나 철수를 보고 '호랑이' 또는 '철수'라고 알아보고, '어머니'라는 글자나 '25'라는 숫자를 보고 '어머니' 또는 '이십오'라고 읽는 것을 말한다.

　그리고 작동기억이란 단기기억(short-term memory: STM)이라고도 하는 것

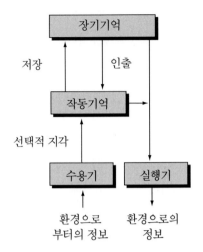

**[그림 1-2] 인간의 정보처리 과정**

출처: 이용남 외 역(2005).

으로, 지각된 정보가 잠시 동안 머무르는 것을 말한다. 따라서 이는 능동적이고 활성화된 기억인데, 지각된 정보 중에서 일부는 빠져나가 사라지고, 또 다른 일부는 그다음 단계인 장기기억으로 들어간다. 한편 장기기억은 작동기억을 통과한 정보가 상당 기간 동안 저장되는 단계다. 그러나 여기에서도 시간이 지날수록 어떤 정보들은 기억에서 사라지고 일부만 남는다. 어떤 정보가 장기기억에 오래 머무르기 위해서는 그 의미가 잘 이해되어야 한다. 그리고 장기기억은 작동기억에 비해 수동적이고 비활성화된 기억이다. 마지막으로 인출은 장기기억에서 정보를 재생시켜, 다시 말해서 정보를 끄집어내어 문제해결 등에 사용하는 것을 말한다.

　이러한 인지에 관련된 인지적 특성에는 우선 지능이 있다. 이는 인지적 특성뿐 아니라 전체 인간 특성 중에서도 연구의 역사가 가장 오래되었으며, 또한 학자나 교사, 부모, 학생들로부터 가장 많은 관심을 받아 온 것이다. 그리고 이러한 지능에 대한 상대적 개념으로 연구된 것으로는 창의력이 있다. 또한 지능 및 창의력과 관계가 깊은 사고력도 있고, 사고력의 기반이 된다고 생각되는 지식도 있으며, 그 외에도 인지전략과 최근에 집중적인 조명을 받고 있는 지혜, 또 인지양식도 인지적 특성이라 할 수 있다.

이에 비해 정의(情意, affection)란 언어적, 비언어적으로 표현될 수 있는 정서적 반응으로서 흔히 기분(mood)이라고도 한다(권정혜 역, 1999). 인간의 정서적 반응을 나타내는 개념은 아주 다양하여 대단히 많다. 따라서 이를 분류하기도 쉽지 않다. 그런데 우선 교육과 관련하여 그동안 현전의 교육학에서는 학교에서 학생의 학업성취에 관심이 지대하였다. 그러므로 이와 관련된 정의적 특성들을 먼저 생각해 볼 수 있는데, 여기에는 동기, 태도, 자아개념, 흥미, 기대, 귀인, 불안이 주로 해당된다.

그런데 인간의 정의적 특성 중에는 학업성취와 직접 관련은 없지만 중요한 정서들이 많이 있는데, 이는 크게 긍정적 정서와 부정적 정서로 나눌 수 있다. 먼저 긍정적 정서에는 사랑(애정), 우정, 희망, 낙관, 행복, 즐거움, 공감, 자아존중감, 자아 효능감 등이 있다. 그리고 부정적 정서에는 화(분노), 공포, 슬픔(비탄), 우울, 미움(증오), 질투, 무력감 등이 있다.

한편 인간의 사회적 특성은 인간관계와 관련이 있는 특성이다. 인간관계는 매우 복잡하여 열거하기 어렵다. 그러나 그동안 주로 연구된 인간의 사회적 행동과 관련 깊은 중요한 사회적 특성으로는 도움, 이타심, 공격성, 경쟁, 협동, 동조성, 복종, 지도성 등이 있다.

그 외에도 중요한 인간 특성으로는 성격(인성), 적성, 가치관, 도덕성, 몰입(flow), 역경 극복력(resilience, 적응유연성), 스트레스 등이 있다. 그러나 이들은 대체로 인지적 측면, 정의적 측면, 그리고 사회적 측면이 복합된 것이기 때문에, 어느 한 특성으로 분류하기에는 무리가 있다. 따라서 이 책에서는 따로 분류하여 한데 묶어 복합적 특성으로 명명하고 다루기로 한다.

그리고 인간적 특성으로서 운동적 특성이 있는데, 여기에서 운동이란 신체적 기능을 사용하거나 그와 관련된 행동방식을 말한다. 그런데 이는 너무 복잡하여 분류하기가 지난한 일이다. 예를 들면, 수영, 테니스, 축구, 야구, 골프, 무용 등의 스포츠와 타자 치기, 피아노 치기, 조각하기, 책상 만들기, 마술, 연기하기 등에 사용되는 운동기능이 서로 다르다. 따라서 인지적 목표와 정의적 목표를 분류한 블룸과 그의 동료들(Bloom, 1956; Krathwohl, Bloom, & Masia, 1964)도 운동적 목표의 분류는 완성하지 못했다.

　그럼에도 불구하고 이를 분류하려는 시도들이 상당히 있었는데, 그중에서 비교적 널리 인용되는 것이 심슨(Simpson, 1969)과 해로우(Harrow, 1972)의 분류다. 심슨에 의하면, 우리의 운동기능은 크게 지각, 태세, 인도된 반응, 기계화, 그리고 복합적 외현 반응으로 분류된다. 그리고 해로우에 의하면, 우리의 운동기능은 반사 운동, 기초 운동, 지각 능력, 신체 능력, 숙련 운동기능, 비언어적 의사소통으로 분류할 수 있다. 그런데 이들 사이에는 분류상의 공통점을 발견하기가 어렵다. 한편 운동기능을 분류할 때는 위와 같이 목표에 따라 분류하기보다는 흔히 대근 운동기능 대 소근 운동기능, 불연속 운동기능 대 계열 운동기능 대 연속 운동기능, 그리고 개방 운동기능 대 폐쇄 운동기능으로 분류하는 경향도 있다(김진구 외 역, 2001; 박상범 역, 2008).

　그렇다면 인간 특성을 이렇게 분류하는 것이 도대체 타당한 일이며, 또한 그렇게 분류해도 되는 과학적 근거는 있는가? 사실 그동안 인간 특성의 여러 측면에 대한 분류는 뚜렷한 과학적 근거를 가지고 해 온 것이 아니다. 대체로 이는 인간 특성에 대한 사변적 고찰 결과라고 해도 무방하다. 그러나 최근에 이루어진 인간의 뇌의 진화와 그 기능에 대한 과학적 연구결과들을 검토해 보면, 다행스럽게도 그렇게 분류해 온 것이 무리가 아니었음이 점점 밝혀지고 있다(조신웅 역, 2001).

　우리 인간이 지식을 획득하거나, 희로애락의 정서를 표현하거나, 인간관계를 맺을 때, 그리고 운동을 할 때, 우리 뇌는 이러한 일들과 매우 밀접한 관련을 가지고 활동한다. 간단히 언급하자면, 먼저 우리가 지식을 획득할 때는 우리 머리의 맨 위 앞부분에 좌우로 나누어져 있는 대뇌가 활성화된다. 그리고 우리가 정서적 표현을 할 때는 대뇌 아래 부분에 있는 간뇌와 그 주변 부분이 관여한다. 또한 사회적 행동은 전전두엽의 안와 전두피질과 관련이 깊다. 마지막으로 우리가 운동을 할 때는 우리 머리의 뒤쪽 아래 부분에 있는 소뇌가 활성화된다.

그런데 인간 뇌의 진화는 아래쪽에서 위쪽 방향으로 일어났다. 즉, 소뇌 부분이 가장 먼저, 간뇌 부분이 그다음, 그리고 대뇌 부분이 가장 늦게 진화가 이루어졌다. 인간이 두 발로 직립을 하고 손을 이용해 도구를 만들어 사용하게 된 것은 소뇌의 진화 덕분이다. 그다음 간뇌와 그 주변 부분이 진화함에 따라 이제 인간은 희로애락의 정서적 표현을 하게 되었다. 마지막으로 진화의 역사상 가장 최근에 그리고 활발히 일어난 것이 대뇌의 진화다. 인간의 대뇌 용량은 다른 동물들의 그것에 비해서 월등히 크지만, 인간 뇌의 다른 부분에 비해서도 훨씬 크다. 이는 그만큼 대뇌의 역할이 다양하고 많다는 것을 반증한다. 인간이 사회적 행동을 하고, 언어를 사용하고 언어로써 사고를 하며, 그 많은 지식을 생산, 획득, 사용하는 것은 대뇌의 역할 덕택이다.

그러므로 인간의 인지적, 정의적, 사회적, 복합적, 운동적 특성을 보다 잘 이해하기 위해서는 뇌의 구조와 기능에 대해서도 잘 이해하고 있어야 한다. 따라서 이 책의 마지막 장에서는 인간의 뇌에 대한 최근의 연구들을 간단하게 검토하려고 한다. 그에 앞서 인간 특성 각각에 대해 우선 간단히 살펴보기로 한다.

## 2. 인간 특성의 개관

### 1) 인지적 특성

인간 특성 중 지적 또는 인지적 특성(認知的 特性, cognitive characteristics)은 지(知)의 사용 및 사고방식과 관련된 특성을 말한다. 그동안 심리학이나 교육학에서 널리 연구된 인간의 인지적 특성으로는 지능, 창의력, 사고력, 지식, 인지전략, 지혜, 인지양식 등이 있다고 앞 절에서 이미 언급한 바 있다. 이에 대한 자세한 사항은 다음 장에서 다루기로 하고, 여기에서는 간단히 그 개념에 대해서만 살펴본다.

먼저 지능(intelligence)이란 대체로 여러 상황에 걸쳐 두루 통용되는 일반적인 지적 능력을 말한다. 원래 지능에 대한 연구는 교육이 제도화되어 의무교육이 실시된 뒤로 학교에서 정상교육을 따라가지 못하는 학생들을 골라 특수교육을 시키기 위해 시작되었다. 그 후 지금까지 교육계나 심리학계에서 지능만큼 많은 연구비가 투자되고 학자들의 관심을 끈 연구주제도 없었다. 그럼에도 불구하고 아직까지 지능에 대한 표준적인 정의가 내려지거나 그 실체가 밝혀진 바는 없다. 이에 대한 연구는 아직도 진행 중이다.

창의력(creativity)은 지능에 대한 상대적 개념으로 등장하였다. 지능을 측정하는 지능검사를 보면, 모든 문항이 정답을 찾게 되어 있다. 그런데 우리가 부딪히는 문제 상황에는 꼭 정답이 있는 것만은 아니다. 창의력은 이와 같이 정답이 없는 문제 상황에서 새롭고 다양하며 기발한 답을 찾는 능력이라 할 수 있다.

한편 사고력(thinking), 즉 생각하는 능력은 흔히 심리학 및 서양 문화권에서는 문제해결력(problem-solving)이라고도 한다. 이러한 사고력 또는 문제해결력에는 여러 문제 상황에 공통적으로 적용되는 일반적(general) 사고력과 특정 영역의 문제해결에 관계된 특수 영역(domain-specific) 사고력이 있는 것으로 알려져 있다. 그런데 일반적 사고력에 대한 연구결과를 보면, 뚜렷한 효과가 있는 것이 별로 없다. 다시 말해서 언어, 수학, 바둑 두기에 공통적인 사고력은 없다는 것이다. 따라서 최근에는 사고력 연구가 특수 영역 사고력 연구로 방향을 전환하고 있다. 여기에서 특수 영역이란 곧 특정 분야의 지식을 말한다. 그런데 각 지식의 영역 또는 분야는 오랜 기간에 걸쳐 축적된 것이고, 또 해당 영역이나 분야에서 오랫동안 갈고닦은 소위 전문가들이 있다. 따라서 그들은 그 분야의 지식과 경험이 풍부하여 해당 분야의 문제해결력이 뛰어난 사람들이다.

한편 사고력의 기반이 되는 지식(knowledge)은 지각, 작동기억, 장기기억과 같은 정보처리 과정을 거쳐 획득된 체계화된 정보체제다. 그리고 이러한 지식은 언어, 수학, 과학, 도덕, 예술과 같이 특정 영역별로 분류된다. 그런데 이러한 지식들을 달리 분류하면, 절차적(procedural) 지식 또는 방법적(methodical) 지식과 선언적(declarative) 지식 또는 명제적(propositional) 지식으로 분류된다. 전자는 '~하는 방법을 안다(know-how)'와 같이 어떤 것을 획득하는 데 사용되는 수단적 지식이라면, 후자는 '~라는 사실을 안다(know-that)'와 같이 전자를 통해 얻어진 조직화된 정보를 말한다. 예를 들면, 방법적 지식은 '피아노를 칠 줄 안다.' '운전할 줄 안다.' '학급에서 떠드는 아이를 다룰 줄 안다.' 와 같은 지식을 말하고, 선언적 지식은 '지구는 태양의 주위를 돈다.' '지구는 둥글다.' 와 같은 지식을 말한다.

　메타 인지(meta-cognition)란 인지의 인지 또는 인지에 대한 인지, 즉 인지과정에 대한 통제절차로서 흔히 인지전략(cognitive strategy)이라고도 한다. 예를 들면, 기억술, 공부전략과 같은 것을 말한다. 그리고 지혜(wisdom)란 어떤 일을 결과적으로 현명하게 처리하는 것을 말한다. 마지막으로 인지양식(cognitive style)이란 사물을 지각하는 방식을 말한다. 인간의 인지양식에는 크게 나누어 주위 환경이나 상황의 변화에 관계없이 사물을 독립적으로 지각할 수 있는 장 독립적(field-independent) 인지양식과 주위 환경이나 상황의 변화에 민감한 영향을 받는 장 의존적(field-dependent) 인지양식이 있다. 이러한 인지적 특성들에 대한 자세한 내용은 다음 장에서 다루기로 한다.

## 2) 정의적 특성

　정의적 특성(情意的 特性, affective characteristics)이란 인간이 가지고 있는 전형적인 감정과 정서의 표현방식을 나타내는 특성으로서, 거기에는 목표 대상, 좋고 나쁨의 방향, 그리고 감정의 세기인 강도가 있다(변창진, 문수백 역, 1987). 여기에서 감정(feeling)이란 느낌으로서 의식적, 주관적 경험인 반면, 정서(emotion)는 희로애락처럼 의식적, 무의식적, 신체적 변화 모두를 포함한다(최준식 역, 2006).

그런데 정의적 특성은 인지적 특성에 비해 아주 다양하다. 예를 들면, 타일러(Tyler, 1973)는 주의, 의지, 용기, 가치, 품성(character), 감정, 정서를 정의적 특성으로 들면서, 이는 수단으로서 학습에 영향을 미치는 동시에 학습의 결과로서 획득되는 목적 및 목표가 되기도 한다고 하였다. 또한 앤더슨(Anderson)은 흥미, 귀인(attribution), 자아 존중감, 태도, 가치, 선호(preference), 불안을 주요 정의적 특성으로 거론하였다(변창진, 문수백 역, 1987). 그러나 정의적 특성은 이보다 훨씬 더 많은데, 여기에서는 이를 학업성취와 관련된 특성, 긍정적 정서, 부정적 정서로 구분하여 논의하고자 한다.

먼저, 학업성취와 관련된 정의적 특성으로는 동기, 태도, 자아개념, 흥미, 기대, 귀인, 불안 등이 있다. 이 중에서 앞의 6가지가 학업성취와 정적(+) 상관관계를 갖는 정의적 특성이라면, 마지막 불안은 부적(–) 상관관계를 갖고 있다. 먼저, 동기(motive)란 행동의 원인이 되거나 행동에 방향을 주고 활력을 불어넣는 내부의 욕구를 말한다. 동기는 그 대상에 따라 여러 가지가 있는데, 학업성취와 관련된 중요한 동기로는 학습동기와 성취동기를 들 수 있다. 여기에서 학습동기(learning motive)가 학습을 하려는 의욕을 말한다면, 성취동기(achievement)는 무엇인가 큰 꿈을 이루거나 탁월한 업적을 남기려는 욕구를 말한다.

그리고 태도(attitude)란 어떤 대상에 대해 좋아하거나 싫어하는 호오(好惡)의 감정 또는 어떤 의견에 대한 찬성 또는 반대의 느낌을 나타내는 것을 말한다. 예를 들면, 공부하기를 좋아하느냐 싫어하느냐의 여부와 미국의 이라크 사태 개입에 찬성하느냐 반대하느냐를 묻는 것은 태도 검사다. 그런데 학교에서 전반적으로 학업성취와 관련된 태도를 학업 태도라 할 수 있는데, 그중 중요한 것에는 학습, 교과, 교사, 그리고 학교에 대한 태도가 있다. 학습 태도는 학습, 즉 공부하기를 좋아하느냐 싫어하느냐, 교과 태도는 특정 교과를 좋아하느냐 싫어하느냐, 그리고 교사 태도가 특정 교사 또는 일반적으로 교사를 좋아하느냐 싫어하느냐의 여부에 관계된 것이라면, 학교 태도는 학습 태도, 교과 태도, 교사 태도들이 일반화되어 학교 가기를 좋아하느냐 싫어하느냐에 관련된 것이다.

자아개념(self-concept)은 자기 자신에 대한 전체적 이미지를 말한다. 자아 개념은 위계(hierarchy) 구조를 이루고 있는데, 맨 위의 일반적 자아개념 아래 몇 가지 하위 자아개념들이 있다. 그중에서 학업성취와 관련된 자아개념은 자 신의 학업 능력에 관계된 학업 자아개념이다.

한편 흥미(interest)란 어떤 대상, 활동, 이해, 기술, 또는 목표를 추구하도록 충동질하는 경험을 통하여 조직된 기질이다(Getzels, 1966). 교육적 측면에서 흥미의 중요성을 설파한 인물이 바로 듀이(Dewey, 1916)인데, 그는 학습이 진 정한 학습자의 흥미에 의해서가 아니라 강요에 의해서 행해진다면, 그것이 비 록 효율적이라 해도 비효과적이라고 했다. 따라서 교육적 상황에서도 흥미가 학습에 대단히 중요한 정의적 특성이라 할 수 있다.

기대(expectation)는 자신 또는 타인이 어떤 행동을 수행한 결과, 어느 정도 성취를 하리라는 것에 대한 예측이다. 학교 상황에서는 대체로 교사가 학생들 의 성취에 대해 예측하는 경우와 학생이 자신의 수행결과에 대해 예측하는 경 우로 나누어 볼 수 있다. 이와 관련하여 지금까지 전자는 대체로 자성예언 또 는 자기 충족적 예언(self-fulfilling prophecy)이라는 측면에서, 그리고 후자는 대체로 포부수준(level of aspiration)이라는 측면에서 연구되었다.

그리고 귀인(attribution)은 신념의 차원으로서 어떤 개인이 자신의 행동이나 행동의 결과에 대해 책임을 받아들이는 정도를 말한다. 예를 들면, 학생이 시 험을 보고 나서 시험을 잘 봤는지 못 봤는지, 그리고 그 이유를 어떤 것으로 탓 하는지, 즉 시험에 대한 성패 여부에 대해 그 원인을 무엇으로 돌리는가에 관 한 것이다. 여기에는 그 책임이 자기 자신에게 있다고 생각하는 경우와 외부 환경이나 타인 또는 운 때문이라고 생각하는 경우가 있다. 이를 통제의 소재 (locus of control)라고 하는데, 이와 관련하여 전자를 내적 귀인, 그리고 후자 를 외적 귀인이라 한다(Weiner, 1980). 내적 통제의 소재에는 능력과 노력이 있고, 외적 통제의 소재에는 과제 곤란도와 운 또는 재수가 있다.

불안(anxiety)은 어떤 대상에 대한 두려움이다. 따라서 불안의 종류는 그 대상만큼이나 다양하다고 할 수 있다. 그런데 학교 상황에서 학생들이 가장 두려워하는 것이 바로 학업성취와 관련된 시험이다. 이를 시험불안(test anxiety)이라 하는데, 이는 학교가 그만큼 성취 지향적이기 때문이라 할 수 있다. 그런데 시험불안은 앞에서 언급한 학업성취와 관련된 다른 정의적 특성들과는 달리 학업성취와 부적 상관관계를 갖는다. 따라서 대체로 시험불안이 낮으면 학업성취가 높고, 그 반대로 시험불안이 높으면 학업성취가 낮다고 할 수 있다.

인간의 정의적 특성으로는 위에서 논의한 것 외에도 많은 것들이 보고되고 있다(박권생 역, 2004; Goleman, 1995). 그중에서 대표적인 것이 인간의 정서인데, 정서는 크게 나누어 긍정적 정서와 부정적 정서로 분류할 수 있다. 먼저 긍정적 정서에 속하는 것으로는 사랑(애정), 우정, 희망, 낙관, 행복, 즐거움, 공감, 자아 존중감, 자아 효능감과 같은 것을 들 수 있다.

사랑(love)이란 남녀가 서로 결합하려고 강하게 느끼는 정이나 부드러움의 감정을 말한다. 그리고 우정(friendship)이란 사람들 간에 친밀감, 동료 의식, 사회적 지원을 해 주는 자발적이고 비공식적인 관계를 말한다. 한편 희망(hope)이란 무언가 바라는 것이 일어날 것이라고 지각하는 것이다. 그리고 이와 비슷한 개념으로 낙관(optimism)이 있는데, 이는 좋은 일이 일어날 것이라는 생각을 말한다.

또 행복(happiness)이란 주관적으로 잘산다고 느끼는 것을 말한다. 이에 비해 즐거움(enjoyment)이란 자신이 좋아하는 일에 몰입하여 행복감을 느끼는 것을 말한다. 한편 공감(empathy)이란 다른 사람의 정서 상태와 같아지려는 정서적 반응을 말한다. 그리고 자아 존중감(self-esteem)이란 자신에 대한 인간적 긍지를 말한다. 이에 비해 자아 효능감(self-efficiency)이란 자신이 어떤 일을 얼마나 잘할 수 있느냐에 대한 판단이라고 할 수 있다.

한편 인간의 부정적 정서로는 화(분노), 공포, 비탄(슬픔), 우울, 미움(증오), 질투, 무력감 등이 있다. 먼저 화(anger)는 잘못 되었다고 지각한 것에 대한 비난과 함께 이를 시정하려는 정서 상태를 말한다. 그리고 공포(phobia)란 어떤 대상 또는 상황에 대한 강한 두려움으로 인해 이를 피하려는 정서다.

한편 비탄(grief)이란 가까운 사람의 상실에 따른 강한 슬픈 정서적 반응을 말한다. 이에 비해 우울(depression)은 슬픔, 부정적 자아개념, 식욕상실 등이 수반되는 정의적 또는 기분상의 장애를 말하며, 미움(hate)이란 상대가 싫고 화가 나서 파괴적 행동을 하려는 흥분 상태를 말한다.

또 질투(jealousy)란 적대관계에 있는 사람에게 가치 있는 대상이나 사람을 잃을 것 같은 정서적 반응을 말한다. 그리고 무력감(helplessness)은 실패를 거듭하고 나면 성공할 수 있는 상황에서도 자포자기하고 마는 것을 말한다.

이러한 부정적 정서들은 학업성취와 관련된 불안, 특히 시험불안과는 달리 학교에서 거의 주목을 받지 못했다. 그러나 우리 삶에 있어서는 대단히 영향이 큰 것들이다. 이들에 대한 구체적인 언급은 추후 관련된 장에서 기술하기로 한다.

## 3) 사회적 특성

사회적 특성(social characteristics)은 인간이 인간관계 또는 사회적 행동을 하는 데 관련된 특성이다. 이러한 사회적 특성으로는 도움, 이타심, 공격성, 경쟁, 협동, 동조성, 복종, 지도성 등이 있다.

먼저 도움(helping)이란 다른 사람이 고민이나 문제를 해결하는 데 조력을 제공하는 행동이나 활동을 말한다. 그리고 이타심(altruism)이란 보상이 없어도 남을 도우려고 행동하는 것을 말한다. 한편 공격성(aggression)은 남을 해하려고 마음먹고 행동을 하는 것을 지칭한다. 그리고 경쟁(competition)은 사람들이 집단을 이루고 살아갈 때, 그 안에서 일어나는 집단 역학(group dynamics)의 하나로서, 남에게 지지 않으려는 것을 말한다. 이에 비해 협동(cooperation)은 남과 힘을 합쳐 일해 집단의 목표를 달성하려는 것을 말한다.

한편 동조(conformity)는 자발적으로 남이 행동하는 대로 따라서 하는 것을 말한다. 그리고 복종(obedience)이란 권위 있는 사람의 명령을 따라 행동하는 것을 말한다. 이에 비해 지도성(leadership)이란 집단의 구성원들에 의해 그 활동에 있어 가장 영향력이 있다고 인식되는 것이다. 이러한 사회적 특성들에 대한 자세한 사항은 추후 관련된 장에서 다루기로 한다.

## 4) 복합적 특성

여기에서 복합적(complex) 특성이란 어느 한 종류의 특성으로 분류되기 어려울 정도로 인지적 특성, 정의적 특성, 사회적 특성 중 둘 이상의 특성이 결합되어 이루어진 특성을 말한다. 우리가 복합적 특성으로 볼 수 있는 것에는 성격(인성), 적성, 가치, 도덕성, 몰입, 역경 극복력(적응유연성), 스트레스 등이 있다.

먼저 성격(personality) 또는 인성은 타인에게 비추어진 전체적인 자신의 인상이라 할 수 있다. 그런데 성격은 특히 인지적 특성, 정의적 특성, 사회적 특성 외에 운동적 특성 및 신체적 특성까지가 복합적으로 작용하여 만들어 낸 특성이라 할 수 있다. 그리고 적성(aptitude)이란 가장 좁은 의미로 사용할 때는 창의력처럼 원래 지능에 대한 상대적 개념으로 등장하였다. 그래서 지능이 일반적인 지적 능력이라면, 적성은 특정 분야의 지적 능력을 말한다. 예를 들면, 지능검사에서 언어 능력 또는 수리 능력이 뛰어나거나 학과목에서 수학, 과학이 뒤떨어진다는 것이 그 예다. 그런데 그 후 적성의 개념이 확대되어 특정 분야의 능력까지를 가리키게 되었다. 예를 들면, 운동 능력이 뛰어나다거나 노래 실력이 형편없다는 것까지를 포함한다. 여기에서 더 나아가 적성을 가장 넓게 정의하면, 모든 인간 특성 각각을 지칭하기에 이르렀다. 따라서 이러한 접근방법에 의하면, 이제는 신체적 특징인 남녀의 성별뿐 아니라 동기, 자아개념 등 정의적 특성의 고저까지도 적성이 된다.

한편 가치(value)란 바람직해야 하는 것으로서 행동의 선택에 영향을 미치는 것을 말한다(Getzels, 1966). 이에 비해 로키치(Rokeach, 1973)는 가치를 어떤 것이 다른 것보다 더 좋다고 믿는 지속적인 신념이라고 하였다. 한편 도덕성(morality)이란 어떤 사태에 대해 옳고 그름 또는 선악의 판단을 하는 기준을 말한다.

그리고 비교적 최근에 연구되기 시작한 몰입(flow)이란 어떤 일이 즐거워 시간 가는 줄 모르고 열중하는 것을 말한다. 또 역경 극복력 또는 적응유연성 (resilience)이란 역경을 이겨 내는 힘을 말한다. 그런데 이런 특성들에 비해 아주 오랜 연구의 역사를 가진 특성이 스트레스(stress)인데, 이는 외부로부터 받은 압력에 의해 생긴 긴장 상태라 할 수 있다. 이러한 특성들에 대한 자세한 진술은 관련된 추후의 장에서 하기로 한다.

## 5) 운동적 특성

운동적 특성(psychomotor characteristics)은 신체적 운동기능 및 운동방식과 관련되는 특성을 말한다. 따라서 성별, 신장, 체중, 신체적 장애 유무와 같은 순수한 신체적(physical) 특성은 운동적 특성에서 제외된다. 학교에서는 음악, 미술, 체육, 기술 등의 교과에서 특히 운동기능의 학습과 훈련이 필요하다. 예를 들면, 피아노를 친다거나, 그림을 그린다거나, 축구를 한다거나, 컴퓨터 자판을 치거나 할 때 운동기능이 동원된다. 이와 같이 다양한 영역에 동원되는 운동기능은 많은 연습과 피드백을 통해 숙련된다.

그런데 그동안 심리학자나 교육학자들은 인지적 특성이나 정의적 특성에 비해 이러한 운동적 특성을 분류하고 연구하는 데는 별로 관심을 두지 않았다. 한 예로 현전의 교육학에서 인지적 교육목표와 정의적 교육목표의 분류에 심혈을 기울인 블룸도 운동적 교육목표의 분류에 대해서는 구체적인 연구를 하지 않았다. 이는 각 교과별 운동기능의 종류가 너무 다양하고 복잡하여 손쉽게 접근하기 어려웠기 때문이다.

그 후 몇몇 학자들이 이에 대해 관심을 가지고 연구하여 발표하였는데, 그중에서 대표적인 것이 앞에서 언급한 심슨과 해로우의 운동기능 교육목표 분류다. 그러나 이러한 운동적 교육목표를 바로 운동적 특성의 종류로 보아도 무방할 것이냐는 논의거리다. 운동기능에 대한 일반적인 분류방식은 앞에서 보았듯이, 대근 운동기능 대 소근 운동기능, 그리고 불연속 운동기능 대 계열 운동기능 대 연속 운동기능, 그리고 폐쇄 운동기능 대 개방 운동기능으로 분류하는 것이다.

여기에서 대근 운동기능은 걷기나 던지기처럼 큰 근육의 이용을 요구하는 운동기능이고, 소근 운동기능은 글쓰기나 타자치기처럼 정교한 손 및 손가락과 같은 작은 근육의 제어를 요하는 운동기능이다. 그리고 불연속 운동기능은 차기, 던지기처럼 운동기능의 시작과 끝이 구체적으로 분리되는 단순한 운동기능이고, 계열 운동기능은 자동차의 기어 변속처럼 하나의 운동기능이 일련의 불연속 동작들을 요구하는 운동기능이며, 연속 운동기능은 달리기나 수영처럼 임의로 시작과 끝을 구분할 수 없을 정도로 반복적인 운동기능이다. 또 폐쇄 운동기능은 계단 오르기나 골프공 치기처럼 안정되고 예측 가능한 환경에서 수행되는 운동기능이고, 개방 운동기능은 자동차 운전하기나 움직이는 테니스공 치기처럼 불안정하고 예측 불가능한 환경에서 수행되는 운동기능이다. 이에 대한 자세한 언급은 추후 관련된 장에서 하기로 한다.

# 3. 인간 특성과 학교

앞에서 보았듯이, 이 책에서는 인간의 심리적 특성을 크게 나누어 인지적 특성, 정의적 특성, 사회적 특성, 복합적 특성, 그리고 운동적 특성으로 구분하였다. 그런데 그동안 학교에서는 그중에서도 특히 인지적 특성을 강조하고, 그 외 정의적 특성은 보조 역할을 하는 것으로 간주하였다. 그리고 사회적 특성, 복합적 특성, 운동적 특성에는 별로 비중을 두지 않았다. 이는 그동안 학교가 학생의 지적 교과의 학업성취에 초점을 둔 데 기인한다.

이와 관련하여 현전의 교육학은 이러한 특성들이 학생의 학업성취와 어느 정도 상관관계가 있는지 또는 학업성취에 어느 정도 영향을 미치는지에 대해 일차적인 관심을 가졌다. 예를 들면, 학생의 인지적 특성은 학업성취에 대략

50%의 영향을 미치고, 정의적 특성은 대략 25%의 영향을 미치는 것으로 보고되고 있다(Bloom, 1976). 이에 따라 정의적 특성은 인지적 특성의 보조 역할을하는 것으로 간주되었다. 그리고 사회적 특성이나 복합적 특성에는 소홀하였으며, 학업성취와 직접적인 관계가 별로 없는 운동적 특성은 관심에서 제외되었다.

　그러나 인간 특성을 인지적, 정의적, 사회적, 복합적, 운동적 특성으로 나누는 것은 연구의 편의상 그렇게 한 것이지 원래는 서로 유기적인 관련을 가지고있다. 그리고 바람직한 인간상은 인지적, 정의적, 사회적, 운동적 측면이 모두조화로운 인간이고, 이것이 바로 고대로부터 교육을 통해 달성하려고 추구해온 인간상이다. 실제로 최근의 뇌에 대한 연구를 보면, 뇌의 영역에 따라 기능이 서로 다르기는 하지만, 각 영역은 서로 긴밀한 상호작용을 하고 있다. 따라서 마음(정신)과 몸(신체)은 분리되어 있다는 데카르트(Descartes)의 이분법적사고는 오류임이 입증되었으므로, 교육에서 인지적 특성의 육성만을 강조하는 것은 더 이상 변명의 여지가 없게 되었다(Damasio, 1994).

　그런데 교육에서 인지적 특성이 정의적 특성이나 사회적 특성, 운동적 특성보다 더 중요하다고 보고, 그것을 다른 것 위에 두는 것은 18세기 유럽에 합리주의와 계몽주의 바람이 휩쓸고 간 뒤, 그 영향을 받은 19세기에는 민족주의또는 국가주의(nationalism)가 등장한 뒤로, 각국이 교육을 제도화하여 의무교육, 즉 국민보통교육제도를 도입한 뒤 학교를 교육의 중심으로 생각한 결과다. 유럽의 각국은 다른 국가와의 국제 경쟁에서 이기기 위해, 자기 국민들의지적 수준을 높이는 데 초점을 두고, 전에는 개인의 필요에 맡겼던 교육을 이제 국가가 관장하게 된 것이다. 그래서 학교라는 교육기관이 생기고, 교사라는 직업이 탄생하였으며, 이제 일정한 연령이 되면 모두 다 의무적으로 학교에 가야 하는 학생이라는 신분이 된 것이다.

　그러나 사실 교육은 학교가 탄생하기 훨씬 이전부터 인류사에 존재해 왔다.원시사회에도 부족마다 성년식(initiation)이라는 이름으로 교육이 존재하였고,고대국가 사회로부터 중세를 거쳐 근대 후반기까지 동서양을 막론하고 다양한 형태의 교육과 교육기관이 존재하였다. 오히려 근대 후반기에 등장한 학교가 교육의 중심 역할을 하면서 교육의 원형, 즉 교육의 본래 모습에서 많이 빗나간 감이 없지 않다.

달리 생각해 보면, 학교란 가정, 교회, 학원, 회사, 공장 등과 같이 단지 생활공간의 하나라고 할 수 있다. 생활공간으로서의 학교에서는 교육도 일어나지만, 그 외에 정치, 경제, 사회, 문화 등 모든 일이 다 일어난다. 그리고 교육 또한 가정, 교회, 학원, 회사, 공장 등 학교 밖 다른 생활공간에서도 얼마든지 일어날 수 있다. 따라서 이제는 학교교육만이 아닌 보편적인 현상으로서의 교육을 탐구할 필요가 있다(장상호, 1991).

## 4. 교육의 재개념화

현전의 교육학에서는 교육철학, 교육심리학, 교육사회학, 교육행정학, 교육인류학 등과 같은 하위영역이 그 핵심을 이룬다. 이들의 공통점은 타 학문 앞에 '교육'이라는 접두어를 붙이고 있는데, 이는 이 분야들이 각각의 타 학문, 즉 모 학문을 응용하여 학교태, 즉 학교에서 교사는 가르치고 학생은 배우는 일을 중심으로 그 안에서 일어나는 다양한 사태를 연구한다는 점이다. 그러나 이러한 일은 자칫 잘못하면, 교육의 고유 현상을 타 학문의 현상으로 환원(reduction)시켜 왜곡시킬 위험성이 크다. 따라서 교육학은 무엇보다도 먼저 다른 학문적 사실이나 현상과는 다른 고유의 교육적 사실이나 교육현상을 확인하고 개념화하는 작업이 우선 필요하다.

타 학문의 강력한 영향 탓에 현전의 교육학에서 교육이란 학자에 따라 여러 가지로 개념화되었다. 예를 들면, 교육철학자 피터스(Peters)는 교육을 성년식으로, 사회학자 뒤르켐(Durkheim)은 교육을 사회화(socialization)로, 심리학자 스키너(Skinner)는 교육을 행동형성 또는 조성(shaping)으로, 또 다른 심리학자 로저스(Rogers)는 교육을 자아실현(self-realization)으로, 그리고 인류학자

굿이너프(Goodenough)는 교육을 문화화(enculturation)로 개념화하였다(이용남, 2004). 그런데 이 개념들은 대체로 교육을 모종의 '사람 만들기', 즉 '인간형성'으로 보고 있다. 다시 말해서 교육이란 어떤 국가사회가 원하는 인간형을 목표로 정해 두고 이를 달성하는 일이라고 본 것이다. 그런데 그러한 교육관의 기저에는 교육을 기능주의 관점에서 보고, 또 교육이란 학교에서 일어난다는 학교태를 상정하고 있다고 할 수 있다.

그러나 교육학은 '도대체 교육이란 무엇인가?', 즉 교육의 의미를 꾸준히 추구해 가는 학문이라고 할 수도 있다. 이를 교육의 재개념화(reconceptualization)라 할 수 있는데, 이런 취지에서 교육학을 새롭게 시도한 대표적 학자로 장상호(1997b)를 들 수 있다. 그는 교육에 대한 정의나 규정을 명확히 하는 것, 그리고 교육을 학교태에 얽매이게 하는 것, 특히 타 학문의 현상으로 교육을 개념화하는 것 대신에 그것의 새로운 개념화에 초점을 두었다. 그가 교육을 재개념화하는 방식을 보면 다음과 같다.

먼저 세계를 크게 3가지, 즉 세속계, 수도계, 교육계로 나눈다. 여기에서 세속계란 사람들의 일상적인 삶의 세계, 즉 흔히 말하는 정치, 경제, 사회 활동 등이 일어나는 상식적인 생활세계를 말한다. 그리고 수도계란 학문, 예술, 참선, 다도(茶道), 태권도처럼 인류가 오랫동안 갈고닦아 축적해 놓은 세계를 말한다. 따라서 수도계에는 각 분야마다 수준에 따라 여러 품위가 있고, 또 거기에 오래전에 입문하여 오랫동안 수련한 전문가도 있다. 그리고 교육계란 바로 이러한 수도계에서 일어나는 일과 관련이 깊은 세계다.

다시 말해서 각 수도계에는 오래전에 먼저 입문하여 해당 분야의 품위가 높고 깊이 있게 잘 아는 선진과 나중에 입문하여 품위가 낮고 더 잘 배우려는 후진이 있다. 교육은 바로 이러한 선진과 후진 사이에 일어나는 일이다. 즉, 교육은 선진은 가르치고 후진은 배우는 일이다. 이들이 형성하는 세계가 곧 교육계다.

그런데 이러한 일을 새로운 교육학의 정립을 위해 새로운 학술적 용어로 재개념화하면, 선진의 가르치려는 행위를 현전의 교육학 용어인 '교수(敎授,

teaching)' 나 일상적인 상식적 단어인 '가르침' 대신에 '하화(下化, descending education)' 라 하고, 그러한 열정을 가진 사람을 하화자라 한다. 그리고 후진의 배우는 일을 심리학적 용어인 '학습(學習, learning)' 이나 일상적인 상식적 단어인 '배움' 대신에 '상구(上求, ascending education)' 라 하고, 그러한 열정을 가진 사람을 상구자라 한다. 그렇게 보면 교육은 끊임없는 하화와 상구를 통해 각 수도계에서 품위를 향상시키려는 인간의 변증법적 진화의 주체적 활동이라고 할 수 있다.

## 5. 교육환경의 재개념화

현전의 교육학에서 교육환경이라 하면 흔히 가정환경, 학급환경, 학교환경, 사회환경을 지칭한다(정원식, 1976). 이는 곧 학생의 생활공간이라고 할 수 있다. 현전의 교육학은 이들 소위 생활공간이 학생의 학업성취와 어느 정도 상관관계를 가지고 있는지 또는 학업성취에 어느 정도 영향을 미치는지에 대해 우선적으로 관심을 가졌다.

그러나 교육의 재개념화가 이루어지면, 교육환경에 대한 재개념화도 필수적이다(장상호, 1997a). 교육환경을 학교태를 중심으로 그것을 둘러싸고 있는 것으로 생각할 것이 아니라, 교육을 중심에 두고 그것을 둘러싸고 있는 것들을 교육환경이라 해야 할 것이다. 그렇게 되어야 교육이 전경이 되고 나머지가 배경으로 물러나게 된다.

교육의 재개념화는 교육이 일단 교육 내적 설명을 요구하는 것을 인정한다. 그러나 교육 자체에 대한 이해만으로 현실 속에서의 교육을 성립시킬 수는 없다. 교육은 다른 세계와의 관계 속에서 실현된다. 따라서 교육을 실현하고자 할 때 교육과 교육이 아닌 세계 간의 관계에 대한 이해도 필요하다.

교육환경이란 바로 이러한 비교육적인 세계 전체를 말한다. 다시 말해서 교육을 둘러싸고 있는 여타의 세계가 곧 교육환경이다. 따라서 교육과 그것을 둘러싼 환경을 생각해 보면, 교육환경이란 대체로 교육여건을 의미한다고 할수 있다. 그러나 교육과 환경의 관계를 규정함에 있어 2가지 개념은 서로 분리되어야 한다. 그래야만 그들 간의 관계가 의미를 가질 수 있다.

교육환경이 교육을 둘러싸고 있는 여타의 세계라면, 세속계와 수도계는 교육의 환경을 구성한다. 그리고 교육 이외의 것이 교육환경이 될 수 있다면, 기존의 제반 분과학문이 탐색하고 있는 모든 범주의 사실들이 여기에 포함될 수있다. 따라서 교육을 둘러싸고 있는 정치, 경제, 사회, 문화, 종교 등이 일차적으로 교육환경이 될 수 있다.

그런데 교육환경에 대한 새로운 탐구의 필요성을 지적하면서 장상호(1997a)는 정치, 경제, 사회, 문화, 종교적 환경에 대해서는 비교적 자세한 설명을 하였으나, 심리적 환경에 대해서는 다음과 같은 짤막한 한 문단의 글만을 남겼다.

심리적 환경도 중요하다. 한 개인 내의 심리적인 상태 자체가 교육에 지대한영향을 줄 것이다. 심리적인 인간상과 교육적 인간상은 여러 면에서 보완과 상충이 가능하다. 교육에 영향을 줄 수 있는 것으로 우리는 여러 가지 사회심리학적인 측면을 고려할 수 있을 것이다. 예컨대, 능력의 시험범위를 확대하는 심리적분위기, 공포나 불안이 없이 상당한 정도로 오류를 드러낼 수 있는 자유가 보장된 분위기, 금지보다는 권장, 경쟁보다는 협동하는 분위기 등이 긍정적인 요인으로 작용할 것이라는 짐작이 가능하다. 진정 그러한가?

한편 교육의 재개념화 관점에서 교육환경을 분류하는 방식은 여러 가지가있을 수 있다. 그러나 우선적으로는 그것이 교육에 우호적인 환경인가 비우호적인 환경인가를 들 수 있다. 그리고 그것이 교육활동에 촉진적인 환경인가저해적인 환경인가를 언급할 수 있다. 또한 그것이 조정 가능한 환경인가 조정 불가능한 환경인가 등도 논의될 수 있을 것이다.

# 6. 교육환경으로서의 인간 특성

현전의 교육학에서는 교육환경이나 인간의 심리적 특성에 대한 관심이 결국은 학생의 학업성취와 어떠한 관련이 있는가에 초점이 있다고 할 수 있다. 그리고 이런 상황에서는 소위 교육환경과 인간의 심리적 특성이 별개의 것으로 간주되고 있음을 알 수 있다. 또한 교육환경이나 인간의 심리적 특성이 전경이 되고, 교육은 배경으로 물러나 있다.

그러나 교육 및 교육환경에 대한 재개념화 관점에서 보면, 교육이 전경이 되고 교육환경은 배경이 되어야 한다. 그리고 이런 견지에서 인간의 심리도 중요한 교육환경이 될 수 있는지 탐색해 볼 필요가 있다. 그런데 교육환경으로서 인간의 심리에는 앞에서 장상호가 지적한 바 있는 사회심리적 분위기 외에 더욱 중요하다고 생각되는 인간의 심리적 특성들이 있다.

이 책의 초점은 바로 이러한 인간의 심리적 특성들이 현전의 교육학에서와는 달리 교육환경으로서 어떤 역할을 할 수 있는지를 밝히는 데 그 목적이 있다. 그리고 그동안 학교에서는 인지적 특성이 정의적 특성, 사회적 특성, 그리고 운동적 특성보다 더 중요한 역할을 해 왔는데, 재개념화 관점에서도 그러한지를 검토하려고 한다.

그런데 저자의 잠정적인 결론은 그렇지 않다는 것이다(이용남, 2007). 저자의 탐구 결과, 교육환경으로서는 정의적 특성이 인지적 특성보다 덜 중요한 것이 아니었다. 따라서 이에 대한 관점의 전환이 필요한 시점이다. 그리고 사회적 특성이나 운동적 특성의 교육환경으로서의 역할이나 중요성도 더욱 탐구해 봐야 할 과제다.

앞으로 밝혀지겠지만, 먼저 정의적 특성은 인지적 특성에 비해 훨씬 다양하다. 그리고 정의적 특성의 경우 그 방향이 긍정적이냐 부정적이냐, 그리고 그 강도가 강하냐 약하냐의 여부에 따라 교육활동에 촉진적 또는 저해적 요인이 되어 직접 영향을 주는 환경적 여건이 된다는 점이다. 또한 정의적 특성은 인지적 특성에 비해 상담이나 훈련 프로그램을 통해 상당한 정도로 변화 내지는 조정 가능하다는 것이다.

이에 비해 인지적 특성은 교육의 소재 중 하나인 학문을 탐구하거나 익히는 데 직접 관련되지만, 그 자체가 교육활동을 크게 촉진시키거나 제한하는 여건은 되지 않는다. 인지적 특성이 우수한 아동은 효과적이고 효율적인 교육을 하는 데 유리하다. 그러나 인지적 특성이 우수하지 못하다는 것이 곧 교육의 한계는 아니다. 인지적 특성의 현재 품위 상태는 교육의 출발점일 뿐이고, 교육활동은 어느 품위에서나 활발하게 전개될 수도 또는 그렇지 않을 수도 있다. 여기에서 교육활동을 적극적으로 또는 소극적으로 전개하도록 이끄는 것이 바로 정의적 특성인 것이다.

따라서 인지적 특성은 해당 영역의 교육에 있어 필요조건은 되지만 충분조건은 아니다. 적절한 정의적 특성이 구비되어 있을 때 교육은 제대로 전개되는 것이다. 또한 인지적 특성은 정의적 특성에 비해 변화나 조정이 쉽지 않다. 인지적 특성의 경우는 대부분 장기간의 교육을 통해 점진적으로 변화된 것이기 때문이다.

# 7. 학교와 교육의 목적 및 목표

## 1) 목적과 목표의 구분

우리는 학교와 교육의 목적, 그리고 학교와 교육의 목표를 논하기에 앞서 현전의 교육학에서의 목적과 목표를 구분해야 할 필요가 있다. 일상에서뿐 아니라 학자들에게 있어서도 종종 목적과 목표가 혼용되고 있지만, 보다 분명한 논의의 전개를 위해서는 이를 구분하는 것이 도움이 된다.

먼저 목적(aims, purposes)이라 하면 대체로 좀 더 추상적이고 일반적인 예견된 결과를 가리킨다. 이에 비해 목표(objectives, ends)라 하면 좀 더 구체적이고 특수적인 성취 대상을 지칭한다. 따라서 현전의 교육학에서 교육목적이라 하면 대체로 국가발전, 또는 자아실현과 같이 좀 더 추상적인 결과를 말한다. 그리고 교육목표라 하면, '일차방정식 문제 풀기' 와 같이 좀 더 구체적인 표적을 말한다. 그러나 이 경우 교육목적 및 교육목표라 할 때는 대체로 학교의 목적 및 목표를 가리킨다고 할 수 있다. 학교와 교육을 구분한다면, 학교의 목적과 교육의 목적, 그리고 학교의 목표와 교육의 목표를 구분해야 할 필요가 있다.

## 2) 학교와 교육의 목적 구분

우리는 앞에서 교육은 학교라는 기관이 제도적으로 설립되기 훨씬 이전부터 존재해 왔다는 사실을 알았다. 다시 말해서 학교와 교육이 필연적 관계에 있는 것 같지만, 사실은 우연적 관계에 있다는 것이다. 따라서 일차적으로는 교육과 학교의 개념을 구분하고, 그 목적을 다시 탐색해 보는 일이 필요하다고 하겠다.

학교는 근대 후기에 국가의 필요에 의해 생겨난 기관으로서 그동안 국가 발전에 아주 중요한 역할을 해 왔다. 그리고 이러한 일은 앞으로도 상당 기간 계속될 것이다. 또한 학교는 어떤 사람들에게는 개인의 필요에도 잘 부합해 왔다. 그들은 학교에서 획득한 지식과 기능을 활용하여 사회적으로 출세하고, 또 사회에도 공헌하였다.

학교는 현전의 교육학에서는 가장 대표적인 교육기관이라는 명칭을 부여받았지만, 엄격하게 말하면 하나의 생활공간에 불과하다. 가정, 학원, 회사, 공장, 군대도 학교처럼 생활공간이다. 그리고 학교에서 일어나는 모든 일이 다 교육은 아니다. 그곳에서는 교육도 일어나지만, 그 외에 정치, 경제, 사회, 문화 등 모든 일이 다 일어난다.

반면에 가정, 학원, 회사, 공장, 군대와 같이 학교와는 다른 생활공간에서도 모든 일이 다 일어난다. 그곳에서도 교육이 일어나고, 그 외에 정치, 경제, 사회, 문화 활동도 일어난다. 따라서 우리는 학교와 교육의 개념을 엄격히 구분하는 것이 우선 필요하다. 학교는 생활공간이라는 구체명사이지만, 교육은 인간행위를 지칭하는 추상명사라는 점에서도 둘은 엄격하게 구분할 필요가 있다고 하겠다.

이처럼 학교와 교육의 개념이 다르기 때문에, 그 목적 또한 구분할 필요가 있다. 그런데 그동안 현전의 교육학에서는 학교의 목적이 곧 교육의 목적처럼 간주되었다. 학교의 목적은 국가적으로는 국가사회가 필요로 하는 인간을 양성하는 것이고, 개인적으로는 소위 지정체, 지정행, 또는 지정의가 조화된 인간을 육성하는 것이었다.

그러나 이제는 학교의 목적을 수정하여 국가 및 개인의 요구를 통합할 필요가 있다. 민주국가에서는 개인이 우선이고, 그들이 모여 이루는 국가는 그다음이다. 그리고 그런 과정이 바람직하다. 따라서 이제부터 학교의 목적은, 이 책에서 주장하듯이, 인지적 특성, 정의적 특성, 사회적 특성, 그리고 운동적 특성이 조화된 인간을 육성하는 데 두어야 할 것이다. 그런 사람들이 학교를 마치고 사회에 나가서도 개인적으로 잘 적응할 뿐 아니라 국가사회에도 바람직한 공헌을 할 가능성이 크다 할 것이다.

한편 학교와 달리 교육은 그 자체의 목적을 가지고 있다. 그런데 그 목적을 논하기 전에 먼저 구분해야 할 것이 있다. 모든 활동의 목적에 외재적 목적과 내재적 목적이 있듯이, 교육의 목적에도 외재적 목적과 내재적 목적이 있다. 여기에서 교육의 외재적 목적은 교육이 수단이 되어, 즉 교육을 통해 다른 것을 달성하도록 하는 것을 말한다. 예를 들면, 상급 학교 진학, 출세, 결혼, 국가 발전, 자아실현 등 이루 헤아릴 수 없을 정도로 많다. 이것이 바로 그동안 학교가 추구해 온 목적인 것이다. 그러므로 교육의 외재적 목적은 사실상 교육의 본질적 목적이라 할 수는 없다.

따라서 우리가 교육의 목적을 논할 때는 교육 자체의 목적 또는 본질적 목적을 논해야 한다. 그러므로 교육의 목적이라 할 때는 교육의 내재적 목적을 가리킨다. 이는 교육활동 그 자체를 좋아하고, 거기에서 즐거움, 만족, 재미,

흥미, 보람을 느끼며, 이를 계속해서 하도록 하는 것을 말한다(장상호, 2005; Dewey, 1916). 이러한 내재적 목적이 바로 참된 교육의 목적이라 할 수 있다.

### 3) 학교와 교육의 목표 구분

목적과 목표가 다르고, 학교의 목적과 교육의 목적이 다르다면, 학교의 목표와 교육의 목표 또한 다르다고 할 수 있다. 먼저 학교의 목표는 학교의 목적, 예를 들면 현전의 교육학에서 흔히 교육의 목적이라고 지칭해 온 홍익인간, 국가 발전, 자아실현 등을 달성하기 위한 하위의 성취 대상이라 할 수 있다. 현전의 교육학에서 이는 각 교과를 통해 달성할 수 있다고 보는데, 이를 가장 구체적으로 표현한 것이 소위 현전의 교육학에서 교육목표, 수업목표, 교수목표, 또는 학습목표라고 불리는 것이다(Bloom, 1956). 그런데 이런 학교의 목표들은 수업, 즉 교수-학습 활동의 결과 획득하게 되는 최종적인 성취 대상이지, 교육의 내재적 목적 그 자체와는 별로 관계가 없다.

따라서 현전의 교육학의 교육목표는 학교의 목표이지 올바른 의미의 교육의 목표라고 할 수는 없다. 교육의 목표라 하면, 교육의 내재적 목적을 충족시켜 줄 수 있는 하위의 성취 대상이어야 할 것이다. 이런 목표를 듀이(Dewey, 1916)는 가시적 목표(ends-in-view)라 하였다. 이는 교육활동에서 어떤 소재를 다루든지에 관계없이 그다음 단계의 교육활동을 일어나게 하는 징검다리 역할을 하는 목표를 말한다. 그러므로 이런 취지에서 교육의 목표란 즐겁고 보람 있는 교육활동이 계속해서 일어나도록 하는 중간 단계의 성취 대상이라 할 수 있다.

## 8. 교육활동의 새 방향

교육의 목표와 학교의 목표가 서로 다르다면, 우리는 학교의 수업활동과는 다른 새로운 교육활동을 모색해 보아야 할 필요가 있다. 그동안 학교 수업과 관련하여 가장 영향력이 큰 교육심리학자의 하나인 글레이저(Glaser, 1982)는 수업의 과정을 유능한 수행(수업 목표), 학습자의 초기상태 진단, 학습 및 상태의 변형과정(교수-학습 방법), 평가 및 통제라는 4단계로 나누어 논의를 전개하였다. 그러나 이는 학생의 학업성취를 우선시한 교실수업모형이므로, 여기에서는 그에 대한 대안으로서 교육 본위의 교육활동 절차를 탐색해 보고자 한다(이용남, 2005; 이용남, 2008; 홍정기, 2006).

첫째, 교육 본위의 교육활동에서는 먼저 내재적 교육목적이 필요하다. 이의 필요성은 이미 앞 절에서 잘 언급되었다. 그리고 이는 교육 참여자 모두에게 요구되는 조건이다. 즉, 교육활동에 참여하는 가르치는 하화자나 배우는 상구자 모두 무엇보다도 하화활동이나 상구활동 그 자체를 좋아하고 즐기며 보람을 느끼고 몰입할 수 있어야 한다.

둘째, 적절한 교육의 소재의 선정 및 배열이 필요하다. 교육 본위의 교육활동은 상구자가 배우고 싶어 하고 하화자가 가르치려고 하는 수도계를 교육의 소재로 선택하여 그 품위에 따라 단계를 잘 배열하여야 한다(이현욱, 2002). 그러한 품위에 따른 단계들이 곧 징검다리 교육목표 또는 가시적 교육목표들이 된다. 교육 본위의 교육활동은 이를 하나씩 하화하고 상구하는 과정을 통해 달성해 가면서 그러한 교육활동이 지속되도록 하는 것이다.

셋째, 교육활동 참여자의 교육적, 심리적 특성 파악이 필요하다. 우선 교육 참여자의 교육적 특성으로는 상구자의 현재 품위 및 상구열정, 그리고 하화자의 하화열정을 말한다. 무엇보다도 현재 배우려는 상구자가 해당 수도계 품위의 위계상에서 어느 위치에 있는지 정확히 판단하고 이를 교육활동의 출발점으로 삼아야 한다. 교육활동이 일어나는 그다음 단계의 품위가 바로 가시적 목표가 된다. 또한 이 책에서 주로 언급하게 되겠지만, 교육 참여자들의 다양한 심리적 특성을 진단하는 것도 바람직한 교육의 심리적 환경 조성을 위해 필요하다.

넷째, 교육 본위의 교육활동 전개다. 현전의 교육학에서는 학업성취를 위한 다양한 교수방법, 교수기법, 교수모형을 제안해 왔다. 그러나 교육 본위의 교육활동을 위해서는 상구활동과 하화활동의 촉진요소를 탐색해야 한다. 예를 들면, 상구활동의 촉진요소로는 문제 상황과의 직면, 적정 목표 정하기, 시행착오, 실습과 연습, 자기성찰 등을 들 수 있다. 그리고 하화활동의 촉진요소로는 과제 제시, 난이도 조정, 시범, 암시, 격려, 요점 정리 등을 들 수 있다.

다섯째, 교육 본위의 교육평가가 필요하다. 현전의 교육학에서는 교육평가라 하면 주로 학생들의 학업성취를 측정하는 것이었다. 그러나 새로운 교육 본위의 교육활동 절차에서는 교육 본위의 교육평가가 필요하다. 이는 배우는 상구자의 자증(自證)과 가르치는 하화자의 타증(他證)을 의미한다. 배우는 상구자는 배우고 나서 자신이 잘 배웠음을 깨달음으로써 입증하고, 가르치는 하화자는 배우는 사람이 잘 배웠다고 심열성복(心悅誠服)하며 고마워하는 데서 자신이 잘 가르쳤음을 입증한다. 이것이 바로 타증이고, 이러한 자증과 타증을 밝히는 것이 바로 올바른 교육평가다.

# 제 2 장

## 인지적 특성

# 1. 지능

인간의 지적 또는 인지적 특성에 해당되는 것에는 지능, 창의력, 사고력, 지식, 메타 인지, 지혜, 인지양식을 들 수 있다. 이에 대해 앞으로 하나씩 차례대로 논의하기로 하는데, 우선 지능에 대한 그간의 논의부터 검토하기로 한다.

스턴버그(Sternberg, 1994)는 전문가들의 지능(intelligence)에 대한 정의를 분석한 결과, 지능이란 첫째, 환경의 요구에 효과적으로 대응할 수 있는 적응력(adaptation), 둘째, 지각과 주의집중 같은 기초적 인지과정, 셋째, 추상적 추리, 지적 표상(representation), 문제해결, 의사결정과 같은 고차적 정신과정, 넷째, 학습능력, 다섯째, 문제 상황에 대처하는 효과적 행동의 요소를 포함하고 있다고 보았다. 이와 관련된 지능에 대한 이론들을 살펴보면 다음과 같다.

## 1) 심리측정 이론

지능에 대한 심리측정 이론의 선구자로는 영국의 갤튼(Galton)과 프랑스의 비네(Binet)가 있다. 먼저 갤튼은 지능의 기초로서 노동능력과 물리적 자극에 대한 감수성을 들었다. 후자와 관련하여 그는 실제로 무게의 변별과 같은 기초적인 심리적 능력을 측정하려고 하였다. 한편 비네와 그의 제자 시몽(Simon)은 지적 장애가 있는 아동들이 적절한 교육을 받을 수 있도록 하기 위해 그들을 분류하기 위한 고차적 사고와 판단능력을 측정하는 검사를 고안해 냈다. 이 검사에서는 어휘, 산술적 추리, 시공간적 능력, 언어적 모순, 개념 간 유사성과 차이점을 측정했다. 이는 나중에 미국인 터먼(Terman)에 의해 스탠퍼드-비네(Stanford-Binet) 지능검사로 개작되었다.

영국인 스피어먼(Spearman)은 요인분석(factor analysis)이라는 통계적 방법을 이용하여 지능의 2가지 요인을 찾아냈는데, 하나는 일반 요인(general factor), 즉 g 요인이고 다른 하나는 특수 요인(specific factor), 즉 s 요인이다.

그 후 미국인 서스톤(Thurstone)은 지능의 7개 요인을 찾아내어 이를 '주요 지적 능력(primary mental abilities)'이라고 하였는데, 언어 이해력(어휘 및 독서에 대한 지식), 언어 유창성(단어와 문장 생산 능력), 수(간단한 숫자 문제해결), 공간적 시각화(대상을 지적으로 시각화하고 조작하는 능력), 귀납적 추리, 기억력, 지각 속도(교정 시 재빨리 오자 찾기)가 그것이다.

캐텔(Cattell)은 지능에 대한 위계(hierarchy) 모형을 제시하여 일반 요인과 특수 요인을 통합하려고 하였다. 그리고 나서 그는 일반 능력을 유동성 능력(fluid abilities)과 투명성 또는 결정성 능력(crystallized abilities)으로 구분하였다. 유동성 능력이란 예를 들면, 일련의 숫자 배열의 완성하기와 같이 추리 및 문제해결 능력을 말한다. 그리고 투명성 능력이란 예를 들면, 어휘 검사에서 측정하듯이 획득된 능력 전체를 말한다. 한편 길포드(Guilford, 1967)는 3차원 입방체의 형태로 된 지력의 구조(structure of intellect: SOI) 모형을 제안하였다. 하나는 조작(과정) 차원이고, 다른 하나는 내용 차원이며, 그리고 또 다른 것은 산출(성과) 차원이다.

한편 심리측정이론의 초점은 소위 지능지수(intelligence quotient: IQ)를 산출하는 데 있다. 여기에는 두 가지 방식이 있는데, 하나는 비율(ratio) IQ라고 하여 초기에 스탠퍼드-비네 지능검사에서 채택한 산출방식이다. 이는 다음과 같이 지능검사에서 어떤 아동이 평균 몇 세 먹은 아이들이 푸는 문제까지를 풀었는가에서 얻은 정신연령(mental age: MA)을 실제로 태어나서 그때까지 살아온 생활연령(chronological age: CA)으로 나눈 다음 100을 곱해 얻은 수치다.

$$IQ = \frac{MA}{CA} \times 100$$

그런데 인간의 지능이란 대체로 만 20세를 전후하여 발달의 정점에 이르고, 그 이후는 정체되거나 하강하는 경향이 있다. 그러므로 비율 IQ의 경우, 살아 있는 동안 생활연령은 계속 증가하는 데 비해 정신연령은 정체되거나 하강하

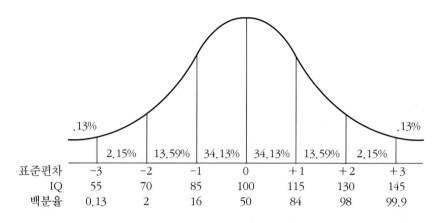

[그림 2-1] IQ의 분포

출처: 이성진(1986).

므로, 똑같은 정신연령을 지녔어도 나이 든 사람일수록 IQ가 더 작게 나온다는 문제점이 있다. 이런 문제점을 시정하기 위해 새로 제안된 IQ 산출방식을 편차(deviation) IQ라 한다.

편차 IQ는 웩슬러(Wechsler)에 의해 제안되었다. 그는 연령의 문제점을 해결하기 위해 아동용 지능검사(Wechsler Intelligence Scale for Children: WISC)와 성인용 지능검사(Wechsler Adult Intelligence Scale: WAIS)를 따로 제작하였다. 그리고 나서 서로 다른 연령집단에 아동용과 성인용 지능검사를 각각 실시한 다음, 각 집단의 평균과 표준편차를 계산하여 표준점수를 산출하고, 이를 정상분포곡선의 성질에 비추어 해석하도록 하였다. 그러므로 IQ도 일종의 표준점수라 할 수 있는데, 이를 그림으로 나타내면 [그림 2-1]과 같다.

## 2) 지적 발달 이론

지능에 대한 발달 이론적 접근방법은 스위스의 피아제(Piaget, 1953)의 것이 대표적이다. 그는 원래 생물학을 전공했으나 대학 졸업 후 파리로 가서 비네의 지능 연구소에서 일을 하면서, 아동들이 일정한 연령이 되기 전에는 지능검사 문항에서 체계적으로 오답을 하는 것을 발견한 후, 아동들의 사고의 기저에 일관성 있는 논리적 구조가 있다고 생각하고 이를 생물학적으로 설명하려고 하였다.

우선 그는 지능을 생물학적 적응력(adaptation)으로 본다. 그런데 이러한 적응에는 동화(assimilation)와 조절(accommodation)이라는 2가지 기능이 있다. 동화란 유기체가 환경에서 부딪치는 문제를 모두 자신의 기존 인지구조를 바탕으로 해결하는 것을 말한다. 그리고 조절이란 자신의 능력으로 환경에서 부딪치는 문제를 해결할 수 없을 때 자신의 인지구조를 이에 맞추어 바꾸는 것을 말한다. 동화와 조절이 균형 상태를 이룰 때 이를 평형(equilibrium)이라 한다. 평형의 결과 조직된 것이 바로 인지구조(schema)다. 유기체는 이 인지구조를 바탕으로 모든 지적 행동을 하게 된다. 이런 관계를 도식으로 나타내면 [그림 2-2]와 같다.

그런데 이러한 인지구조와 그에 기반을 둔 행동은 나이에 따라 발달한다. 피아제는 이를 4단계로 나누었다. 먼저 '감각운동기(sensorimotor period)'는 생후 약 2년간에 해당된다. 이때 아동은 반사행동을 수정하여 더욱 적응적 행동으로 만들고, 숨겨진 사물을 회상하며(대상의 영속성), 더 나아가 정보를 내

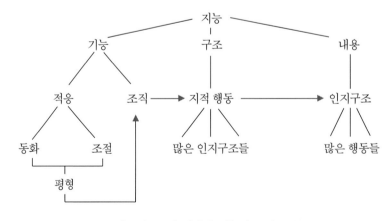

**[그림 2-2] 피아제 지능의 구성 요소**

출처: Phillips(1969).

면적으로 표상하기 시작한다. 다음으로 '전 조작기(preoperational period)' 는 약 2세부터 7세까지에 해당된다. 이때 아동은 언어와 상상력이 발달하고, 또한 색, 모양, 크기와 같이 하나의 지각 차원에 초점을 두고 사물을 분류한다.

그다음 '구체적 조작기(concrete operational period)' 는 대략 7세부터 11, 12세까지가 해당된다. 이때 아동은 모양이 변해도 전체적인 수나 양에 있어 변화가 없다는 수나 양의 보존성(conservation)이 형성된다. 마지막으로 '형식적 조작기(formal operational period)' 는 대략 11, 12세부터 15, 16세까지에 걸쳐 완성되고, 이는 성인기 내내 계속된다. 이제 아동은 추상적, 논리적, 과학적으로 사고하게 된다.

피아제의 영향을 받은 소위 신 피아제 학파의 학자 중 알린(Arlin)은 성인기에 문제 발견(problem finding)의 제5단계가 있다고 하였다. 그리고 치(Chi), 케일(Keil)과 커리(Carey)는 지적 발달에 있어 지식의 역할을 강조하였다. 그 외에도 케이스(Case)와 피셔(Fisher)는 피아제와는 다른 발달 단계를 제안하였으며, 젤먼(Gelman), 지글러(Siegler)와 클라(Klahr)는 피아제의 과제를 다른 시각에서 분석하였다. 아무튼 피아제 계열의 인지발달 연구에서는 유기체의 중요성을 강조한다(이용남, 신현숙, 2010).

이에 비해 지적 발달에 있어 환경적 맥락, 특히 사회적 환경의 역할을 강조하는 이론이 러시아의 비고츠키(Vygotsky, 1978) 이론이다. 그는 아동의 타인과의 상호작용을 강조했다. 아동은 타인의 사고와 행위방식을 관찰하고 이를 내면화 또는 점유화(appropriation)한다. 그리고 비고츠키의 지적 발달에 있어서 중요한 개념이 '근접발달영역(zone of proximal development)' 과 '비계설정(scaffolding)' 이다. 먼저 전자는 아동의 현재 잠재 능력과 앞으로 성취할 다음 수준 간의 차이이며, 후자는 타인의 가르침에 의해 아동이 이를 극복해 가는 것을 말한다.

그의 영향을 받은 이스라엘의 포이에르슈타인(Feuerstein)은 아동의 지적 발달에 있어 부모에 의한 '매개 학습경험(mediated learning experience)' 을 강조하였다. 아동은 부모가 환경을 이해하고 해석하는 것을 통해 세상을 이해하고 해석하게 된다는 것이다. 또한 포이에르슈타인은 아동의 근접발달영역을 측정할 수 있는 역동적 검사(dynamic test)를 개발하였는데, 브라운(Brown)과 캠피온(Campione)도 유사한 검사를 개발하였다.

## 3) 정보처리 이론

지능에 대한 정보처리 이론, 즉 인지이론은 지능이란 명제(proposition)나 이미지와 같은 일련의 지적 표상들과 이러한 지적 표상들에 작용하는 일련의 처리 과정들로 구성되어 있다고 본다. 따라서 지능이 높은 사람은 정보를 보다 효과적으로 분명하게 표상하고, 또한 그런 정보를 보다 빨리 능률적으로 처리하는 사람이다. 그런데 지능에 대한 인지이론은 크게 나누어 인지 상관 (cognitive correlates), 인지 요소(cognitive components), 인지 내용(cognitive contents) 접근방법으로 구분된다.

먼저 인지 상관 접근법은 어떤 과제에 대한 기본 정보처리 과정을 추출하여 이를 지능검사 점수와 상관지어 본다. 예를 들면, 'A A', 'A a', 'A b'와 같은 철자가 있다. 여기에서 물리적으로 모양이 같은 철자는? 또는 이름만 다른 철자는? 이러한 물음에 대해 피험자는 될 수 있는 한 재빨리 응답해야 한다. 이는 언어지능이란 기억으로부터 철자 이름과 같은 어휘 정보를 될 수 있는 한 빨리 인출해야 한다는 가정에 근거를 두고 있다. 이러한 접근방법은 헌트 (Hunt), 키팅(Keating), 퍼페티(Perfetti) 등이 주로 쓰는 방법이다.

다음으로 인지 요소 접근법은 스턴버그(1985a)가 제안한 방법이다. 그는 유추, 예를 들면 '시간 : 초＝거리 : (a) hand, (b) foot'와 같은 추리 과제를 사용하여 반응시간을 측정함으로써 정보처리 과정의 요소를 추출하였다. 그는 똑같은 인지과정이 다양한 지적 과제에 적용되고, 이것이 바로 지능의 기초라고 상정하였다. 이와 유사한 접근방법을 택한 학자로는 펠레그리노 (Pellegrino), 저스트(Just), 카펜터(Carpenter), 스노(Snow), 레스닉(Resnick), 캐롤(Carroll) 등을 들 수 있다.

인지 내용 접근법은 지적 기능에 있어 지식의 역할을 강조한다. 이는 특히 전문가와 초보자를 비교하여, 전문가들은 어떤 영역의 문제해결에 있어 초보자들보다 지식의 양과 질, 즉 조직화에 있어서 훨씬 뛰어남을 밝혔다. 이러한 접근방법을 택한 학자로는 사이먼(Simon), 레이트먼(Reitman), 치, 글레이서 등을 들 수 있다. 그런데 지능에 대한 정보처리 접근법은 전반적으로 지능이 작용하는 환경, 즉 맥락을 충분히 고려하지 않았다는 약점이 있다.

## 4) 인지적 맥락 이론

지능에 대한 인지적 맥락(cognitive context) 이론은 인지적 정보처리 과정이 다양한 환경 속에서 어떻게 작동하는가를 다룬다. 이러한 접근방법의 대표적 인물로는 가드너(Gardner, 1993)와 스턴버그를 들 수 있다. 먼저 가드너는 일반적, 공통적, 보편적 단일 지능 대신 다중 지능(multiple intelligences) 이론을 제안하면서 언어, 논리-수학, 공간, 음악, 운동, 개인 간, 개인 내, 자연적, 그리고 실존적 지능을 서로 다른 지능의 종류라고 제안하였다.

스턴버그의 지능의 3원 이론(triarchic theory)은 지능의 3가지 측면, 즉 분석적, 종합적(경험적), 맥락적 측면을 주장한다. 먼저 분석적 측면은 메타 요소, 지식획득 요소, 수행 요소로 구성되어 있다. 그리고 종합적(경험적) 측면은 창의력으로서 요소의 선택적 지각, 선택적 결합, 선택적 비교로 구성되어 있다. 마지막으로 맥락적 측면은 응용력으로서 환경에 대한 적응, 환경의 선택, 환경의 조성 능력으로 구성되어 있다.

## 5) 생물학 이론

지능에 대한 생물학적 접근방법은 뇌의 전체적 기능, 뇌의 반구적 전문화, 전위 또는 뇌파, 혈류, 유전관계 등을 연구한다. 먼저 뇌의 전체적 기능(brain functioning as a whole)은 헵(Hebb), 루리아(Luria) 등이 주장한다. 헵에 의하면, 특정 감각 수용기에 대한 계속적인 자극은 뇌의 관련 영역에 점차적으로 세포의 집적(cell assembly)을 형성시킨다. 그리고 루리아에 의하면, 뇌는 고도로 분화된 체제로서 대뇌피질 영역에 따라 서로 다른 종류의 사고와 행위를 유발한다. 그에 의하면, 뇌는 3개의 주요 단위로 구성되어 있다. 첫째는 각성(arousal) 단위로서 여기에는 뇌간(brain stem)과 중뇌(midbrain)가 해당되는데, 구체적으로는 연수(medulla), 망상체(reticular formation), 뇌교(pons), 시상(thalamus), 시상하부(hypothalamus) 등이 포함된다. 둘째는 감각입력 단위로서 측두엽(temporal lobe), 두정엽(parietal lobe), 후두엽(occipital lobe)이 이에 해당된다. 셋째는 전두엽피질(frontal cortex)로서 이는 기획과 조직화에 간여한다. 간단한 뇌의 구조는 [그림 2-3]과 같다. 더 자세한 뇌의 구조와 기능에 대한 자세한 설명은 이 책의 마지막 장을 참고하면 된다.

뇌의 반구적 전문화(hemispheric specialization)는 지적 수행과 뇌의 영역과의 관계를 연구한 결과 주장된 이론이다. 이는 스페리(Sperry)가 주로 취하는 접근방법인데, 그는 뇌의 두 반구를 연결하는 뇌량(corpus callosum)이 단절된

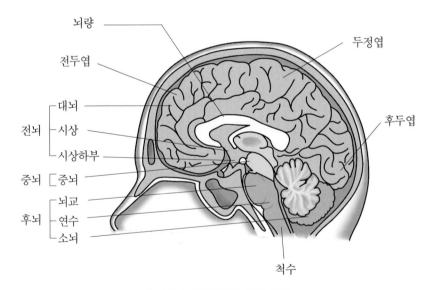

[그림 2-3] 간단한 뇌의 구조

출처: 이신동, 최병연, 고영남(2011).

환자들의 연구를 통해, 우리 뇌가 교차적으로 신체를 통제함을 밝혔다. 즉, 뇌의 좌반구는 오른손 쪽을, 그리고 우반구는 왼손 쪽을 통제한다. 그리고 지적 기능에 있어서도 좌반구는 언어적 표현에, 그리고 우반구는 시각적, 공간적 표현에 관계된다는 것을 알아냈다.

한편 지능에 대한 전위(potentials) 또는 뇌파(brainwave) 접근법은 뇌의 다양한 영역에 있어 전기적 활동을 연구한다. 돈친(Donchin)은 P300 뇌파가 인지적 활동에 관여한다고 주장했다. 이는 자극 후 300밀리세컨드가 지나야 일어나는 뇌파여서 그렇게 명명한 것이다. 한편 셰이퍼(Schafer)는 친숙한 자극과 익숙한 자극 사이에는 동원된 신경세포(neuron)의 수에 있어 차이가 있다고 주장한다. 그리고 젠센(Jensen)은 신경세포의 전도 속도(neuronal conduction velocity)가 지능과 관계된다고 주장한 반면, 아이젱크(Eysenck)는 속도보다는 신경세포의 정확성(neuronal accuracy)이 지능에 있어 중요하다고 주장했다.

지능에 대한 혈류(blood flow) 접근법은 뇌 세포조직에 있어 기능적 활동의 직접적 지표인 혈액의 흐름을 측정하는 것이다. 혼(Horn)은 노인들의 경우 고도의 주의집중, 자발적 경각심, 새로운 정보의 입력과 같은 것을 담당하는 영역에서 혈류가 느린 것을 발견했다. 그리고 하이어(Haier)는 뇌에 대한 양전자 방출 촬영(positron emission tomography: PET) 검사를 통해 지능이 높은 사람은 낮은 사람에 비해 인지과제를 해결하는 데 있어 더 적은 정신적 에너지를 소모함을 발견했다.

지능에 대한 유전학(genetics) 연구는 서로 떨어져 자란 일란성 쌍생아, 또는 일란성과 이란성 쌍생아, 또는 유전적으로 다양한 친소관계가 있는 친척들의 지능검사 점수를 비교한다. 이는 지능의 유전 가능성 정도를 보여 준다. 연구 결과, 플로민(Plomin)과 스카(Scarr)는 지능에 대한 유전의 영향을 50% 정도로 본 반면, 부샤르(Bouchard)와 젠센은 80% 정도라고 보고했다.

## 2. 창의력

창의력(creativity)은 우리나라에서는 창의성, 창조성, 창조력이라고도 불리는데, 이는 대체로 신기하고 적절한, 즉 독창적이고 유용한 업적을 산출하는 능력을 말한다(Sternberg, 1999). 원래 창의력에 대한 관심은 오래전부터 있었지만, 체계적인 심리학적 관심은 길포드(1950)로부터 시작되었고, 또한 이는 지능에 대한 상대적인 개념으로 출발되었다고 할 수 있다. 길포드(1967)의 지력의 구조 모형은 내용 차원, 조작 차원, 산출 차원의 3차원 모형인데, 그는 조작 차원에서 수렴적 생산과 확산적 생산을 구별하였다. 전자가 정답을 찾는 능력이라면, 후자는 기발하고 다양하며 예기치 않은 답을 산출하는 능력이라 할 수 있다. 바로 후자가 창의력 연구의 출발점이 되었다고 할 수 있다. 창의력에 대한 이론적 접근은 대체로 다음과 같은 것들이 있다.

### 1) 정신분석 이론

창의력에 대한 역동심리 이론(psychodynamic theory), 즉 정신분석 이론은 창의력을 의식적인 현실과 무의식적인 충동 사이의 긴장의 결과라고 본다. 프로이트(Freud, 1949)는 작가나 예술가들의 작품이란 무의식적인 희망을 공적으로 수용 가능한 방식으로 표현한 것이라고 본다. 그리고 이러한 무의식적 희망은 권력, 부, 명예, 명성, 사랑과 관계가 있다는 것이다.

한편 크리스(Kris)는 창의력을 설명하기 위해 적응적 퇴행(adaptive regression)과 정교화(elaboration) 개념을 도입한다. 적응적 퇴행은 일차적 과정으로서 조율되지 않은 사고(unmodulated thought)가 의식에 침투하는 것을 말한다. 조율되지 않은 사고는 적극적 문제해결 과정에서 일어나지만 종종 수면, 약물 중독, 환상, 백일몽, 정신병 가운데서도 일어난다. 그리고 정교화는 이차적 과정인데, 현실 중심적이고 자아 통제적인 사고를 통해 일차적 과정의 자료를 변형하고 재처리하는 것을 말한다(Sternberg, 1999).

## 2) 심리측정 이론

창의력에 대한 심리측정 이론은 길포드가 지필검사를 이용하여 일반 사람들의 창의력 측정을 시도한 것에서 시작되었다. 그는 비일상적 사용 검사(the Unusual Uses Test)를 고안하여 창의력을 측정하려고 했다. 예를 들면, 벽돌과 같은 보통의 사물을 가지고 될 수 있는 대로 많은 사용처를 열거하라고 하는 경우다. 그리고 나서 검사 결과를 표준화 창의력 척도에서 비교하여 사람들의 창의력을 나타내는 간편한 방법이다.

길포드의 연구에 근거하여 토랜스(Torrance, 1974)는 토랜스 창의적 사고 검사(the Torrance Tests of Creative Thinking)를 개발하였다. 이는 확산적 사고 및 여타의 문제해결 능력을 재는 비교적 간단한 몇 가지 언어 및 도형 검사로 구성되어 있다. 예를 들면, 이 검사는 어떤 장면을 그린 그림을 보고 가능한 모든 질문을 만들어 내는 질문 생성, 장난감을 가지고 더 재미있게 노는 방법을 열거하는 것과 같은 산출 개선, 상자를 가지고 흥미 있고 흔하지 않게 사용하는 방법을 열거하는 것과 같은 비일상적 사용, 그리고 빈 원들을 추가하여 서로 다른 그림들을 만들고 제목을 붙이는 원형놀이를 검사한다. 그 결과, 이 검사에서는 적절한 반응의 총수로서의 유창성(fluency), 적절한 반응의 서로 다른 범주의 수로서의 융통성(flexibility), 반응의 희귀성의 수로서의 독창성(originality), 그리고 반응의 자세한 정도로서의 정교성(elaboration)을 측정한다.

## 3) 실용이론

창의력에 대한 실용이론(pragmatic theory)은 일차적으로 창의력의 개발에 관심이 있고, 그것의 이해나 그 방법의 타당성은 이차적인 문제다. 이 접근방법의 대표적인 인물로 드 보노(de Bono, 1971)를 들 수 있는데, 비일상적인 수

평적 사고(lateral thinking)에 대한 그의 연구는 상당한 상업적 성공을 거두었다. 그의 관심사는 이론보다는 실제에 있었다. 예를 들면, 그는 어떤 아이디어의 이익(plus), 손해(minus), 이자(interest)에 초점을 맞추어 그 사용 방안을 제안하도록 한다(소위 PMI 법). 또는 서로 다른 시각에서 사물을 보도록 하기 위해, 자료 기반 사고에는 흰색 모자, 직관적 사고에는 적색 모자, 비판적 사고에는 흑색 모자, 낙관적 사고에는 황색 모자, 생산적 사고에는 녹색 모자, 그리고 개관적 사고에는 청색 모자를 쓰도록 하는 6색 사고 모자(thinking hats) 기법 등이 있다.

오스본(Osborn, 1953)은 광고회사에서의 자신의 경험을 살려 두뇌 활성화(brainstorming) 기법을 개발하였다. 이는 비판적이고 제지하는 분위기보다는 건설적인 분위기 속에서 가능한 해결책을 많이 찾도록 함으로써 사람들이 창의적으로 문제를 해결하도록 촉구하는 방법이다. 또한 고든(Gordon, 1961)은 유추에 의해 창의적 사고를 촉진하는 요소결합법(synectics)을 개발하였다.

## 4) 인지이론

창의력에 대한 인지적 접근방법은 창의력의 기저에 있는 지적 표상과 그 과정을 이해하려고 한다. 여기에는 인간을 대상으로 한 연구와 컴퓨터 모의화(simulation) 방법이 있다. 전자의 대표적인 사례로는 핑키, 워드와 스미스(Finke, Ward & Smith, 1992)의 연구가 있고, 후자의 대표적 사례로는 랭리(Langley) 등의 연구가 있다(이용남, 신현숙, 2010).

핑키 등은 제네플로어(Geneplore) 모형을 제시했는데, 이에 따르면 창의적 사고에는 생성단계(generative phase)와 탐색단계(exploratory phase)의 두 가지 주요 처리 단계가 있다. 생성단계에서 사람은 창의적 발견을 촉진하는 발명 전 구조라 일컫는 지적 표상을 구성한다. 탐색단계는 창의적 발명단계로서 창의적 아이디어를 만들어 내는 단계인데, 여기에는 인출, 연상, 종합, 변형, 전이, 범주화와 같은 많은 지적 처리 과정이 해당된다.

컴퓨터 모의화는 사람이 하는 방식대로 컴퓨터가 창의적 사고를 산출하도록 하는 접근방법이다. 랭리 등은 문제해결 안내지침인 발견책(heuristics)을 활용하여 베이컨(BACON)이라는 프로그램을 개발해 기초적인 과학적 법칙을 재발견하도록 했다. 이는 일련의 자료나 개념 공간을 탐색하여 투입 변인들 사이의 숨은 관계를 발견하도록 하는 것이다(Sternberg, 1999).

## 5) 사회-성격 이론

창의력에 대한 사회-성격(social-personality) 이론은 창의력의 원천이 성격, 동기 및 사회문화적 환경에 있다고 하는 이론이다. 먼저 창의력에 관계된 성격 특성으로는 판단의 독립성, 자신감, 복잡한 것의 애호, 미적 취향, 모험심을 들 수 있다. 그리고 자아실현과 관련된 대담성, 용기, 자유, 자발성, 자아의 수용도 창의력과 관계가 있는 성격 특성이라 할 수 있다(Maslow, 1968).

한편 창의력과 관련 있는 동기 변인으로는 내재적 동기, 성취 욕구, 즉 성취 동기, 그리고 질서 욕구(need for order), 즉 질서 동기가 제안되었다(Sternberg, 1999). 그리고 창의력과 관련된 사회문화적 환경 변인을 오랫동안 연구한 사이먼튼(Simonton, 1994)은 문화적 다양성, 전쟁, 역할 모형의 가용성, 재정적 지원과 같은 자원의 가용성, 그리고 어떤 영역 내의 경쟁자의 수를 창의력의 사회문화적 환경 변인으로 들었다.

## 6) 융합 이론

창의력에 대한 최근의 연구들은 창의력이 일어나기 위해서는 여러 요소들이 결합되어야 한다고 본다. 이를 융합(confluence) 이론이라고 하는데, 이는 몇 가지 접근방법으로 나눌 수가 있다. 먼저, 스턴버그(1985b)는 창의력에 대한 사람들의 내면적 생각을 정리했는데, 이를 내면적(implicit) 융합 이론이라 한다. 여기에는 아이디어 연결하기, 유사점과 차이점 발견하기, 융통성, 미적 취향, 비정통성, 강한 동기, 끊임없는 탐색적 질문, 사회적 규범에 대한 의문 등이 있다.

다음으로 애머빌(Amabile, 1983)은 창의력의 외면적(explicit) 융합 이론을 전개했는데, 그에 따르면, 창의력이란 내재적 동기, 영역 관련 지식 및 능력, 창의력 관련 기능의 종합 결과다. 여기에서 창의력 관련 기능이란 다음 사항을 포함한다. 첫째, 복잡한 것에 대처하고 문제해결 도중 자신의 지적 태세(mental set)를 벗어날 수 있는 인지양식, 둘째, 신기한 아이디어를 산출할 수 있는 발견책에 대한 지식, 셋째, 집중적 노력, 다른 문제들을 제쳐둘 수 있는 능력, 그리고 강력한 에너지로 특징지을 수 있는 작업 방식(work style)이 곧 그것이다.

창의력에 대한 최근의 가장 대표적인 융합 이론은 스턴버그와 루바트(Lubart, 1992)의 투자(investment) 이론인데, 이에 따르면 창의적인 사람들은 아이디어를 싸게 사서 비싸게 파는 사람들이다. 다시 말해서 이들은 잠재력이 크나 잘 알려지지 않은 아이디어에 집착하여, 결국에는 이를 극복하고 풍부한 해결책을 얻어 낸다. 그리고 투자 이론에 의하면, 창의력은 6가지 서로 다른 변인, 즉 지적 능력, 지식, 사고 방식, 성격, 동기, 그리고 환경의 융합 결과로 나타난다.

여기에서 우선 지적 능력이란 문제를 새로운 방식으로 볼 수 있는 종합적 능력, 어떤 아이디어가 추구할 가치가 있는지 인식할 수 있는 분석적 능력, 그리고 자신의 아이디어를 다른 사람에게 설득시킬 수 있는 실제적-맥락적 능력을 포함한다. 그리고 지식이란 어떤 분야에 대해 충분히 잘 알고 있는 것을 말한다. 또한 사고방식(thinking style)은 생각하는 방식인데, 창의력에는 새로운 방식으로 사고하는 것, 그리고 전체적으로 동시에 지엽적으로 사고하는 것이 중요하다.

성격 요인으로는 자아 효능감(self-efficacy), 장애요인 극복 의지, 적절한 모험, 그리고 애매한 것에 대한 자제력이 중요하다. 그리고 동기 요인으로는 과제 중심적 내재적 동기가 중요하다. 마지막으로, 환경 요인으로는 창의적 아이디어에 대한 지원적이고 보상적인 체제가 있는 것이 중요하다.

그런데 그동안 창의력은 지능과는 또 다른 능력으로서 그 중요성이 인정되었는데도 불구하고 학교보다는 산업계 등 그 밖에서 더 관심을 끌었다. 학교에서는 지식의 획득을 중심으로 학생 선발을 하기 위하여 정답을 찾는 능력을 강조해 온 반면, 산업계에서는 기업의 성패 여부가 여러 불확실한 상황에서 이를 헤쳐 나갈 창의적 문제해결 능력에 달려 있기 때문이다. 그러나 정보화 사회가 도래하여 두뇌 생산성 경쟁 시대가 되고, 어차피 학생들이 학교를 졸업한 뒤에는 불확실한 사회에 진출하여야 하므로, 학교에서도 학생들에게 창의력을 가르치려는 시도가 시작되었다. 그래서 이를 개발하기 위한 많은 기법과 프로그램들이 제안되었으나(문정화, 하종덕, 1999), 성공적인 사례가 아직은 충분히 보고되고 있지 않다. 그리고 이들 기법이나 프로그램들이 대부분 교육이라는 미명하에 학생들에게 프로그램에 참여함으로써 수동적으로 받아들여 활용하면 된다고 하는 가정은 새로운 교육학적 측면에서 볼 때 분명히 문제가 있다.

# 3. 사고력

인지적 특성으로서 사고력은 흔히 문제해결력이라고도 한다. 사고력에 대한 체계적인 심리학적 연구는 20세기 초반 베르타이머(Wertheimer), 코프카(Koffka), 쾰러(Köhler)와 같은 형태(Gestalt) 심리학자들에 의해 수행되었다. 그들은 새로운 문제 사태에 대해 전이(transfer)를 촉진할 수 있는 구조적 이해를 분석했는데, 이는 오늘날에도 광범위하게 인용되고 있다(Glaser, 1984). 그 후 인지심리학자 브루너(Bruner)는 문제해결에 있어 지식의 구조와 형식, 지식의 표현방식, 그리고 이것이 수행에 미치는 영향에 대해 언급하였다.

그러나 1960년대 당시에는 텍스트의 이해에 필요한 추리와 비판적 사고, 수학적 이해와 문제해결, 과학적 문제해결과 같은 고차원 수준의 문제해결을 다룬 연구결과는 거의 없었다. 그 대신 일반적 사고력, 즉 일반적 문제해결력, 그리고 학습능력을 고취시키기 위한 많은 사고력 프로그램들이 개발되었다. 그 대표적인 사례 몇 가지를 보면 다음과 같다.

먼저, 휨베이와 록헤드(Whimbey & Lochhead, 1980)의 『문제해결력과 이해: 분석적 추리의 단기과정』 프로그램은 문제해결의 실패가 추리 과정상의 오류 때문에 생긴다고 가정한다. 즉, 문제에 관련된 모든 사실의 관찰과 이용의 실패, 문제에 대한 체계적이고 단계적인 접근방법의 실패, 결론으로의 비약과 이에 대해 점검하지 않음, 그리고 문제에 대한 표상의 실패 때문이라는 것이다. 따라서 이 프로그램은 이러한 오류를 피하는 추리와 문제해결 절차를 훈련시킨다.

둘째, 코빙턴 등(Covington et al., 1974)의 『생산적 사고 프로그램: 사고력 학습의 과정』은 '도시 재개발 계획 설립'과 같은 실제적 문제해결 능력을 기르기 위한 프로그램이다. 이는 친숙한 지식을 이용하여 학생 자신이 문제의 진술, 의문점 형성, 정보 분석, 새로운 아이디어 제시, 가설 검증, 행동경로 평가를 하도록 훈련한다. 드 보노(de Bono, 1984)의 코오트(Cognitive Research Trust: CoRT) 사고 프로그램 또한 친숙한 지식을 활용하여 '새로운 직업으로의 전환'과 같은 일상생활상의 관심사에 대한 문제해결 능력을 기르기 위한 프로그램인데, 여기에서는 메타 인지, 자기 조절 능력과 같은 것을 기르도록 강조한다.

셋째, 위켈그렌(Wickelgren, 1974)의 『문제해결 방법: 문제와 문제해결 이론의 요소』라는 저서는 수학, 과학, 공학과 같은 형식적이고 잘 구조화된 영역에서의 발견적 문제해결 능력을 가르치는 데 관심이 있다. 이는 일반적 문제해결 방법이 어떤 교과 영역에서 더욱 전문화된 방법을 배울 때, 그리고 관련 자료나 특별한 종류의 문제들을 이해하지 못할 때 도움이 된다는 것이다.

넷째, 리프먼, 샤프와 오스캐니언(Lipman, Sharp, & Oscanyan, 1980)의 『아동을 위한 철학』은 학교 교육과정이라는 특수 맥락에서 사고 능력을 기르려는 프로그램이다. 이는 지식 획득을 강조하는 교육에서는 논리적 사고력이 덜 강조된다고 보고, 기초 기능의 획득과 관련하여 철학적 논리와 탐구절차를 습득할 것을 강조한다.

그 외에도 일반적 사고력, 즉 일반적 문제해결력을 기르기 위한 프로그램들이 아주 많이 개발되었다. 그러나 그 개발자들의 주장과는 달리 그 효과는 미미한 것으로 나타났다(Glaser, 1984). 사람들은 새로운 상황에 직면했을 때 일반적 문제해결 방법에 의존한다. 그렇지만 지식과 구체적인 과제의 구조가 있는 상황에서는 이러한 방법들이 별로 효과가 없다.

따라서 최근의 사고력에 대한 연구는 지식의 구조와 인지과정의 상호작용이 문제해결에 중요하다는 것을 밝히는 방향으로 나아가고 있다. 다시 말해서 일반적 문제해결력 연구로부터 특수 영역(domain-specific) 문제해결력 연구로 전환하고 있다. 이는 특정 영역의 문제해결에 있어 전문가와 초보자의 차이를 비교해 보면 잘 알 수 있다.

대체로 우리가 살아가면서 부딪히는 복잡한 문제들이란 특정 영역의 지식이 풍부해야만 해결될 수 있는 것들이 많다. 그런데 지식의 각 영역에는 오랫동안 그 분야에 종사해 온 전문가들이 있다. 그들은 초보자에 비해 해당 영역의 문제를 해결해 가는 방법뿐만 아니라, 그 결과 얻어진 지식도 잘 체계화되어 있다. 따라서 해당 영역의 문제해결력, 즉 사고력이 뛰어난 것이다. 그러므로 어떤 영역의 초보자에게 그 분야의 사고력을 기르려 한다면, 그 분야의 방법과 지식을 제대로 가르치는 일이 무엇보다 중요하다고 하겠다.

# 4. 지식

위에서 언급한 바와 같이, 지식(knowledge)은 특수 영역 사고력의 기반이된다. 그러한 지식이란 쉽게 말하면, 특정 영역의 체계화된 정보라고 할 수 있다. 그러므로 지식의 영역은 인류가 지금까지 쌓아올린 수도계, 즉 문화와 종교 영역만큼이나 다양하다고 할 수 있다. 그중에서 예를 들면, 언어, 수학, 자연과학, 사회과학 등과 같이 오늘날 학교에서 주요 교과라고 가르치는 지식들이 대표적인 것이라 하겠다.

그러나 그 외에도 인간의 지식은 수도계의 종류만큼이나 아주 다양하다. 예를 들면, 바둑, 도덕, 참선, 다도, 음악, 미술, 태권도, 컴퓨터 등과 같이 인간의 탐구가 많아지고 깊어질수록 그에 관한 지식의 종류도 더욱 다양해지고 그 깊이도 더욱 심화된다. 여기에서 전자를 지식의 횡적 상대성, 그리고 후자를 종적 상대성이라 할 수 있을 것이다.

따라서 우리는 이 모든 영역에서 다 전문가가 될 수는 없는 것이다. 우리는 어느 한두 영역에서 전문가가 되고, 다른 분야에서는 초보자 내지는 잘해야 아마추어 수준에 머무를 것이다. 어떤 분야의 전문가가 될수록 그 영역의 종적 상대성의 위계, 즉 품위의 사다리에서 보다 높은 위치를 차지하게 되고, 그보다 못한 사람들에게 하화할, 즉 가르칠 수 있는 위치에 서게 되는 것이다. 그리고 우리가 초보자나 아마추어 수준에 머무를수록 더 높은 수준에 오르기 위해서는 더 상구해야 할, 즉 배워야 할 것이 많다고 할 수 있다.

그런데 인간의 지식을 위와 같이 영역별로 분류하는 방식도 있지만, 다른 방식으로 분류하여 연구하는 것이 인지심리학계의 최근 추세다. 원래 지식을 분류하여 방법적 지식(know-how)과 선언적 지식(know-that)으로 나눈 사람은 분석철학자 라일(Ryle, 1949)이었다. 그는 방법적 지식이란 무엇을 어떻게 하는가를 아는 지식, 즉 어떤 것을 아는 데 수단이 되는 지식이라고 하였는데, 이를 절차적 지식(procedural knowledge)이라고도 한다. 그리고 이에 비해 선언적 지식(declarative knowledge)은 방법적, 절차적 지식을 통해 획득되는 것으로서, 무엇이 어떻다는 것을 아는 것을 말한다. 즉, 통상 우리가 지식이라 할 때는 이러한 의미이고, 이는 흔히 책 속에 들어 있는 체계화된 정보로서 명제적 지식(propositional knowledge)이라고도 한다.

그 후 이를 교육심리학자 가네(Gagné, 1985)가 교수-학습 연구에 도입하였다. 그는 방법적 지식에는 문자나 숫자의 지각과 사칙연산을 하는 것과 같은 지적 기능(intellectual skills), 그리고 악기나 공을 다루는 것과 같은 운동 기능

(motor skills), 또한 도서관의 자료를 이용하는 것과 같은 학습전략 등의 인지 전략(cognitive strategies)이 해당된다고 하였다. 그리고 선언적 지식은 방법적 지식을 활용하여 획득된 언어 정보(verbal information)라 하였다.

그 후 인지심리학자 앤더슨(1990)은 이러한 절차적 지식과 명제적 지식들의 표상 방법과 획득 방법을 체계적으로 연구하였다. 먼저, 지식의 표상이란 우리가 우리의 장기기억과 작동기억 속에서 지식을 표현하는 방법이라고 했다. 그리고 나서 그는 방법적 지식의 표상 단위는 산출(production)이고, 선언적 지식의 표상 단위는 명제(proposition)라고 하였다.

여기에서 산출이란 '만일(if) ~하면, 그러면(then) ~한다' 와 같은 조건-행위 규칙을 말한다. 예를 들면, '만일 어떤 도형이 이차원의 평면이고, 세 변이 있으며, 세 변이 맞물려 있으면, 그러면 그 도형은 삼각형이다.' 와 같은 경우를 말한다. 이를 통해 우리는 삼각형이라는 도형을 지각하는 것이다. 그런데 피아노를 치는 것과 같이 복잡한 방법적 지식의 경우는 여러 개의 산출이 연속적으로 발생하는데, 이를 산출체제(production system)라 한다.

이러한 방법적 지식의 획득을 위해서는 많은 연습과 피드백이 필요하다. 그리고 그렇게 함으로써 방법적 지식은 자동화되어야 한다. 방법적 지식이 자동화되어야 선언적 지식의 획득이 순조로워진다. 연구에 의하면, 전문가들의 경우 초보자들에 비해 방법적 지식이 훨씬 더 잘 자동화되어 있다(이용남 외 역, 2005).

그리고 선언적 지식의 표상 단위는 명제인데, 이는 정보의 기본 단위로서 대략 하나의 아이디어에 해당한다. 명제는 알기 쉽게 문장으로 나타낼 수 있는데, 문장에는 논지(argument)를 나타내는 주부와 관계(relation)를 나타내는 술부가 있다. 예를 들면, '원은 둥글다.' 에서 '원' 은 논지를 나타내고, '둥글다' 는 관계를 나타낸다. 이러한 명제들이 여러 개 모여 명제 망(proposition network)을 형성한다.

그런데 이러한 선언적 지식들이 만들어 내는 명제 망은 여러 개의 문장들이 아무렇게나 우리 머릿속에 뒤섞여 있는 것이 아니다. 새로 들어온 지식은 가장 관련이 깊은 사전 지식, 즉 기존의 명제 가까이 놓여 서로 상하좌우의 연결 관계를 맺는다. 그렇게 함으로써 지식은 조직화(organization)되는 것이다. 한편 전문가들의 지식은 초보자들의 것에 비해 잘 조직화되어 있을 뿐 아니라 정교화(elaboration)도 잘 되어 있다. 정교화란 많은 사례나 세부사항이 조직화된 지식에 추가되어 있다는 것이다. 따라서 올바른 선언적 지식의 획득을 위해서는 방법적 지식을 자동화시킬 뿐만 아니라 꾸준한 획득을 통해 지식을 조직화, 정교화시켜 나가야 한다. 그리고 이러한 지식이 곧 수준 높은 사고력의 기반이 된다.

한편 폴라니(Polanyi, 1958)는 지식을 표면적, 공적(public) 지식과 인격적, 암묵적(tacit) 지식으로 구분하였다. 전자는 책이나 논문에 나타난 바와 같이 객관적, 공적으로 언술화된 지식을 말한다. 이는 체계적인 학습을 통해 획득 가능하다. 이에 비해 후자는 대단히 사적이고 내면적이어서 그것을 가진 사람과 직접 교류하고 체험하지 않으면 획득하기 어려운 지식이다. 여기에서 폴라니는 바로 이 후자의 중요성을 더 강조하는데, 이는 전문가 밑에서 도제처럼 수련을 받아야만 체득된다고 주장하였다.

# 5. 메타 인지

메타 인지(meta-cognition)를 초인지라고도 하는데, 메타 인지에서 메타란 '상위' 또는 '~을 너머'라는 뜻이다. 따라서 메타 인지는 '인지의 인지' '인지에 대한 인지'로서, 인지과정의 의식적인 통제절차라 할 수 있다. 즉, 지각-작동기억-장기기억-인출-반응산출과 같은 일련의 인지과정에 대한 통제과정이다. 그러므로 이를 인지전략이라고도 하는데, 예를 들면, 기억술, 공부전략, 문제해결전략 등이 그 예다.

한편 스턴버그(1994)에 의하면, 메타 인지는 정보처리를 유도하고 조정하는 과정이다. 이는 문제해결에 있어서 의사결정을 수행하는 데 사용되는 고차원의 통제과정으로, 여기에는 직면한 문제의 성격에 대한 결정, 과제수행 전략에 대한 결정, 그리고 외부의 피드백에 대한 정확한 해석 등이 포함된다 (Wagner & Sternberg, 1984). 다시 말해서 이는 목표를 설정하고, 목표를 어떻게 달성할 것인지를 계획하고, 목표달성을 조정하고, 계획을 수정하는 과정을 포함한다.

그런데 학교 학습 상황에서 성공 집단과 실패 집단을 비교해 보면, 메타 인지 능력에 있어서 차이가 나는 것을 알 수 있다. 일반적으로 학업상의 실패 집단 학생들은 과제 곤란도를 예언하고, 자신의 이해를 통제하고, 공부시간을 할당하고, 자신의 수행결과를 예언하는 데 어려움을 겪는다. 따라서 학생들의 메타 인지 능력을 기르기 위한 프로그램들이 많이 개발되었다.

하나의 예로 댄스로 등(Dansereau et al., 1979)은 대학생들의 일반적 학습능력을 기르기 위해 MURDER(살인)라는 프로그램을 개발했다. 여기에서 첫 번째 M은 공부할 기분(Mood)을 갖는 것을 말한다. 그다음 U는 이해(Understand)를 위한 독서를 의미한다. 그리고 R은 텍스트를 보지 않고 자료를 회상(Recalling)하는 것이다. 그다음 D는 자료를 소화(Digesting)하는 것이고, E는 스스로 탐구를 통해 지식을 확장(Expanding)하는 것이다. 마지막 R은 시험이나 연습문제에 있어 실수한 것을 검토(Reviewing)하는 것이다.

한편 벨몬트, 버터필드와 페레티(Belmont, Butterfield, & Ferretti, 1982)는 문제해결 능력을 기르기 위해 다음의 메타 인지 단계를 훈련할 것을 제안하였다. 첫째, 목표 결정하기다. 둘째, 목표에 도달할 계획 설정하기다. 셋째, 계획의 시도다. 넷째, 계획의 효과에 대한 질문이다. 다섯째, 계획이 실제로 수행되었는지에 대한 질문이다. 여섯째, 계획상의 잘못된 점에 대해 묻고 둘째 단계로 되돌아가기다.

또한 앞에서 다룬 사고력 신장을 위한 코빙턴 등의 『생산적 사고 프로그램』과 드 보노의 『CoRT 사고 프로그램』도 한편으로는 메타 인지 능력을 기르기 위한 프로그램들이다. 그런데 그 외의 많은 메타 인지 훈련 프로그램의 개발 및 보급에도 불구하고, 그 효과에 대해서는 아직 상당히 유보적이다. 와그너와 스턴버그(Wagner & Sternberg, 1984)에 의하면, 먼저 대규모 메타 인지 훈련은 아직은 비실제적이라는 것이다. 둘째, 메타 인지적 활동의 효과는 학생에 의해 자발적으로 나온 것이 아니라 외부에서 부과되면, 그 효과가 감소될 수 있다. 셋째, 어떤 전략이 좋다는 것을 안다고 해서 학생이 실제로 그 전략을 사용하게 되는 것은 아니다. 넷째, 전략이 효과가 있기 위해서는 잘 학습되어 실제 학습을 방해하지 않도록 수행되어야 한다. 다섯째, 특정 영역의 지식과의 관련보다 일반적 메타 인지 전략의 효과는 그 일반화에 한계가 있다는 것이다.

# 6. 지혜

## 1) 지혜의 의미

앞에서는 인간의 지적 능력으로서 그동안 학교교육에서 중요시되어 온 지능, 창의력, 사고력, 지식, 메타 인지에 대해서 다루었다. 그런데 우리가 살아가면서 부딪히는 문제 중에는 그러한 능력만으로는 해결되기 어려운 문제들도 많다. 예를 들면, 다음과 같은 문제가 발생했을 때는 어떻게 해야 하는가?

① 어떤 중학교 3학년 여학생이 임신을 했다. 그녀는 무엇을 생각하고 어떻게 해야 하는가?
② 어떤 고등학교 2학년 남학생이 결혼을 하고자 한다. 그는 무엇을 생각하고 어떻게 해야 하는가?

사실 이러한 문제에 정답이란 없다. 단지 우리는 당사자인 학생 자신뿐 아니라 남들에게도 피해가 가지 않는 최선의 해결책을 구할 수 있을 뿐이다. 그리고 살아가면서 어쩌면 이보다 훨씬 더 복잡한 문제나 난관에 부닥칠 수도 있다. 이때는 소위 지혜(wisdom)를 발휘해서 해결책을 찾아야 한다.

지혜란 바로 이와 같은 어려운 난관을 돌파하는 것으로서 대체로 지식, 경험, 이해 등을 기반으로 올바르게 판단하고 행동하는 힘이라 할 수 있다(김정희 역, 2004). 그러므로 지혜는 앞에서 다룬 지능, 창의력, 사고력, 지식 등 다른 인지적 특성과는 또 다른 특성이라 할 수 있다. 그런데 심리학에서는 최근에야 비로소 이에 대한 학문적 접근을 체계적으로 시도한 셈이다.

## 2) 지혜의 접근방법

### (1) 철학적 접근

지혜에 관한 가장 오래된 접근방법은 아마 철학적 접근일 것이다. 이에 대해서는 로빈슨(Robinson, 1990)이 검토하였는데, 그에 의하면 플라톤의 〈대화편〉에 지혜에 대한 개념이 잘 나타나 있다는 것이다. 〈대화편〉에는 3가지 서로 다른 의미의 지혜가 있다고 그는 지적한다. 첫째, 소피아(sophia)는 진리를 찾아 명상적인 생활을 추구하는 사람들이 보이는 지혜다. 둘째, 프로네시스(phronesis)는 정치나 법률가들이 보여 주는 실천적 지혜다. 셋째, 에피스테메(episteme)는 과학적인 관점에서 사물을 이해하는 사람들이 보여 주는 지혜를 말한다.

### (2) 묵시적 이론

지혜에 대한 묵시적(implicit) 이론은 일반 사람들이 가지고 있는 지혜의 의미를 이해하려고 한다. 이런 접근방법을 취한 학자로는 클레이튼(Clayton, 1975), 홀리데이와 챈들러(Holliday & Chandler, 1986), 스턴버그(1985b) 등이 있다. 먼저, 클레이튼이 발견한 지혜 있는 사람들의 특징은 경험, 실용성, 이해력, 그리고 지식이었다. 다음으로 홀리데이와 챈들러는 특출한 이해, 판단력과 의사소통 기술, 일반 능력, 대인 기술, 그리고 사회적 겸손을 들었다.

한편 스턴버그는 대학생들에게 40개의 행동 목록을 주고 지혜, 지능, 창의성과 관련된 행동을 분류하도록 하였다. 대학생들은 지혜와 관련된 것으로 추리력, 총명성, 학습력, 판단력, 정보의 신속한 활용, 그리고 통찰력의 6가지를 들었다. 그런데 일반인들은 실천적 문제해결력, 언어능력, 지적 균형과 통합, 목적 지향과 성취, 상황적 지능, 그리고 유동적 사고를 들었다. 두 경우 모두 인지적 능력과 그것의 사용은 중요한 것으로 나타났다. 그리고 지혜의 경우에는 지능에서 중요하게 나타나지 않은 균형 같은 것이 중요하게 나타났다.

### (3) 명시적 이론

지혜에 대한 명시적 이론은 지혜를 설명하기 위한 형식적 이론으로서 볼츠(Baltes)와 스미스(Smith)에 의해 주로 제안되었다. 그들은 지혜를 기본적인 생활사에 대한 전문지식과 중요하지만 불확실한 생활사에 대한 좋은 판단과 충고로 보는 관점에 기초했다. 그 결과, 지혜와 관련하여 3가지 요인, 즉 일반적 개인 특성, 전문적 특수 요인, 그리고 용이한 경험적 상황이 현명한 판단에 도움이 되는 것으로 거론되었다. 이런 요인들은 삶을 계획하고, 관리하고, 검토하는 데 사용된다(이용남, 신현숙, 2010).

그들에 의하면 지혜는 5가지 성분으로 구성되어 있다. 첫째, 풍부한 사실적 지식, 즉 삶의 조건과 변화에 관한 일반적 지식과 특수한 지식이다. 둘째, 풍부한 절차적 지식, 즉 인생사에 대한 판단과 충고의 전략에 관한 일반적 지식과 특수한 지식이 있다. 셋째, 생애에 걸친 상황론, 즉 삶과 관계된 상황에 관한 지식이다. 넷째, 상대론, 즉 가치, 목적, 우선순위에서의 차이에 관한 지식이다. 다섯째, 불확실성, 즉 인생의 상대적인 미결정과 불예측성, 그리고 관리방법에 관한 지식이다. 그래서 지혜가 많은 사람들의 삶에는 이러한 요소들이 더 잘 반영되어 있다.

## 3) 균형이론

지혜에 대한 균형이론은 이해관계의 균형에 초점이 있는데, 성공적 지능과 창의력을 지혜의 기반으로 본다. 그러나 성공적 지능과 창의력은 필요하지만 충분하지는 않다. 특히 중요한 것은 실천적 지능에 결정적인 암묵적 지식이다. 균형이론을 이루는 제 요소들의 관계를 그림으로 나타내면, [그림 2-4]와 같다.

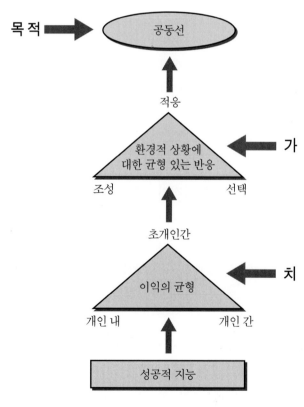

[그림 2-4] 균형이론 모형

출처: 최호영 역(2010).

[그림 2-4]에 나타나 있듯이, 지혜는 개인 내, 개인 간, 그리고 초개인적 이해관계 속에서 짧은 기간 또는 긴 기간에 걸쳐, 기존의 환경에 적응하거나 기존의 환경을 조성하거나 새로운 환경을 선택함으로써 균형을 이루어 공동선을 획득하기 위한 성공적 지능과 창의력의 적용이라 할 수 있다. 따라서 지혜는 자신의 이익과 타인의 이익, 그리고 공동체의 이익의 균형과 관계된다. 또한 지혜로운 문제해결에는 분명한 답이 없다는 점에서 지혜는 창의력과도 관련이 된다.

## 4) 지혜의 개인차

지혜에 대한 균형이론은 지혜의 개인차를 낳는 요인으로 다음의 7가지 원인을 든다. 이들은 균형 과정에 직접 영향을 주는 요인들이다. 이들을 하나씩 살펴보기로 한다.

### (1) 목적

사람에 따라 지혜의 핵심적인 목적인 공동선을 추구하는 정도가 다를 수 있다. 또한 무엇을 공동선으로 보느냐에 대해서도 다를 수 있다. 따라서 어떤 일에 대한 각자의 목적의식과 그것을 추구하는 열정의 정도에 따라 지혜가 서로 다르게 발휘된다. 그러나 그 결과가 지혜로웠는지 아닌지를 판정해 줄 것이다.

### (2) 환경에 대한 반응

사람에 따라 환경적 상황에 대한 반응이 다를 수 있다. 사람은 각자 여러 가지 방식으로 환경과 상호작용하므로, 반응은 그 결과로 나타난다. 그래서 사람에 따라 환경에 적응하기도 하고, 환경을 자기 의지대로 조성하기도 하며, 또 적응과 조성 사이에서 균형을 찾기 위해 노력할 수도 있다.

### (3) 이해관계의 균형

사람은 여러 가지 방식으로 이해관계의 균형을 이룰 수 있다. 자신의 이익만을 추구해서는 안 되고, 상대방의 이익도 고려해야 한다. 그리고 그와 함께 각자에게 약간의 손해가 있더라도 모두에게 이익이 되는 방향으로 의사결정을 내려야 한다.

### (4) 단기와 장기의 균형

사람에 따라 목적달성의 기간을 보는 관점도 다르다. 어떤 사람은 단기적인 목적에 치중하는 반면, 다른 사람은 장기적인 목적을 더 중시한다. 여기에서 지혜는 장기적 목적과 단기적 목적 사이의 적절한 균형을 꾀하는 일이다.

### (5) 암묵적 지식의 획득

어떤 일을 수행하는 데 동원되는 지식 중에는 공적이고 표면적인 지식보다는 사적이고 인격적인 암묵적 지식이 더 효용가치가 높은 경우가 많다. 왜냐하면 이는 현장 맥락에서 직접 체득한 것으로서 말로 표현할 수 없는 경우가 대부분이기 때문이다. 경험이 많고 지혜 있는 전문가 및 숙련가일수록 이러한 암묵적 지식이 더 풍부하다.

### (6) 암묵적 지식의 활용

그런데 사람들은 자신이 획득한 이러한 암묵적 지식을 활용하는 방법이나 정도에 있어서 차이가 있다. 지혜가 있는 현명한 사람들은 자신의 관점과 타인들의 관점을 균형 있게 조정하는 방식으로 암묵적 지식을 활용할 것이다. 그 때문에 경험이 많은 사람일수록 암묵적 지식이 더 많고, 또 상황에 맞게 이를 잘 활용하는 것이다.

### (7) 가치관

사람들은 이해관계를 조정하고 반응하는 과정에서 지능과 창의성의 활용을 매개하는 가치관이 다르다. 가치란 문화에 따라, 시·공간에 따라, 그리고 개인에 따라서도 다르다. 그러나 모든 문화권에 공통적인 몇 가지 핵심적 가치도 있다. 예를 들면, 정직, 성실, 보답, 동정심, 용기와 같은 것들이다. 지혜가있는 사람들은 이를 지키면서 현명한 판단을 하며 행동할 것이다.

### 4) 다른 능력과의 관계

지혜는 다른 심리적 구인들과 관련이 있지만, 그것들과 똑같은 것은 아니다. 지혜는 특히 지능, 창의력, 사고력 및 지식 등과 관계가 깊다. 그 관계를 구체적으로 살펴보면 다음과 같다(최호영 역, 2010).

첫째, 지식과의 관계다. 앞에서도 언급했듯이, 지식에는 학교에서 배우는공적, 표면적, 형식적, 명시적 지식과 삶의 현장에서 배우는 사적, 인격적, 비형식적, 암묵적 지식이 있다. 그런데 지혜에 더 필요한 지식은 대부분 전자보다는 후자인 경우가 훨씬 많다.

둘째, 지혜는 지능의 분석적 사고와 관련이 있지만, 수행 요소나 지식획득요소보다는 특히 상위의 메타 인지와 관련이 깊다. 어떤 문제가 발생할 경우, 그 문제를 정의하고, 해결 전략을 짜고, 자원을 배정하는 데는 아무래도 메타인지가 더 필요하다 할 수 있다.

셋째, 지혜에는 종종 창의력이 동원된다. 그러나 물건을 싸게 사서 비싸게파는 그런 종류의 창의력이 아니다. 창의력은 종종 경솔한 반면에 지혜는 균형적이다. 이런 점 때문에 지혜는 통찰력 있는 창의력과 관련이 있다. 이는 이해관계의 균형을 이루면서 높은 수준의 문제해결을 새롭게 모색하게 해 준다.

넷째, 지혜는 실천적 사고의 특별한 종류라고 할 수 있다. 이는 단기 또는장기에 걸쳐, 그리고 개인 내, 개인 간, 그리고 공동의 이해관계의 균형을 잡으면서, 환경에 적응, 선택, 조성하도록 하기 때문이다. 그러나 지혜에 실천적사고는 필요하지만 충분하지는 않다.

마지막으로, 지혜는 정서 지능, 개인 내 지능, 그리고 개인 간 지능 또는 사회적 지능과 어느 정도 관련이 있는 것 같다. 정서 지능은 이해, 판단, 그리고 감정을 조정하는 것과 관련된다. 그리고 개인 내 지능은 자신에 대한 통제력을 말한다. 또 개인 간 또는 사회적 지능은 어떤 목적을 위해 다른 사람을 이해하고 그들과 어울리는 데 적용될 수 있다. 지혜는 이런 지능들을 동원하여 공동선을 위해 최선을 다하는 것이다.

## 5) 어리석음

지혜의 반대는 어리석음이다. 지능이 높고 머리가 좋은 사람도 종종 어리석은 짓을 하는데, 그들이 특히 이에 민감하다. 그런데 어리석은 사람들은 흔히 4가지 오류를 범하기 쉽다. 이를 보면 다음과 같다.

### (1) 자기중심적 오류

이는 세상이 자기를 중심으로 돌아간다고 생각하기 시작할 때 일어난다. 다른 사람들은 단지 자신의 목적달성을 위한 과정 중의 수단이나 도구일 뿐이다. 똑똑한 사람들이 종종 어리석은 짓을 하는 이유는, 그동안 자신들이 똑똑하다는 것에 대해 많은 강화를 받았기 때문에, 자신의 약점을 보지 못해서다. 지혜는 이와 반대로 사람이 무엇을 알고 무엇을 모르는지를 아는 것을 필요로 한다.

### (2) 박식의 오류

이는 어떤 지식이든 자신이 원하면 마음대로 얻을 수 있다고 생각하는 데서 온다. 강력한 지도자는 전화 하나로 거의 모든 지식을 가질 수 있다. 그래서 사람들은 강력한 지도자가 거의 모든 것을 알고 있는 것으로 존경하게 된다. 그러면 강력한 지도자는 실제로 자신이 모르는 것이 없다고 착각하게 된다. 그리고 그 주위의 참모들도 또한 그렇게 생각하게 된다. 그렇기 때문에 그들은 종종 가장 어리석은 결정을 하기도 한다.

### (3) 전능의 오류

이는 개인이 가진 커다란 힘으로부터 나온다. 어떤 분야에서 그는 원하는 것은 무엇이든지 다 할 수 있다. 그 결과, 그는 자신의 힘을 과잉일반화하기 시작하고, 이 커다란 힘이 모든 영역에 미친다고 착각한다. 그래서 종종 다른 분야의 일에서는 커다란 어리석음을 범한다.

### (4) 불사신의 오류

이는 많은 참모를 거느리는 것과 같이 완벽한 보호를 받고 있다는 환상에서 나온다. 지도자들은 흔히 신호만 보내면 즉시 자신을 보호해 줄 준비가 되어 있는 사람들에 의해 둘러싸여 있다. 그 지도자들이 아부꾼들에 의해 둘러싸여 있을 수도 있다. 그런 경우 종종 어리석은 결정이나 행동을 할 수가 있다.

## 6) 지혜의 개발

사람이 살아가는 데는 지식만으로는 불충분하다. 지식을 가지고 있다고 해서 옳고, 건전하며, 정당하게 판단할 수 있는 것은 아니다. 지식인들 중 많은 사람이 잘못된 판단을 하여 불행한 삶을 살고 있다. 지혜를 개발하면 우리의 삶과 행동의 질을 향상시킬 수 있도록 판단하는 데 도움이 된다. 스턴버그 (2003)는 이와 관련하여 중요한 교수의 원리와 절차를 제시한 바 있다.

### (1) 지혜의 교수원리

그처럼 지혜가 중요하다면, 교육현장에서 학생들에게 지혜를 가르치고 개발하는 것이 중요하다고 하겠다. 지혜를 개발하는 방법과 관련하여 지혜의 균형이론에서 도출한 원리는 대체로 〈표 2-1〉과 같다(김정희 역, 2004).

〈표 2-1〉 지혜의 교수원리

① 만족스러운 성취감은 돈, 승진 등 전통적인 성취로는 불충분하다는 것을 탐색한다.
② 지혜로운 결정이 만족스러운 삶을 위해 왜 이익을 주어 중요한지를 보여 준다.
③ 상호의존성의 필요성을 학생들에게 가르친다.
④ 행하는 것이 말하는 것보다 더 중요하다고 지혜의 역할 모델이 되어 가르친다.
⑤ 지혜로운 판단과 의사결정에 대해 읽고 이해하도록 한다.
⑥ 자신의 이익, 타인의 이익, 그리고 전체의 이익을 인식하도록 한다.
⑦ 자신의 이익, 타인의 이익, 그리고 전체의 이익의 균형을 이루도록 돕는다.
⑧ 목적만이 아니라 목적을 이루는 방법도 중요함을 가르친다.
⑨ 환경에 대한 적응, 선택, 조성의 역할과 그들 간의 균형을 이루는 방법을 배우도록 한다.
⑩ 자신의 가치관을 형성하고, 비판하고, 통합하도록 한다.
⑪ 변증법적 사고를 강조하고, 질문과 대답은 시점에 따라 다름을 깨닫도록 한다.
⑫ 문답식 사고의 중요성을 보여 주고, 다양한 관점에서 사태를 이해하도록 한다.
⑬ 공동선을 찾고, 그것에 도달하도록 노력해야 함을 가르친다.
⑭ 지혜를 장려하고, 그에 대해 보상한다.
⑮ 삶 속에서 일어나는 사태에 대해 사고하고, 자신의 이익을 확인하도록 한다.
⑯ 자신과 집단의 이익 간의 불균형에서 오는 압박에 대처해 보도록 한다.

(2) 지혜를 위한 수업의 실제

지혜를 위한 수업의 실제 원리는 다음과 같다. 첫째, 학생들에게 현자들의 지혜를 배우고 반성적 사고를 하도록 동서양의 고전적인 문학작품과 철학책을 읽도록 한다. 현대 작품은 고전을 능가할 수 있을 때에야 비로소 그 타당성이 인정된다.

둘째, 학생들이 고전에서 배운 교훈을 자신과 타인의 삶에 활용하는 방법을 얘기하도록 토론, 연구과제(project) 수행, 논문작성을 하도록 한다. 특히 문답식과 변증법적 사고를 하도록 한다. 문답식 사고는 자신과 다른 관점에서 정당하게 사고할 수도 있음을 이해하도록 한다. 그리고 변증법적 사고는 아이디어가 과거에서 현재로, 또 현재에서 미래로 진화하는 과정을 이해하도록 한다.

셋째, 학생들에게 진리만 공부하는 것이 아니라 가치도 공부하도록 한다. 그들에게 가치관을 주입하는 것이 아니라 자신의 가치관을 개발하도록 한다.

넷째, 비판적 사고만이 아니라 분석적, 창의적, 실천적 사고의 중요성도 가르친다. 이는 개인, 타인, 그리고 공동체의 이익에 도움이 되는 좋은 목적을 달성하기 위한 것이라는 점을 깨닫도록 한다.

다섯째, 학생들에게 지식이 사용되는 목적이 중요하다는 것을 깨닫도록 가르친다. 지식은 더 좋은 목적뿐 아니라 더 나쁜 목적을 위해서도 사용될 수 있음을 생각하도록 한다.

여섯째, 교사들은 스스로 학생들에게 지혜의 역할 모델이 되어야 한다. 이는 많은 양의 지식을 주입하는 직접전달식 방법보다는 오히려 소크라테스의 문답식 대화법에 가까운 방법이다.


## 7. 인지양식


인간이 사물을 지각하는 방식에는 개인차가 있는데, 이를 인지양식(cognitive style)이라고 한다. 이와 같이 사물을 지각하는 방식은 학자들에 따라 서로 다른 명칭으로 분류되는데, 대체로 두 가지로 분류된다. 먼저 가드너(1960)는 엄격성(constricted) 대 융통성(flexible) 인지양식, 클라인(Klein, 1961)은 민감형(sharpening) 대 둔감형(leveling) 인지양식, 케이건(Kagan, 1964)은 분석적(analyticcal) 대 전체적(global) 인지양식, 그리고 위트킨 등(Witkin et al., 1977)은 장 독립적(field-independent) 대 장 의존적(field-dependent) 인지양식으로 분류하였다. 이 중에서 위트킨의 분류가 가장 많이 연구되고 인용되므로, 이를 중심으로 논의를 전개하기로 한다.

먼저, 장 독립적 인지양식은 어떤 사물을 지각할 때, 그 사물이 놓여 있는 배경이나 상황의 영향을 받지 않는 지각 방식이고, 장 의존적 인지양식은 그 사물의 배경이나 주위 상황의 영향을 받는 인지양식이다. 사람의 인지양식을 검사하는 방법으로는 막대 테두리 검사(Rod Frame Test), 신체 조정 검사(Body Adjustment Test), 잠입 도형 검사(Hidden Figure Test) 등이 있다.

　먼저, 막대 테두리 검사는 희미한 공간 속에서 회전하는 네모 테두리 안에 수직 막대를 세우는 검사다. 검사 결과, 장 독립적인 사람은 테두리의 기울어진 정도에 관계없이 막대를 수직으로 세울 수 있다고 주장한다. 이에 비해 장 의존적인 사람은 자기 몸과 막대도 테두리가 기운 만큼 기울여 테두리와 막대가 수직을 이루도록 조정하여 놓고 막대가 수직이 되었다고 한다.

　다음으로 신체 조정 검사는 회전식 방에 부착된 의자에 피험자가 앉아 자신의 신체의 수직 여부를 묻는 것이다. 이 실험에서 장 독립적인 사람은 방의 기울기 여부에 관계없이 자신의 신체를 수직으로 가늘 줄 안다. 이에 비해 장 의존적인 사람은 주위의 환경, 즉 장에 의해 자신의 위치 지각에 영향을 받아, 의자가 심하게 기울어져도 방과 자신의 위치가 맞으면 수직으로 앉아 있다고 지각한다.

　마지막으로 잠입 도형 검사는 [그림 2-5]와 같은 도형을 이용한다. 그림에서 보는 바와 같이, 왼쪽의 간단한 도형을 잠깐 보여 주고 숨긴 후에 오른쪽의 복잡한 도형 안에 그것이 있는지 없는지 찾아보게 하는 검사다. 검사 결과, 장 독립적인 사람은 쉽게 해당 그림이 있는지 없는지를 결정하지만, 장 의존적인 사람은 복잡한 도형 속에 간단한 도형이 없다고 하거나 찾는 데 많은 시간이 걸린다.

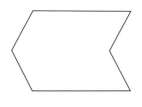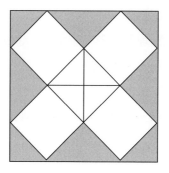

[그림 2-5] 잠입 도형 검사의 예

출처: 이용남, 신현숙(2010).

그런데 인지양식이 장 독립형 대 장 의존형으로 이분된다고 해서, 사물의 지각방식이 서로 완전히 다르고 또 같은 유형의 내부에서는 똑같다는 것은 아니다. 한쪽 끝의 장 독립형으로부터 다른 쪽 끝의 장 의존형 사이에는 연속선이 있어, 같은 인지양식 안에서도 개인차가 있다. 그리고 이러한 인지양식은 쉽게 변화하지 않는다.

대체로 장 독립적인 사람은 분석적, 논리적, 지시적이며, 남성에 더 많다. 그리고 그들은 개인주의적 성향이 강해 타인에 무관심한 경향이 있다. 또한 그들은 교과목에 있어서도 수학, 과학, 공학, 의학 등 자연계 교과를 좋아하고 과학자, 기술자, 의사와 같은 진로를 선호한다.

이에 비해 장 의존적인 사람은 종합적, 감성적, 비지시적이며, 여성에 더 많다. 그리고 그들은 사회 지향적이며, 타인의 감정과 사고에 민감하여 남을 배려하는 마음이 강하다. 또한 그들은 교과목에 있어서도 문학, 예술, 사회학, 경영학 등 인문사회 교과를 선호하고, 사회사업가, 성직자, 상담자와 같은 진로를 택하는 경향이 강하다.

한편 학교에서는 교사와 학생의 인지양식에 따라 교사의 교수행동, 학생의 학습행동, 그리고 교사와 학생의 인간관계에 영향을 준다. 장 독립적 인지양식의 교사는 교수법으로서 교사 지시적 강의법이나 학생 주도적 발견학습법을 선호한다. 이에 비해 장 의존적 인지양식의 교사는 수용적 분위기의 토의법을 선호한다.

한편 장 독립적 인지양식의 학생은 내재적 동기가 강해 비구조적 학습과제를 선호한다. 이에 비해 장 의존적 인지양식의 학생은 외재적 동기가 강해 학습목표가 분명하고 외적 강화체제가 있을 때 학습이 잘된다. 그리고 교사와 학생 간에는 서로 비슷한 인지양식을 가진 사람을 선호하는 경향이 있다.

# 8. 교육환경으로서의 인지적 특성

지금까지 고찰했듯이, 인간의 심리적 특성 중 인지적 특성에는 지능, 창의력, 사고력, 지식, 메타 인지, 지혜, 그리고 인지양식이 있었다. 이들은 서로 다른 연구의 역사적 배경을 가지고 있지만, 서로 간에 전혀 무관한 것은 아니다. 우선 앞에서 보았듯이, 최근에는 지능의 개념에 창의력을 포함시키기도 하고(예, Sternberg, 1994), 사고력에 창의력을 포함시키기도 한다(예, 한국교육개발원, 1991). 그리고 지능 및 사고력이 지식 및 메타 인지와 밀접한 관련을 가지고 있음도 우리는 앞에서 보았다. 또한 지혜도 창의력과 무관하지 않으며, 인지양식에 따라 우리가 선호하는 지식의 영역이 있음도 알게 되었다.

그런데 이러한 인지적 특성들 중 최근에 연구되기 시작한 지혜를 제외하고는 모두가 그동안 학교태에서 무엇보다도 중시되었다. 그 이유는 이들이 학업성취와 밀접한 관련을 가졌다고 간주되었기 때문이다. 다시 말해서 인지적 특성이 뛰어날수록 학업성취 정도가 높다는 것이다. 실제로 지혜와 인지양식을 제외한 다른 인지적 특성들은 대체로 학업성취와 높은 정적 상관관계를 가지고 있다.

그러나 교육과 교육환경을 재개념화할 경우, 교육은 학교태에서 벗어나 인류의 보편적 삶의 양상으로서 하화(下化)와 상구(上求)를 의미하게 되고, 교육환경 또한 교육을 둘러싼 주변 여건으로서 정치, 경제, 사회 등의 세속계와 학문, 예술, 종교 등의 수도계가 이에 해당된다. 이러한 경우 인간의 심리적 특성 또한 교육환경이 되는데, 그에 따라 인지적 특성들도 교육환경으로서 그 역할이나 비중이 변화하게 될 것이다.

학교태에서는 인지적 특성이 정의적 특성, 사회적 특성, 운동적 특성에 비해 그 비중이 더욱 크지만, 새로운 교육풍토에서 교육환경으로서 인지적 특성이 꼭 그렇다고는 볼 수 없다. 우리가 예상할 수 있듯이, 인지적 특성이 우수하면, 교육이 능률적, 효율적(efficient)으로 일어나고, 그 반대로 인지적 특성이 부족하면, 교육이 비능률적, 비효율적일 것이다. 그러나 인지적 특성이 부족하다고 해서, 교육이 효과가 없거나 불가능한 것은 아니다. 교육 차원에서 볼때, 인지적 특성이 우수해도 교육활동이 활발하지 못해, 오히려 비효과적인교육이 얼마든지 가능하고, 그 반대로 인지적 특성이 부족해도 교육활동이 활발하여 효과적인 교육이 가능하다. 인지적 특성이 부족하면 부족한 대로 바로그 곳(품위)이 교육의 출발점이 되는 것이다. 문제는 얼마나 활발한 교육활동이 일어나 지속되도록 해 주느냐가 관건이다.

따라서 인지적 특성은 교육의 필요조건은 되지만, 충분조건은 되지 못한다고 할 수 있다. 그러므로 교육이 활발히 전개되기 위해서는 다른 여건들의 조성이 필요한데, 여러 가지 교육환경 중에는 심리적 특성으로 정의적 특성도 이에 해당된다고 할 수 있다. 다음 장에서는 이에 대해 자세히 고찰하고자 한다.

# 제3장

## 학습 관련 정의적 특성

# 1. 동기

인간의 정의적 특성 중 학습 관련 특성에는 동기, 태도, 자아개념, 흥미, 귀인, 기대, 불안 등이 있다. 이 중에서 앞의 6가지는 학업성취와 정적(+) 상관관계를 가지고 있다. 즉, 이러한 정의적 특성이 높을수록 학업성취 정도가 높고, 낮을수록 학업성취 정도도 낮다는 것이다. 그러나 마지막 불안 중에서도 특히 시험 불안은 학업성취와 부적(-) 상관관계를 가지고 있다. 다시 말해서 시험 불안은 부정적 정서로서 그것이 높으면 학업성취가 낮고, 그 반대로 그것이 낮은 학생들이 대체로 학업성취가 높다는 것이다.

먼저, 동기(motive)의 어원을 살펴보면, '움직이다'는 뜻의 영어 단어 'move'와 마찬가지로 라틴어에서 '움직이다'는 뜻의 단어 'movere(모베레)'에서 유래한다. 따라서 동기란 행동을 일으키는 원인이 되는 우리 내부의 욕구 또는 심리적 에너지라고 할 수 있다. 그런데 동기는 어떤 목표 대상을 지향하므로 행동에 방향을 정해 주는 기능이 있다. 그리고 동기는 어떤 행동을 얼마나 강하게 유지하게 하는지 행동의 강도와도 관계가 있다.

머레이(Murray, 1938)는 여러 가지 동기를 찾아 분류하였는데, 그중에서 특히 많이 연구된 동기에는 성취동기, 권력동기, 친애동기가 있다. 이 중에서 학교 학습과 관련이 깊은 것은 성취동기라고 할 수 있다. 왜냐하면 학교야말로 학업성취를 중심으로 가장 성취 지향적인 사회의 하나이기 때문이다. 그런데 학교에서 학생들에게는 우선 학습이라는 활동이 당면과제이므로, 이에 대해 먼저 살펴보기로 한다.

## 1) 학습동기

학습동기(learning motive)란 학생이 학습을 시작하여 얼마나 지속적으로 그 활동에 임하는지에 관련된 동기라고 할 수 있다. 그런데 학생들이 학습을 시작하는 이유는 여러 가지가 있을 수 있다. 어떤 학생들은 무엇인가 모르는 것에 대한 답을 찾기 위해 공부한다. 이에 비해 어떤 학생들은 부모나 교사에게 칭찬을 받기 위해 공부하기도 한다. 전자를 흔히 내재적 동기라 하고, 후자를 외재적 동기라 한다.

좀 더 자세히 말하면, 내재적 학습동기는 학습자가 자신의 지적 호기심을 충족시키기 위해 학습하는 것인데, 이는 외부의 보상과는 관계없이 공부하는 것 그 자체가 좋아서 학습하는 동기다. 또한 무엇인가 모르는 것을 알려고 흥미를 가지고 학습에 임해 거기에서 바라는 답을 찾고, 그 결과 만족감이나 성취감을 맛보려는 동기를 말한다. 따라서 내재적 동기가 강한 학습자가 갖는 목표는 숙달목표(mastery goals)(Dweck, & Leggett, 1988) 또는 과제 관여 목표(task-involved goals)다(Nicholls, 1984).

이에 비해 외재적 학습동기는 학습자가 외부로부터 주어지는 상벌에 의해 학습이 유발되는 동기를 뜻한다. 예를 들면, 칭찬, 점수, 보상, 상장을 받거나 비난, 벌, 압력 등을 피하기 위해 학습하려는 동기를 말한다. 따라서 외재적 동기에 의해 학습하는 학생은 학습활동 자체보다는 그 결과에 더 관심이 많다. 그러므로 외재적 동기가 강한 학습자가 갖는 목표는 수행목표(performance goals) 또는 자아 관여 목표(ego-involved goals)다.

그런데 학교에서는 내재적 동기나 외재적 동기 다 필요하다. 바람직한 것은 학생들이 내재적 동기에 이끌려 학습하는 것이지만, 모든 학생들에게 당장 이를 기대하기는 쉽지 않다. 처음부터 내재적 동기에 의해 학습하는 학생들은 대체로 소수이고, 처음에는 외재적 동기에 의해 학습하다가 차츰 학습하는 재미와 즐거움을 맛보는 가운데 내재적 동기가 유발되는 경우가 보통이다. 다행히 학교에서 가르치는 교육의 소재들은 인류가 오랫동안 갈고닦아 쌓아 올린 문화유산 중에서 최고의 결정체라고 생각되는 것을 선정해 놓은 것으로서, 지속적으로 학습활동을 하다가 보면, 대체로 내재적 동기가 유발되게 되어 있다.

이러한 내재적 동기 유발과 관련하여 브루너(Bruner, 1966)는 일찍이 하나의 제안을 한 바 있다. 그에 의하면 학습과제가 적절한 불확실성(optimal uncertainty)을 가져야 한다는 것이다. 쉽게 말하면, 학습과제가 학습자의 현재 지적 수준에 비해 약간 어려운 것으로서 알 듯 말 듯 해야 한다는 것이다. 그래 야 학습자의 지적 흥미나 호기심을 유발할 수 있어 학습활동에 지속적으로 임 하게 된다고 하였다.

## 2) 성취동기

머레이의 제자 중에서 맥클랜드(McClelland, 1965)는 성취동기(achievement motive)에 특히 관심을 집중하였다. 그에 의하면, 성취동기란 기대 수준이 탁 월성(excellence)에 있는 동기를 말한다. 여기에서 탁월성이란 높이 평가 받을 수 있는 업무수행의 정도를 말한다. 다시 말해서 성취동기란 탁월한 업적을 남기려고 하는 욕구라고 할 수 있다. 따라서 성취동기를 성취욕구(need for achievement: n Ach)라고도 한다.

그런데 이러한 성취동기를 측정할 때는 흔히 심리검사에서 사용되는 일반 적인 지필검사와는 다른 주제통각검사(Thematic Apperception Test: TAT)를 이 용한다. 이는 프로이트의 자유연상법(free association)에서 시사 받은 바가 크 다. [그림 3-1]과 같은 애매한 그림이나 사진을 약 20초 정도 보여 주고, 다음 요령에 따라 이야기를 만들어 작문하도록 한다.

첫째, 무슨 일이 일어나고 있는가? 등장인물은 어떤 사람(들)인가?
둘째, 과거에 무슨 일이 있어서 사태가 이렇게 되었는가?
셋째, 등장인물(들)은 무엇을 생각하며 원하고 있는가?
넷째, 장차 어떤 행동을 해서 무슨 일이 일어날 것 같은가?

이러한 검사에 의해서 성취동기를 측정하면, 성취적 사고를 하는 사람은 대 체로 다음과 같은 특징이 있다. 첫째, 자기가 하는 일 그 자체를 좋아한다. 둘 째, 타인과의 경쟁에서 이기려는 욕구가 강하다. 셋째, 자신이 설정한 탁월한

**[그림 3-1] 주제통각검사에 사용되는 그림**

출처: 이용남, 신현숙(2010).

목표 수준과 경쟁해서 현재의 자신보다 월등한 인물로 발전하려는 욕구가 강하다. 넷째, 비범한 과업에 가담하여 독특한 업적을 달성하여 명성을 떨치려는 욕구가 강하다. 다섯째, 장기적인 목표를 세우고 이를 달성하기 위해 온갖 노력과 지략을 투자한다(정범모, 1974).

원래 성취동기에 대한 연구는 교육 밖의 경제 분야에서 먼저 연구되었다. 경제가 발전된 서구 국가들은 제3세계의 여러 나라에 비해 국민들의 성취동기가 대체로 높다. 그 원인의 하나는 각국의 교과서를 분석해 보면 알 수 있다. 서구 국가들의 교과서들이 훨씬 더 성취 지향적인 내용을 담고, 학교에서 이를 학생들에게 가르치기 때문이다. 이에 비해 제3세계 국가들의 교과서는 대부분 그렇지 않다.

그 후 학교 자체가 성취 지향적인 사회이므로 학교에서도 성취동기에 관심을 가졌다. 같은 능력을 가진 두 학생이 있는 경우, 성취동기가 더 높은 학생의 학업성취가 더 높다는 실증적 연구들이 많이 있다. 그래서 성취동기를 육성하기 위한 프로그램들도 개발되었다.

# 2. 태도

일반적으로 신념(belief)이란 어떤 사람이 다른 사람, 대상, 아이디어에 대해서 갖고 있는 사실적, 비사실적 정보를 말한다. 예를 들면, "나는 그 사람이 성실하다고 믿는다."면, 이는 곧 그 사람에 대한 나의 신념을 나타낸다. 따라서 신념은 어떤 사람이 실제로 성실한지 성실하지 않은지는 모르고, 자기가 가지고 있는 정보의 한계 내에서 갖는 믿음이다.

이에 비해 태도(attitude)는 어떤 사람, 대상, 아이디어에 대한 일반적이고 지속적인 평가적 지각이다. 따라서 태도는 어떤 것에 대해 좋아하거나 싫어하는 호오(好惡, like-dislike)의 감정이나 어떤 의견에 대해 찬성하거나 반대하는 감정 상태를 말한다. 예를 들면, "나는 학교가기를 좋아한다." 또는 "나는 한국군의 이라크 파병을 반대한다."는 것은 어떤 사람의 태도를 나타내는 진술이다.

태도를 나타내는 영어 단어 attitude의 어원은 라틴어 apto(적성, aptitude 또는 fitness)와 acto(신체적 자세)인데, 이는 모두 산스크리트어로 '행동' 또는 '하다'는 의미를 가진 ag에서 온 것이다. 원래 18세기에 태도는 신체적 방향 또는 자세를 의미했다. 그런데 19세기 중엽 스펜서(Spencer)와 베인(Bain)은 태도를 행동 준비를 위한 내적 상태의 의미로 사용했다.

한편 갤튼(Galton)은 서로 간의 신체적 방향에 따라 대인 간 태도의 측정 가능성을 주장했다. 그리고 20세기 초 서스톤(Thurstone)이 태도의 결정요인에 대해 경험적 연구를 통한 측정 가능성을 주장했다. 그는 자신의 물리심리학(psychophysics)에 기반을 두고, 태도를 신체적 방향보다는 어떤 자극에 대한 순수한 정의적 지각, 즉 감정으로 파악했다. 또한 그는 단일 차원의 연속선상에 최대의 긍정부터 최대의 부정까지 일련의 진술문을 배열함으로써 태도를 잴 수 있는 자기보고식 척도를 개발했다(Cacioppo, Petty, & Crites, Jr., 1994).

## 1) 학업 태도

여러 가지 태도 중에서 학교 상황에서는 학업 태도(academic attitude)가 가장 중요하다고 할 수 있다. 이는 학교에서 공부를 하고 성취를 하는 것에 대해 좋아하는지 싫어하는지, 또는 긍정적 혹은 부정적 감정을 가지고 있는지를 말한다. 학업 태도와 관련된 것에는 학습, 교과, 교사, 그리고 학교가 있을 수 있다.

먼저, 학습 태도(learning attitude)란 학교에서 공부하는 것 자체를 좋아하는지 싫어하는지에 관계된다. 그리고 교과 태도(subject matter attitude)는 특정 교과 내지 교과 일반을 좋아하는지 싫어하는지와 관계가 있다. 교사 태도(teacher attitude)란 특정 교사 내지 교사 일반에 대한 호감 또는 비호감의 정서를 갖는 것을 말한다. 마지막으로 학교 태도(school attitude)란 이러한 태도들이 일반화되어 전반적으로 학교 가기를 좋아하는지 싫어하는지와 관계된다.

학업 태도가 긍정적인 학생들은 전반적으로 학습활동이 적극적이다. 따라서 학업성취 정도도 높다. 이에 비해 학업 태도가 부정적인 학생들은 일반적으로 학습활동이 매우 소극적이다. 그 결과, 학업성취가 낮고, 어떤 변화를 유도하는 조처가 취해지지 않는 한 이러한 악순환은 계속되기 쉽다.

## 2) 태도 형성

태도란 '자유 발언은 좋다.' 거나 '전체주의 정치체제는 나쁘다.' 와 같이 어떤 대상에 대한 평가다. 그런데 태도는 일단 형성되면, 사회적 환경을 해석하는 간단한 으뜸률(rule of thumb)로 작용하여 행동의 지침이 된다. 이러한 태도 형성(attitude formation)에 작용하는 것으로는 문화, 세대 또는 동년배(cohort)의 영향, 사회적 역할, 법률, 대중매체, 소속 기관, 학교, 부모와 가족, 동료 및 참조 집단(reference group), 그리고 직접 경험 등이 있다(Douglass & Pratkanis, 1994).

### 3) 태도 변화

태도 변화(attitude change)는 어떤 사람, 대상, 문제에 대한 개인의 일반적이고 지속적인 호불호의 평가적 지각상의 변화를 말한다. 그런데 교육으로 인한 지식이나 기능의 변화, 타인의 감사나 재제에 의한 행동의 변화, 즉 순응(compliance), 생득적인 반사행동이나 고정된 행동양식, 나이에 따른 활력의 저하로 인한 불가역적 변화는 태도 변화가 아니다. 태도 변화는 강요에 의하지 않은 자기 통제나 사회적 통제의 특수한 형태다.

역사적으로 물리적 힘에 의하지 않고 태도 변화에 의해 사회적 통제를 한 시기는 4번뿐이었다. 먼저 플라톤과 아리스토텔레스가 설득을 중요시한 고대 아테네의 약 100년간, 키케로(Cicero)가 웅변과 설득에 대해 저술한 고대 로마의 약 100년간, 이탈리아 문예부흥기(Renaissance) 약 100년간, 그리고 현재의 대중매체 시대다. 현재의 대중매체 시대에 적절한 태도 변화 방법에는 다음과 같은 것들이 있다(Cacioppo, Petty, & Crites, Jr., 1994).

#### (1) 행동수정

태도 변화 방법으로서 우선 행동주의 심리학의 행동수정(behavior modification) 방법들인 조건화(conditioning)와 모형화(modeling)가 있다(이성진, 2006). 먼저 조건화에는 고전적(classical) 조건화와 조작적(operant) 조건화가 있는데, 전자는 쾌, 불쾌 상황과 관련하여, 그리고 후자는 긍정적, 부정적 결과와 관련하여 호, 불호의 태도가 형성된다고 설명한다. 그런데 이는 태도 변화보다는 태도 형성에 더 효과적인 방법이라고 할 수 있다. 그리고 모형화 이론은 남의 행동을 관찰하고 나서 주위에서 강화를 받으면 모방하는 것이므로 태도 형성의 간접적, 대리적 측면을 설명해 준다(홍준표, 2009).

#### (2) 언어 학습

태도 변화는 제2차 세계대전 중 가장 활발했다. 특히 대중매체를 통해 연합

군을 선발하고, 세뇌시키며, 아군의 사기를 유지하고, 적군의 사기를 떨어뜨리는 데 이용했다. 특히 호블런드(Hovland)가 주축이 되어 '누가, 무엇을, 누구에게 말해, 어떤 효과가 있었는지'에 연구의 관심이 집중되었다.

이 접근방법에서는 태도 변화에 영향을 주는 메시지의 학습과 설득의 결정 요인에 관심을 가졌다. 독립변인으로서는 정보원의 전문성과 신뢰성, 일방적 또는 쌍방적 메시지의 전달 방식, 메시지 수용자의 성별과 지능, 그리고 시각, 청각, 또는 시청각 의사소통 방식의 효과에 관심을 가졌다. 그리고 종속변인으로서는 설득 메시지에 포함된 논지에 대한 주의, 이해, 파지(retention) 정도를 측정했다.

### (3) 지각-판단

이는 태도 변화 시 개인의 과거 경험에 따라 판단에 영향을 받는다는 접근 방법이다. 여기에서는 동화(assimilation)와 대조(contrast)라는 2가지 판단의 왜곡(judgmental distortion) 현상이 중요하다. 먼저 동화는 핵심부(anchor)를 지향하는 판단의 변화이고, 대조는 핵심에서 이탈하는 판단의 변화다. 그런데 핵심부는 두드러진 상황적 자극에 대한 평균적, 정의적 가치 또는 개인의 초기 태도가 되기도 한다.

### (4) 인지적 일관성

이는 태도 변화란 개인이 인지적 요소, 즉 정보 단위 간 일관성 또는 평형을 유지하려 할 때 잘 일어난다는 접근방법이다. 일관성이 깨진 비평형(disequilibrium) 상태는 불유쾌한 감정을 유발하는데, 사람들은 이를 없애기 위해 요소들 간의 일관성을 회복하도록 동기화된다. 이때 이를 설명하는 2가지 주요 이론이 있다.

먼저 하이더(Heider)의 균형(balance) 이론은 정보의 요소와 그들 간의 관계에 대한 개인의 견해를 강조한다. 균형은 모든 요소가 내적 일관성을 이루는 조용하고 조화로운 동기 상태다. 따라서 균형은 좋아하는 것에 동의하고 싫어하는 것에 동의하지 않은 상태다. 그리고 불균형은 좋아하는 것에 동의하지 않거나 싫은 것에 동의한 경우다.

페스팅거(Festinger)의 인지 부조화(cognitive dissonance) 이론은 사람들은 자신의 생각과 다른 것을 접했을 때, 이를 원 상태로 회복하려고 노력하고, 이때 태도 변화가 가장 잘 일어난다는 것이다. 따라서 신뢰성 낮은 정보원, 낮은 유인가, 많은 노력, 또는 적절한 위협이 태도 변화를 잘 일으킨다는 것이다. 이는 외적 행동을 변화시킴으로써 내적 상태인 태도에 변화를 주려는 것이다.

### (5) 귀인

귀인(attribution)은 행동의 원인에 대한 추론을 말한다. 행동의 원인에 대한 개인의 추론이 태도의 적절한 매개자가 될 수 있다. 이에 따르면, 첫째, 그럴듯한 원인이 많을수록 단일한 원인의 생명력이 약화된다는 감소(discounting) 원리가 작용한다. 둘째, 증폭(augmentation) 원리로서 기득권에 반하는 주장을 하는 정보원이 더 설득력 있는 것처럼, 예기치 않은 행동일수록 귀인이 더 잘 된다는 것이다.

### (6) 확률론

태도 변화는 논리적 일관성과 쾌락적 일관성(hedonic consistency), 즉 개인적 희망사항의 함수라는 것이다. 먼저 피시바인(Fishbein)과 에이젠(Ajzen)의 합리적 행위(reasoned action) 이론은 태도 저변의 신념, 태도의 합리적 근거, 태도와 행동의 일관성을 강조한다. 이에 따르면, 행동의 최대 예언자는 개인의 행동 의도(intention)인데, 이는 행동에 대한 태도와 주관적 규범의 함수다. 그런데 이는 투표와 같은 자발적 행동은 예언을 잘하나, 담배 끊기나 체중조절과 같은 무의도적 행동의 예언에는 잘 안 맞는다는 단점이 있다. 최근의 계획적 행동(planned behavior) 이론은 개인의 태도와 주관적 규범 외에 행동에 대한 개인의 통제력 지각 정도를 포함시킨다. 그 외에 태도와 행동의 일관성에 대한 다른 이론들은 문제에 적절한 사고, 태도에 대한 기억 내 접근 용이성,

자기 규제와 인지 필요성 정도, 행동의 의도성 등도 강조한다.

### (7) 자기 설득

자기 설득(self-persuasion) 이론은 태도 변화란 외부에서 제공된 정보의 결과보다는 자신이 가진 사고, 아이디어, 주장의 결과라는 것이다. 사람은 설득적 의사소통의 기회를 만나면, 문제에 적절한 정보, 즉 메시지의 주장을 자신이 가진 사전 지식과 관련지으려는 경향이 있다. 그래서 태도 변화의 성격과 정도는 문제에 적절한 사고의 쾌락적 균형이 결정한다는 것이다.

## 3. 자아개념

### 1) 자아개념의 의미

자아를 나타내는 서양의 용어에 self와 ego 2개의 단어가 있다. 먼저 self는 의식적, 무의식적으로 느끼는 전체적인 자신을 말한다. 이에 비해 ego는 의식적으로 느끼는 자신이다. 따라서 우리가 자아개념(self-concept)이라 할 때는 자기 자신에 대한 총체적 지각으로서 자신의 생각, 감정, 태도의 전체라고 할 수 있다. 여기에는 자신의 과거 경험, 현재의 사회적 상황, 미래에 대한 기대 등이 영향을 미쳐 일관성 있는 하나의 체계를 만들어 낸다.

### 2) 자아개념의 구조

자아개념에 대한 연구들을 보면, 자아개념이 [그림 3-2]와 같이 위계 구조를 이루고 있다고 본다(송인섭, 1998; Shavelson & Marsh, 1993). 이 그림을 보면, 위계상 맨 위에 일반적 자아개념이 있고, 그 아래에 학문적 자아개념과 비학문적 자아개념이 있다. 이 비학문적 자아개념에는 신체적, 정서적, 사회적 자

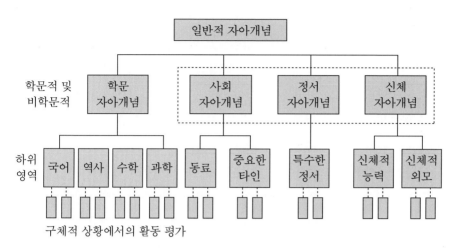

[그림 3-2] 자아개념의 위계 구조

출처: Shavelson & Marsh(1993).

아개념이 포함된다. 위계의 맨 아래에는 구체적인 자아개념들이 있다. 먼저 학문적 자아개념에는 국어, 수학, 과학, 사회 등과 같은 구체적 교과목의 능력에 대한 자아개념이 있다. 그리고 비학문적 자아개념 중 신체적 자아개념에는 신체적 능력과 외모에 대한 자아개념, 정서적 자아개념에는 희로애락의 구체적 정서에 대한 자아개념, 그리고 사회적 자아개념에는 자신의 동료, 부모, 교사 등 중요한 유의미한 타자(significant others)와의 관계에 대한 자아개념이 있다(Shavelson, Hubner, & Stanton, 1976).

## 3) 자아개념과 학업성취

자아개념 중에서 학업성취와 가장 관계가 깊은 것이 학문적 자아개념이다. 이러한 학문적 자아개념을 능력 자아개념이라고도 한다. 왜냐하면 이는 각 교과의 능력과 밀접한 관련을 가지고 있기 때문이다.

그런데 학문적 자아개념은 한편으로는 학업성취의 결과로 형성된 것이지만, 다른 한편으로는 후속하는 학습의 선행조건이 되기도 한다(Bloom, 1976).

학교에서 계속해서 높은 학업성취로 인해 성공적인 경험을 하는 학생의 학문적 자아개념은 계속해서 긍정적인 방향으로 발달한다. 이에 비해 계속해서 낮은 학업성취로 인해 실패 경험을 하는 학생의 학문적 자아개념은 부정적인 방향으로 발달한다. 그리고 학문적 자아개념이 긍정적인 학생들은 학습동기가 높아 학습활동을 더욱 적극적으로 하고, 또 이로 인해 높은 학업성취를 거두게 된다. 이에 비해 학문적 자아개념이 부정적인 학생들은 학습동기가 낮아 학습활동도 훨씬 더 소극적이고, 그 결과 낮은 학업성취를 거두게 된다.

그러면 구체적으로 학문적 자아개념과 학업성취 간에는 어느 정도 관계가 있는가? 핸스포드와 해티(Hansford & Hattie, 1982)는 20개의 연구에서 얻은 상관계수들을 기초로 메타 분석한 결과, 학문적 자아개념과 학업성취 간의 상관계수가 .42 정도라고 보고하였다. 이는 상당히 높은 정적 상관관계라고 할 수 있다. 또한 상관계수를 제곱하면 결정계수라는 통계치가 나오는데, 이는 학업성취의 약 17~18%($.42^2 = .1762$)가 학문적 자아개념에 의해 예언 또는 설명된다는 뜻이다.

## 4. 흥미

흥미(interest)의 어원은 inter + esse로서 '사이에 있는 것'의 의미다. 이는 곧 거리가 있는 두 사물을 관련짓는 것을 뜻한다. 따라서 흥미란 활동 차원에서 이야기하자면, 초기의 미완성된 상태와 나중의 완성된 상태가 구분되어 있으며, 그 사이의 중간단계가 있다는 것이다. 그래서 흥미란 활동들을 서로 떨어진 것으로 파악하는 것이 아니라, 끊임없이 발전되어 가는 사태의 한 부분으로서 서로 연결된 것으로 파악한다는 뜻이다(이홍우 역, 1996).

한편 흥미는 활동의 핵심이 되는 대상, 그리고 그 활동을 실현하는 데에 수단과 장애를 제공하는 대상에 마음이 사로잡혀 있다는 뜻이다. 그래서 어떤 사람이 어떤 것에 흥미가 있다고 할 때는 그 사람이 그 대상에 몰두한다든가 푹 빠져 있다는 그의 개인적 태도를 직접 강조한다. 이렇게 보면, 흥미란 개인적인 정서적 경향성으로서 어떤 대상에 자아가 몰입되어 있는 상태를 나타낸다.

　교육적 측면에서 흥미의 중요성을 설파한 인물이 바로 듀이(Dewey, 1916)인데, 그는 학습이 진정한 학습자의 흥미에 의해서가 아니라 강요에 의해서 행해진다면, 그것이 비록 효율적이라 해도 비효과적이라고 했다. 다시 말해서 교육적 상황에서 학습자가 학습을 잘하고(효과적으로), 그리고 빨리 학습하기 위해서는(효율적으로), 그가 배워야 할 학습에 흥미를 가지고 있어야 한다. 그리고 타일러(Tyler, 1973)에 의하면, 만일 학습자가 학습에 흥미를 가지고 있지 않으면, 교사에게는 어떤 형태의 강요가 필요하게 된다. 여기에서 강요란 대체로 외재적 동기유발 방법을 의미한다. 그러나 이러한 강요된 외재적 방법은 장기적으로 볼 때 그 효과가 의문시되는 경우가 아주 많다.

　흥미는 학습 자료가 학생의 활동을 일으키고, 그것을 일관성 있게 그리고 지속적으로 수행하도록 하는 기능이 있다. 그러므로 흥미는 학습에서 대단히 중요한 정의적 특성이라는 사실을 알 수 있다. 특히 흥미는 구체적 교과목을 학습하는 데 있어서 목적을 위한 중요한 수단이 된다. 물론 교과목의 학습에 있어서 그 목적은 인지적 수업 목표를 효과적, 효율적으로 학습해 내는 것이다. 따라서 학생이 어떤 교과목이나 학습 자료에 흥미가 있어야 그것의 학업 성취가 높아진다고 할 수 있다.

　흥미에 대한 교육심리학적 접근에서 보면, 흥미는 사람으로 하여금 주의집중 또는 획득을 위해 어떤 특정한 대상, 활동, 이해, 기술, 또는 목표를 추구하도록 충동질하는 경험을 통하여 조직된 기질이다(Getzels, 1966). 흥미의 중요한 특징의 하나는 바로 그 강도인데, 흥미는 비교적 높은 강도를 가진 정의적 특성이다. 또한 흥미는 어떤 대상을 추구하도록 만들기 때문에 행동 지향적이다. 그리고 흥미는 무흥미로부터 높은 흥미까지에 걸친 범위를 지니고 있다. 또한 흥미는 학습된 것이며, 또 학습을 통하여 조직된다.

　그런데 흥미에 대한 초기 과학적 연구는 교육 분야보다는 군대나 산업계에서 먼저 시작되었다(Alkin, 1992). 이때의 흥미란 개인의 정서적 경향성보다는 능동적 발달의 전반적 상태, 즉 사람이 종사하는 일, 직업, 전문적 활동 등을 말한다. 예를 들면, 그 사람의 흥미가 정치, 언론, 자선사업, 고고학, 한국화, 은행업이라고 말하는 경우다.

일찍이 미군은 신병들의 군무에 대한 배치에 있어 해당 업무에 대한 능력 외에 그 업무에 대한 태도, 즉 직업적 흥미를 중시하였다. 그 후 산업계에서도 인력의 선발, 배치, 훈련에 있어 흥미의 중요성을 도입하였다. 그리고 나서 교육계에서도 이를 도입하기 시작하였다. 예를 들면, 상담에서 자신에 대해 더 잘 알고 싶어 하는 내담자를 위해서, 그리고 개인의 교육, 훈련, 진로를 계획하기 위한 정보를 위해서 흥미를 측정하였다(Alkin, 1992).

흥미를 측정하는 검사는 대단히 많이 개발되었는데, 그중에서도 스트롱(Strong, 1966)의 직업흥미 검사(the Strong Vocational Interest Blank)와 쿠더(Kuder, 1966)의 직업흥미 검사(the Kuder Occupational Interest Survey)가 가장 유명하다. 전자는 맨 처음에는 1920년대에 개발되었는데, 그 후 여러 차례에 걸쳐 개정되었다. 이는 요인분석(factor analysis)이라는 통계적 방법을 이용하여 과학, 사회복지, 문학, 노동, 문서보존, 기업, 미학 요인을 찾아냈고, 따라서 이 분야의 흥미를 측정한다. 후자 또한 맨 처음에는 1930년대에 개발되었는데, 그 후 몇 차례 개정을 하였다. 이 또한 같은 방법을 이용하여 기계, 계산, 과학, 설득, 미술, 문학, 음악, 사회봉사 및 사무 요인을 찾아냈고, 따라서 이러한 분야의 흥미를 측정한다.

그 후 홀랜드(Holland, 1973)는 직업 세계와 관련된 6가지 흥미의 유형을 발표하고, 이를 측정할 수 있는 검사를 개발하였다. 6가지 흥미의 유형이란 현실적, 탐색적, 예술적, 사회적, 기업적, 전통적 흥미다. 그런데 그는 이 6가지 유형의 흥미를 찾는 데에서 더 나아가, 각각의 흥미 점수를 여러 가지 방식으로 조합하면, 개인과 직업의 많은 특징을 파악할 수 있다고 제안하였다.

앞에서 보았듯이, 흥미는 학생들의 학습에 있어서 아주 중요한 정의적 특성이다. 그런데 그동안 흥미는 주로 직업 세계와 관련해서 연구되었다. 그리고 학생들의 학습과 관련해서는 과학적으로 거의 연구되지 않았다. 따라서 앞으로는 이와 관련된 연구가 더욱 필요하다고 하겠다.

# 5. 기대

## 1) 기대의 개념

　기대(expectation)란 사전 경험, 현재의 여건, 또는 다른 정보 원천에 근거하여 미래의 결과를 예측하는 신념이다. 기대는 일반적으로 행동으로 이끄는 최종 통로다. 따라서 사람들은 자신의 기대에 맞게 행동하는 경향이 있다. 그래서 즐겁거나 이득이 된다고 기대하는 것에 접근하려 하고, 고통스럽거나 골치 아프다고 기대하는 것을 회피하려 한다.

　일찍이 우리에게 기호형태설(Sign-Gestalt theory)로 알려진 인지학습이론의 선구자인 톨먼(Tolman)은 사람들이 자신의 행동 결과에 대해 어떤 기대를 하거나 예견을 하고 학습한다고 하였다. 따라서 그는 기대가 행동의 중재자라고 가정하였다. 그리고 그는 이러한 기대도 사전 경험에 의해 결정된다고 하였다(Tryon, 1994).

　로터(Rotter)는 톨먼의 기대이론을 사회적 행동에 적용하여 사회학습이론(social learning theory)을 정립하였다. 그의 사회학습이론은 소위 모방학습 또는 관찰학습으로 알려진 반두라(Bandura)의 사회학습이론과는 약간 다른데, 로터 이론의 핵심은 기대와 강화 가치다. 이에 따르면, 어떤 학생이 열심히 공부하는 것은 그것이 가치 있는 강화를 가져온다는 기대에 의해 결정된다는 것이다. 그리고 그의 통제의 소재(locus of control)의 개념도 이러한 기대이론의 연장이다. 통제의 소재에는 내적 통제와 외적 통제가 있는데, 전자는 어떤 사태가 자신의 능력이나 노력과 같은 내적 요인에 의해 통제된다고 기대하는 데 반해, 후자는 운이나 타인의 행동과 같은 외적 요인에 의해 통제된다고 기대하는 것이다(전성연, 최병연 역, 1999).

　　반두라의 이론 또한 사회학습이론 또는 사회인지이론이라 하는데, 그 핵심은 인지작용이 행동에 영향을 미치는 환경의 영향을 중재한다는 것이고, 그 가운데 기대가 있다. 그에 의하면 타인, 즉 자신의 모형이 어떤 행동을 하고 주위로부터 강화 받는 것을 관찰하고 나서 그 행동을 모방하는데, 이때 그 행동에 수반될 강화가 무엇인가에 대한 기대가 과거의 강화 경험보다 인간의 행동에는 더 중요하다는 것이다. 그리고 그는 대부분 사람들이 물질적 보상보다는 어떤 행동을 했을 때 얻을 수 있는 효능감을 더 가치 있게 여긴다고 보았다. 결국 인간의 모든 심리적 과정들은 개인적 효능감을 통해 행동에 영향을 준다는 것이다. 따라서 그의 자아 효능감 이론도 기대이론의 연장이라는 것을 알 수 있다(Bandura, 1977).

　　셀리그먼(Seligman, 1975)의 학습된 무력감(learned helplessness) 이론도 기대이론의 연장선상에서 볼 수 있다. 전기쇼크로부터 도망갈 방법이 전혀 없는 상태에 계속 놓인 개는 나중에는 그러한 무기력 상황에서는 반응을 하지 않았으며, 심지어 전기쇼크를 피할 수 있는 상황으로 옮겨 놓아도 그것을 피하려는 어떤 시도도 하지 않게 되었다. 이는 전기쇼크를 피할 수 없다는 사전 경험의 결과로서 상황의 통제 불가능성을 기대하기 때문이다. 이와 같이 실패를 통제할 수 없는 것으로 기대하는 것이 곧 학습된 무력감이다. 이는 또 학습동기의 저하, 학습 결손, 더 나아가 우울증으로까지 이어진다.

　　그런데 기대를 가장 체계적으로 자신의 이론에 도입한 사람은 성취동기 연구가 앳킨슨(Atkinson, 1964)이다. 그의 이론을 기대-가치이론이라 하는데, 이를 통해 그는 사람들이 성취과제에 접근할 것인지 혹은 회피할 것인지를 예측하고자 하였다. 그는 성취행동을 과제에 접근하려는 경향과 회피하려는 경향 간의 함수로 개념화하였다. 이러한 2가지 상반되는 경향은 특정의 목표를 성취하려는 기대와 그것의 가치에 의해 강화되거나 약화된다.

　　먼저 과제에 접근하려는 경향에 영향을 주는 요인으로는 성공 동기(motive for success: Ms)가 있다. 이를 성취욕구(need for achievement: nAch) 또는 성취동기라고도 하는데, 이는 성공을 위해서 노력하는 비교적 안정된 성질 또는 성취 상황에서 자부심을 경험할 능력이라고도 한다.

그리고 성취과제를 지향하는 데는 2가지 변인이 더 관여한다. 하나는 지각된 성공 가능성(perceived probability of success: Ps)이고, 다른 하나는 성공 유인가(incentive value of success: Is) 또는 자부심에 대한 기대다. 어떤 과제를 수행할 때 성공할 것이라고 기대하는 사람이 그렇지 않은 사람보다 더 기꺼이 그 과제를 수행하려고 한다. 그리고 성공 가능성이 높은 쉬운 과제보다는 성공 가능성이 낮은 어려운 과제에서 성공했을 때 더 큰 자부심을 느낀다. 따라서 성공 가능성과 성공 유인가 간의 관계는 $Is = 1-Ps$다.

이렇게 보면, 과제에 접근하려는 경향(tendency to approach)은 무의식적이고 안정적인 성공 동기와 의식적이고 상황적인 성공에 대한 기대 및 예상되는 자부심에 의해 결정된다. 따라서 성취활동에 접근하려는 경향을 공식으로 표현하면, $Ts = Ms \times Ps \times Is$라고 할 수 있다.

한편 실패 회피 동기(motive to avoid failure: Maf)는 실패 상황에서 수치심을 감내할 능력으로서, 이는 사람들을 성취과제로부터 벗어나게 하는 무의식적이고 안정적인 요인이다. 일반적으로 실패 회피 동기는 학교와 같은 성취 지향적인 곳에서는 시험 상황에서 유발되는 불안으로 정의되고, 이를 토대로 측정된다.

그리고 성취 노력을 억제시키는 데는 2가지 상황 변인이 더 있다. 하나는 지각된 실패 가능성(perceived probability of failure: Pf)이고, 다른 하나는 실패 유인가(incentive value of failure: If) 또는 예상되는 수치심이다. 어떤 과제를 수행할 때 실패할 것이라고 기대하는 사람이 그렇지 않은 사람에 비해 그 과제를 더 회피하려고 할 것이다. 그리고 사람들은 성공 가능성이 낮은 어려운 과제보다 가능성이 높은 쉬운 과제를 실패했을 때 수치심을 더 크게 느낀다. 따라서 실패 가능성과 실패 유인가 간의 관계는 $If = 1-Pf$다.

이렇게 보면, 과제를 회피하려는 경향(tendency to avoid failure: Taf)은 무의식적이고 안정적인 실패에 대한 두려움과 의식적이고 상황적인 실패에 대한 기대 및 예상된 수치심에 의해 결정된다. 따라서 성취과제를 회피하려는 경향을 공식으로 나타내면, Taf = Maf × Pf × If라고 할 수 있다.

결국 앳킨스에 따르면, 순수하게 성취활동을 하려는 결과적 경향성(the resultant tendency of achievement activity: Ta)은 과제에 접근하려는 경향의 강도(Ts)에서 과제를 회피하려는 경향의 강도(Taf)를 뺀 것이다. 따라서 과제에 접근하려는 경향이 더 강하면, 과제를 수행할 것이고, 과제를 회피하려는 경향이 더 강하면, 이를 회피할 것이다. 이를 공식으로 나타내면 다음과 같다.

$$Ta = Ts-Taf$$
$$Ta = (Ms \times Ps \times Is)-(Maf \times Pf \times If)$$

그런데 앳킨스의 이론에는 성공과 실패의 유인가는 과제의 중요성에 관계없이 성공 가능성에 의해서만 결정된다고 하는 단점이 있다. 또한 과제의 가치는 성공 가능성과 반비례의 관계에 있어, 성공보다는 실패가 예상되는 과제가 더 가치 있다고 가정하는데, 사실 사람들은 자신이 더 잘할 수 있다고 믿는 과제에 더 가치를 부여한다(전성연, 최병연 역, 1999). 그럼에도 불구하고 그의 이론은 성취행동에 영향을 주는 요소로 기대와 정서를 포함시켜, 이 분야의 이론 발전에 많은 공헌을 하였다.

## 2) 교사 기대

기대 중에서 학생의 학업성취에 영향을 주는 것으로 빼놓을 수 없는 것이 교사 기대(teacher expectation)다. 이는 교사가 어떤 학생에 대해 어떻다고 기대하거나 믿으면, 그 학생은 실제로 그렇지 않더라도 점점 교사의 기대에 맞추어 간다는 것이다. 학교에서 교사 기대의 효과는 자기 충족적 예언 또는 자성예언이라는 이름으로 연구되었고, 또 이에 대한 별칭도 많은데, 예를 들면 피그말리온 효과(Pygmalion effect), 로젠탈 효과(Rosenthal effect) 등이 그것이다.

피그말리온은 고대 그리스의 신화에 나오는 뛰어난 조각가였는데, 그는 아름다운 여인상을 조각하고 나서 갈라테아(Galatea)라 이름 짓고 사랑에 빠졌다. 그러나 무생물인 조각상과 사랑한다는 고뇌에 빠져 조각상이 살아나도록 신에게 간절히 기도했다. 이를 가련하게 여긴 사랑의 여신 아프로디테(Aphrodite, 로마에서는 비너스 신으로 불림)가 몰래 조각상에 생명을 불어넣어 주었다. 여기에서 유래하여 우리가 무언가를 간절히 갈구하면, 실제로 그러한 일이 일어날 수 있다는 것이 피그말리온 효과다(Fleming & Manning, 1994).

자성예언을 학문적으로 정립한 사람은 사회학자 머튼(Merton)이다. 그는 제2차 세계대전 후 인종적 고정관념을 연구하면서 자성예언을 개념화하였다. 그는 처음에는 잘못된 신념일지라도 이것이 새로운 행동을 일으켜 나중에는 원래 잘못된 신념이 현실화되는 현상에 이러한 개념을 적용하였다. 하나의 예를 들면, 20세기 초 미국의 흑인 노동자들은 노동조합의 지도자들에 의해 노조의 원칙에 반대한다고 하여 노조 가입이 배제되었다. 그리고 노조가 파업을 일으키면 실제로 이를 대체할 인력들은 흑인 노동자들이었다. 그래서 노조 지도자들은 더욱더 흑인 노동자들을 반 노조주의자(anti-unionist)로 보게 되었다.

이와 관련된 문제가 명명 또는 낙인(labeling) 문제다. 이는 소수 집단의 구성원, 경제적 빈곤층, 신체적 또는 지적 장애아 등에게 어떤 고정관념을 가질 만한 별칭을 부여하는 것이다. 그러면 이는 지각적 여과기(perceptual filter)의 기능을 하고, 사람들은 이를 통해 그들에 관한 모든 정보를 처리하여 그들을 '무엇무엇'이라고 낙인찍게 되는 것이다.

학교에서 교사의 자성예언 효과를 최초로 연구한 대표적 인물은 로젠탈과 제이콥슨(Rosenthal & Jacobson, 1968)이었다. 그들은 초등학교 교사들에게 그들 학급의 일부 학생들이 당해 학년 동안 지적으로 대성할 것이라고 믿도록 말하였다. 그러나 사실은 그 학생들은 무작위로 선발된 학생들이었다. 그런데 학년말에 실시된 지능검사 결과, 대성할 것이라고 예언한 학생들의 지능지수가 실제로 더 높았다. 이는 교사들의 신념이 현실화한 것인데, 그 이유는 교사들이 높은 기대를 하는 학생들에게는 실제로 양적, 질적으로 다른 교육방법을 썼기 때문이다.

이와 같이 학교에서 교사 기대 또는 자성예언은 대단히 일반적인 현상인데, 실제로 학교에서 이러한 현상이 어떻게 일어나는가? 여기에는 여러 요인이 작용하는 것으로 연구결과에서 드러났다. 먼저 교사들은 학생들의 과거 학업 수행을 근거로 기대를 한다. 이는 교사가 가장 흔히 이용할 수 있는 정보다.

또한 교사는 고정관념과 같이 학업 수행에 직접 관련이 없는 변인에 의해서도 학생들에 대한 기대에 영향을 받는 것으로 드러났다. 예를 들면, 교사들은 학생의 형제자매의 수행 정도, 그리고 학생의 신체적 매력도에 의해서도 영향을 받는 것으로 밝혀졌다. 즉, 학생의 다른 형제자매가 잘하거나 학생의 인물이 좋으면, 으레 잘할 것이라 기대했다. 그 외에도 '남학생이 여학생보다 수학에 더 재능이 있다.' '백인 학생들이 흑인 학생들보다 더 우수하다.' '고소득층 학생들이 저소득층 학생들에 비해 더 열심히 공부한다.' 와 같은 고정관념들도 교사의 기대에 상당히 영향을 주는 것으로 밝혀졌다(전성연, 최병연 역, 1999).

## 3) 학생 기대

학교에서 학생은 자신의 학업성취에 대한 기대를 한다. 어떤 경우에는 다가오는 중간고사에서 어느 정도 점수를 받으려고 목표로 한다든가 또는 학기말에 어느 정도의 학점을 받으려고 한다든가 하는 기대를 한다. 이처럼 학생이 달성하려고 세운 자신의 구체적 목표 수준을 포부수준(level of aspiration: LOA)이라 한다.

이때 자신이 목표보다 더 많은 성취를 하면 성공했다고 생각하고, 목표에 덜 미치면 실패했다고 생각한다. 이 관계를 그림으로 나타내면 [그림 3-3]과 같다. [그림 3-3]에서 A의 포부수준은 90점인데, 실제 받은 점수는 80점이라면, A는 실패했다고 생각할 것이고, B의 포부수준은 60점인데, 실제 받은 점수가 70점이라면, B는 성공했다고 생각할 것이다.

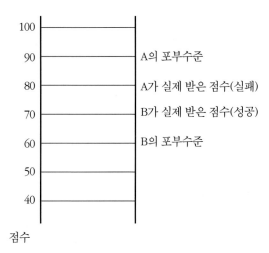

[그림 3-3] 포부수준에 따른 성공과 실패

# 6. 귀인

귀인이란 어떤 사람이 왜 어떤 방식으로 행동했는가에 대한 설명 또는 추론이다(Weary, Edwards, & Riley, 1994). 이러한 인과적 귀인에는 2가지 큰 범주가 있는데, 하나는 성향적(dispositional) 귀인 또는 내적 귀인으로서 그 사람의 성격, 능력 또는 노력 등으로 귀인하는 것을 말한다. 그리고 다른 하나는 상황적(situational) 귀인 또는 외적 귀인인데, 이는 운 또는 재수, 타인의 행동, 과제 곤란도(task difficulty)와 같이 어떤 행동이 일어난 사람에게 외적인 상황의 속성을 일컫는다.

이러한 귀인의 이론적 출발은 하이더의 상식 또는 일상 심리학(naive or folk psychology)이다. 이는 보통의 일반적인 사람들이 사태를 이해하는 방식에 관심을 갖는다. 예를 들면, '왜 그는 시험을 못 봤을까?' '어떻게 해서 그녀는 거기에 취직했을까?' '왜 엄마가 아이를 때릴까?' 등이다. 그는 이와 같이 사람들의 일상 언어와 경험 속에 표현되어 있는 덜 세련된 개념들이 인간관계를 이해하는 데 더 좋은 도구라고 생각했다.

그러고 나서 그는 사람들의 행동이 환경과 개인 변인의 상호작용 함수이고, 따라서 사람들은 자신의 행동에 대해 환경, 즉 외적 요인 아니면 자신, 즉 내적 요인으로 귀인한다고 주장했다. 그리고 그는 개인 변인으로 노력과 능력을 거론하고, 환경 변인으로 과제 곤란도를 들었다.

한편 로터(Rotter)는 이러한 하이더의 아이디어를 더욱 발전시켜 통제의 소재(locus of control) 이론을 정립하였다. 이는 사람이 자신의 행동이나 행동 결과에 대한 책임을 받아들이는 정도를 말한다. 사실 귀인이론은 이러한 로터의 통제의 소재를 더욱 정교화한 것이라고 할 수 있다.

로터에 의하면, 통제의 소재 또한 인간의 일반화된 신념으로서 중요한 정의적 특성이다. 그에 의하면, 통제의 소재에는 내적 소재와 외적 소재 2가지가 있다. 내적 통제의 소재는 어떤 사태나 결과가 자기 자신의 행동이나 개인적 특성, 예를 들면 노력이나 능력과 관련이 있다는 신념이다. 이에 비해 외적 통제의 소재는 어떤 사태가 개인의 통제를 벗어난 요인, 예를 들면 운이나 과제 곤란도 등과 관련이 있다는 신념을 말한다.

로터의 통제의 소재는 와이너(Weiner, 1980)에 의해 더욱 정교화되었다. 그는 이를 성취행동과 관련시켜 인과적 귀인(causal attribution)이라 했는데, 이는 곧 성취 결과의 원인에 대한 지각을 뜻한다. 그러고 나서 그는 안정성(stability) 차원을 도입하여 〈표 3-1〉과 같이 정리하였다.

그런데 와이너는 차후에 성취 결과의 내적 원인을 안정성뿐 아니라 통제 가능성(controlability) 차원을 새로 도입하여 이를 다시 구분하였다. 그러고 나서 이를 더욱 정교화하였다. 그 결과가 〈표 3-2〉와 같다.

그런데 귀인에 대한 연구결과에 의하면, 학교에서 계속 실패하는 학생들은 이를 자신의 능력 부족으로 귀인하려 하고, 성공을 외적 요인으로 귀인하려는 경향이 강하다. 이는 학교에서 가장 경계해야 할 사항이다. 왜냐하면 실패를 능력으로 귀인하는 학생은 실패를 통제할 수 없는 것으로 간주하여 학습된 무력감에 빠지고, 그 결과 자포자기의 상태가 되기 때문이다. 또한 성공 집단의

| 〈표 3-1〉 | 성취행동의 인과적 귀인 | |
|---|---|---|
| | 통제의 소재 | |
| 안정성 | 내적 | 외적 |
| 안정적 | 능력 | 과제 곤란도 |
| 불안정적 | 노력 | 운(재수) |

| 〈표 3-2〉 | 인과적 귀인의 정교화 | | | |
|---|---|---|---|---|
| 통제의 소재 | | 내적 | | 외적 | |
| 통제 가능성 | 안정성 | 안정적 | 불안정적 | 안정적 | 불안정적 |
| 통제 불가능 | | 능력 | 기분 | 과제 곤란도 | 운 |
| 통제 가능 | | 전형적 노력 | 즉각적 노력 | 교사의 편견 | 일시적 도움 |

경우에도 그것을 자신의 우수한 능력으로 귀인하는 학생은 자만에 빠지기 쉽다. 그러므로 학교에서는 학생들이 노력으로 귀인하도록 가르치는 것이 바람직하다 할 것이다(이용남 외 역, 2005).


# 7. 불안

## 1) 불안의 개념

불안(anxiety)이란 지각된 위험이나 위협에 대한 우리 신체의 자연적 반응이다(Meadows & Barlow, 1994). 일찍이 프로이트(Freud)는 불안이란 대상이 없는 막연한 위험이나 위협에 대한 느낌이라 하고, 두려움(fear)은 구체적 대상으로부터의 위험이나 위협에 대한 느낌이라고 말했다. 그래서 불안에는 단서가 없지만, 두려움에는 단서가 있다. 그러나 요즈음은 거의 두 단어를 동의어로 보고, 어떤 대상에 대한 두려움의 의미로 교대로 많이 쓴다(McNeill, Turk, & Ries, 1994). 이에 비해 공포(phobia)란 이유가 없는데도 불구하고, 어떤 대상이나 상태에 대해 느끼는 강렬하고, 지속적이며, 비합리적이고, 과장된 두려움이다(Riskind & Mercier, 1994).

그런데 학자에 따라서는(Spielberger, 1972) 불안을 일시적인 정서 상태를 나타내는 상태 불안(state anxiety)과 만성적으로 안정적 성격 특성이 된 특성 불안(trait anxiety)으로 나누기도 한다. 예를 들면, 전자는 시험이 닥쳤을 때 일어났다가 시험이 끝나면 사라지는 것과 같고, 후자는 항상 시험이란 것에 대한 두려움에 사로잡혀 있는 것을 말한다.

따라서 불안은 적응과 부적응 기능을 모두 가지고 있다고 할 수 있다. 적절한 불안은 불안이 전혀 없는 경우보다 작업 능률을 올리기도 한다. 그리고 정상적인 정서 상태로서의 불안은 현실적 위협이나 위험한 사태에 대해 적응적인 반응이 된다. 즉, 위험한 상황에서 불안은 사람들이 재빨리 효율적으로 이에 대응하게 해 준다. 예를 들면, 밤길을 홀로 거닐 때는 조그만 위험 상황에도 주의를 기울이도록 한다. 이러한 능력이 없었다면, 인류는 무수한 자연의 위험 속에서 지금까지 생존하기 어려웠을 것이다.

그러나 과도하게 자주 일어나는 만성적 특성 불안에는 부적응 기능이 있다. 이는 사람에게 심한 스트레스를 주고, 항상 염려와 걱정에 사로잡히게 하며, 종종 신체적 증상으로도 나타난다. 이는 예측 불가능하여 사람이 항상 쉬지 않고 주의를 기울이도록 하고, 또한 통제 불가능하여 무력감이나 우울증에 빠지게 하므로 오히려 작업 능률을 떨어뜨린다.

그러나 불안에 대한 이러한 이분법적 구분보다는 [그림 3-4]와 같은 불안의 연속선을 생각해 볼 수 있다. 이 그림에서 보면, 한쪽 끝은 불안이 전혀 없는 겁 없음(fearlessness)의 상태이고, 다른 쪽 끝은 극도의 불안 상태로서 불안 장애(anxiety disorder)나 공포 상태를 말한다. 불안이 거의 없는 겁 없음의 상태도 위험한 짓을 할 가능성이 크므로 문제이지만, 불안 장애나 공포도 임상적으로는 문제다. 후자에 대해서는 추후에 다루기로 한다. 그 외에 가운데 대부

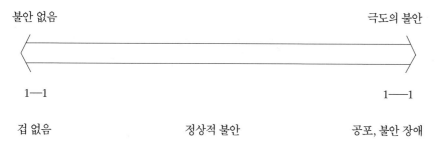

[그림 3-4] 불안의 연속선

분의 경우는 정상적인 불안 상태다. 따라서 사람은 어느 정도 불안을 안고 살아가는 존재다.

　불안의 종류는 그 대상에 따라 아주 다양하다. 따라서 이를 분류하는 것도 쉽지 않은 일이다. 그런데 비교적 최근에 이를 분류하는 하나의 방법이 제시되었다. 이는 다음과 같은 5개의 차원으로 구성되었다. 첫째, 사회적 상황과 관련된 불안이다. 둘째, 환경 및 장소와 관련된 불안이다. 셋째, 피, 상처, 병, 죽음과 관련된 불안이다. 넷째, 성적, 공격적 장면과 관련된 불안이다. 다섯째, 작은 동물과 관련된 불안이다.


## 2) 불안 장애

　불안과 관련된 장애를 불안 장애라 하는데, 여기에는 여러 가지가 있다. 이에 대한 분류로는 미국 정신의학회에서 편찬한 『정신장애 진단 및 통계편람(Diagnostic and Statistical Manual of Mental Disorders: DSM)』이 가장 유명하다. 이는 1952년에 처음 발간된 뒤로 다섯 차례 개정을 거듭하였는데, 가장 최근에 출판된 것으로는 2000년에 편찬된 『DSM-IV-TR』이 있다(강진령 편역, 2008). 여기에서는 불안 장애의 초점을 공황 발작(panic attack)과 광장 공포증(agoraphobia)에 두고 있다. 공황 발작이란 비정기적인 강한 두려움이나 불쾌감이 〈표 3-3〉 중 적어도 4가지 이상의 항목에서 갑작스럽게 나타나고, 10분

| 〈표 3-3〉 | 공황 발작 증상 |
| --- | --- |

① 가슴, 심장 두근거림, 심장박동수 증가
② 땀 흘림
③ 떨림 또는 전율
④ 숨 가쁜 느낌, 숨 막히는 감각
⑤ 질식감
⑥ 흉부 통증 또는 불쾌감
⑦ 메스꺼움 또는 복부 고통
⑧ 현실감 상실(비현실감) 또는 이인화
⑨ 어지럽거나, 불안정하거나, 머리 아프거나, 기절할 것 같은 느낌
⑩ 자제력 상실 또는 미칠 것 같은 두려움
⑪ 죽음에 대한 두려움
⑫ 감각 이상증(마비감 또는 찌릿찌릿 감)
⑬ 오한 또는 얼굴이 화끈 달아오름

이내에 증상이 최고조에 달한다.

한편 광장 공포증은 다음의 증상을 갖는다. 첫째, 즉각 피하기 어렵거나 예기치 못한 상황에서 공황 발작이나 그와 유사한 증상이 일어났을 때, 도움을 받기 어려운 장소나 상황에 처해 있는 것에 대한 불안으로서, 예를 들면 혼자 외출하거나, 군중 속에 있거나, 줄을 서거나, 다리 위에 있거나, 버스나 기차, 자동차로 여행을 하는 경우에 발생한다. 둘째, 그런 상황을 회피하거나 공황 발작이나 그와 유사한 증상에 대한 심한 불편감이나 불안을 참고 견디거나 동반자를 필요로 한다. 불안 장애에 대한 일반적인 분류는 〈표 3-4〉와 같다.

<표 3-4> **불안 장애 분류표**

① 광장 공포증 없는 공황 장애(panic disorder without agoraphobia)
② 광장 공포증 있는 공황 장애(panic disorder with agoraphobia)
③ 공황 장애 전력 없는 광장 공포증(agoraphobia without history of panic disorder)
④ 특정 공포증(specific phobia) --- 특정 동물, 자연환경, 혈액 주사, 상황형
⑤ 사회 공포증(social phobia)
⑥ 강박 장애(obsessive-compulsive disorder) --- 반복적 손 씻기, 숫자 세기
⑦ 외상 후 스트레스 장애(post-traumatic stress disorder) --- 전쟁의 고통스런 기억
⑧ 급성 스트레스 장애(acute stress disorder)
⑨ 범불안 장애(generalized anxiety disorder)
⑩ 일반적 의학적 상태로 인한 불안 장애(anxiety disorder due to general medical condition)
⑪ 물질 유발 불안 장애(substance-induced anxiety disorder) --- 약물 중독
⑫ 기타 불안 장애(anxiety disorder not otherwise specified)

## 3) 시험 불안

여러 가지 불안 중에서도 학교에서 학업성취와 가장 관계가 깊은 불안은 시험 불안(test anxiety)이다. 대체로 시험 불안과 학업성취는 부적(-) 상관을 이룬다. 즉, 시험 불안이 낮을수록 학업성취가 높고, 시험 불안이 높을수록 학업성취가 낮다는 것이다. 그러나 엄격히 말하면, 시험 불안과 학업성취 간에 직선적 관계가 있는 것은 아니다. 이 두 변인 사이에는 [그림 3-5]의 여키스-닷슨(Yerkes-Dodson) 법칙과 같이 곡선적 관계가 있다.

이 그림은 원래 각성(arousal)과 수행(performance) 수준 간의 관계를 다룬 그림이다. 그런데 사람이 불안 상태에 놓이면 생리심리학적 각성을 유발하므로, 이를 불안과 수행 간의 관계로 보아도 무방할 것이다. 그리고 학교에서는 대표적인 불안이 시험 불안이고, 수행은 학업성취로 대체할 수 있으므로, 이를 시험 불안과 학업성취와의 관계로 보아도 될 것이다.

이 그림에 의하면, 학생에게 시험 불안이 거의 없으면 학습동기가 너무 낮

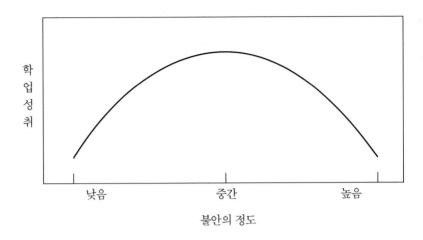

학
업
성
취

| 낮음 | 중간 | 높음 |

불안의 정도

**[그림 3-5] 여키스-닷슨 법칙 곡선**

출처: 이용남, 신현숙(2010).

아 학업성취도 아주 낮을 것이다. 그리고 시험 불안이 점점 증가하여 최적의 수준에 이를 때까지 학업성취도 증가한다. 그러나 그 이후는 시험 불안이 높을수록 학습활동에 방해가 되어 학업성취도 점점 낮아진다.

그런데 학교에서 시험 불안은 교과에 따라 다르다. 미국 학생들이 가장 불안을 느끼는 교과는 수학과 작문으로 나타났다(전성연, 최병연 역, 1999). 특히 수학에 대한 불안 또는 '수학 공포'는 일반적인 현상으로서 작문 불안보다도 더 높은 것으로 나타났다. 수학 불안은 초등학교 저학년 때는 낮으나, 고학년으로 올라갈수록 더 높아지고 있는 것으로 나타났다.

한편 작문 불안 또한 학생들에게 상당히 심한 것으로 나타났다. 심지어 어떤 학생들은 어느 정도의 작문이 요구되는 과목이나 직업을 포기하기도 한다(Rose, 1985). 작문 불안이 높은 학생들은 그렇지 않은 학생들에 비해 도움과 격려보다는 비판을 더 많이 받으며, 이로 인해 성공에 대한 기대가 낮고, 또한 작문 수행 정도도 낮아진다. 그러나 이는 미국 학생들을 대상으로 연구한 결과이므로, 우리나라 학생들에게는 다른 결과가 나올 수 있다. 예상하건대, 우리나라 학생들의 경우는 수학과 영어에 대한 불안이 높게 나타날 가능성이 있지만, 이는 구체적 연구를 통해 추후 밝혀야 할 문제다.

그러면 시험 불안은 어떻게 구성되어 있고, 또 어떻게 해서 학업성취에 부정적 영향을 주는가? 먼저 시험 불안은 인지적 요소와 정의적 요소로 구성되어 있다는 것이다(Sarason & Sarason, 1990; Spielberger & Vagg, 1995). 인지적 요소는 고민, 시험-무관 사고로 되어 있다. 고민이란, 예를 들면 시험 보는 동안 다른 학생들은 어떻게 보고 있는지 궁금한 것과 같은 것이다. 그리고 시험-무관 사고는, 예를 들면 시험 보는 동안 시험과 아무 관련 없는 생각이 떠오르는 것을 말한다. 정의적 요소는 긴장과 신체적 반응을 말한다. 긴장이란, 예를 들면 시험 볼 때가 되면 걱정이 되고 마음이 편하지 않는 것과 같은 경우를 말한다. 그리고 신체적 반응은, 예를 들면 시험이 시작되면 가슴이 울렁거리는 것과 같은 것이다.

한편 토비어스(Tobias, 1986)에 의하면, 시험 불안이 학습 및 수행에 부정적 영향을 주는 것은 3가지 수준에서 장애가 일어나기 때문이다. 첫째, 시험 불안은 새로운 정보에 대한 주의집중 및 내적 표상인 사전 정보처리(pre-processing)를 방해한다. 둘째, 시험 불안은 학습한 내용의 기억 및 문제해결 전략의 사용 등 정보처리를 방해한다. 셋째, 시험 불안은 학습한 내용의 산출(output)을 방해한다. 따라서 시험 불안이 높은 학생의 학업성취가 낮아진다는 것이다.

## 4) 불안의 극복

불안이란 부정적 정서로서, 불안이 높으면 대체로 우리 일의 수행에 지장을 준다. 그러므로 이를 극복하는 것은 대단히 중요한 문제이고, 따라서 이를 위한 많은 방법들도 개발되었다. 이에 대한 방법으로 여기서는 대체로 다음과 같은 것들을 소개하고자 한다(권정혜 역, 1999).

### (1) 인지적 재구성

불안은 위험을 덜 지각하고 위협에 대처할 수 있는 자신감을 고취시킴으로써 감소될 수 있다. 불안에 대한 인지적 재구성(cognitive reconstruction)은 위험에 대한 평가를 다시 하고, 가능한 여러 가지 대처 방법이 존재한다는 것을 자각하는 것이다. 이는 어떤 대상에 대한 두려움이 있는지를 발견하도록 돕고, 더 나아가 그에 대한 대안적 설명들을 찾아내어 이를 믿도록 유도한다 (Meichenbaum & Biemiller, 1998).

### (2) 긴장이완 훈련

긴장이완 훈련(stress-reduction training)은 신체적 긴장을 풀어 주고 정신적 이완을 가져오는 방법이다. 우리 몸은 신체적으로 이완되었을 때 정신적으로도 이완되고, 그 반대의 경우도 마찬가지다. 우리 몸은 신체적으로나 정신적으로 동시에 불안하면서 이완될 수는 없다. 따라서 긴장이완 훈련을 하면 불안을 감소시켜 준다. 여기에는 다음의 몇 가지 방법이 있다.

첫째, 점진적 근육 이완법이다. 이는 우리 몸의 주요 근육을 차례로 긴장시켰다 이완하는 기법이다. 머리에서 시작하여 발끝으로, 또는 그 반대로 발끝에서 시작하여 머리로 나아갈 수도 있다. 예를 들면, 이마, 눈, 턱, 어깨, 허리, 팔, 손, 배, 엉덩이, 허벅지, 장딴지, 발 순으로 5초 동안 긴장시키고 10초 내지 15초 정도 이완시켜 나간다.

둘째, 호흡 조절법이 있다. 사람들은 불안하면 숨을 불규칙적으로 쉰다. 이는 우리 몸의 산소와 탄소의 균형이 깨지기 때문이다. 우리 몸이 탄소와 산소의 균형을 유지하는 데는 4분 정도의 시간이 걸린다고 알려져 있다. 따라서 이는 적어도 약 4분 동안 하나, 둘, 셋, 넷을 서서히 세면서 숨을 들이쉬고, 그러고 나서 같은 방법으로 넷까지 세며 숨을 서서히 내쉬는 것을 반복하는 방법이다. 호흡법의 하나로 복식 호흡법이 효과가 있는 것으로 널리 알려져 있다.

셋째, 상상법이 있다. 이는 마음에 드는 고요하고 편안한 장면을 시각적으로 상상하여 긴장을 푸는 방법이다. 이때 떠올리는 장면은 실제 장소가 될 수도 있고 상상적인 장면이 될 수도 있다. 그리고 그 장면에 미각, 청각, 촉각까지 가미될 수 있다면 긴장을 푸는 데 더 도움이 된다. 예를 들면, 빽빽한 나무로 둘러싸인 오솔길을 산책하고 있다고 상상할 때, 숲 속에서 노래 부르는 새, 나뭇가지 사이로 비치는 햇살, 그윽한 소나무 향기, 숲의 푸르름, 피부에 닿는 싱그러운 산들바람은 더욱더 긴장을 완화시키고 편안함을 가져다줄 것이다. 그 외에 이와 관련하여 명상법도 효과가 크다고 알려져 있다.

넷째, 주의 분산법이 있다. 우리는 불안하면, 신체적 감각과 사고에 더 주의를 기울이게 된다. 따라서 불안하게 만드는 생각과 신체적 감각으로부터 주의가 분산된다면, 불안이 감소될 수 있다. 호흡 조절법과 마찬가지로 이것도 4분 정도 지속적으로 다른 생각이나 활동에 몰두하여 우리의 불안이 흩어지는 것을 계속 경험해 보아야 한다.

### (3) 회피의 극복

사람은 어려운 상황을 피하면 처음에는 불안이 감소한다. 그러나 장기적으로는 불안을 더욱 키우게 된다. 따라서 두려워하는 장소나 사람을 회피할 것이 아니라 그에 접근하여 대처하는 법을 배워야 한다. 그 요령은 다음과 같다.

먼저 우리가 가장 두려워하는 사건, 장면, 사람을 맨 위에 놓고, 가장 덜 두려워하는 것을 맨 아래에 놓기까지 불안의 수준에 따라 위계 목록을 작성한다. 그런 후 목록의 가장 아래에 있는 상황으로부터 시작해서 성공하면 점진적으로 그 위의 상황을 시도해 본다. 이렇게 하면 나중에는 가장 두려워하는 상황도 극복할 수 있다.

### (4) 약

불안을 감소시키는 데는 종종 진정제가 사용된다. 진정제는 기분을 좋게 하고, 이완되게 하며, 편안하게 해 준다. 그러나 진정제는 오랜 기간 사용하면 중독이 되기 쉽고 내성이 생겨 점점 더 많은 진정제가 필요하게 된다. 또한 오랜 기간 사용하다 갑자기 약을 중단하면, 메스꺼움, 땀 흘림, 안절부절못함 등의 금단증상이 나타나기도 한다. 따라서 약을 사용할 때는 의사의 처방을 받도록 해야 한다.

## 8. 교육환경으로서의 학습 관련 특성

지금까지 보았듯이, 학교에서는 학습이라 하면, 그 과정보다는 수행결과에 초점이 맞춰졌다. 따라서 학습은 곧 학업성취를 의미했다. 그리고 정의적 특성 중에서 학교의 학업성취와 관련된 변인에는 동기, 태도, 자아개념, 흥미, 기대, 귀인, 불안이 있었다.

이 중에서 귀인과 불안을 제외한 나머지 5가지 정의적 특성들은 학업성취와 정적 상관관계를 갖는다. 즉, 이들 정의적 특성이 높을수록 학업성취도 높고, 낮을수록 학업성취도 낮다는 것이다. 귀인의 경우는 외적 귀인보다는 내적 귀인을 하는 학생들의 학업성취가 더 높았다. 그러나 불안은 학업성취와 부적 상관을 가져, 대체로 불안이 높을수록 학업성취가 낮고, 낮을수록 학업성취가 높았다.

그러나 학교태에서 학업성취와 관계를 갖는 정의적 특성들이 새로운 교육 본위의 교육학적 접근에서는 교육환경으로서 어떤 역할을 하게 되는지에 대해서 아직 밝혀진 바가 거의 없다. 따라서 이는 앞으로 더욱 자세히 밝혀져야 할 문제이지만, 여기에서는 간단히 이를 시도해 보고자 한다.

그동안 학교태에서 학업성취와 관련된 정의적 특성들은 학생의 학습활동과만 관계를 가졌다. 그러나 새로운 교육환경으로서의 정의적 특성들은 지금까지와는 달리 상구자나 화화자 모두의 교육활동과 관계될 수 있다. 먼저 동기, 태도, 자아개념, 흥미, 기대가 높거나 긍정적일수록, 어떤 교육활동을 하는 데 있어서 이들은 긍정적이고 촉진적인 심리적 교육환경이 될 것이다. 동기가 높고, 태도가 긍정적이며, 자아개념이 높고, 흥미가 많으며, 기대가 클수록 상구자들의 상구활동과 하화자들의 하화활동 또한 적극적일 것이다. 여기에는 교육의 소재가 수도계의 어느 것, 즉 학문, 예술, 태권도 등 무엇이든지 해당될 것이다.

한편 귀인의 경우는 능력, 과제 곤란도, 운보다는 노력으로 귀인하는 상구자나 하화자가 꾸준히 적극적으로 교육활동, 즉 상구활동이나 하화활동에 임할 것이다. 우수한 자신의 능력으로 귀인하는 상구자나 하화자는 교육활동을 소홀히 할 가능성이 크다. 그리고 부족한 능력으로 귀인하는 상구자나 하화자는 상구활동이나 하화활동 등 교육활동을 포기하기 쉽다. 또한 과제 곤란도나 운으로 외적 귀인하는 사람들은 교육활동에 게으르기 쉽다.

그리고 상구자의 어떤 교육의 소재에 대한 불안은 그 상구활동에 저해 요인이 될 가능성이 크다. 그에 대해 불안이 높을수록 해당 교육의 소재에 대한 상구를 기피하거나 소극적 교육활동을 할 가능성이 더 커진다. 그러나 하화자의 경우에는 자신이 하화하고자 하는 교육의 소재에 대해서 일차적으로 불안이 낮다고 보아도 무방할 것이다. 따라서 하화자는 상구자의 해당 교육의 소재에 대한 불안을 제거하도록 여러 가지 방법을 강구해야 할 것이다.

그런데 학업성취와 관련된 이러한 정의적 특성들에 대한 경험적 연구는 많은 반면, 교육의 심리적 환경으로서의 이러한 특성들의 영향에 관한 경험적 연구는 거의 없는 실정이다. 따라서 앞으로 이에 대한 연구가 교육학의 발전을 위해서는 더욱 필요하다고 하겠다.

제**4**장

# 긍정적 정의적 특성

# 1. 사랑

인간의 정의적 특성 중 긍정적 정서에는 여러 가지가 있다. 그중에서도 대표적인 것에는 사랑, 우정, 희망, 낙관, 행복, 즐거움, 자아 존중감, 자아 효능감 등이 있다. 이에 대해서 하나씩 검토하기로 하는데, 먼저 사랑에 대해 알아보기로 한다.

## 1) 사랑의 정의와 측정

사랑은 인간의 가장 기초적인 정서 중의 하나다. 과학자들은 사랑을 크게 나누어 열정적 사랑(passionate love)과 동반자적 사랑(companionate love)으로 구분한다. 먼저 열정적 사랑은 유아의 보호자에 대한 애착(attachment)과 관련이 있다. 그리고 동반자적 사랑은 부모 간 또는 부모-자식 간 애착과 관련이 있다. 여기에서 애착이란 유아와 보호자 간의 정서적 유대를 말한다. 유아는 보호자가 있으면 편안하고, 위협을 받으면 매달리며, 분리되면 불안해질 때 보호자와 친애(affiliation) 관계를 형성한다.

열정적 사랑은 뜨겁고 강렬한 정서다. 이는 때로는 강박적 사랑, 풋사랑, 홀딱 반함(crush), 상사병, 열애(infatuation) 또는 연애 중이라고도 말한다. 이는 서로 강렬한 결합을 바란다. 여기에서 상호 간 사랑(reciprocated love, 타인과의 결합)은 충족감 및 황홀감과 관련이 있다. 이에 비해 일방적 짝사랑(unrequited love, 타인과의 분리)은 허전함, 불안, 절망과 관련된다. 열정적 사랑의 척도는 그러한 사랑의 인지적, 정서적, 행동적 요소를 평가하는 것이다.

동반자적 사랑은 훨씬 덜 강렬한 차가운 정서다. 이는 때로는 진정한 사랑, 부부애로도 불리며 깊은 애착, 책임, 친밀감을 수반한다. 그리고 자신의 삶이 깊게 관련을 맺고 있다고 생각되는 사람에 대한 애정과 부드러움으로 정의된다. 책임과 친밀감을 주로 재는 동반자적 사랑의 척도도 있다.

사랑에 대한 태도의 척도에서는 서로 다른 6가지 사랑을 구분한다. 즉, 에로스(eros, 열정적, 강한, 털어놓을 수 있는 사랑), 마니아(mania, 강박적, 의존적, 불안정한 사랑), 스토지(storge, 우정에 기초한 지속적인 안전한 사랑), 프라그마(pragma, 실제적, 논리적 사랑), 아가페(agape, 이타적, 헌신적, 정신적 사랑), 루디스(ludis, 놀이 삼아서 하는, 차디찬, 장난 같은 사랑)가 곧 그것이다(Hatfield & Rapson, 1994).

　　스턴버그와 반즈(Sternberg & Barnes, 1988)는 사랑에 대한 삼각 모형을 제안한 바 있다. 이에 따르면, 사랑에는 열정, 친밀감, 그리고 함께 있음에 대한 결정 또는 책임의 정도에 있어 차이가 있다. 열정적 사랑, 즉 열애는 강한 열정에 비해 친밀감과 책임의 정도가 낮다. 이에 비해 동반자적 사랑은 열정은 적으나 훨씬 많은 친밀감과 책임을 보인다. 그리고 가장 완벽한 사랑은 완전 사랑(consummate love)으로서 열정, 친밀감, 책임 정도가 잘 결합된 사랑이다.

## 2) 열정적 사랑

　　열정적 사랑은 타인과의 결합을 강하게 바라는 상태다. 앞에서도 언급했듯이, 상호 간 사랑(타인과의 결합)은 충족감 및 황홀감과 관련된다. 이에 비해 일방적 짝사랑(타인과의 분리)은 허전함, 불안, 절망과 관련된다. 이러한 열정적 사랑도 평가와 감상, 주관적 감정, 표현방식, 일정한 생리적 과정, 행동 경향, 도구적 행동을 포함하는 복잡한 함수의 총화다.

　　그런데 두 사람의 관계를 결정하는 요인으로는 개인, 타자, 개인×타자, 그리고 환경이라는 4가지 요인이 있다. 먼저 열정적 사랑의 개인 요인은 그 사람의 애착과 관계가 있다. 일찍이 에인스워스(Ainsworth, 1989)는 애착에 대해 연구했는데, 그는 애착을 3가지로 분류했다. 첫째, 엄마와 유대감이 강하고, 필요할 때 도와주리라 믿는 안전한(secure) 애착(이는 유전적으로도 올바른 성질을 갖도록 사전 성향을 보임), 둘째, 엄마가 자기 기분대로 반응을 보이는 불안한 양가적(anxious/ambivalent) 애착(이는 출생 시에 두려움이 많은 성향을 보임), 그리고 셋째, 엄마가 아이들을 무시하는 회피적(avoidant) 애착(무감정적이고 무반응적임)으로 구분했다.

　안전한 애착의 아동은 성인기에도 자신이 보호하는 사람을 믿고 의존하며 친밀감을 보인다. 불안한 양가적 애착의 아동은 쉽게 사랑하고, 극도의 밀착을 구하며, 버림받을까 두려워하고, 대체로 사랑하는 기간이 짧다. 회피적 애착의 아동은 타인과 가까이 하거나 그에 의존하는 데 곤란을 느낀다. 사람은 자아 존중감이 위협받고, 불안하거나 불안정하여 남에게 의존하게 될 때, 그리고 분리나 상실의 두려움이 있을 때, 열정적 사랑에 빠지기 쉬운 경향이 있다.

　그 외에도 젊은이들에게는 시기(timing)도 중요하다. 사람이 낭만적 관계를 원할 때는 쉽게 사랑에 빠진다. 그러나 교제하는 상대가 있으면 남에게 관심을 안 가지거나 무시하는 경향이 있다. 또한 사람들은 대부분 잘생기고, 사람이 좋으며, 따뜻하고, 머리도 좋으며, 자신과 배경(연령, 인종, 사회경제적 지위, 종교, 교육 수준), 태도 및 가치관이 비슷한 사람을 선호한다. 거만하고 우쭐대며 거칠고 짜증나게 하며 고달프게 하는 사람은 대체로 모두 싫어한다.

　열정적 사랑을 하게 되면, 강한 행복감과 흥분을 느낀다. 여기에는 5가지 보상이 있는데, 이는 강렬한 행복의 순간, 이해 받고 수용 받는 느낌, 하나됨의 공유, 안전한 느낌, 그리고 초월 감정이다. 그런데 열정적 사랑에는 이에 대한 대가도 따르는데, 사랑이 잘못되었을 때, 예를 들면 자아 존중감이 손상되고, 외로우며, 초라함과 강한 질투심을 느끼는 것이다.

　열정적 사랑은 달콤 쌉쓸한 경험인데, 개인주의적 서구사회에서는 열정적 사랑을 낙관적으로 묘사하는 경향이 있다. 이에 비해 집단주의적 사회(동구, 아시아, 중동)에서 절제되지 않은 사랑은 사회질서에 대한 위협으로 간주된다. 따라서 이들 사회는 열정적 사랑에 대해 부정적인 경향이 있다. 한편 열정적 사랑은 처음에는 열정이 사람을 이끈다. 그러나 두 사람의 관계가 성숙될수록 열정은 배경으로 물러나고 동반자적 사랑, 책임, 친밀감이 중요하게 된다.

## 3) 동반자적 사랑

동반자적 사랑은 자신의 인생이 깊이 관여되어 있다고 생각되는 사람에 대한 애정과 부드러움이다. 동반자적 사랑 또한 열정적 사랑과 마찬가지로 평가나 감상, 주관적 감정, 표현방식, 일정한 생리적 과정, 행동 경향, 그리고 도구적 행동을 포함하는 복잡한 함수의 총화다.

동반자적 사랑의 기원에 대한 진화적 접근을 보면, 이는 정서적 꾸러미, 즉 정서적 경험의 적응 유형으로서, 생리적 반응 및 행동과 함께 유전된다고 한다. 즉, 동반자적 사랑은 동물이 짝을 맺고 새끼를 낳아 기르는 가운데 진화한 것이라는 것이다. 이와 관련하여 신경과학자들은 동반자적 사랑의 생물학적 기초를 탐구한다. 그들에 의하면, 옥시토신(oxytocin)이라는 호르몬이 성 행동 및 재생산, 즉 출산 행동을 증진시키고, 동시에 유아와 보호자 간의 애정, 양육, 친밀한 유대관계를 촉진시킨다.

그런데 동반자적 사랑의 모습과 소리는 유전된 것이라는 주장이 있다. 즉, 기쁨, 사랑, 슬픔, 두려움, 분노와 같은 보편적 정서는 특정 얼굴 표정에 나타난다는 것이다. 남녀 간 동반자적 사랑과 부드러움은 보호자가 아이들을 바라볼 때 본능적으로 보이는 행복감과 부드러움과 같다. 이때 어른들은 아이를 지그시 내려다보고, 얼굴은 부드러우며, 입가에 가볍고 부드러운 미소를 띤다. 동반자적 사랑은 호흡 형태 및 소리와도 관계가 있다. 엄마가 아이의 머리 가까이에서 하는 어르는 소리는 나중에 동반자적 사랑의 호흡 형태의 선구적 역할을 한다.

모리스(Morris, 1971)에 의하면, 엄마는 출산 후 본능적으로 아이에게 자궁 속의 안전한 상태를 유지해 주기 위해 노력한다. 즉, 입을 맞추고, 껴안으며, 어르고, 애무한다. 태아는 엄마의 분당 72회의 심장 박동, 즉 맥박을 듣고, 출생 후에는 엄마의 심장에 가장 가까운 왼쪽 가슴에 안겨 젖을 먹는다. 아이가 초조해할 때, 분당 60 내지 70회의 속도로 흔들어 주는 것이 가장 편안하다. 이는 자궁 속이라는 실락원을 가장 잘 연상시키고, 성인이 되어서도 무의식적으로 키스, 애무, 포옹하는 것이 가장 안전하다는 것을 나타낸다.

### (1) 애정과 애호

동반자적 사랑에는 3가지 요소가 있는데, 애정과 애호, 친밀감, 책임이 곧 그것이다. 먼저 애정과 애호 측면에서 사람은 중요한 보상을 준 사람을 좋아하고, 벌을 준 사람을 싫어한다. 이는 쾌락 및 고통과 관련이 있다. 즐거운 환경 속에서 만나는 것이 시끄럽거나, 덥거나, 춥거나, 건조하거나, 복잡하거나, 더러운 곳에서 만나는 것보다 사귀기에 좋다.

그리고 행복한 짝은 긍정적 의사교환을 한다. 즉, 미소, 머리 끄덕임, 눈 맞추기가 있고, 부드러운 목소리로 대화하며, 서로에게 기댄다. 불행한 짝은 억지로 동의하고, 불평하며, 벌주기, 조소, 울기, 인상 쓰기를 하고, 긴장되고 차가운 목소리, 거친 행동, 삿대질, 무시를 보인다. 그리고 상호 간의 혐오감이 고조되며, 타인보다도 더 심하게 대한다.

그런데 사랑하는 연인들은 자신들의 관계가 얼마나 보상이 되며, 또한 그것이 얼마나 공평한지에 대해 생각한다. 사람들은 연인, 가족, 그리고 가까운 친구 관계와 같은 공유(communal) 관계와 남이나 사업적 동료 관계와 같은 교환(exchange) 관계를 구분한다. 공유 관계에서는 서로의 안녕에 책임을 지고, 애정을 보이며, 대가 없이 도우려 한다. 그러나 교환 관계에서는 서로에게 특별히 책임감이 없으며, 내게 어떤 이득이 되는지에 관심이 있다.

그러나 연인 관계에서는 형평성(equity) 이론이 설득력이 있다. 사람들은 서로 사랑 받고, 보상 받으며, 공정하게 대접 받는다고 생각할 때, 가장 행복하고 만족스럽게 생각한다. 그리고 그 경우에 가장 편안하고 서로에게 책임감을 느낀다.

### (2) 친밀감

친밀감(intimacy)의 어원은 '보다 안쪽에' 또는 '가장 안쪽에' 의 뜻을 가진 라틴어 인티무스(intimus)다. 친밀한 관계란 두 사람이 서로 애정과 온정을 느끼며, 가깝다고 느끼고, 서로 의지하며, 개인적 정보와 감정을 노출하고, 그 결과 서로 보호받고 잘 알게 되었다고 생각하는 과정이다. 또한 친밀한 관계는 행복과 만족, 그리고 즐거운 활동의 공유와도 관계가 있다. 이에 비해 소원한 관계란 화, 거부, 슬픔, 비난, 무감각, 부주의와 관계가 있다. 한편 여자는 친밀한 관계에 대해 사랑과 애정, 그리고 따뜻한 감정의 표현에 주로 관심이 있다면, 남자는 주로 신체적 접근과 성 관계에 관심이 있다.

친밀감은 그 종류에 따라 정서적, 사회적, 지적, 성적, 그리고 여가(recreation) 친밀감으로 구분할 수 있다. 친밀감의 구성 요소는 사랑과 애정, 신뢰, 자기노출, 그리고 비언어적 의사소통이다. 여기에서 비언어적 의사소통이란 가까운 신체적 접촉에 의한 의사소통을 포함한다.

그런데 사람들이 친밀감을 찾는 이유는 대체로 다음과 같다. 첫째, 그것의 내재적 매력 때문이다. 사람들은 사랑에 빠지면 행복하다고 느끼고, 그렇지 못하면 그 반대로 느낀다. 따라서 사람들은 원래 누구나 친밀감을 추구한다. 둘째, 친밀감은 심리적 안녕(well-being)을 가져다준다. 친밀감은 행복과 만족감을 주고, 사회적 지지를 해 준다. 셋째, 친밀감은 정신적, 신체적 안녕과도 관계가 있다. 정서적, 사회적 외로움은 사람에게 심한 스트레스를 주고, 또 이는 정신적, 신체적 건강을 해치기 쉽다. 따라서 사람들은 친밀감을 추구한다.

그런데 친밀감의 내용에는 남녀 간 성별에 따른 차이가 있다. 먼저 남자들은 대체로 결혼 전에는 데이트 상대의 마음을 얻기 위해 친밀한 대화에 열중하다가 결혼 후에는 일이나 친구들과 시간 보내는 데 더 열중한다. 따라서 남자들의 친밀감은 상당히 도구적인 경향이 있다. 또한 남자들은 자랄 때 독립심, 남과의 적절한 거리감, 그리고 자신의 감정과 약점을 노출하는 것을 피하도록 교육받는다. 따라서 남자들의 대화 내용은 스포츠, 돈, 성, 정치, 자신의 장점과 같이 함께 이야기할 수 있는 활동에 국한되는 경향이 있다. 그래서 여자들은 남자들을 정서적 구두쇠(emotional stinginess)라고 부른다.

이에 비해 여자들에게 친밀감은 매사에 대해 대화를 나누는 것을 의미한다. 그리고 여자들은 자랄 때 남과 가까이 지내고, 남을 배려하며, 자신의 감정을 표현하도록 교육받는 경향이 있다. 따라서 여자들이 자신들의 감정과 정서, 그리고 약점이나 두려움에 대해 서로 곧잘 이야기하는 것이다. 그래서 여자들의 우정이 남자들의 우정보다 더 깊다고 한다. 그러므로 사람들은 여자들을 흔히 친밀감의 전문가라고 한다.

사람들이 친밀감을 발달시키도록 하기 위해서는 다음과 같은 요령이 필요하다. 첫째, 자신을 있는 그대로 수용하도록 한다. 둘째, 자신의 친밀한 대상의 경우도 있는 대로 수용한다. 셋째, 자신의 감정이나 행동을 표현하도록 격려한다. 넷째, 자신의 친밀한 대상의 반응에 적절히 대처하도록 한다.

### (3) 책임

책임(commitment)이란 단기적으로는 두 사람 간에 서로 사랑하기로 한다는 의사결정을 말하고, 장기적으로는 그러한 사랑을 유지하기로 한다는 결심을 말한다. 이는 두 사람의 동반자적 사랑을 유지시켜 주는 응집력이요 안정성이라 할 수 있다. 여기에는 대체로 다음의 3가지 요소가 작용한다.

첫째, 관계의 매력도다. 두 사람의 관계가 손해보다 보상이 될 때 그 관계는 더욱 오래 지속된다. 둘째, 대안적 매력도다. 두 사람의 관계보다 다른 사람과의 관계나 홀로 지내는 것이 더 매력이 있을 때, 두 사람의 관계는 더 이상 지속되기 어렵다. 셋째, 관계 청산의 장애 요인이다. 이는 두 사람의 관계를 지속시켜 주는 심리적 제약으로서 종교적, 법적, 경제적, 사회적 장애가 있다. 그 외에 아이들에 대한 책임도 제약이 된다.

동반자적 사랑의 지속에는 사랑과 보상도 중요하지만, 두 사람의 책임감이 더욱 중요하다. 사람들은 처음에는 열정적 사랑으로 시작하지만, 시간이 지날수록 이는 점점 배경으로 물러나고, 동반자적 사랑으로 대체된다. 이는 친밀감과 책임감으로 구성되어 그것들이 강하면 강할수록 사랑은 더욱 오래 지속된다.

## 2. 우정

우정(friendship)이란 가장 기본적인 특수한 사회적 관계의 한 형태다. 이는 특정 개인과의 자발적이고 비공식적인 친밀한 관계로서 가족, 친척, 이웃, 직장동료와는 다른 사회적 관계다. 후자는 사회적으로 규정된 역할이 있고, 또한 객관적으로 확인 가능한 데 비해, 전자는 사회적 역할도 없고, 객관적 관찰도 불가능하며, 개인적으로 친구라고 부르는 것이다.

그러나 조직이나 집단 구성원에 기초를 둔 우정의 경우, 우정의 정의적 요소인 자발성, 비공식성, 개인성은 상당히 약화된다. 그리고 우정이란 반드시 상호 간에 일치하는 것은 아니다. 내가 누구를 친구라고 선택해도, 그 사람은 나를 친구라고 지목하지 않을 수도 있다(Hartshorne, 1994).

### 1) 우정의 특징

인간은 사회적 존재로서 집단을 이루고 살아가며, 집단에 소속되지 않고는 살아가기 힘들다. 그런데 집단의 유지를 위해서 사람들은 자신이 어떤 집단에 속하며, 그 집단의 중요한 구성 요소라고 생각해야 한다. 이를 달성하는 길에는 3가지 방식이 있다.

첫째, 사람들은 유대관계를 맺고 살아갈 사람을 발견하기를 기대한다. 이는 곧 가족을 형성하는 기반이다. 둘째, 사람들은 사회의 유지를 위해 그에 합당한 기능적 역할을 하도록 기대한다. 이는 곧 사회적 역할에 따른 직업의 출현을 시사한다. 셋째, 가장 중요한 것으로서 사회는 사람들이 서로 잘 어울릴 것을 기대한다. 이는 곧 친구와의 우정의 출현을 의미한다.

그런데 애들러(Adler)는 바로 사랑, 직업, 우정, 이 3가지를 삶의 3가지 과업으로 보았다. 왜냐하면 이는 삶 또는 사회에 의해서 개인에게 부과된 기대이기 때문이다. 따라서 사람은 친구를 선택할 때, 즉 우정을 형성할 때 자신의 자유의지와 사회적 기대에 의해 그렇게 한다.

한편 우정의 형성에는 3가지 역동적 요소가 관여한다. 이는 곧 상호 교호성 (reciprocity), 시간 소비(spending time), 연결망 공유(shared connections)가 그 것이다. 먼저 상호 교호성이란 우정의 당사자들이 형평성 원리에 의해 서로 무언가를 교환하거나 보상해 주는 것을 말한다. 예를 들어 한 친구가 저녁에 초대하면, 다른 친구도 저녁에 초대하거나 그에 합당한 어떤 선물을 하는 것을 말한다. 만일 이것이 지켜지지 않으면, 우정에 금이 가고 친구 관계가 깨지기 쉽다.

시간 소비란 친구와 시간을 함께 보낸다는 것을 말한다. 거리가 멀어서 또는 다른 변명 가능한 이유 때문에 별 접촉 없이도 일생 동안 친구로 남아 있을 수도 있다. 그러나 이 경우도 끊임없이 만나고자 하는 희망이 있는 경우다. 서로 헤어져 있다면, 친구 관계는 소원해져 우정은 식기 마련이다.

연결망 공유란 친구는 시간이 지날수록 경험의 공유도 많아진다는 것이다. 따라서 친구 간에는 남들이 알지 못하는 서로 간의 암호도 작동한다. 또한 친구 간에는 정서적 유대도 강한데, 이는 비슷한 과거, 장소와 시간의 공유, 유사한 경험으로 인해 소속감을 갖게 되기 때문이다.

우정의 이점은 크게 나누어 친밀감(intimacy), 동반자 의식(companionship), 사회적 지원(social support)이라 할 수 있다. 친밀감이란 상대방을 믿고, 가깝게 느끼며, 자신을 노출하는 것을 말한다. 또한 상대방이 자신을 이해하고, 존중하며, 배려한다는 것을 포함한다. 자신을 노출하는 데 있어 남자들은 가족사, 개인의 습관, 의견, 감정, 취향을 꺼려 하는 데 비해, 여자들은 성 행위와 같은 것을 꺼려한다.

동반자 의식이란 누군가와 함께 무언가를 같이하는 것을 말한다. 사람들은 동반자가 필요하면 친구를 부르게 된다. 그리고 함께 시간을 보내면서 재미를 본다는 것은 우정에 대단히 긍정적인 요소로 작용한다.

사회적 지원이란 개인이 여러 사회적 관계로부터 도움을 받는 것을 말한다. 여기에서 도움이란 위로나 배려와 같은 정서적인 것, 물질이나 신체적 지원과 같은 도구적인 것, 아이디어 제공이나 충고와 같은 정보적인 것을 모두 포함한다. 사회적 지원을 잘 받는 사람은 삶에 있어서 스트레스를 적게 받는다.

그런데 우정에는 비교적 단기간 지속되는 경우도 있지만, 아주 오래 지속되는 우정도 있다. 오래된 우정의 경우 공통의 과거사를 많이 지니고 있고, 특히 우리 의식(we-ness)이 강하다. 그리고 깊은 우정은 대체로 물리적으로 가까이 지내면서 많은 접촉을 하여, 더욱 친해지고, 서로 편안함을 주는 경우에 생긴다. 지리적 거리가 멀고, 시간이 없으며, 비용이 많이 든다면, 이는 친구를 사귀어 우정을 형성하는 데 장애가 된다.

우정의 형성을 설명하는 이론에는 대체로 강화이론, 교환이론, 인지 일관성 이론, 발달이론의 4가지가 있다. 먼저 강화(reinforcement) 이론에서는 우리가 만일 다른 사람으로부터 강화를 받으면, 우리는 그가 우리에게 호감을 가지고 있다고 생각하며, 또한 그 사람과 함께 있는 것을 좋아한다. 그래서 우리는 좋은 시간을 가졌거나 긍정적 경험을 같이한 사람을 친구로 선택하는 경향이 있다는 것이다.

교환(exchange) 이론에서는 우정이 형성되어 유지되기 위해서는 두 사람의 관계가 주는 보상이나 혜택이 손실보다 더 커야 한다고 본다. 여기에서 손실이란 시간 낭비, 짜증, 싫증과 같은 것이다. 즉, 혜택에서 손실을 뺀 이득이 우정과 상관관계가 있다는 것이다.

인지 일관성(cognitive consistency) 이론에서는 우정이란 관계의 균형을 유지하기 위해 형성된다고 본다. 그래서 만일 A가 B 및 C와 친구라면, B와 C는 친구가 되기 쉽다. 만일 A가 B와 C를 모두 싫어해도 B와 C는 친구일 가능성이 높다. 이는 사람들이 유사한 가치나 신념을 갖거나 같은 사람을 좋아하는 경우, 친구가 되기 쉽다는 것을 설명하는 데 안성맞춤이다.

한편 발달(development) 이론에서는 우정이란 인간이 발달함에 따라 서로 다른 요인의 영향을 받는다는 것이다. 예를 들면, 어릴 때는 신체적 매력과 같은 외적 속성의 영향을 받는다. 그러다가 청년기에는 가치나 신념이 유사하면 우정이 생긴다. 그리고 성인 초기에는 친밀감, 동반자 의식, 사회적 지원이 우정 형성에 중요하다. 마지막으로 성인 중기, 후기에는 오랜 관계에 대한 투명성과 책임의식이 우정에 중요하게 된다.

이렇게 보면, 우정의 형성에는 많은 요인이 작용한다. 물리적 · 지리적 거리가 가까운 근접성(propinquity), 같이 시간을 보내는 사람을 좋아하는 친숙성(familiarity), 사회적 지위 · 이력 · 교육 · 가치 · 태도 등이 비슷한 유사성(similarity), 우리의 부족한 점을 채워 주는 상보성(complementarity), 그리고 우리에게 강화를 주는 보상성(rewardingness)이 작용한다.

## 2) 성별과 우정

성별에 따른 우정을 보면(Hartshorne, 1994), 먼저 남자들은 보다 큰 우정의 망을 가지고 있고, 친구들과 특정 활동을 하는 데 더 많은 시간을 소비하며, 더 많은 동반자 의식을 경험한다. 이에 비해 여자들은 보다 적은 친구의 망을 가지고 있고, 친구들과 대화하고 경험을 공유하는 데 더 많은 시간을 보내며, 더 많은 친밀감을 경험한다.

남자들은 우정의 연결망이 큰 반면, 그 연결 정도가 약하다. 한편 여자들은 우정을 형성하는 데 있어 남자들보다는 못하고, 주부로서의 역할이 가정 밖에서 사람들을 접촉하는 데 제약을 준다. 그러나 여자들의 연결망은 크기가 작지만 보다 친밀하고, 내밀한 정보도 표현한다.

남자들의 우정이 측면적(side by side)이라면, 여자들의 우정은 대면적(face to face)이다. 따라서 남자들은 스포츠와 같이 흥미가 같은 외재적 목표를 추구하는 반면, 여자들은 가치를 공유하고 대화를 나누는 내재적 목표를 우정의 중심으로 삼는다. 한편 성별 간 우정에 있어서 남자들은 남자 친구들보다는 여자 친구들에게 자신의 비밀을 더 잘 노출한다. 이에 비해 여자들은 남자 친구들보다는 여자 친구들에게 자신의 비밀을 더 잘 노출하는 경향이 있다.

## 3) 우정의 발달

사람의 우정도 발달 단계에 따라 조금씩 변한다(Rizzo, 1989). 여기에서 우정이란 단순한 동료 관계(peer relation)와는 다르다. 동료 관계란 보다 일반적인 집단적 상호작용으로서 동조성(conformity), 인기(popularity), 참조집단(reference group) 등이 주요 관심사다. 이에 비해 우정은 개인 간의 자발적이고 비공식적인 관계다.

먼저 영아기의 어린이는 생후 1년이 되면 또래들과 상호작용하고, 누군가를 선호하는 경향을 보인다. 그러나 그러한 선호 경향은 근접성과 친숙성에 근거하고 있을 따름이다. 영아기의 아이들은 친숙한 또래들이 가까이 있으면, 적극적으로 활동에 참여한다.

유아기의 친구들은 놀이친구(playmate)들이다. 이제 어린이들은 특정 아이를 친구라고 지목하고, 그와 노는 데 더 많은 시간을 보낸다. 이 시기의 활동들은 대체로 게임, 물건 같이 가지고 놀기, 흉내내기 등이다. 친구들은 이제 조력자이고, 또 이 시기에는 상호 교호성도 엿보인다.

아동기의 우정은 영, 유아기의 우정보다 더 오래 지속된다. 왜냐하면 이 시기의 우정은 점점 더 유사성에 기반을 두기 때문이다. 대부분의 친구들은 같은 나이의 같은 성별의 아이들이다. 이제 친구 간에는 자신을 더 많이 노출하고, 그 결과 더욱 친밀해진다.

청년기에는 친밀한 그리고 상호 공유하는 관계가 충분히 발달된다. 가까운 친구 대 일상적 친구 사이를 판단하는 기준은 신뢰성이다. 친구와의 주요 관심사는 자신의 비밀이나 남에 대한 험담을 노출하는 것인데, 이를 어긴 친구들은 동료들로부터 배척당하고 친밀성에 금이 간다. 이는 청년기가 대중성의 근거가 되는 공적 처신과 친밀성의 근거가 되는 사적 의사소통 사이의 긴장 해소를 통해 정체성을 형성하는 시기이기 때문이다.

성년기에는 우정이 공동체 사회를 지향한다. 그리고 이때는 평균 5명 내지 6명 정도의 친구를 갖는다. 친구의 선정 기준도 이제는 신체적 매력보다는 올바른 판단력, 가정에 대한 책임감, 친절, 비슷한 가치관, 흥미, 배경, 이웃, 직장 동료 등이 된다. 그리고 이 시기는 친구와 같이 보내는 시간은 줄어도 우정의 정도나 자기 노출의 정도는 깊어진다.

노년기에는 친구의 은퇴나 사망으로 인하여 사회적 연결망이 줄어든다. 그리고 건강 쇠약, 정력 감퇴, 이동의 부자유 등으로 인해 우정에도 영향을 받는다. 이 시기의 우정은 둘도 없이 가까운 친구도 소수 있지만, 대체로 새로 사귀는 친구들이 많다. 그래서 새로운 친구들과는 개인적 문제보다는 가정생활에서의 느낌 같은 것이 주요 대화의 주제가 된다.

## 4) 우정의 영향

먼저 친구는 자아개념의 형성에 도움이 된다. 친구는 우리 자신이 누구인지를 우리에게 확인해 주고 강화해 준다. 또한 우리의 긍정적 자기평가를 격려하고, 개인적 성장을 촉진시켜 주기도 한다. 그리고 친한 친구와는 우리의 참다운 자아를 노출하기도 한다. 친구와의 공감, 의기투합, 긍정적 존중은 자아존중감 형성에 긍정적인 요소다.

둘째, 우정은 정신건강 및 적응에도 좋다. 친구들과 접촉이 많은 사람은 우울증에 훨씬 적게 걸린다. 그리고 친구들과 친밀하게 지내는 것이 건전한 적응에도 도움이 된다.

셋째, 우정은 대인관계 능력을 향상시킨다. 친구를 사귀는 가운데 사회적 기술도 발달한다. 친구를 선택하고, 그 사람과 우정을 형성하며, 그와의 관계를 발전시키는 가운데 사회적 대인관계 능력도 발달한다.

넷째, 친구가 있으면 외로움이나 고독이 줄어든다. 외로움(loneliness)이란 바라는 사회적 접촉에서 실제 얻은 사회적 접촉을 뺀 거리감이다. 외로운 사람들은 대체로 혼자 보내는 시간이 많고, 친구가 거의 없으며, 삶에 부정적이고, 자아 존중감이 낮다. 또한 그들은 부끄럼이 많고, 불안, 우울, 신경증적 경향을 보인다. 이에 반해 우정은 외로움을 줄여 준다.

# 3. 희망과 낙관

## 1) 희망과 낙관에 대한 회의

희망(hope)과 낙관(optimism)은 공통적으로 사람들이 삶의 결과에 대해 갖는 긍정적 측면을 반영한다. 그리고 희망과 낙관은 상황적 요인에 의해 영향을 받기도 하지만, 사람에 따라서는 성향(disposition)이기도 하다. 여기에서 성향이란 시간이나 상황에 관계없이 개인이 보이는 지속적 특성을 말한다.

그러나 역사적으로는 희망과 낙관이 좋게만 보이지는 않은 것 같다. 예를 들면, 고대 그리스의 판도라(Pandora) 상자 신화에서 희망은 판도라 상자로부터 시기, 원한, 복수와 같은 부정적인 것들이 다 도망간 뒤에 마지막으로 남은 것이다. 또한 고대 그리스의 극작가 소포클레스(Sophocles)와 독일의 근대 철학자 니체(Nietzsche)에 의하면, 희망은 결국 인간의 고통을 증가시킬 뿐이라는 것이다. 그리고 영국의 베이컨(Bacon)은 희망이란 아침에는 좋은 식사이지만 저녁에는 나쁜 식사라고 하였다. 한편 프랑스의 철학자 볼테르(Voltaire)는 낙관은 사태가 악화되어도 만사형통이라고 주장한다고 비판하였다. 그리고 미국의 판타지 소설가 제임스 케이벨(James Cabell)은 낙관론자는 모든 가능한 것 중 최고의 세상 속에 우리가 살고 있다고 본 반면, 비관론자는 이것이 사실이라는 것을 두려워한다고 보았다. 또한 미국의 작가 겸 기자 도날드 마르퀴스(Donald Marquis)는 낙관론자는 충분한 경험이 없는 자라고 하였다(Snyder, 1994).

이와 같이 역사적으로 희망과 낙관은 변덕스러운 정서라 측정하기 어렵다고 보았다. 그래서 비교적 최근에야 인지적 기초에 근거한 타당한 측정방법이 등장하기 시작했다. 그리고 이에 대해 더욱 긍정적인 측면을 부각시켰다.

## 2) 희망의 정의와 측정

희망이란 사전적 의미로는 무엇인가 바라는 것이 일어날 것이라고 지각하는 것이다. 그래서 희망에는 목표가 달성될 것이라고 지각하는 것이 포함된다. 희망에 대한 학문적 접근에는 다음과 같이 3가지 정도의 이론이 있다.

먼저 애버릴 등(Averill et al., 1990)은 질문지를 이용하여 희망을 연구했는데, 그에 의하면 희망이란 특정의 환경적 조건하에서 일어나는 비교적 짧은 반응 경향성이다. 희망이란 어떤 사람의 목표가 첫째, 상당히 통제 가능하고, 둘째, 중간 정도 획득 가능하며, 셋째, 중요하고, 넷째, 도덕적 · 사회적으로 수용 가능할 때 가장 적절하게 일어난다. 따라서 목표달성 가능성이 너무 높거나 낮으면, 희망이란 일어나지 않는다.

한편 스토틀런드(Stotland, 1969)는 희망의 핵심은 어떤 목표를 성취할 확률, 즉 가능성이 영(0)보다 더 큰 기대라고 하였다. 그리고 나서 그는 희망이 작동하기 위해서는 목표에 상당한 정도의 중요성이 부가되어야 한다고 보았다. 그리고 그는 희망이란 일련의 특수한 상황적 맥락 속에서 일어나지만, 사람에 따라서는 상황에 관계없이 보다 높은 희망을 갖기도 한다고 함으로써 성향적 희망의 가능성을 인정하였다.

스나이더(Snyder, 1994)는 희망이란 목표달성에 대한 기대를 반영하는데, 이러한 목표 지향적 기대는 2가지 인지적 요소로 구성되어 있다고 주장한다. 하나는 작인(agency)으로서 개인이 과거, 현재, 미래의 목표를 달성하는 데 있어 성공적인 결정을 한다는 느낌을 말한다. 다시 말해서 이는 어떤 사람이 바라는 목표에 대한 에너지의 인지적 의미로서, 쉽게 말하면 그 사람의 의지(will)를 나타낸다. 다른 하나는 통로(pathway)로서 목표를 달성하는 성공적인 계획을 세우는 데 있어 개인의 지각된 능력을 말한다. 이런 견지에서 보면, 희망이란 목표를 달성하려는 인지적 의지와 통로를 나타낸다.

스나이더는 이러한 두 요소 모형에 기초하여 자기보고식의 성향적 희망을 측정할 수 있는 희망의 척도(the Hope Scale)를 개발했다. 이는 작인 요소와 관련된 4개의 문항, 통로 요소와 관련된 4개의 문항, 그리고 4개의 교란 (distracter) 문항으로 구성되어 있다. 피검사자들은 각 문항에 대해 4단계의 정도를 나타내는 연속선(확실히 틀림-대체로 틀림-대체로 맞음-확실히 맞음)에 반응한다. 그러면 각 개인의 전체 희망 척도의 점수는 4개의 작인 요소 점수와 4개의 통로 점수의 합이다.

희망 척도 점수가 높은 사람들은 목표에 대한 긍정적 기대, 낙관성, 삶의 통제력, 문제해결 능력, 자아 존중감, 그리고 긍정적 정서 점수 또한 높았다. 반면에 그들은 불안, 부정적 정서, 우울, 그리고 사회적 내향성 점수는 낮았다.

## 3) 희망의 시사점

먼저 희망은 자신의 삶에 대한 지각, 즉 자아와 인생 경험에 대한 지각에 영향을 준다. 사람의 목표 지향적 활동은 정서에 영향을 주는데, 목표에 대한 긍정적 움직임을 경험한 사람은 긍정적 정서를 경험하고, 어려움을 겪는 사람은 부정적 정서, 특히 불안을 경험한다. 따라서 목표달성의 기회가 증가한다고 느끼는 사람은 성취감으로 인해 행복감 등 긍정적 정서를 경험한 반면, 기회가 감소한다고 느끼는 사람은 상실감으로 인해 불안 및 걱정을 경험한다.

희망 척도에서 높은 희망 점수를 얻은 사람은 충분한 작인 및 목표에 대한 통로를 가지므로, 도전 의식, 실패보다는 성공에 대한 초점, 높은 목표달성 가능성 지각, 그리고 긍정적 정서 상태 속에서 목표에 접근한다. 반면에 희망 점수가 낮은 사람은 불충분한 작인과 통로를 가지므로, 망설임 내지는 회의, 성공보다는 실패에 대한 초점, 낮은 목표달성 가능성 지각, 그리고 부정적 정서 상태 속에서 목표에 접근한다.

그리고 스트레스 요인에 대한 대처 능력과 관련하여, 성향적으로 희망이 높은 사람은 자신의 목표를 더욱 긍정적으로 평가하는 경향이 있다. 그들은 이러한 목표에 대한 장애가 발생하더라도, 이를 삶의 정상적인 불가결한 요인으로 지각한다. 그리고 그들은 대안적 통로들을 강구하며, 그럴 때도 유머 감각을 잃지 않는다. 또한 그들은 도움이 되는 사회적 지원망을 구축하고 있고, 더 나아가 자신들의 안녕을 유지할 대처 능력(coping skills)을 보유하고 있다. 그들은 암을 감소시키는 행동을 더 많이 하고, 소진(burnout)을 덜 경험하며, 신체적 상해 시에도 더 잘 극복한다.

한편 수행과 관련하여, 상황적 희망과 성향적 희망 모두 성공적인 수행결과를 가져온다는 증거들이 있다. 먼저 희망은 열심히 일을 하게 하므로 목표를 향한 행동과 관련된다. 따라서 희망이 증가하면, 수행결과도 증가한다. 예를 들면, 심리치료에서 플라시보(placebo) 효과, 즉 위약 효과도 그중 하나다. 이는 희망에 내재하는 변화의 잠재력을 이용한 것이다. 위약이라도 복용한 사람은 병이 낫는다는 희망을 가지고 그와 관련되는 행동을 더 많이 하게 되어, 결국에는 병이 낫는 결과를 가져오는 경우가 많다.

또 성향적 희망을 측정하는 희망 척도에서 높은 점수를 받은 대학생들은 학점 또한 높았다. 이는 지능이나 이전의 학업성취의 영향을 통계적으로 제거하는 경우에도 그랬다. 따라서 어떤 학생의 희망이 지능이나 이전 학업성취보다 미래의 학업성취를 더 잘 예언해 준다고 할 수 있다.

## 4) 낙관의 정의와 측정

낙관(optimism)을 설명하는 이론에는 2가지가 있는데, 이는 서로 다른 개념적 배경을 가지고 있다. 먼저 셀리그먼-피터슨(Seligman-Peterson) 접근방법은 학습된 무력감(learned helplessness) 이론에 근거하여 학습된 낙관(learned optimism) 이론을 발전시켰다. 학습된 무력감 이론은 나중에 귀인 이론과 결부되었는데, 사람들은 귀인을 하는 데 있어 그 장소, 즉 소재(locus, 내·외), 시간에 따른 안정성(stability, 안정적·가변적), 그리고 적용 상황의 수와 관련하여 일반성(globality, 일반적·특수적)을 고려하였다(Peterson, 1991; Seligman, 1991).

그런데 학습된 무력감은 부정적 사태에 대해 내적, 안정적, 일반적 원인으로 귀인하는 경향이 있다. 즉, 모든 분야에 있어 나의 실패의 원인은 항상 낮은 나의 지능 때문이라고 귀인하는 경우다. 이는 인간의 비관성(pessimism)으로서, 비관적 사태의 원인을 외적, 가변적, 특수적 차원으로 귀인하는 낙관성과 대비된다.

이 접근방법에 의하면, 낙관론자는 자신의 불행한 사태에 대해 이를 외적 상황 때문이라고 귀인한다. 이에 비해 비관론자는 자신의 실패를 내적 일반성으로 귀인한다. 이는 성향적 비관-낙관의 경우다.

한편 귀인양식 질문지(Attribution Style Questionnaire: ASQ)는 비관성-낙관성을 측정하고 신뢰할 수 있는 자기보고식 질문지다. 이는 6개의 부정적 상황(예를 들면, 당신이 어떤 집단 앞에서 중요한 발언을 했는데, 청중들의 반응이 부정적이었다고 상상해 보라)을 주고, 각 사태에 대해 그 주요 원인이 무엇인지 생각해 보게 한다. 그리고 나서 각각의 원인을 내-외 소재, 안정적-가변적 일관성, 일반적-특수적 상황 차원에서 7단계 척도에 반응한다. 그러면 낙관론자는 외적, 가변적, 특수적 방향으로 반응이 집중된다.

한편 샤이어-카버(Scheier & Carver, 1985) 접근방법은 기대이론에 근거하여, 인간 행동에 대한 최선의 예언 방식은 특정의 반응 영역에서 기대를 측정하는 것이라고 보았다. 예를 들면, 학교에서 학업 성적을 예언하기 위해 학업 관련 성과에 대한 기대를 묻는 것이다. 그런데 성과의 영역이 많은 만큼 관련된 기대도 많아진다. 이에 착안하여 그들은 일반적 성과의 기대에 기초를 둔 성향적 낙관성을 연구하였다.

그들에 의하면, 낙관론자는 좋은 일이 일어날 것이라는 가정하에 목표에 접근한다. 그래서 그들은 이러한 성향적 낙관성을 측정하기 위한 인생 행로 검사(Life Orientation Test: LOT)를 개발하였다. 이는 일반적 성과에 대한 기대를 반영하는 8개의 문항과 4개의 교란 문항으로 구성되어 있다. 사람들이 각 문항 내용의 동의 정도에 따라 5단계 척도에 반응하면, 8개 문항(4개 문항은 역 채점)의 점수의 합이 그 사람의 낙관성 점수다. 이 낙관성 척도 점수는 성공에 대한 기대, 그리고 자아 존중감과 정적 상관관계를 보여 준다. 그리고 부정적 정서,

우울, 절망, 사회적 불안, 소외감과는 부적 상관을 나타낸다.

## 5) 낙관의 시사점

먼저 희망과 마찬가지로 낙관성도 자신의 삶에 대한 지각, 즉 자아와 인생 경험에 대한 지각에 영향을 준다. 삶에 있어 실패 경험 후에 낙관론자들은 보다 높은 자아 존중감, 그리고 보다 낮은 부정적 정서 및 불안을 보인다. 그리고 낙관적 귀인양식을 보인 사람들은 우울증이 낮은 반면, 우울한 사람들 가운데서는 낙관성이 보이지 않는다.

또한 사람은 특정 상황에서 성과에 대한 기대가 높을수록 자신과 주변 환경에 대해 긍정적 정서를 나타낸다. 상황적 낙관성의 특징인 바라는 목표를 획득할 것이라는 예견과 관련된 성과의 기대가 높을수록, 그리고 이에 대한 긍정적 피드백은 잠정적으로 자신과 환경에 대한 긍정적 지각을 높여 준다. 또 성향적 낙관성이 높은 사람들은 첫째, 목표 획득과 관련된 우연 상황들을 더 잘 통제하고, 둘째, 다른 사람들과의 접촉에 있어 덜 소외되며, 셋째, 사회적으로 덜 불안하고, 넷째, 자아 존중감이 높으며, 다섯째, 귀인양식에 있어 보다 낙관적이다.

그리고 대처 능력과 관련하여 낙관주의자들은 비관주의자들에 비해 몇 가지 장점이 있다. 먼저 그들은 실패에 대해 그 원인의 소재가 외부에 있다고 보며, 심장 박동수가 감소했다. 그리고 노인들의 경우도 낙관적 귀인양식을 가진 사람들은 비관적인 사람들에 비해 면역체계가 더 잘 발달되어 있다. 그래서 병원을 찾는 횟수도 훨씬 적다. 그래서 낙관론자들이 건강도 더 좋다. 병에 걸려도 낙관론자들은 자신을 돌보기 위한 여러 가지 활동들을 한다. 또한 낙관론자들은 목표 추구에 있어 더 많은 인내심을 보였다.

또 낙관론자들은 문제 중심의 대처 능력을 보여, 사회적 지원을 찾고, 스트레스 요인의 부정적 측면보다는 긍정적 측면을 보려고 노력한다. 그리고 스트레스 상황이 통제 불가능하면, 이를 그대로 받아들인다. 그래서 낙관론자들은 병에서도 더 빨리 회복하며, 더 빨리 일상생활로 돌아가고, 삶의 질을 더 잘 지각한다. 또한 그들은 감기에 덜 걸리며, 걸리더라도 잘 먹기, 잘 자기, 스트레스 감소, 운동, 감기환자로부터의 격리를 통해 더 잘 극복했다.

수행과 관련하여 낙관론자들은 비관론자들에 비해 그 결과가 더 좋았다. 그들은 실패도 노력 부족이나 잘못된 전략의 선택으로 보았다. 그래서 이를 시정하여 결국은 성과가 더 좋아졌다. 그리고 낙관적인 성향을 가진 사람들의 성적이 더 좋아 중퇴율도 더 적었다. 또한 상업이나 체육 분야에서도 낙관론자들의 성적이 더 좋았다.

## 4. 행복

행복(happiness)의 문제를 맨 처음 체계적으로 거론한 인물은 고대 그리스 철학자 아리스토텔레스(Aristoteles)로 알려져 있다. 그는 행복을 노예처럼 주인을 잘 만나 잘 먹고, 잘 입고, 잘 자는 것과 같이 의식주의 해결, 즉 물질적 풍요에서 오는 생리적 만족에서 찾지 않았다. 그는 인간이 사회적 존재로서 사회적 목표를 달성하는 데 기여할 수 있는 도덕적 행위를 하는 사람을 행복한 인간으로 보았다. 따라서 그의 행복의 정의는 생리적인 것에서 사회적인 것으로 바꾼 점에 의의가 있다. 그러나 러셀(Russell)은 아리스토텔레스의 행복론이 고상한 사람들의 행복에 대한 정의라며 비판하고, 행복을 개인의 심리적 체계, 즉 자아와 관련시켜 개인의 자아실현이 행복이라고 하였다(이훈구, 1997). 이렇게 보면 행복에는 생리적, 심리적, 사회적 요인이 모두 관련되어 있음을 알 수 있다.

그런데 현대에 와서 행복의 문제를 과학적으로 먼저 연구하기 시작한 것은 사회학자와 경제학자들이라 할 수 있다. 그들은 잘사는 것이 행복이라고 보고, 객관적 삶의 질을 나타내는 사회경제적 지표를 세우려고 하였다. 그중 가장 대표적인 것이 경제협력개발기구(Organization for Economic Cooperation and

Development: OECD)에서 1982년에 발표한 지표라 할 수 있다(OECD, 1982). 이는 8가지 관심 영역으로 구성되어 있는데, 건강, 교육과 학습, 고용 및 근로 생활의 질, 시간과 여가, 재화와 서비스의 지배력, 물리적 환경, 사회적 환경, 그리고 개인적 안전이 곧 그것이다.

이에 비해 심리학자들의 행복에 대한 연구는 조금 늦게 시작되었지만, 주관적 삶의 질에 초점을 두었다. 그들은 행복이란 주관적 안녕 또는 주관적 잘삶 (subjective well-being)이라고 보고, 이를 집중적으로 연구하였다. 벤호벤 (Veenhoven, 1991)은 주관적 안녕을 일반적 측면과 구체적 측면으로 나누어 보았다. 일반적 측면에는 생활 만족, 욕구 충족, 그리고 정서 수준이 해당된 다. 그리고 구체적 측면에는 직무 만족, 자아 존중감, 그리고 통제 신념이 해 당된다.

한편 애버릴과 모어(Averill & More, 1993)에 의하면, 행복이란 인간의 생리 적 체계, 심리적 체계, 사회적 체계 각각의 목표를 최적화하는 것이다. 생리적 체계의 최고 목표는 유기체의 존속이고, 심리적 체계의 최고 목표는 자아실현 이며, 사회적 체계의 최고 목표는 사회유지다. 따라서 이 3가지 체계의 목표가 모두 달성되었을 때 행복하다고 할 수 있다.

그들에 의하면, 행복 연구에는 3가지 방법이 있다. 첫째, 행동체계를 연구 하는 방법인데, 이는 어떤 목표를 달성하고 수행하기 위한 통합된 행동을 연 구하는 것이다. 둘째, 작동적 기제(enabling mechanism)를 연구하는 방법인데, 이는 각 체계가 그 기능을 충족하게 하는 내적 작용을 연구한다. 셋째, 성격 특 성을 연구하는 방법인데, 이는 행복을 느끼는 사람들의 특징이나 능력을 연구 하는 것이다.

먼저 행동체계는 다시 조직의 원리에 따라 생리적, 심리적, 사회적 체계로 나누어진다. 여기에서 생리적 원리란 유전인자 속에 저장된 정보, 심리적 원 리는 인지구조(schema) 또는 지식의 구조, 그리고 사회적 원리는 한 사회의 규 범과 가치관을 말한다. 그리고 각 행동체계는 그 수준에 따라 상위체계, 체계, 하위체계, 그리고 구성 요소로 구분된다. 이를 그림으로 나타내면 [그림 4-1]

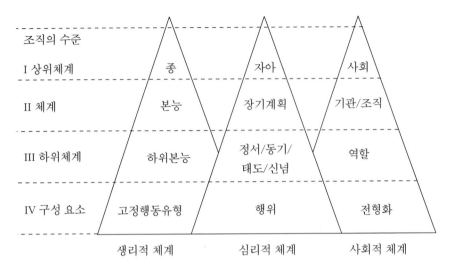

**[그림 4-1] 세 가지 행동체계와 그 수준**

출처: Averill & More(1993).

과 같다.

다음으로 작동적 기제는 행복을 가능하게 하는 내적 작용과 관계가 있다. 이 또한 행동체계처럼 생리적, 심리적, 사회적 관점에서 탐구할 수 있다. 첫째, 행복의 생리적 기제는 뇌의 쾌락 중추와 관련이 깊다. 이는 주로 전두엽 좌측에 분포되어 있는데, 우리가 행복감을 느끼면 이 부분이 활성화된다. 둘째, 행복의 심리적 기제를 보면, 도전적이지만 현실적 목표의 달성에서 오는 자아존중감이나 자아 효능감의 향상이 행복의 가장 훌륭한 예언 변인이라고 알려져 있다. 또한 자신의 실제 조건이나 업적을 어떤 기준과 비교하여 만족했을 때도 우리는 행복감을 느낀다. 셋째, 행복의 사회적 기제는 가정, 이웃, 직장 등에서 만족감을 느끼는 경우다.

마지막으로 행복과 관련된 성격 특성을 보면, 외향적이고 신경증이 낮은 사람이 내향적이고 신경증이 높은 사람보다 행복감을 더 많이 느낀다고 보고되었다. 그리고 성격이 원만하고 성실한 사람이 행복감을 더 느낀다고 알려져 있다.

# 5. 즐거움

## 1) 쾌락과 즐거움

더 낳은 삶이란 무엇인가를 생각할 때, 대부분의 사람들은 우선 행복이란 쾌락(pleasure), 즉 좋은 음식을 먹는 것, 성행위를 하는 것, 여행하는 것, 값비싼 기구를 다루는 것, 또는 TV 보면서 술 한잔 기울이는 것과 같은 안락을 경험하는 데 있다고 생각한다. 이와 같이 쾌락이란 생물적 또는 사회적 기대가 충족되었을 때 얻는 만족감을 말한다. 그런데 쾌락이란 삶에 중요한 요소이기는 하지만, 그 자체로서 행복을 가져다주지는 않는다.

이에 비해 즐거움(enjoyment)은 사전 기대, 필요나 욕망을 충족했을 때뿐 아니라 생물적인 것을 넘어 예상하지 못한 것을 성취했을 때 느낀다. 이처럼 즐거움은 신기함과 성취감과 같이 전향적인 것이 그 특징이다. 그리고 누구나 먹는 것을 좋아하는 것처럼 쾌락은 정신적 에너지의 투자 없이도 일어나지만, 미식가의 경우처럼 즐거움은 보통 이상의 주의를 기울인 결과 일어난다 (Csikszentmihalyi & Csikszentmihalyi, 1988).

특히 즐거움은 어떤 활동에 몰입(flow)했을 때, 즉 절정의 최적 경험(optimal experience)을 했을 때 가장 잘 나타난다. 이는 우리 자신의 내적 삶에 대한 통제를 통해 행복을 성취하는 과정에서 가장 잘 나타난 것이라고 할 수 있다. 한편 칙센트미할리(Csikszentmihalyi, 1990)에 의하면, 즐거움의 구성 요소는 다음과 같다.

## 2) 즐거움의 구성 요소

### (1) 기술을 요구하는 도전적 활동
우선 즐거움이란 보통 우리가 완성할 필요가 있는 과제에 직면할 때 일어나는 경험이다. 우리는 가끔 음악을 듣거나 굉장한 경치를 볼 때 이유 없이 황홀함 또는 극도의 기쁨을 경험한다. 그러나 대부분 즐거움은 목표 지향적이고 규칙이 수반된 일련의 활동, 다시 말해서 정신적 에너지의 투자를 요하는 활동, 그리고 적절한 기술 없이는 불가능한 활동 내에서 발생한다. 예를 들면, 독서는 즐거운 활동 중 하나인데, 여기에는 주의집중이 요구되고, 목표가 있으며, 문어체의 규칙을 알아야 한다. 또한 독서를 위해서는 문자해독력뿐 아니라 단어를 심상으로 바꾸기, 가공의 등장인물을 강조하기, 역사적·문화적 맥락 인식하기, 구성의 전환 예상하기, 저자의 문체를 비평하고 평가하기 등의 기술이 필요하다.

### (2) 행위와 인식의 통합

즐거움을 위해서는 우리가 하는 것에 주의집중하는 것이 필요하다. 사람들은 자신들이 하는 일에 푹 빠져 활동은 거의 자연스럽게 자동화된다. 이때 사람들은 자신들이 하고 있는 행위와 자신들이 분리되어 있다는 것을 인식하지 못한다.

주의집중이 잘되면, 사람들은 다른 것을 생각하지 못한다. 그리고 그들이 지금 하고 있는 일에 몰두하여 에너지가 자연스럽게 흐른다. 그러면서도 그들은 그런 가운데서 편안함과 활력이 넘침을 느낀다.

### (3) 분명한 목표

다루고 있는 과제의 목표가 분명할 때 주의집중이 잘된다. 그리고 그런 목표를 달성할 때 우리는 즐거움을 만끽한다. 물론 사소한 목표는 달성한다고 해서 즐거움을 주지는 않는다. 그러나 달성하는 데 많은 시간이 걸리는 커다란 목표가 있고, 그런 목표를 구성하는 여러 단계의 하위목표가 있을 때, 한 단계 한 단계 하위목표를 달성해 가는 것은 즐거운 일이다.

그런데 모든 활동의 목표가 항상 분명한 것은 아니다. 경우에 따라서 분명한 목표가 미리 정해지지 않을 때, 우리 자신이 그 자리에서 무엇을 달성할 것인가를 결정해야 하는 경우도 있다.

### (4) 피드백

피드백(feedback)은 어떤 사람이 어떤 행동을 수행한 결과, 어떤 하위목표의 달성에 성공했는지 또는 실패했는지 그 여부를 행동의 당사자에게 알려 주는 것을 말한다. 그런데 피드백 중에서도 지연적 피드백보다는 즉각적 피드백이 효과적이다. 즉각적인 피드백은 성공한 경우 그다음 활동으로 나아가게 하고, 실패한 경우 목표를 수정하거나 대안적 활동을 하게 함으로써 그 활동에 계속 몰두하게 한다. 그렇게 하는 가운데 당사자는 해당 활동에서 즐거움을 맛보게 된다.

그러나 피드백 종류 그 자체는 그리 중요하지 않다. 우리가 정신적 에너지를 투자한 어떤 목표와 연결되어만 있다면, 어떤 종류의 피드백도 즐거움을 줄 수 있다. 왜냐하면 다소 지연되더라도 목표달성에 성공했다는 것 자체가 우리에게 즐거움을 주기 때문이다.

### (5) 현 과제에 대한 집중

일상생활에서는 많은 잡념과 걱정거리들이 우리의 의식 속에 들어와 있다. 그래서 주의집중도 잘되지 않는다. 그리고 예기치 않은 사건들이 우리의 정신적 에너지의 자연스런 흐름을 방해한다.

그러나 우리가 어떤 과제에 깊이 몰두하면, 일상생활의 모든 걱정거리를 잊을 수 있다. 즐거운 활동들은 우리로 하여금 현재의 과제에 완전히 주의집중하게 만들어 마음속에 관계가 없는 정보의 여지를 만들지 않는다. 즉, 주의집중을 통한 즐거운 활동들은 우리 마음속에 질서를 유지하고 무질서를 허용하지 않는다(이희재 역, 1999).

### (6) 행위에 대한 통제감

즐거움이란 종종 일상생활과 거리가 먼 게임, 운동, 여가활동에서 맛볼 수 있는데, 이는 행위에 대한 통제가 잘되기 때문이다. 다시 말해서 일상생활에서는 통제력을 잃어 실패하지 않을까 노심초사하는 데 비해, 즐거운 활동에서는 그럴 필요가 없다. 오히려 통제가 자연스럽게 일어나기 때문에, 실패에 대한 두려움이 없어지고 차분하며 편안해진다. 더 나아가 자기 주변 세계에 대한 통제감에서 행복감, 능력감과 매력을 느낀다.

자신의 행동에 대한 통제감에서 오는 즐거움은 남들이 보기에 위험한 것 같은 활동에서도 나타난다. 예를 들면, 행글라이딩(hang-gliding), 암벽 등반, 자동차 경주, 심해 잠수와 같은 스포츠는 다른 사람들에게는 매우 위험한 것처럼 보인다. 그런데 이를 즐기는 사람들은 고도의 통제감을 느끼면서 이런 운동을 한다. 왜냐하면 그들은 실수의 가능성을 최대한 줄여 충분한 기능을 가지고 있기 때문이다.

### (7) 자의식의 상실

사람은 어떤 활동에 몰입하면, 과거나 미래 또는 무관한 자극에 대해 충분히 주의집중을 할 수 없다. 평소에는 많은 시간을 그에 대해 생각하면서 보내나, 즐거운 활동을 하는 동안 사라지는 것이 바로 자아에 대한 인식이다. 즉, 자신에 대해 자세한 검토를 할 여지가 없다. 이는 고도의 주의집중 시에 나타나는 현상으로서 명상이나 참선을 하는 경우와 비슷하다.

주변 세계와 단절된 듯한 자아에 대한 상실감은 종종 주위 환경과의 일체감을 수반한다. 그런 경우 우리는 우리와 주위가 하나됨을 느낀다. 그러나 자아에 대한 관심이 사라졌다가, 즐거운 몰입 경험이 끝난 뒤에는, 자의식 또는 자아감이 더욱 크게 되살아난다.

### (8) 시간관념의 변형

즐거운 활동을 하는 동안에는 시간의 지속성이 변형된다. 그래서 일상적인 시간의 흐름과는 달라진다. 우리가 일상적으로 측정하는 외적·객관적 시간의 측정방법은 더 이상 의미가 없다. 따라서 시간의 흐름이 무척 빨라져 몇 시간이 흘러도 단지 몇 분만 흐른 것 같이 느껴지기도 하고, 어떤 경우는 몇 초가 몇 분처럼 느껴지기도 한다. 그러므로 즐거움을 만끽하며 어떤 활동에 몰입하는 동안에는 시간이라는 폭군으로부터 해방되는 희열을 맛보는 것 같다.

### (9) 자기 목적적인 활동

즐거움을 주는 활동들은 대체로 자기 목적적(autotelic)이다. 이는 그 활동 자체가 목적이라는 말이다. 다시 말해서 이는 그것을 하는 자체가 만족스럽고 좋아서 하는 것이지, 다른 미래의 보상이나 혜택을 위해서 수단적으로 하는 것이 아니다.

예를 들면, 돈을 벌기 위해 또는 훌륭한 시민으로 기르기 위해 아이들을 가르치는 일은 자기 목적적이지 않다. 그러나 아이들을 가르치는 것 자체가 좋고 즐거워서 하는 일이라면, 이는 자기 목적적이다. 따라서 겉으로 보기에는 똑같아도, 어떤 활동 그 자체에 주의를 기울이면 자기 목적인 반면, 그 결과에 주의를 기울이면 수단적인 것이 된다.

## 6. 공감

공감(empathy)이란 다른 사람의 정서 상태나 조건에 일치하는 정서적 반응을 보이는 것을 말한다. 예를 들면, 슬퍼하는 사람을 보면 슬퍼지는 것이다. 이에 비해 동정(sympathy)이란 다른 사람의 정서적 상태나 조건의 파악에 기초한 간접적(vicarious) 정서 반응을 말한다. 그래서 동정에는 다른 사람에 대한 슬픔, 동감(compassion), 혹은 걱정의 감정이 포함된다.

심리학자에 따라서는 공감을 동정, 동감과 같이 관련 있는 타인 지향적인 반응을 언급하기 위해서 사용한다. 그러나 굳이 구별을 하자면, 동정이란 타인과 똑같은 정서를 경험하기보다는 타인에 대한 슬픔, 동감, 혹은 걱정의 감정이 포함된 간접적 정서 반응이다. 다시 말해서 동정이란 타인 지향적이고,

어려움을 겪는 타인을 도우려는 동기를 포함한다. 이에 비해 공감은 꼭 그러는 것은 아니다(Eisenberg, 1994).

공감과 동정은 모두 타인의 사고 및 감정과 같은 내적 심리 과정에 대해 이해하는 조망 수용(perspective taking)을 포함한다. 그러나 조망 수용은 정서적 반응이라기보다는 인지적 과정이다. 이에 비해 공감과 동정은 간접적 정서 반응이어서 이들 간에는 차이가 있다.

## 1) 공감 이론

공감과 같은 간접적 정서 반응을 설명하는 이론에는 몇 가지가 있다. 먼저 정신분석 이론에서는 이러한 간접적 정서들이 어릴 때 아이와 부모 또는 보호자 사이의 상호작용으로부터 발달한다고 본다. 왜냐하면 보호자의 기분은 접촉, 어조, 즉 말씨와 얼굴 표정을 통해 아이에게 전달되기 때문이다.

한편 행동주의 또는 사회학습 이론에서는 공감이 일찍이 조건화 또는 연합을 통해 획득된다고 본다. 즉, 아이의 쾌, 불쾌의 감정이 그에 상응하는 타인의 감정 표현과 계속해서 연합됨으로써 획득된다는 것이다.

그러나 공감의 발달과 관련해서 가장 종합적이고 영향력 있는 이론을 발표한 사람은 호프먼(Hoffman, 1990)이다. 그는 공감에 관한 체계적 발달 이론을 제시했는데, 공감이 연령과 인지적 능력의 발달과 함께 변한다는 것을 주장하였다. 또한 공감의 인지적, 정의적 측면 모두를 강조했으며, 공감적 정서가 친사회적 행동(prosocial behavior)과도 밀접한 관련이 있다고 보았다.

## 2) 공감의 발달

호프먼에 의하면, 생후 6~12개월 된 신생아도 다른 아이의 울음에 같이 따라 우는 원초적 공감 반응을 보인다. 그러나 이때는 다른 아이의 고통에 거의 반응을 보이지 않는다. 하지만 12~18개월 된 영아는 다른 아이의 부정적 정서에 동요하거나 계속 주의집중을 함으로써 반응을 한다. 그리고 고통에 빠진 친구를 위로하려고 함으로써 동정심을 보인다.

생후 2~3세의 영아는 이제 자신과 타인을 구별하게 되고, 타인의 입장에서 사태를 보려는 기초적 조망 수용이 가능해진다. 따라서 이 시기에 진정한 동정심을 보이는 행동을 하게 된다. 그리고 4~5세의 유아는 공감적 고통과 동정심을 보이는데, 이는 나중에 친사회적 행동과 관련이 있다. 여기에서 공감적 고통(empathic distress)이란 다른 사람의 고통스러운 정서 상태를 경험하는 것을 말한다. 그러나 이 시기의 공감은 다른 아이의 즉각적, 잠정적, 상황 특수적 고통에 제한된다.

초등학교 저학년 시기인 6~9세의 아동은 이제 인지능력의 발달로 인해 타인의 일반적인 조건, 예를 들면 가난, 억압, 질병, 무능력에 대해 동정이나 공감 등 정서적 반응을 하게 된다. 그리고 초등학교 고학년 및 중학교로 올라갈수록 동정심과 공감적 고통도 증가한다.

그리고 청년기가 되면, 개인뿐 아니라 집단 또는 종족 전체의 곤란, 예를 들면 경제적 빈곤층, 정치적 피억압 계층, 또는 발달적 장애아에 대해 이해할 수 있게 된다. 그러고 나서 성년기가 되면, 간접적 정서 반응을 더 잘 조절하게 되어, 이제는 과도한 공감이나 개인적 고통보다는 동정심을 더 많이 경험하게 된다.

## 3) 공감과 성별

흔히 사람들의 고정관념은 여성들이 남성들보다 정서적으로 더 민감하고, 보호 및 배려를 더 잘하므로, 더욱더 공감적이고 동정적일 것이라고 생각한다. 그러나 이는 공감의 정의와 그 측정방식에 따라 다르다.

먼저 호프먼은 여학생들이 남학생보다 더 공감적이라고 했는데, 그가 사용한 방법은 그림-이야기(picture-story) 측정법이다. 이는 정서 유발적인 상황에서 타인에 대한 그림과 이야기를 제시한다. 그러고 나서 피험자들에게 어떻게 느끼느냐고 묻는다. 그러나 이러한 방법은 실험자들이 대부분 여성이었고, 또한 실험자의 성이 여성일수록 여성 피험자들의 공감 반응이 더 잘 나타났다.

아이젠버그(Eisenberg, 1992)도 공감에 대한 자기보고식 질문지에서는 여성이 더 공감적인 것으로 나타남을 발견했다. 그러나 비언어적 행동에 대한 심장 박동률과 같은 생리학적 방법이나 얼굴 표정과 같은 간접 관찰(unobtrusive observation) 방법을 사용하면, 공감에 있어 여성이 아주 미약하게 높거나 성차가 거의 없는 것으로 나타났다. 따라서 결론적으로 말하면, 공감은 여성이 약간 높기는 하지만, 측정방법에 따라서는 성별에 따른 차이가 없다고 할 수 있다.

### 4) 공감과 친사회적 행동 및 이타 동기

심리학자들은 공감이나 동정이 친사회적 행동이나 이타심(altruism)과 관계가 있다고 가정해 왔는데, 실제 경험적 연구의 결과도 이를 입증하고 있다. 타인의 고통이나 슬픔을 경험하거나 어려운 사람들에 대해 관심을 갖는 사람은 그들의 슬픔이나 고통을 덜어 주려는 동기가 있다고 생각된다. 그러나 자신이 개인적 고통을 겪는 사람은 자신의 고통을 줄이는 데 중점을 둔다고 생각된다.

공감 및 동정과 이타 동기와의 관계에 관하여 뱃슨(Batson, 1991)은 주장하기를, 공감 및 동정은 타인의 혜택을 위한 비이기적인 욕망과 관련이 있다고 하였다. 또한 그는 공감에서 우러나는 이타적 행동은 외적 보상을 위해서, 죄책감을 피하기 위해서, 또는 어려운 사람을 도왔을 때 그들이 기뻐하는 것을 보고 그들과 함께했다는 것으로 인해 기분이 좋아서가 아니라고 하였다. 또 뱃슨에 의하면, 공감을 경험한 사람은 스스로 부정적인 기분 상태를 경감시키고, 공감적 기쁨(empathic joy)을 맛볼 수 있다고 하였다.

그러나 동정보다 개인적 고통을 겪는 사람은 돕는 일이 자신의 고통을 줄이는 가장 쉬운 방법일 때만 남을 도우려 한다. 따라서 다른 고통을 받는 사람을 피하는 것이 쉬운 일일 때는 자신도 고통을 받는 사람은 그 상황을 떠나 그 사람과 더 이상 접촉을 피하려 한다.

그러면 공감이나 동정에 있어 다른 사람보다 지속적으로 더 높은 개인차를 보이는 이타적 성격이 따로 있는가? 아니면 이타심이란 남을 도와 스스로 보상 받고 죄책감을 피함으로써 자신의 정신건강을 향상시키는 수단적인 것인가? 이에 대한 결론은 더 많은 경험적 연구가 있어야 답을 할 수 있을 것이다.

## 5) 공감과 공격성

공감은 친사회적 행동뿐 아니라 공격성(aggression)을 이해하는 데도 도움이 된다. 타인의 고통이나 슬픔을 보고 그 정서적 반응에 공감한 사람은 공격성을 중지하게 된다. 그래서 공감 점수가 높을수록 공격성이 낮아 공감과 공격성 간에는 부적(-) 상관관계가 있다.

이는 실제로 부모와 자녀의 관계에 있어서도 그렇다. 어머니와 자식의 공감 점수가 높은 사람보다 낮은 사람이 아동학대를 더 많이 하는 것으로 나타났다. 따라서 공감이나 동정심과 공격성은 반비례한다고 할 수 있다.

## 6) 공감에 대한 유전과 환경의 영향

공감은 유전되는가? 아니면 환경, 특히 사회화(socialization)의 영향인가? 공감에 대한 쌍생아의 자기보고식 설명을 보면, 생물학적 유전의 영향을 알 수 있다. 즉, 쌍생아들은 공감적 관심, 친사회적 행동, 그리고 타인의 고통에 대한 무반응적 무관심에 있어 매우 유사한 반응을 보인다. 따라서 공감에는 유전적 요소가 작용하고 있다고 할 수 있다.

그렇다면 환경, 특히 사회화의 영향은 어떠한가? 부모의 공감 관련 특성 및 양육방식과 아동의 공감 사이에는 의의 있는 정적(+) 상관관계가 있다. 특히 어렸을 때 어머니와 아동의 애착의 질, 그리고 어머니의 협조적이며 공감적 양육은 아동의 공감과 밀접한 관계가 있다.

또한 부모들은 교묘한 방식으로 정서적 반응의 모형이 되고 그 방식을 전달한다. 그래서 협조적이고 공감적인 부모들은 아동의 공감 능력의 모형이 되고 또 이를 격려한다. 특히 자신과 타인의 정서에 대한 부모들의 언어적 표현방식과 아동의 공감적 또는 친사회적 행동에 대한 부모들의 강화방식은 아동의 공감 및 친사회적 행동의 발달에 영향을 준다.

# 7. 자아 존중감과 자아 효능감

## 1) 자아 존중감

자아개념(self-concept)과 비슷한 개념으로 자아 존중감과 자아 효능감이 있다. 먼저 자아개념이 사실적, 비평가적 지각(예, 나는 이 문제를 풀 수 있다)과 주관적, 평가적 지각(예, 나는 공부를 잘한다)의 총체라면, 자아 존중감(self-esteem)은 자기에 대한 지식의 평가적 차원으로서, 사람이 자신을 어떻게 평가하는가를 말한다. 예를 들면, 높은 자아 존중감은 자신에 대한 긍정적 평가로서 자신감, 자랑, 자아 존중, 자만 등의 단어의 의미와 관련된다. 그리고 자아 존중감은 자신을 전체적으로 평가할 수 있는데, 이를 일반적(global) 자아 존중감이라 한다. 그리고 자아 존중감을 특정 차원과 관련하여 평가할 수도 있는데, 이를 특수 영역적(domain-specific) 자아 존중감이라 한다.

### (1) 자아 존중감의 중요성

대부분의 사회 문제는 사람들의 자아 존중감의 부족에 기인한다. 높은 자아 존중감은 약물 오용, 학교에서의 실패, 범죄, 비행, 청소년 성 문제 등 사회 문제에 대한 백신 역할을 한다. 한편 낮은 자아 존중감은 교육적 실패의 결과이지 그 원인은 아니다. 따라서 교육을 통해 자아 존중감을 향상시켜 개인적, 사회적 책임감을 고양시키는 것이 필요하다고 할 것이다.

자아 존중감 연구는 자아와 정체성(identity) 연구와 관계가 깊다. 자아 존중감은 자기에 대한 지식의 중요한 핵심부로서, 광범위하게 사고, 감정, 행위와 관련된다. 그런데 자아 존중감 연구는 크게 2가지 범주로 나누어진다. 첫째, 사람들은 보편적으로 최소한의 자아 존중감, 즉 자신을 좋게 보려는 동기가 있기 때문에, 성공을 위한 노력, 사회적 인정에 대한 요청, 기능 개발의 즐거움, 포부, 경쟁력, 집단 충성도, 상대 집단에 대한 비하 같은 반응을 강조한다. 둘째, 사람들 사이의 자아 존중감에 개인차가 있는데, 그 높고 낮음과 성과와의 관계에 관심이 있다.

### (2) 자아 존중감에 대한 열망

사람들은 자아 존중감에 대한 강력한 기본적 욕망을 가지고 있다. 그래서 자신의 능력을 과장하거나 과대평가하며, 자신의 약점을 거부하거나 숨기고, 장점과 긍정적 특성을 선전한다. 또한 자신을 성공 집단과 동일시하고, 실패 또는 낙인 집단과 거리를 두려고 한다.

인간의 자아 존중감 욕구는 보편성이 있다. 따라서 만일 그런 욕구를 만족시키지 못하면 스트레스 및 박탈감을 경험한다. 그리고 자아 존중감은 행복에 중요한 요소다. 반면에 낮은 자아 존중감은 우울증과 관련이 깊다.

전통 사회에서 자아 존중감은 집단 유대나 사회 내 지위와 관련이 있었다. 그래서 전통 사회에서의 자아 존중감은 고정적이고 변하지 않는 특징이 있었다. 그러나 현재는 변화가 가능하다.

우리의 자아 존중감 형성에는 2가지 통로가 있다. 첫째, 효능감의 경험, 즉 환경에 대한 개인의 직접적·성공적 통제력에 기초한다는 것이다. 둘째, 반영된 평가(reflected appraisal), 즉 다른 사람으로부터 받은 평가에 기초한다는 것이다. 다시 말해서 자아 존중감은 일부분 자신이 다른 사람들에게 어떻게 간주되는지 다른 사람들로부터 받은 평가적 메시지에 대한 개인적 지각에 기초한다.

### (3) 자아 존중감의 평가

그동안 자아 존중감의 여러 차원을 다룬 일련의 질문에 자신을 평정하도록 하는 여러 척도가 개발되었다. 그러한 척도들은 일반적 자아 존중감 외에 특수 영역적 자아 존중감을 측정하도록 되어 있다. 예를 들면, 지적, 업무 관련, 사회적, 그리고 신체 능력 및 신체적 매력에 대한 자아 존중감 등을 측정한다.

그런데 자아 존중감을 측정하는 데는 몇 가지 문제가 있다. 첫째, 방어적 자아 존중감의 문제다. 방어적 자아 존중감이란 거짓으로 높은 자아 존중감을 가진 체하는 것을 말한다. 이는 자신을 대단히 바람직한 방식으로 그리는 가운데 자기 회의감과 불안정을 감춘다. 그리고 사회적으로 선호하는 반응을 보여 자신의 결점을 감추고 좋은 인상을 주려 한다. 그런데 현재의 자아 존중감 척도는 이를 측정하여 놓고 진정한 자아 존중감을 측정한 것처럼 간주하는 경향이 있다. 둘째, 신뢰도와 타당도가 낮은 측정도구의 문제다. 연구자들이 튼튼한 이론적 배경과 경험적 증거에 의해 척도를 개발하기보다는 대체로 직관적으로 판단하여 자신이 개발한 도구를 사용하는 경향이 있다. 따라서 과학적 기반이나 근거가 취약하다고 할 수 있다. 셋째, 현재의 검사들은 자아 존중감을 잘 변하는 상태로 보는데, 이는 상당 기간 안정적인 특성이다. 개인의 자아 존중감은 기초적 특성을 중심으로 약간 가변적이기는 하나, 중요한 성공이나 실패, 주요 사건에 대한 반영된 평가 후 시간이 지나면 원상회복되는 경향이 있다.

### (4) 자아 존중감의 개인차

자아 존중감이 높은 사람은 매사에 걸쳐 자신이 성공할 것이라 기대한다. 또한 타인들이 자신을 좋아하리라 기대한다. 이에 비해 자아 존중감이 낮은 사람은 대체로 비합리적이고, 자신을 싫어하며, 불안정하다. 또한 갈등이 많으며, 자기 패배적인 경향이 있다.

구체적으로 말하면, 자아 존중감이 낮은 사람은 첫째, 자신에 대한 지식이 부족하거나 일관성이 없다. 그들은 모순, 주저함, 불확실, 혼란스러움이 특징이다. 둘째, 그들도 자신을 좋게 보려는 욕망이 있으며, 성공하고 남에게 인정받으려 한다. 그들은 자아 존중감 욕구의 충족에 실패하여 낮은 자아 존중감이 생긴 것이다. 셋째, 그들도 자랑하고 자신 있는 부분이 있다. 그들은 맹렬히 이런 장점을 지키려 한다. 넷째, 그들은 대처할 자원이 부족하다. 그래서 스트레스나 위협 요인에 취약하다. 다섯째, 그들도 자신과 유약한 자아 존중감을 보호하려는 동기가 있다. 그래서 위험을 최소화하고, 자아 존중감을 잃을 가능성이 있는 상황은 회피한다. 여섯째, 그들은 자아 존중감이 높은 사람과 초점이나 목표가 다르다. 자신의 장점을 신장시키기보다 실패를 면하기 위해 부족한 점을 고치려 한다. 일곱째, 내적 동기의 갈등이 있다. 그들은 잘하고 성공하려는 욕망과 함께 주위의 압력과 높은 기대에 불안전하다. 따라서 예기치 않은 큰 성공은 자아 존중감이 낮은 사람에게는 오히려 불편하고, 스트레스를 주며, 건강에 이상이 온다. 그들은 '성공에 대한 두려움 및 거부' 등 성공에 대해 복잡한 감정을 보인다.

### (5) 자아 존중감의 유지

자아 존중감의 유지 전략으로 다음과 같은 사항을 들 수 있다. 첫째, 사태를 자신에 유리한 편향된 방식으로 해석하기가 있다. 예를 들면, 도덕적 문제를 저지른 경우, 해로운 결과를 경시하거나 주위 여건의 탓을 강조하는 방식으로 해석하여 비난을 경감하는 것을 말한다. 또 수행결과가 나쁘면, 능력 부족 탓이라기보다 일의 과정상 잠정적으로 또는 운이 없어서, 또는 노력 부족이나 불공평 등으로 인해 그렇게 되었다고 책임을 돌리는 경우다. 둘째, 분명한 실패를 외부 원인으로 돌리는 것이다. 이는 낙인찍힌 집단이나 소수 집단 중 자아 존중감이 높은 집단의 자아 존중감 유지 전략이다. 예를 들면, 흑인 여성, 기타 낙인찍힌 소수 집단은 실패를 우세 집단의 편견, 차별, 불공정의 탓으로 돌려 자아 존중감에 손상 입는 것을 피한다. 셋째, 외부 상황을 설정하여 일이 잘못되면 변명을 구한다. 자기 장애(self-handicapping)의 경우, 자신의 업무수행에 장벽(술 너무 마심, 수면 부족, 준비 부족 등)을 설치하여 미래의 예견된 실패를 능력 부족보다는 이러한 장애 탓으로 귀인하는 것을 말한다. 넷째, 비난이나 부정적 피드백에 대한 노출을 최소화한다. 이는 비판적 피드백에 주의집중을 안 해서 쉽게 잊는 경우다. 예를 들면, 위험스런 뉴스나 불쾌한 사실로부터 멀리하여 합리화할 필요도 없이 잠재적 위협을 피한다. 다섯째, 위협을 거부할 수 없을 때는 잠시 괄호로 묶어 자아 존중감을 방어하고, 이를 통해 현재나 미래에 대한 영향력을 부정한다. 예를 들면, 과거에 청소년들에게 높은 도덕심과 경건함을 요구할 때, 그들은 죄인처럼 행동하고 나서, 청소년 말기에 종교적 회개를 통해 이를 모두 뒤에 남기고 거듭나 깨끗하고 도덕적인 삶을 다시 시작하곤 했다. 여섯째, 보상(compensation)도 자아 존중감에 대한 위협의 대처 전략이다. 한쪽에서 도덕심이나 능력을 잃을 것 같으면, 주의를 다른 쪽으로 돌려 자기 평가를 함으로써 전체적 자아 존중감의 상실을 막는 경우다. 일곱째, 하향식 비교도 자아 존중감 유지의 한 전략이다. 이는 다른 사람과 관련하여 자신을 평가할 때, 비교해서 우위를 점하려고 자신보다 못한 사람을 선정하는 경우다. 흔히 이는 소수 집단 내에서 높은 자아 존중감을 유지하는 전략이다. 또한 큰 사고를 당하고 나서도 쓰는 전략이다.

## 2) 자아 효능감

효능감이란 환경에 대한 성공적인 통제력의 행사로서, 그 결과 무엇인가 할 수 있다는 긍정적 자아를 갖게 된다. 따라서 자아 효능감(self-efficacy)이란 자신의 삶에 영향을 미치는 사태들에 일정 수준의 영향력을 행사할 수 있다는 자신의 능력에 대한 개인적 신념이라 할 수 있다(Bandura, 1977). 이는 자신이 어떤 성과를 얻는 데 필요한 행동을 수행할 수 있는가에 대한 판단이므로, 개인의 행동 변화와 과제수행에 큰 영향을 미친다.

자아 효능감이 높은 사람은 낮은 사람에 비해 원하는 성과를 달성할 가능성이 더 크다. 어떤 사람이 자신이 어떤 과제를 해결할 수 있는 능력이 있다고 믿으면, 그는 과제 해결을 위해 더 많은 노력을 기울이게 되고, 더 많은 자원을 활용하려 하며, 어려움에 처해서도 더욱 지속적으로 도전하므로, 결국에는 목표에 도달할 가능성이 크다. 이에 비해 자아 효능감이 낮은 사람은 자신이 성공할 수 없을 것이라 믿으며, 그래서 노력을 하지 않게 되고, 결국에는 실패하게 된다(신현숙, 2004).

반두라(Bandura, 1994)는 자아 효능감의 원천으로서 숙달 경험(mastery experiences), 대리 경험(vicarious experiences), 사회적 설득(social persuasion), 그리고 스트레스 감소(stress reduction)를 들었다. 첫째, 무언가를 성공적으로 이룩했다는 숙달 경험은 자아 효능감의 가장 강력한 원천이다. 이는 인내와 지속적인 노력을 통해 역경, 장애물, 좌절과 어려운 시련을 견디어 낸 결과 가능하기 때문에, 자아 효능감에 아주 크게 작용한다. 둘째, 간접 경험 내지 대리 경험도 자아 효능감의 원천이 될 수 있다. 자신과 비슷하거나 자신의 인간적 모형이 지속적인 노력을 통해 무엇인가에 성공하는 것을 관찰하고 나면, 자신에게도 비슷한 과제에서 성공할 수 있으리라는 효능감이 생긴다. 셋째, 사회적 설득도 자아 효능감 향상의 좋은 원천이 될 수 있다. 누군가에게 "당신은 어떤 것을 할 수 있는 능력이 있다."고 말해 주는 것도 그 사람의 효능감에 대한 신념을 강화시켜 줄 수 있다. 그리고 마지막으로 스트레스를 감소시키는 것도 효능감을 올려 주는 중요한 원천이 된다. 스트레스는 일의 수행에 부정적인 영향을 주고, 또한 부정적인 정서 및 신체 상태를 수반하므로, 이를 감소시킴으로써 정서 및 신체 상태를 긍정적으로 바꾸고, 또한 성공감을 높여 높은 자아 효능감이 생기게 한다.


## 8. 교육환경으로서의 긍정적 정서

우리는 이 장에서 긍정적 정서로서 사랑, 우정, 희망, 낙관, 행복, 즐거움, 자아 존중감, 자아 효능감에 대해 살펴보았다. 그런데 정서에 대한 연구 중 긍정적 정서에 대한 본격적인 연구는 비교적 최근에 이루어진 것이라 할 수 있다

(Snyder & Lopez, 2005). 이에 비해 부정적 정서에 대한 연구는 오랜 전통을 가지고 있다. 이는 우선 인간의 정서를 표현하는 용어 중 긍정적 정서보다는 부정적 정서를 나타내는 용어가 훨씬 더 많이 발달되어 있는 데서도 알 수 있다. 또한 부정적 정서는 그 영향이 심각하여 일찍부터 관심을 가져왔기 때문이라고도 할 수 있다.

아무튼 최근에는 긍정적 정서에 대한 관심이 어느 때보다 높다. 이는 긍정적 정서가 그만큼 인간에게 긍정적 사고와 행동을 하게 만들고, 또 그 결과 긍정적 성과를 가져다주기 때문이다. 그러면 교육환경으로서 긍정적 정서는 어떠한 역할을 하는가?

사람이 사랑, 우정, 희망, 낙관, 행복, 즐거움, 자아 존중감 및 자아 효능감 등의 긍정적 정서를 가지고 있으면, 교육활동 또한 훨씬 더 긍정적, 적극적으로 바뀐다고 생각할 수 있다. 왜냐하면 이러한 긍정적 정서는 긍정적 사고와 긍정적 행동으로 연결되기 때문이다. 따라서 긍정적 정서는 교육의 촉진적 환경이라 할 수 있다.

우선 상구자는 긍정적 정서로 인해 더 많은 상구열정이 일어나 더욱 열심히 상구활동을 하게 된다. 그리고 상구활동 자체가 재미있고 즐거워서 더욱 몰입하게 한다. 또한 긍정적 정서는 하화자에게도 더 많은 하화열정이 생겨 더욱 열심히 하화활동을 하게 한다. 그리고 하화활동 자체가 즐겁고 보람 있으며 지속하도록 한다. 따라서 긍정적 정서는 상구자와 하화자 사이에 열정적인 협동교육 활동이 일어나도록 한다. 그러므로 교육적 상황을 위해서는 상구자나 하화자 모두 긍정적 정서가 고양되도록 하는 것이 바람직하다.

# 제5장

## 부정적 정의적 특성

# 1. 화

인간의 경우 긍정적 정서보다 부정적 정서가 훨씬 더 발달되어 있다. 이는 부정적 정서를 표현하는 개념이 긍정적 정서를 표현하는 개념보다 훨씬 더 많은 사실에서도 알 수 있다. 대표적인 부정적 정서로는 화(분노), 공포, 비탄(슬픔), 우울, 미움(증오), 질투, 무력감 등을 들 수 있다. 이 중에서 먼저 화에 대해 알아보기로 한다.

화(anger)와 공격성(aggression)은 흔히 같이 거론되지만, 화가 반드시 공격성을 수반하는 것은 아니며, 그 역도 성립한다. 심리적으로 화는 잘못에 대한 고발, 즉 비난의 원인이며, 이를 고치려는 것이다. 그리고 사회적으로 화는 대인관계를 조정하려는 비공식적인 판결이다.

## 1) 화의 두 개념

화는 2가지 서로 다른 방식으로 사용되는 개념이다. 첫째, 화는 시기(envy), 질투, 좌절, 격노, 불쾌, 경멸 등과 같은 광범위한 정서 반응을 포괄하는 일반적 용어이다. 둘째, 화는 다른 정서들과 같이 하나의 특수한 정서이기도 하다.

일반적 범주로서 화는 공격적 정서 반응과 관련이 있다. 이런 의미에서의 공격성은 강도짓의 경우처럼 외적 보상을 얻기 위한 도구적 공격성과 차이가 있다. 특수한 정서로서의 화는 잘못에 대한 비난과 이를 고치려는 것이다. 이는 반드시 공격성을 수반하지는 않으며, 남을 해치려는 것보다 잘못을 고쳐 재발을 막는 것이 목적이다. 다음에서는 주로 특수한 정서로서의 화에 대해 고찰하기로 한다.

## 2) 역사적 측면의 화

화는 생물학적 진화의 유물이기는 하지만, 대부분 생후 사회적 교류를 통해 학습된 것이다. 부모, 가족, 교사, 친구, 동료들과 교류하는 가운데 우리는 정서의 규칙과 규범, 그리고 그것을 적절히 사용하는 능력을 배운다. 그런데 화는 대체로 길들여져야 하는 '야수' 또는 잘 해소되지 않으면 폭발 가능성 있는 내부의 힘으로 간주된다.

화는 정서의 하나다. 그런데 18세기 중엽까지 정서는 열정(passion)으로 간주되었다. 일찍이 아리스토텔레스(Aristoteles)는 열정을 존재의 10가지 기본 범주의 하나로 간주했다. 그리고 이를 사람이 의도적으로 예견을 하고 행하는 행위(action)와 구별했다. 아리스토텔레스에 의하면, 화는 자신이나 친구를 향한 정당하지 않은 경멸(slight)에 대한 분명한 보복적 충동으로서 고통이 수반되는 것이다. 이를 보면 화는 첫째, 상대가 보내는 경멸이 정당하지 않아야 하며, 둘째, 보복성이 분명해야 하고, 셋째, 그러한 반응이 자극이나 상황에 적절해야 한다는 것이다(Averill, 1994).

화는 열정의 하나인데, 사회적 맥락에 따라 어떻게 조절 가능한가? 첫째, 화는 보통 상황에서는 통제 가능하다고 보는 것이다. 둘째, 화는 사회적 규칙에 따라 규제되는 충동으로서, 고통스러운 자극에 대한 원초적 반응이라는 것이다. 여기에서 대체로 후자가 현대 심리학이나 아리스토텔레스의 견해다. 그에 따르면, 화는 심장 주변에서 피 끓는 것과 같은 생리적 변화를 수반하여, 의도적이지 않지만 비이성적으로 행동하게 한다. 그러나 생리적 변화 없이 냉정한 범죄도 가능하므로, 그의 견해를 그대로 수용하기는 어렵다.

로마시대 금욕주의자인 세네카(Seneca)는 열정을 잘못된 판단의 한 형태이며 정신적 질병의 하나로 보았다. 그래서 그는 화가 신체적 조건과 필연적으로 연계되는 것을 부정했다. 그리고 나서 그는 화가 나는 상황을 합리적이고 의도적인 방법으로 수정할 것을 제안했다.

그 후 4세기경의 기독교 신자 락탄티우스(Lactantius)는 화에 복수의 의도가 있는 것을 부정하였다. 그 대신 그는 화를 공격을 자제하려는 정신적 활동으로서 하나님이 내린 의무라고 보았다. 그에 의하면, 완전히 합리적이고 정당한 화는 신성한 것으로서 하나님의 속성이지만, 인간에게도 필요하다.

한편 화가 인간 본성의 일부라고 보는 사람이 있다면, 그는 자연주의자(naturalist)다. 그러나 화가 사회적 규범이나 규칙의 산물이라고 보는 사람이라면, 그는 사회적 형성주의자(social constructionist)다. 앞에서 언급한 아리스토텔레스, 세네카, 그리고 락탄티우스는 후자에 속한다고 할 수 있다(Averill, 1982).

## 3) 법률적 측면의 화

법에서 살인(homicide)은 고의적 살해(murder)와 과실치사(manslaughter)로 구분된다. 전자는 사전에 악의를 가지고, 즉 의도적으로 무엇을 얻기 위해 살인하는 것으로 1급과 2급이 있다. 먼저 2급은 상황적 고려사항이 있는 경우에 해당된다. 후자는 자발적인 경우와 비자발적인 경우로 나뉜다. 여기에서 전자는 화날 때 저지르는 정서 범죄(crime of passion)인 반면에, 후자는 실수로 인해 살인을 한 경우다(Averill, 1994).

화는 고의적 살해를 자발적 과실치사로 경감시키는 역할을 한다. 고의적 살해는 대체로 종신형 또는 사형에 처해진다. 그러나 자발적 과실치사는 몇 년 감옥형 또는 집행유예에 해당된다.

살인 시 화의 정도를 판단하는 4가지 기준은 도발의 적절성, 열정의 강도, 불충분한 진정 시간, 도발과 범죄 사이의 인과관계다. 여기에서 도발의 적절성과 불충분한 진정 시간은 소위 이성적 인간 검증(reasonable man test)의 기준이다. 이성적 인간 검증은 객관적 준거의 역할을 한다. 이성적 인간이란 실제로는 존재하지 않을지 모르지만, 사회의 규범과 기준을 실현시키는 이상적 인간이다.

법률적 측면에서 화는 일종의 사회적 핑계거리다. 그래서 정서 범죄도 변명

가능한 범죄가 된다. 따라서 첫째, 희생자도 피고와 함께 화나게 했으므로 일정 부분 책임이 있다. 둘째, 화도 일종의 열정으로서 개인적 통제가 완전하지는 않으므로 책임을 면할 수 있다.

### 4) 일상생활의 화

일상생활에서의 화는 흔히 친구나 사랑하는 사람과 관련된다. 특히 그들의 의도적인 잘못이나 피할 수 있는 실수가 화나게 한다. 그래서 화난 사람은 상대방의 잘못 교정이나 방지가 목적이다.

화는 사람과 상황에 따라 다른데, 그 표현방식은 말로 하기, 꾸짖기, 혜택의 취소, 끙끙거림, 악쓰기, 문을 쾅 닫기, 쿵쿵거림 등이다. 그리고 어른이 될수록 신체적 공격은 더 적어지고, 유별나게 친절해지는 것과 같이 반대의 반응이 더 많아진다.

화는 주로 대인 간의 정서다. 화는 무생물을 향하기도 하지만, 대부분 그 행위에 책임이 있는 자신이나 다른 사람을 향한다. 사람은 화가 나면 불쾌하지만, 자신이 타인의 화의 대상이 되면 더욱 불쾌하다. 그러나 이를 통해 자신의 잘못이나 타인의 관점을 더 잘 이해하게 되기도 한다.

### 5) 화의 규칙

위에서 언급한 역사적 교훈, 법적 절차, 그리고 일상생활의 경험을 통해 얻은 화의 규칙을 정리하면 〈표 5-1〉과 같다.

그런데 자연주의자는 화를 내재적인 인간의 본성으로 보고, 규칙은 정서가 경험되는 방식을 규제한다고 본다. 반면에 사회적 형성주의자는 규칙이 화를 규제할 뿐 아니라 독특한 정서로 형성되는 데 공헌한다고 본다. 또 자연주의자는 화의 기원을 생물학적 진화에서 찾는 반면, 사회적 형성주의자는 그 역사를 고찰한다. 그리고 자연주의자는 화와 공격성이 필연적 관계라고 본 반

---

**〈표 5-1〉**    화의 규칙

---

① 사람은 의도적 잘못 또는 실수로 인한 교정 가능한 무의도적 잘못에 대해 화가 날 수 있다.

② 화는 그 행위에 책임 있는 사람이나 다른 실체, 예를 들면 자신이나 다른 인간 기관을 지향해야 한다.

③ 화는 순진한 제3자에게 전위되거나, 다른 이유로 표적을 향하면 안 된다.

④ 화의 목적은 상황의 교정, 형평의 회복, 재발 방지에 있지, 표적에 해 또는 고통을 주거나 이기적 목적을 위한 것이 아니다.

⑤ 화는 자극에 비례해서 상황의 교정, 형평의 회복, 재발 방지에 있지 그 이상은 안 된다.

⑥ 화는 자극에 따라 일어나되 상황 교정에 필요한 시간 이상을 끌어서는 안 된다.

⑦ 화는 책임과 해소 방안을 동시에 가지고 있어야 한다. 즉, 적절한 후속 조처가 없는 한 발휘해서는 안 된다.

---

출처: Averill(1994).

면, 사회적 형성주의자는 공격성을 여러 가지 화의 표현방식의 하나로 본다. 또한 자연주의자는 화를 보편적 현상으로 본 반면, 사회적 형성주의자는 문화적으로 특수한 것으로 본다.

우트쿠(Utku) 에스키모인은 화를 안 내고, 그러한 정서 표현의 명칭도 없다. 자연주의자는 이에 대해 화를 억압하기 때문이라고 하거나 교묘한 방법으로 화를 표현한다고 본 반면, 사회적 형성주의자는 이에 대해 화가 생물학적 보편적 현상이 아니라는 증거로 삼는다. 요컨대 〈표 5-1〉에 제시된 화의 규칙은 문화에 기반을 둔 규범으로서 내면화되면, 우리의 제2의 천성의 일부가 된다. 따라서 문화에 따라 규칙 및 정서도 다르고, 제2의 천성도 다르다고 할 수 있다.

## 6) 화와 사회적 질서

우리는 화는 나지만 행위를 취하지 않는 경우를 볼 수 있는데, 이를 보면 화는 불쾌한 사태에 대한 반응이라기보다 사회생활을 가능하게 하는 공유 가치에 대한 책임이라고 할 수 있다. 그래서 행위에 대한 요청은 심리적일 뿐 아니라 사회적 명령이라고도 할 수 있다. 전에는 화를 낼 상황에서 안 내는 것도 과도하거나 부당한 화를 내는 것처럼 도덕적으로 죄인 적이 있었는데, 현재는 그 잔영이 자기주장 훈련(assertiveness training)에 남아 있는 셈이다.

　일상생활에서는 약속 안 지키기, 의무 소홀, 사려 깊지 못함 등 비교적 사소한 것들 때문에 화가 난다. 이것들이 안 지켜지면, 사회라는 직물을 짜기 힘들다. 따라서 화는 사회적 질서를 유지하는 기초인 셈이다. 또한 화는 사회적 변화의 수단이 되기도 한다. 인권과 평등을 위한 투쟁 및 그 성과는 기존 가치에 대한 화의 표출의 결과라고 할 수 있다.

## 7) 화와 건강 및 질병

　화는 개인 및 사회의 건강과도 관련이 있다. 자신이 병에 걸린 사실에 화가 난 사람은 적극적으로 병과 싸우기 때문에, 단지 놀라거나 우울해하는 사람보다 더 잘 나을 수가 있다. 그런데 화는 일반적으로 개인의 건강에 부정적 영향을 준다. 특히 화를 억제하면, 이는 심장병, 장의 궤양, 우울증과 같은 정신신체증(psychosomatic disorders) 질환에 잘 걸린다. 그 이유는 첫째, 좌절이나 위험에 처할 때 어떤 조처를 취하지 않으면, 스트레스를 받아 장기의 조직 손상과 면역체계 지장으로 인해 여러 가지 질병에 취약해지기 때문이다.

　둘째, 프로이트(Freud)의 정신분석 이론에 의하면, 이는 억제(repression)라는 방어기제(defense mechanism) 때문이다. 억압된 화는 의식에서 추방되어 위장되고 부적응적인 형태로 나타난다. 그 대표적인 예가 우울증이다. 그래서 우울증을 치료하기 위한 프로이트의 정화법(catharsis)은 억제된 충동을 의식화하여 적응적 형태로 표현하면, 억제된 화가 해소되고 우울증이 낫는다고 보는 것이다.

　그러나 우울증이 억제된 화 때문이라고만 보기는 어렵다. 우울증은 그 외에 다른 많은 생리적 · 심리적 원인과도 관련이 있기 때문이다. 그리고 화는 잘못에 대한 보복과 관련된 반면, 우울증은 피로 · 낙담 · 자기비난과 관련이 있다는 점에서 양자 간에는 차이가 있다.

## 8) 화의 성별 차이

일반적으로 사람들은 남자보다 여자들이 화를 더 낼 줄 모른다는 고정관념을 가지고 있다. 사실 여자들이 화를 더 적게 내서, 우울증에 더 많이 걸리는지도 모른다. 그러나 여자도 남자 못지않게 화를 낸다.

인간관계에서 남자는 더욱 공격적이고 경쟁과 개인의 권리에 초점을 둔 반면, 여자는 협동과 친애를 강조하는 경향이 있다. 이런 차이가 화를 경험하고 표현하는 방식에도 영향을 준다. 화가 나면 남자는 신체적 폭력에 의존하는 반면에, 여자는 우는 경향이 있다. 그러나 여자도 남자처럼 불공정한 처사에 민감하고, 자신의 감정을 분명하고 효과적으로 알릴 줄 안다.

## 9) 부당한 화

화는 잘 수용되면 사회적으로 인정된 잘못을 교정하기도 한다. 그러나 화가 필요 이상으로 초과되면 곤란하다. 부당한 화에는 대체로 3가지 형태가 있다. 첫째, 표현되지 않은 채 계속 도발하고, 긴장이 해소되지 않은 화다. 둘째, 간접적으로 또는 독특한 규칙에 따라 표현되는 화다. 셋째, 무절제하게 표현되어 표적에 해를 가하는 화다. 여기에 넷째, 부당하게 지연되어 순진한 제3자에 전위되고, 적절한 후속 조처 없이 자주 반복되는 화를 추가할 수 있다.

화의 규칙은 부적절한 사회화, 신경계의 기능 장애, 과도한 스트레스, 피로 등 여러 가지 이유로 깨져서 개인의 통제를 벗어나기 쉽다. 왜 화가 나고, 효과적인 조처는 무엇인지를 더 잘 알면 이를 막을 수 있다. 그리고 이것이 바로 자기주장 훈련이나 화 처리 프로그램의 원리다.

화의 처리에는 독백보다는 대화, 그리고 참여의 규칙이 필요하다. 그래서 오해의 소지를 설명하고 재발 방지를 위한 조처를 할 필요가 있다. 그렇지 않으면 화는 더 큰 화를 부르고, 갈등은 더욱 고조되기 마련이다.

화에는 2가지 면죄부가 있다. 첫째, 행위보다는 열정이므로 자신의 행동을 통제하기 어렵다는 것이다. 둘째, 화가 정당화되면 비난은 표적에게 돌아간다는 점이다. 따라서 아동 및 배우자 학대, 갈취, 갱단 결투, 폭동과 같은 출구를 찾게 된다. 그러나 부당한 화를 막기 위해서 화는 적절한 대상, 정도, 시간, 동기, 방식을 고려하여 표현되도록 해야 한다.

## 2. 공포

### 1) 공포에 대한 개관

공포(phobia)는 불안 장애(anxiety disorder)의 하나로서, 어떤 대상 또는 상황에 대한 강렬하고 지속적이며 과장된 두려움인데, 그러한 두려움이 근거가 없다는 것을 알고 있음에도 불구하고, 공포 대상이나 상황을 강하게 피하려 한다. 공포는 그리스어로 두려움을 뜻하는 포보스(phobos)에서 나온 말인데, 이는 멀리서 적을 놀라게 해 오직 자신의 부모만이 함께 있을 수 있다는 포에부스(Phoebus) 신화에서 따온 것이다.

그런데 공포는 19세기에 임상적으로 연구되기 시작하기까지는 개인적 특징으로 간주되었다. 역학(epidemiology)적 연구에 의하면, 공포는 알코올 중독, 의존성, 주요 우울증보다 더 흔한 가장 일상적인 심리치료적 장애로 알려져 있다. 한편 공포의 유형에는 미국심리치료협회(American Psychiatric Association)의 『정신장애 진단 및 통계 편람』인 『DSM(*Diagnostic and statistical manual of mental disorders*)-III-R』 및 『DSM-IV-TR』에 의하면, 크게 나누어 다음의 3가지가 있다(강진령 편역, 2008; Riskind & Mercier, 1994).

#### (1) 특수 공포
특수 공포(specific phobia)는 전에는 단순 공포(simple phobia)라고 했으며, 특정 대상이나 상황에 대한 지속적 두려움으로서, 두려워하는 대상에 노출하기만 해도 거의 대부분 즉각적인 불안을 촉발한다. 그리고 이런 두려움은 개인의 정상적 기능을 방해하거나 심한 불편을 초래한다.

특수 공포에 속하는 것에는 수백 가지가 있는데, 가장 흔한 것으로 뱀에 대한 두려움부터 영화 〈타워링(Towering)〉을 본 후 엘리베이터에 대한 공포, 그리고 북극의 오로라(aurora)와 같은 애매한 것에 대한 공포에 이르기까지 아주 다양하다. 그런데 치료를 요하는 가장 흔한 것으로는 폐쇄공포, 피나 상처 또는 주사 공포, 치과 공포, 그리고 작은 동물 공포가 있다.

특수 공포는 대체로 어린 나이에 출현하기 시작한다. 그리고 전류 피부저항 반응(Galvanic Skin Response: GSR) 검사 결과를 보면, 파동률이 낮게 나타난다. 이를 치료하는 데는 점진적으로 공포 자극에 접근하는 것을 강화하여, 나중에는 공포 자극에 둔감하게 되는 체계적 둔감화(systematic desensitization)와 같은 치료방법이 효과적이다.

### (2) 사회적 공포

사회적 공포(social phobia)는 타인의 감시에 노출된다고 느끼는 상황에 대한 지속적인 두려움과 모욕을 당하거나 당황할 것에 대한 두려움을 말한다. 이를 회피하거나 극도의 불안 속에서 인내할 수는 있지만, 이는 비합리적이고 오히려 정상적인 기능 발휘를 방해하게 된다. 예를 들면, 대중 연설, 혼잡한 공중 화장실에서 소변 보기, 타인 앞에서 글쓰기 또는 서명하기, 대중식당에서 식사하기 등이 그 예다. 이는 주로 특수 상황과 관련이 있지만, 이러한 것들이 일반화되면, 일반적인 사회적 공포가 된다.

### (3) 광장 공포

광장 공포(agoraphobia)는 원래 넓은 장소에 대한 두려움을 의미한다. 그런데 이는 잘못된 명칭으로서, 첫째, 회피할 수 없거나 회피가 당황스런 사태, 둘째, 어지러움, 심장 이상 징후, 내장 통제 곤란, 제정신 아닌 상황에서 도움이 없을 때, 집 밖에 혼자 있을 때, 혼잡한 가운데 줄 서기, 다리 건너기, 자동차 · 버스 · 열차 · 지하철로 여행하기 등을 모두 포괄하는 개념이다. 그래서 다른 이름으로는 공공장소에서 어지러움을 느끼는 장소 선회증(Platzschwin del), 공포 불안-이인증(離人症, phobic anxiety-depersonalization syndrome), 또는 숲 속에서 갑자기 뛰어나와 사람을 놀래서 죽게 하는 그리스 신 판(Pan) 의 이름을 따서 범공포(汎恐怖, panphobia)라고도 한다.

## 2) 전형적인 임상적 모습

### (1) 특수 공포

특수 공포는 두려운 자극이 특수한 대상이나 상황으로서, 자극에 노출되면 극도의 불안을 느끼고 자극을 회피하려 한다. 그런데 두려움은 대상 자체보다는 예견된 결과에서 유래한다. 예를 들면, 폐쇄 공포는 좁은 공간보다는 숨 막힐 것 같은 두려움 때문에, 고소 공포는 떨어질 것 같은 두려움 때문에, 그리고 뱀 공포는 물릴 것 같은 두려움 때문에 생긴 것이다.

여기에는 3가지 불안 징후가 있다. 첫째, 생리적인 것으로 심장 박동과 호흡률이 증가한다. 둘째, 행동적인 것으로 두려운 대상으로부터 도주하거나 어쩔 수 없이 꼼짝 못하기도 한다. 셋째, 두려운 대상에 대한 노출에서 오는 위험을 주관적으로 평가하는데, 가끔 강박증이나 우울을 수반하기도 한다.

피나 상처 또는 주사 공포는 처음에는 심장 박동, 혈압, 그리고 활동이 증가하다가 심장 박동이 떨어져 기절하기도 한다. 그리고 동물 공포증은 아동 초기에 출현하고, 만성적일 가능성이 크며, 유전적 요소의 가능성이 있다. 한편 폐쇄공포나 비행 또는 운전의 두려움은 광장 공포에 따른 공황 장애(panic disorder with agoraphobia: PDA)와 비슷하다. 공황 장애란 미국심리치료협회의 최근 분류 기준인 DSM에 맞으려면, 4주 내에 4번의 공황 발작, 또는 적어도 4주 내에 한 번의 발작과 그 후 적어도 한 달 안에 또 다른 발작이 있으리라고 끊임없이 두려워하는 것을 말한다.

## (2) 사회적 공포

사회적 공포의 가장 핵심적인 요소는 타인의 감시에 노출되는 상황을 회피하려는 욕망으로서, 이는 지속적이고 비합리적인 두려움이다. 이는 치욕적이고 당황스러운 방식으로 행동할까 하는 두려움이다. 사회적 공포의 약 70%가 공식적인 자리에서 말하는 것에 대한 두려움이고, 그 외에 타인과 교제하는 것도 두려움의 대상이다.

흔히 비일반적 사회적 공포와 일반적 사회적 공포로 분류된다. 비일반적 사회적 공포는 특수한 공포로서 나중에 출현하고, 불안, 우울, 회피 증상이 덜 심하다. 일반적 사회적 공포는 부끄러움, 무대 서기를 꺼림, 데이트 불안, 청중 불안과 같은 가벼운 형태의 사회적 불안의 연속선상에 있는 한 극단이다.

사회적 공포의 3분의 1 내지 절반은 다른 불안 장애도 겪는다. 이는 대체로 15세에서 20세경에 잘 출현하는데, 타인의 부정적 평가에 대한 두려움과 눈에 띄게 얼굴 빨개짐에 대한 두려움이 크다. 흔히 홍조, 땀을 뻘뻘 흘림, 떨림, 근육의 뒤틀림, 맥박의 빨라짐이 수반된다. 그리고 타인과의 교류를 피하기 때문에, 사회적 공포 환자 중 20% 정도는 회피적 성격(avoidant personality)을 가지고 있다. 여기에서 회피적 성격이란 성인 초기에 시작되는 성격 유형으로서, 남과 어울리는 데 사회적으로 불편을 느끼고, 부정적 평가를 두려워하며, 소심한 성격을 말한다. 따라서 사회적 공포가 있는 사람들은 사회경제적 지위도 높고 교육 수준도 높으나 결혼 비율이 낮다.

## (3) 광장 공포

이는 공황 발작이 없는 장소에 대한 공포다. 회피적 행동은 상황과 관련되어 있다. 그리고 회피의 정도는 불안을 다룰 대처 전략의 유무, 일에 따른 요구 조건, 타인의 통제력, 그리고 성별에 따라 다르다.

## 3) 이환율과 출현 시기

### (1) 특수 공포

이에 대해서 한국에서의 연구는 없으나, 미국의 연구(Riskind & Mercier, 1994)를 보면, 미국 인구의 약 5~10%가 해당되는 공포로서, 여성에게 더 흔하다. 그중에서도 질병, 상처, 피 공포가 전체 단순 공포 환자의 42%를 차지하고, 그다음이 폭풍우(18%), 동물(14%), 장소(8%), 죽음(7%), 혼잡(5%), 고소(5%) 공포의 순이다. 출현 연령을 보면, 동물 공포는 대략 7세, 피 공포는 9세, 치과 공포는 12세, 폐쇄공포는 20세, 그리고 장소 공포는 27세경에 나타나는 것으로 보고되었다.

### (2) 사회적 공포

미국 인구의 약 2%가 사회적 공포로 고생한다고 알려져 있다. 그리고 부끄러움은 30~40%가, 또 22%가 사회적 교제 상황에 대한 두려움이 있다고 한다. 이들은 대부분 두려운 사회적 상황을 회피함으로써 문제를 해결하려고 한다.

### (3) 광장 공포

미국 인구의 약 2.8~5.8%가 장소 공포증으로 고생하고 있다. 그러나 이 중 25~50%는 공황 발작(panic attack) 경험은 없는 것으로 알려져 있다. 공황 발작은 가끔씩 '불시에' 나타나는 강한 공포로서, 숨이 참, 어지러움, 맥박 뜀, 떨림, 숨 막힘, 제정신 아님, 죽음에 대한 두려움, 미칠 것 같은 두려움, 자제력 잃을 것 같은 두려움과 같은 많은 증후를 수반한다. 그러나 3분의 1은 우울증을 경험했다고 보고하고, 어떤 사람은 간질, 대장염 등의 신체적 증상도 보고했다. 그리고 광장 공포 환자의 약 75%가 여성으로 알려져 있다. 이는 여성이 문화적으로 더 잘 공포를 표현하기 때문인데, 그럴 경우 여성들은 대부분 회피함으로써 공포에 대처한다. 이에 비해 남성은 술에 의존하거나 참고 견디는 경향이 강하다. 그리고 광장 공포의 출현 시기는 20대에 많은 것으로 알려져 있다.

## 4) 원인

### (1) 특수 공포

특수 공포의 원인에 대해서는 다음과 같은 사항들이 있다. 첫째, 정신분석적인 입장에서는 아동기에 해소되지 않은 오이디푸스(Oedipus)적 상황과 관련된 무의식적 갈등의 결과라는 것이다. 특히 거세 불안이 두드러진 특징이라고 본다.

둘째, 생물학적 입장에서는 어떤 자극들, 예를 들면 천둥, 병이나 상처, 높은 곳, 작은 동물 등은 생물학적으로 준비된 위험스런 자극이라는 것이다. 특히 우리 대뇌의 우반구가 우울 및 공포와 관련이 있다고 본다.

셋째, 유전적 입장에서는 단순 공포 환자의 30%는 가족 중에도 있다는 것이다. 동물 공포는 이란성보다는 일란성 쌍생아의 일치율이 더 높다. 단순 공포 환자의 30~40%는 유전적 가능성과 아동기에 특수 공포와 관련된 외상(Trauma) 사태를 경험한 것으로 보고되고 있다. 그리고 상황적 공포는 광장 공포보다는 동물 공포와 더욱 관련이 있으며, 어릴 때의 모성 분리도 공포와 관련이 있다고 본다.

넷째, 초기 행동주의에서는 단순 공포와 회피를 고전적 조건화로 설명하였다. 그러나 관찰에 의한 대리 조건화도 가능하다. 따라서 인지-행동 이론에서는 공포가 불안에 대한 생물학적 취약성과 함께 초기의 통제 불가능의 경험에 의한 심리적 취약성에서 유래한다고 본다. 단순 공포는 간접 경험보다는 직접 경험이 중요하다. 그러나 간접 경험에 의해서 학습되기도 한다.

다섯째, 인지적 입장에서는 두려움은 고통스럽거나 어쩔 수 없는 위협이나 사태에서 과장된 기대를 하는 가운데 일어난다고 본다.

여섯째, 그 외에 폐쇄공포(claustrophobia)가 나중에 광장 공포로 발전된다고 보는 입장이 있는데, 이는 가짜 경각심이 나중에 공포로 발전되는 것과 같다. 또한 피, 상처 공포는 진화적, 유전적, 생리적 기반을 가지고 있는데, 아동기에 시작하고, 가족관계와 관련이 있으며, 과거에 까무러친 경험과도 관련이 있다는 것이다.

### (2) 사회적 공포

사회적 공포의 원인에 대해서는 다음과 같은 주장들이 있다. 첫째, 조건화 이론에서는 이를 고전적 조건화로 설명한다. 즉, 사회적으로 혐오스런 만남이나 상호작용을 한 경험에서 유래한다고 본다.

둘째, 기술 부족으로 보는 입장이 있다. 이는 사회적 공포가 사회적 기술의 부족 또는 사회적 기술을 실제에 옮기지 못한 데서 연유한다고 본다.

셋째, 인지적 입장에서는 사회적 공포가 잘못된 인지의 결과라는 것이다. 사회적 교류에서 창피의 가능성과 결과를 과장하거나 자신에 대해 비현실적으로 높은 기준을 세워 두고, 타인에게 바라는 인상을 줄 능력이 부족하다고 지각한다는 것이다. 부정적 자기 평가 및 부정적 자기 진술, 자신에 대한 비합리적 신념, 낮은 기대, 부정적 정보를 더 잘 기억하는 것, 그리고 높은 자의식과 관련이 있다.

넷째, 유전적 입장에서는 사회적 공포에 유전적 요소가 있다는 것이다. 이는 가족 연구의 결과, 가족 중에 사회적 공포가 있는 사람이 있으면, 다른 사람에게서도 나타날 확률이 높다는 사실에 기인한다.

다섯째, 사회-환경적 입장에서는 사회적 공포가 가정 내 부모와의 상호작용에 기인한다고 본다. 즉, 부모가 거부를 잘하고, 온정이 부족하거나, 과잉 보호적일 경우, 아동이 사회적 공포를 겪을 가능성이 그만큼 크다고 본다.

### (3) 광장 공포

광장 공포의 원인을 설명하는 입장에는 다음과 같은 것이 있다. 첫째, 정신분석학자나 행동주의 학습 이론가들은 단순 공포와 광장 공포의 원인에 대해 차이가 없다고 본다. 즉, 정신분석에서는 아동기에 해소되지 않은 무의식적 갈등의 결과 광장 공포가 생긴다는 것이다.

둘째, 행동주의 입장에서는 광장 공포 또한 다른 공포와 마찬가지로 획득된다고 본다. 다시 말하면, 광장 공포도 후천적 경험, 즉 학습의 결과라는 것이다.

셋째, 공황 장애와의 관련성으로 보는 입장이 있다. 광장 공포에 따른 공황 장애는 공황 발작 및 장애의 복합적 형태라는 것이다. 특히 아동기의 분리 불안과 성인기 공황 장애가 관련성이 있다고 본다.

## 5) 처치

### (1) 특수 공포

단순 공포를 치료하기 위한 방법에는 다음과 같은 것들이 있다. 첫째, 정신분석에서는 무의식적 갈등을 찾아 분석하고 이를 해소하려고 한다. 그러나 이는 공포증 환자에는 별로 도움이 안 된다. 그래서 프로이트 자신도 공포 자극에 대한 노출이 필수적이라 보았다.

둘째, 약물 치료법이 있다. 그런데 약물 치료 또한 단순 공포 치료에는 그렇게 효과적인 것은 아니라고 알려져 있다.

셋째, 인지-행동 입장에서는 공포 자극에의 노출이 필수적이라고 본다. 그래서 공포 자극에 대한 점진적 노출의 결과 둔감화(desensitization)되거나, 타인의 공포 자극에 대한 접근행동을 관찰하고 모방하는 모형화(modeling), 그리고 공포 자극에 자주 노출되어 싫증을 느끼게 되는 홍수 또는 범람(flooding) 방법 등이 있다.

넷째, 피에 대한 공포의 치료 방법으로 전통적인 노출 방법을 수정한 것이 있다. 노출 치료 도중 초기에 까무러치는 것을 줄이는 방법인데, 이는 누워서 근육을 점점 긴장시키는 응용 긴장법이다.

### (2) 사회적 공포

사회적 공포의 치료 방법으로는 다음과 같은 것들이 있다. 첫째, 노출 기반 처치법은 단순 공포에 효과적인데, 사회적 공포에도 불안 감소와 회피 반응 치료에 효과적이다. 노출 기반 처치(exposure-based treatments)란 심리치료에 있어서 두려운 대상과 가까이 하는 것을 상상하거나 직접 접촉함으로써 그 대상을 직접 경험하는 것을 말한다. 즉, 혼자 또는 치료자와 함께 두려운 상황에 실제로 들어가거나, 모형이 그 상황에 들어가는 것을 관찰하거나, 두려운 대상에 접근하는 것을 말한다.

둘째, 사회적 기술 훈련 방법이 있다. 이는 사회적 기술의 부족이 사회적 불안의 원인일 때 효과적인 방법이다.

셋째, 인지-행동 치료 방법 또한 사회적 공포 치료에도 효과적이다. 특히 응용 이완법, 노출, 사회적 기술 훈련 등의 행동적 방법이 효과적이다.

넷째, 약물 치료법이 있다. 공황 장애 치료에 효과적인 삼환계(tricyclic) 항우울제는 사회적 공포 치료에는 효과적이라는 사실이 밝혀진 바 없다. 그러나 베타블록커(beta-blocker) 약물은 불안 감소에 약간 효과적이다. 그리고 항우울제 페넬진(phenelzine)은 모노아민 옥시다제(monoamine oxidase) 억제제로서 일반적 사회적 불안 감소에 효과적이다.

### (3) 광장 공포

광장 공포의 치료법으로는 다음과 같은 것들이 있다. 첫째, 노출 기반 처치다. 이는 공황성 없는 광장 공포에 효과적이다.

둘째, 인지-행동 방법이 있다. 특히 인지행동 치료(cognitive-behavioral therapy: CBT)와 노출을 병행할 때 효과적이다.

셋째, 약물 치료법이 있다. 공황 장애 치료에는 삼환계 항우울제인 이미프라민(imipramine)이 효과적이다.

# 3. 비탄

여기에서 비탄(grief)이란 보통의 슬픔(sadness)보다 훨씬 큰 슬픔으로서, 누군가의 상실에 대한 정서적 반응이다. 이를 비통이라고도 하는데, 여기에는 여러 가지 심리적, 신체적 반응이 뒤따른다.

어떤 보고에 의하면(Gluhoski, Leader, & Wortman, 1994), 매년 미국에서는 약 8백만 명이 가족을 잃는다. 그중에서 약 80만 명이 배우자를 잃고, 약 40만 명이 25세 이하의 자녀를 잃는다. 또한 여성 중 65세 이상의 절반 이상이 홀로 나머지 일생을 살아간다. 중요한 사람의 죽음을 경험하는 사별(bereavement)에는 배우자, 자식, 부모, 형제자매의 상실이 있다. 가까운 사람과의 사별은 남은 사람에게도 심각한 정신적, 신체적 문제를 안겨 준다.

## 1) 비탄의 사회문화적 결정요인

현재 우리 사회는 사망률은 낮고, 평균수명이 상당히 길어졌다. 그러나 가까운 사람의 죽음은 충격이고, 고통이 수반된다. 비탄과 애도(mourning)는 사회경제적 여건하에서 형성되는데, 이는 문화에 따라 다르다.

첫째, 비탄과 분노의 표현에 대한 개방성, 강도 및 통제, 둘째, 애도 기간, 셋째, 사별한 사람에 대한 정서적, 재정적 지원의 정도, 넷째, 새로운 친밀한 관계의 형성에 대한 기회와 금지사항, 다섯째, 사별을 한 사람의 장래에 대한 개념화에 있어 문화에 따라 차이가 있다. 그리고 여기에는 문화마다 정해진 규범이 있어, 이를 어기면 추방당하거나 문제아로 낙인이 찍힌다.

예를 들면, 비탄의 정서적 표현이 통제되는 정도에 문화적 차이가 있는데, 지구상 거의 모든 문화권에서 사별한 사람은 운다. 그러나 발리(Bali) 사람은 눈물을 보이면 안 된다. 그리고 타히티(Tahiti) 사람은 사별의 정서를 병의 징후로 보므로, 그런 감정을 수긍하려고 하지 않는다.

한편 애도 기간을 보면, 미국에서는 대체로 1년 안에 끝낸다. 그런데 나바호(Navaho) 인디언은 4일 안에 끝낸다. 정통 유대교도는 처음 7일간 시바(shiva)라는 깊은 애도 기간을 갖는다. 그리고 부모상 외에는 30일 이내에서 애도하고, 비탄은 1년 안에 끝낸다. 그런데 브라질 북동부의 어떤 원주민의 경우, 빈곤과 치사율이 높아, 생후 1년 뒤까지도 모자간 정서적 유대관계가 낮고, 유아의 사망 시에도 슬픔이 거의 없다고 알려져 있다.

## 2) 징후

사람이 가까운 사람과 사별을 하게 되면, 우선 충격이 크다. 그리고는 이를 부정하려고 하고, 그다음에는 망자를 동경한다. 여기에는 때로 죄책감과 분노가 수반된다. 이런 과정을 거친 다음에 서서히 비탄의 과정에서 회복하게 된다.

그런데 현재는 비탄의 징후를 일련의 심리적, 행동적, 사회적, 신체적 반응에서 찾는다. 먼저 심리적 반응은 3가지 범주로 나뉘는데, 정서적 반응(우울, 불안, 동경, 화, 죄책감, 가끔은 안도감), 인지적 반응(안 믿음, 집중 못함, 망자에 사로잡힘), 지각적 반응(환시 및 환청, 망자의 현존감)이 그것이다. 그리고 행동적 반응은 찾기 행동(망자를 찾으려 주위를 뒤짐), 울기, 과잉행동, 수면 곤란, 한숨, 그리고 망자를 생각나게 하는 사람, 상황, 물건의 회피 또는 찾기다.

한편 비탄의 사회적 반응은 사회적 위축, 관계의 시작 및 유지에 대한 관심 저하, 소외감 및 소원감, 타인에 대한 지나친 의존으로 나타난다. 그리고 신체적 반응은 식욕 부진, 성욕 감퇴, 수면 장애 및 피로다. 기타 징후로는 떨림, 심장 요동, 지나친 경계심, 두통 등도 있다.

## 3) 이론적 관점

비탄에 관한 이론적 접근방법에는 몇 가지가 있다. 먼저 프로이트의 정신분석에서 애도는 망자에 대한 심리적 애착을 점진적으로 버리는 것이다. 이는 내적 투쟁으로서 망자에 대한 강한 동경이 남아 있으나, 망자가 없다는 현실에 직면해야 하는 과정이다. 애도의 끝에는 상실감을 통과하여, 망자에 대한 강한 애착으로부터 자신을 해방하고, 새로운 인간관계를 맺기 시작하게 된다.

다음으로는 보울비(Bowlby, 1988)의 애착(attachment) 이론을 들 수 있다. 그에 의하면, 인간은 정상적인 발달 과정에서 맨 처음 아동과 부모 간에 정의적 유대관계, 즉 애착을 형성한다. 그런데 그러한 유대관계가 위협을 받으면, 매달림, 울기, 또는 강한 저항과 같은 애착 행동이 야기된다. 그는 동경이나 초조함과 같은 분리 불안에서 오는 행동이 비탄의 중요한 특징이라고 주장한다.

또한 그에 의하면, 비탄의 극복 과정에는 4단계가 있다. 첫째, 충격의 단계로서, 죽음을 못 믿고, 멍한 상태의 단계다. 둘째, 망자를 찾고 슬퍼하는 동경과 저항의 단계다. 셋째, 찾기를 포기하고 영원히 상실했음을 깨닫는 절망의 단계다. 마지막으로 넷째, 죽음을 수용하고, 망자로부터 거리를 두며, 생활에 복귀하는 회복 또는 해소의 단계다.

다음으로 랜도(Rando, 1993)의 단계이론이 있다. 여기에서 첫 번째는 회피 단계인데, 이는 가까운 사람의 죽음이라는 현실을 깨닫고, 왜 죽었는지를 이해하는 단계다. 두 번째는 직면 단계인데, 이는 애도자가 망자에 대한 자신의 심리적 반응을 표현하고, 또한 망자와의 관계를 재체험하며, 그와의 애착을 버리는 단계다. 마지막으로 세 번째는 조절 단계로서, 이는 남은 사람이 새로운 세상에 재적응하는 단계다.

한편 죽음에 대한 상담 및 심리치료로 유명한 쿠블러-로스(Kubler-Ross, 1975)는 인간의 죽음에 대한 5단계 이론을 폈다. 이는 부정, 분노, 거래(타협), 우울, 수용의 5단계로 되어 있다. 그런데 최근에는 이러한 단계설보다는 스트레스와 적응의 관점에서 비탄의 문제를 다루려는 시도들이 많다.

## 4) 정상적 대 병리적 비탄

비탄에는 대체로 몇 가지 과정이 있다. 첫째, 누군가를 상실하면 강한 슬픔을 맛본다. 둘째, 강한 슬픔을 맛보지 못한다면, 이는 병리적 징후다. 셋째, 슬픔을 당장 경험하지 못하면, 나중에 지연된 반응 또는 건강상 문제가 발생한다. 넷째, 극복 과정이 있다. 마지막으로 다섯째, 회복 및 정상적 생활로의 복귀 과정이다.

그리고 비탄에는 정상적 비탄과 병리적 비탄이 있다. 우선 전자는 앞에서 언급한 과정을 잘 거친 경우다. 이에 비해 후자는 이를 잘 거치지 못하고 만성적 애도에 빠지는 경우다. 그래서 이로 인해 심한 정서적 고통을 겪는다.

사별 후 고통을 적게 받거나 자신을 강하고 능력 있다고 믿으면, 잘 대처해 나간다. 그러나 초기에 심한 그리움과 슬픔을 보이면, 나중에도 정신적·신체적 건강에 이상이 올 수 있다. 따라서 초기에 심한 고통을 받느냐, 강하게 헤쳐 나가느냐가 중요하다.

## 5) 사별의 결과

### (1) 신체적 건강

사랑하는 사람의 상실 결과, 이는 우리의 안녕 또는 잘삶(well-being)에 큰 영향을 준다. 즉, 신체적 건강, 사망률, 정신건강, 그리고 개인적 성장에도 영향을 준다. 먼저 신체적으로 배우자의 사망은 질병과 관련이 깊다. 홀로 남은 사람은 두통, 어지럼증, 졸도, 가슴앓이 등을 더 많이 앓는 것으로 보고되고 있다. 그리고 그들은 병원을 더 자주 찾고, 약물에 더욱 의존한다. 또한 그들은 심장 질환이나 전염병에도 더 취약하고, 간경변도 더 잘 일어난다.

### (2) 사망률

배우자와의 사별은 남은 사람의 사망률과도 관련이 깊다. 우선 남아 있는 배우자의 사망률이 높고, 또한 이는 남아 있는 아동의 사망률과도 관계가 깊다. 또한 혼자 남은 남자들이 여자들보다 더 위험한 것으로 보고되고 있다.

혼자 남은 남자들은 결핵, 독감, 폐렴, 간 경변, 심장병, 알코올 중독, 사고, 자살 등으로 사망한다. 이에 비해 혼자 남은 여자들은 간경변, 알코올 중독, 심장병, 암 등으로 사망한다.

사별이 건강에 영향을 주는 원인을 보면, 사별은 우선 사람을 우울하게 만들어, 면역체계에 변화를 가져와 건강에 영향을 준다. 또한 수면, 영양, 식생활에 영향을 미쳐 건강에 영향을 주기도 하고, 질병의 징후에 소홀하게 하여 건강을 해치기도 한다. 그리고 사별로 인해 재정적 압박과 가사의 과중을 가져와 건강을 해치기도 한다.


## 6) 사별과 안녕

사별은 신체적 건강 외에도 우울, 불안, 약물 중독, 스트레스, 사회적 · 재정적 압박 등 다른 많은 안녕(잘삶)의 지표에 영향을 준다. 먼저 배우자의 사망 후 약 1년 이내에 약 3분의 1 내지 2분의 1의 사람이 우울증을 겪는 것으로 보고되고 있다. 이는 특히 배우자의 죽음을 대비하지 못한 젊은 사람의 경우가 더 심한 것으로 나타났다.

또한 홀로 남은 사람들은 여러 가지 불안 장애를 겪는다. 공황 장애, 강박 장애, 외상 후 스트레스 장애(post-traumatic stress disorder) 등이 그것이다. 보울비에 의하면, 이는 아동기에 사랑하는 사람과 헤어질 때 오는 분리 불안에서 연유한다. 불안 장애는 특히 그 죽음이 갑작스럽고 예기치 못했을 때 더욱 심하다.

사별은 또 남은 사람들을 약물 중독의 위험성에 놓이게 한다. 그들은 알코올, 담배, 진정제에 의해 자신들의 감정을 누그러뜨리려 한다. 그러다가 이를 계속 이용하면 중독에 빠지기 쉽다. 그 결과 심리적 · 신체적 건강에 심각한 영향을 주고, 이로 인해 사망에 이르기도 한다.

그리고 홀로 남은 사람들은 사회적·재정적으로도 문제가 많다. 그들은 자신들의 보호자, 성적 상대, 가치감과 사회적 지지의 원천, 삶의 동반자, 사회적 지위의 제공자, 여가활동의 동료, 재정적 보조자, 그리고 아동 양육의 협조자를 잃은 것이다. 따라서 이제는 혼자서 여러 가지 일들을 감당하며 살아가야 한다.

## 7) 비탄의 매개 요인

### (1) 사망의 방식

배우자나 자식의 갑작스럽고 예기치 못한 죽음이 대비하고 있는 죽음보다 훨씬 더 큰 정신적·신체적 건강상의 문제를 가져온다. 특히 교통사고와 같이 예방 가능한데 부주의에 의해 사망하거나, 강도처럼 악의에 의해 갑자기 사망한 경우 그 충격이 훨씬 크다. 그러나 이는 최근 증가 추세에 있다.

장기간 질병 후 사망한 경우도 나이 든 사별자에게는 정신적·신체적 건강에 큰 영향을 준다. 왜냐하면 그동안 자신을 돌볼 겨를이 없었기 때문이다. 한편 자살은 남아 있는 사람들에게 죄책감, 분노, 혼란스러움을 야기한다. 그리고 후천성면역결핍증(AIDS)으로 사별한 경우는 가까이서 보호를 못했다는 마음 때문에 우울증에 시달리기도 한다.

### (2) 사망 후 여건

배우자가 사망한 후 사회적 지원이 없는 경우는 슬픔이 더욱 크다. 친구나 가족이 있어 옆에서 위로해 주고, 외로움을 달래 주며, 이야기 상대가 되어 줄 때, 슬픔의 정도는 훨씬 경감된다. 그런데 배우자의 사망으로 인해 당장 재정적 압박을 받게 되는 경우 비탄의 정도는 더욱 심해진다.

### (3) 인구학적 요인

연령별로 보면, 젊은 사람들이 배우자의 사망에 의해 더 큰 충격을 받는다.

그리고 나이 들어 혼자 남은 사람들의 슬픔이 더 적다. 왜냐하면 나이가 먹을 수록 배우자의 죽음에 대해 예견하고, 심리적으로 준비가 되어 있기 때문이다. 그러나 젊은이들의 경우 초기에는 슬픔이 크지만 점점 잘 극복해 내는 반면, 노인들의 경우는 지속적으로 영향을 준다.

성별로 보면, 남자들의 경우가 여자들보다 더 영향을 많이 받는다. 여자들의 경우는 재정적인 압박이 주요 문제이지만, 그 외에는 크게 문제가 되지 않는다. 그러나 남자들의 경우는 도움 요청을 위한 표현이 부족하기 때문에, 사회적 관계, 가사, 자녀들과의 관계에 있어서 여자들보다 더 문제가 많다.

### (4) 개인차

배우자의 사망에 따른 비탄의 정도는 사람의 성격에 따라서도 약간 다르다. 양심적이고 보수적이며, 정서적으로 성숙하고 통제력 있으며, 사회적으로 원만한 사람들은 그렇지 않은 사람에 비해 슬픔을 더 잘 극복한다. 또한 자아 존중감이 높고 자신이 능력 있다고 믿는 사람들이 그렇지 않은 사람들에 비해 슬픔을 더 잘 이겨 낸다. 그런데 내적 귀인의 점수가 낮은 사람이 예기치 않은 배우자의 사망으로 인해 더욱 심각하고 장기적인 슬픔을 보인다.

### (5) 과거의 우울증

과거에 우울증으로 고생한 적이 있는 사람들이 그렇지 않은 사람들에 비해 배우자의 사망에 의해 더 큰 영향을 받는다. 그리고 그 영향도 더 오래 가며, 더욱 심각한 우울증에 빠질 위험성이 있다. 특히 사망 후 초기에 심각한 우울증을 보이면, 계속해서 영향을 줄 가능성이 크다. 따라서 우울증의 초기 진단이 가장 강력한 장기적 정신건강의 예언 변인이라 할 수 있다.

### (6) 관계 요인

배우자와의 결혼생활이 좋았던 사람들이 더 심각한 슬픔에 빠진다. 그리고 이들의 우울 정도도 더 심하다. 이에 비해 결혼생활이 순탄하지 않은 사람들은 크게 영향을 받지 않는다. 한편 의존적인 관계를 유지해 온 사람들은 배우자의 사망에 의해 더 큰 무력감을 느끼고 망자를 더욱 그리워한다.

## 8) 상황적 요인의 역할

배우자의 사망이 주는 영향은 사람마다 조금씩 다르다. 어떤 사람에게는 가장 친한 친구를 잃은 것일 수가 있고, 다른 사람에게는 단지 재정적 지원자를 잃은 것일 수도 있으며, 또 어떤 사람에게는 사업상의 동료를 잃은 것일 수가 있고, 또 다른 사람에게는 자녀 양육자 중 한쪽을 잃은 것일 수도 있다.

배우자와의 사별에 따른 우울증 정도는 배우자가 사망 전에 건강했는지 또는 아팠는지에 따라서도 다르다. 아픈 배우자를 잃은 사람들의 경우를 보면, 그전에 생산 활동에 잘 참여하고, 정신건강 상태도 양호하며, 결혼생활에 만족한 사람들은 우울증이 덜 심하다. 이에 비해 건강한 배우자를 잃은 사람들을 보면, 그전에 생산 활동에 덜 참여하고, 세상은 공정하다고 믿었으며, 배우자에 대한 의존도가 높은 사람들이 우울증에 더 잘 걸린다.

## 9) 개입

배우자나 자식 등 사랑하는 사람과의 사별은 심각한 고통을 가져다준다. 특히 예기치 않은 격렬한 상황에서 사망이 갑자기 일어난 경우는 더욱 그렇다. 그런데 남은 사람 중 극히 일부만이 성직자나 봉사단체의 도움을 받고, 전문적인 상담이나 심리치료를 받는 사람은 거의 없는 실정이다.

슬픔의 정도가 정상적이라면, 가족, 친구, 교회 등 공동체의 지원으로도 충분하다. 그러나 심각한 고통을 당하고 있다면, 전문적 개입이 필요하다. 여기에는 개인적 심리치료, 집단 또는 가족치료, 동료 지원 집단, 그리고 독신 대 독신(widow to widow) 프로그램 등이 있다. 그런데 이런 프로그램들은 대체로 사망 초기 1~3개월 내에 시작해야 효과가 있다.

이러한 개입 프로그램들은 슬픔의 표현을 촉진하고, 감정과 반응이 정상적이라는 것을 보장하며, 비탄의 기간을 확인하고, 자살 위험과 적응 실패를 관리하며, 징후가 보이면 적절한 의료적 처치와 약물 투여를 하도록 한다. 또한 새로운 인간관계를 형성하고, 사회적 지원을 받도록 하거나, 특정 문제에 대한 대처 전략을 프로그램 내용에 포함시키기도 한다.

그런데 개입 프로그램들 중에서 무엇보다 개인적 심리치료가 가장 효과적이고 최선의 방식이다. 동료 지원 집단은 고통의 정도가 심하지 않을 때는 효과적이지만, 그 정도가 심할 때는 심리치료가 효과적이다. 최근의 효과적인 인지-행동적 개입 프로그램들은 망자에 대한 연상과 그로 인한 고통, 주어진 역할과 활동에의 점진적 참여, 희망 없음과 낮은 자아 존중감의 처리에 중점을 둔다. 그 외에 단기 집중적 심리역동 치료 또는 형태(Gestalt) 심리치료의 빈의자(망자와의 대화) 기법도 효과가 있다.

한편 독신 대 독신 프로그램 중에는 공동체에 기반을 둔 것도 있고, 그렇지 않은 것도 있다. 먼저 전자는 비탄을 전문가의 치료를 요하는 정신질환으로 보기보다는 공동체의 지원을 요하는 정상적인 반응으로 본다. 여기에서는 먼저 홀로 된 사람이 사별의 이해, 상담 방법, 공동체의 자원 활용에 관해 훈련을 받은 후 보조자가 되어 전화, 가정 방문, 집단 모임을 통해 최근에 홀로 된 사람에게 도움을 준다. 또 다른 독신 대 독신 프로그램은 사회적 지원이 적고 긴급한 상황에 빠진 사람을 대상으로 하는 것인데, 여기에서는 새 친구 사귀기, 새로운 활동에의 참여, 불안과 우울의 감소 등에 초점을 두고 있다.

## 10) 사회적 환경에의 적응

배우자나 자식과 사별하고 남은 사람들이 빨리 회복하도록 도움을 주는 것이 필요하다. 우선 가족과 친구들의 도움이 절실히 필요하다. 그리고 그들이 다른 사람들과 교류하며, 자신의 감정을 표현할 기회를 갖도록 한다. 또한 자신의 고통을 표출할 대안적 방법도 모색할 필요가 있다. 예를 들면, 시 쓰기,

그림 그리기, 글짓기, 일기 쓰기 등도 역경에 대처해 나가는 데 도움이 된다.

### 11) 미래의 방향

사람에 따라서는 중요한 사람의 사망 이후에도 심각한 고통을 겪지 않는 경우가 있는데, 이에 대해 연구할 필요가 있다. 또한 사별은 초기에 고통이 심하면 나중에도 심하게 되는데, 따라서 초기 고통에 영향을 주는 변인에 대한 연구도 필요하다. 또 갑작스럽고 치명적이며 격렬한 사망의 장기적 영향, 그리고 배우자나 자식 외에 형제자매, 부모, 성인 자녀의 사망의 영향에 대해서도 연구해야 할 필요가 있다.

그리고 사람은 세계관이 조각나면, 심각하고 지속적인 스트레스 요인이 되므로, 사별이 세계관에 미치는 영향도 연구할 필요가 있다. 또한 진정제나 항우울제의 영향도 연구해 보아야 한다. 따라서 연구방법에 있어서도 자기보고식 연구보다는 생리학적 변화를 측정하는 방법이 더욱 필요하다 하겠다.

## 4. 우울

### 1) 우울의 정의

우울(depression)은 정상적 기분(mood)의 진폭을 초과하는 정의적(affective) 측면의 장애를 말한다. 가벼운 우울은 누구에게나 다 있지만, 심하면 불행해지고, 생활과 인간관계에 균열이 생기며, 생산성의 저하를 가져온다. 그런데 우울을 제대로 이해하려면 그 징후, 증상, 질병분류학(nosology)적 장애를 모두 참조해야 한다.

먼저 우울의 징후는 슬프다(sad)는 것이다. 그리고 그 증상은 슬픔, 부정적 자아개념, 수면 및 식욕 곤란이 합쳐져서 나타난다. 질병분류학적으로는 주의 깊은 진단 절차에 따라 범주에 맞는 반응을 보이면 우울이라고 분류하게 된다 (Ingram, 1994).

### (1) 우울의 징후

우울에는 몇 가지 징후가 있다. 첫째, 기분(mood)상의 징후인데, 슬프다는 느낌이 약 2주 동안 계속되는 경우다. 둘째, 동기적(motivational) 징후인데, 목표의식이 없는 경우다. 셋째, 신체적(somatic) 징후인데, 잠, 식욕, 성욕 등을 상실한 경우를 말한다. 넷째, 인지적(cognitive) 징후인데, 정신집중, 의사결정, 평가를 못하는 것을 말한다. 그 외에도 우울은 활동 저하, 식욕부진 또는 과식, 불면 또는 과수면, 피로 또는 활력 부족, 무가치감, 죄의식, 사고와 집중력 저하, 그리고 죽음이나 자살 등을 생각하게 한다.

### (2) 우울과 불안의 관계

우울과 불안은 공통적으로 일반적인 고통(distress)의 요인을 가지고 있어, 상당히 높은 부정적 정서다. 그러나 불안에는 아직 긍정적 정서가 남아 있는 반면, 우울에는 긍정적 정서가 없다. 그리고 불안은 상당히 높은 생리적 각성 (arousal)을 보인 반면, 우울은 그렇지 않다.

## 2) 우울의 분류

### (1) 정상적, 반임상적, 임상적 우울

우울은 연속선상에서 정상적, 반임상적, 임상적 우울로 분류된다. 먼저 정상적 우울은 누구나 겪는 일상적 기분으로서 슬프다는 감정 상태를 징후로 나타내는 우울이다. 이에 비해 반임상적 우울(subclinical depression)은 특별히 치료를 요하지 않는 덜 심각한 우울 형태를 말한다. 이는 『정신장애 진단 및 통계 편람(DSM)』에 따르면, 〈표 5-2〉 중에서 4가지 이하의 징후를 보이는데, 이로 인해 생활에서 심한 스트레스를 받는다. 임상적 우울은 치료를 요하는

| 〈표 5-2〉 | 우울의 징후 |
| --- | --- |

① 거의 매일 하루 내 저조한 기분
② 거의 매일 거의 매사에 흥미나 즐거움이 현저히 저하
③ 현저한 체중 감소 또는 증가, 또는 거의 매일 식욕 감소 또는 증가
④ 불면증 또는 수면 과다
⑤ 거의 매일 운동기능 혼란 또는 감퇴
⑥ 거의 매일 피로 또는 활력의 상실
⑦ 무가치감 또는 과도하거나 부적절한 죄의식
⑧ 사고나 집중력의 감소
⑨ 계속적 죽음 생각, 특별한 계획 없이 자살 생각, 자살 시도, 특별한 자살 계획

심각한 우울로서 개인의 기능을 심각히 방해한다. 이는 〈표 5-2〉 중에서 5가지 이상의 징후가 적어도 2주 동안 지속되는 경우다.

그런데 우울의 종류를 정도에 따라 구분하는 것은 연속성 가설에 근거한다. 연속성 가설이란 우울을 일상적인 우울한 감정으로부터 심각한 임상적 우울에 이르기까지 연속선상에 놓고 분류한 것이다. 이에 비해 우울의 분류를 전혀 다른 종류로 보는 것은 비연속성 가설에 근거한다. 비연속성 가설이란 가벼운 우울과 심각한 임상적 우울이 연속선상에 있는 것이 아니라 전혀 다른 장애라는 가설이다.

### (2) 일극성 우울과 양극성 우울

우울 가운데 특히 임상적 우울은 일극성 장애(unipolar disorder)와 양극성 장애(bipolar disorder)로 구분된다. 여기에서 전자는 흥분 상태가 지나치거나 날뛰거나 과장된 조증(mania) 상태가 없는 정서 장애를 말한다. 따라서 일극성 장애에서는 우울만 일어난다. 이에 비해 양극성 장애는 흔히 조울증이라 하는데, 조증 상태와 우울 상태가 주기적으로 일어난다. 한편 제2 양극성 (bipolar II)은 우울과 반조증(흥분과 조증이 덜함)이 가끔 나타나는 경우를 말한다.

그런데 일극성 우울은 주로 생애 후반기에 나타나고, 불면증이 그 특징이다. 이에 비해 양극성 장애는 수면의 필요가 적기 때문에, 수면 부족이 그 특징이다. 또한 친족 간에 이러한 정서적 장애가 더 많이 나타나기 때문에, 유전적·생물학적 원인이 개입되어 있다고 설명 가능하다.

① 일극성 우울 장애: 주요 사례

이는 대표적 우울로서, 〈표 5-2〉에서 9가지 중 5가지 이상의 징후가 2주 이상 지속될 때다. 하위 범주로는 계절적 정서 장애(seasonal affective disorder: SAD)가 있는데, 이는 주로 10, 11월에 시작하여 두 달 뒤 2월 중순이나 4월 중순에 사라진다. 이는 빛의 양이 생물학적으로 세르카딘(cercadin) 리듬과 멜라토닌(melatonin) 생산에 영향을 주므로, 빛의 양이 적은 겨울에 우울증에 잘 걸린다는 것이다. 따라서 이것의 치료법으로 광선 치료법(light therapy)이 있다. 이는 일주일 동안 밝은 빛에 노출시키면, 멜라토닌 생산이 증가하여 우울증을 감소시킬 수 있다고 본 것이다. 계절적 정서 장애는 주로 일극성이지만, 어떤 것은 봄이 되면 조증보다 덜한 상태인 반조증(hypomania)이 나타나, 제2 양극성 장애로 보인다.

② 일극성 우울 장애: 기분저하증

기분저하증(dysthymia)은 약한 형태의 우울이다. 이는 슬픈 기분 외에 다음 중 2가지가 있으면 해당된다. ⓐ 식욕 부진 또는 과식, ⓑ 불면 또는 수면 과다, ⓒ 활력 부족 또는 피로, ⓓ 낮은 자아 존중감, ⓔ 집중력 부족 또는 의사 결정상의 장애, ⓕ 희망 없다는 느낌. 전에는 이를 신경증적 우울이라 했다. 또한 성격 구조와 관계된다고도 보았다. 그런데 이것과 대표적 우울이 공존하면, 이를 이중 우울(double depression)이라 한다.

③ 양극성 우울 장애

양극성 우울 장애는 우울증과 조증을 동시에 포함하는 정서 장애를 가리킨다. 이를 그전에는 조울증(manic-depressive)이라 하였는데, 우울과 조증이 주기적으로 나타난다. 그리고 그 사이에는 정상적으로 기능을 한다.

#### ④ 양극성 우울 장애: 순환성 기분장애

양극성 우울 장애인 순환성 기분장애(cyclothymia)는 장기적인 기분상의 장애다. 이는 반조증과 우울이 적어도 2년 동안 여러 번 반복된다.

### (3) 반응적 우울과 내생적 우울

우울을 반응적(reactive) 우울과 내생적(endogenous) 우울로 구분하는 것은 병인학(etiology)에 근거를 두고 있다. 전자는 우울의 원인이 심리적인 것으로서, 생애 중 부정적 사태에 대한 반응이라는 것이다. 이에 비해 후자는 그 원인을 생물학적인 것에서 찾는다. 즉, 체중 감소, 불면증 또는 조기 기상, 죄의식, 운동기능 감퇴 등이 우울의 원인이라는 것이다.

### (4) 신경증적 우울과 정신병적 우울

신경증적(neurotic) 우울은 환각이나 망상이 없고, 반응적이며, 덜 심각한 우울이다. 그런데 그동안 학계에서는 신경증에 대한 의견이 분분해, 최근의 DSM에서는 신경증 항목을 제외하였다. 이에 비해 정신병적(psychotic) 우울은 환각과 망상이 수반된 더 심각하고 내생적인 우울이다.

## 3) 우울의 역학

### (1) 우울의 이환율

역학(epidemology)은 인구 중 어떤 장애의 이환율에 대한 정보를 제공한다. 미국 인구의 약 2.7%가 1년에 1번 정도의 우울을 경험한다. 그리고 인구의 4.9%가 일생 중 우울을 경험한다. 그러나 전 인구의 약 20~30%가 가벼운 우울 증상을 보인다. 그리고 우울 가운데 일극성 우울이 양극성 우울보다 더 많다.

## (2) 성별 차이

일극성 우울의 경우, 여성은 약 7.0%, 그리고 남성은 약 2.6%가 경험한다. 그러나 양극성 우울은 남녀 간에 별 차이가 없다. 일극성 우울의 경우, 여성의 비율이 더 높은 것은 여성은 자신의 우울을 더 잘 인정하고, 스트레스에 더 많이 직면하며, 부정적 사태를 더 곰곰이 생각하기 때문인 것 같다.

## (3) 인종 차

생애 중 일극성 우울의 경우 백인은 약 5.1%, 남미계는 약 4.4%, 그리고 흑인은 약 3.1%가 경험한 것으로 알려져 있다. 그러나 아시아계의 경우는 알려진 통계가 없다. 그리고 양극성 우울의 경우에는 인종 간에 큰 차이가 없다.

## (4) 사회적 관련 변인

사회적 관련 변인으로는 직업 유무, 사회경제적 지위, 도시와 농촌, 결혼 여부 등이 있다. 이 중에서 결혼 여부에 대한 연구가 많은데, 별거나 이혼을 한 경우 우울이 많다. 결혼은 우울을 일으키는 스트레스에 대처하는 보호적 관계인 셈이다.

반면 우울한 사람과의 삶이 스트레스가 되어 상대방이 결혼생활을 파기하거나, 우울증 환자가 자신의 고통을 배우자의 약점에 전가하여 결혼을 파기하기도 한다. 우울하기 쉬운 사람은 결혼생활에 수반되는 일들을 성공적으로 헤쳐 나갈 내적 안정성이 부족하여 결혼 상태의 유지가 어려울 수가 있다.

## 4) 우울 이론

### (1) 심리적 이론
#### ① 부정적 인지구조 이론

이는 벡(Beck, 1967)이 제안한 정보처리 구조에 근거한 이론으로서, 우울증 환자는 개인적 경험을 부정적 방식으로 처리한다는 것이다. 그의 인지구조

(cognitive schema) 이론에 의하면, 우울한 사람은 부정적인 인지적 자기 구조 (self-schema)를 가져, 자신에 대한 긍정적 정보는 걸러 내고 부정적 정보를 받아들인다. 이는 어릴 때 부모로부터 심한 비난을 받거나 아주 부정적인 생활 사태에서 연유한다. 부정적 인지구조는 부정적인 인지적 삼각도(triad)를 형성하여 자신, 세상, 미래에 대해 부정적으로 보도록 한다.

### ② 학습된 무력감 이론

학습된 무력감(learned helplessness) 이론은 셀리그먼(Seligman, 1991)에 의해 제안된 이론으로서, 우울증에 걸린 사람은 스트레스를 주는 생활 사태에 어떤 반응을 하더라도 차이가 없다는 것을 학습했다는 이론이다. 셀리그먼은 일찍이 실험을 통해 유기체가 실패를 거듭하다 보면, 문제 상황에서 해답을 찾기보다는 이를 포기하고 처벌을 수용하는 것을 발견했다. 이를 기초로 하여 셀리그먼은 무력감 우울(helplessness depression)을 제안한 바 있다.

한편 애브럼슨 등(Abramson et al., 1978)은 이를 수정하여 재조정된 (reformulated) 무력감 모형을 제시했다. 후자에 의하면, 여기에서는 귀인 (attribution)이 중요하다. 내적(internal) 귀인은 자신에, 외적(external) 귀인은 타인 또는 그 외의 것에 원인을 돌린다. 그리고 귀인의 안정성(stability)은 그 원인의 항상성 여부, 그리고 귀인의 일반성(globality)은 그 원인의 일반성 대 특수성 여부에 관계된다. 여기에서 우울증 환자는 부정적 사태에 대해 내적, 안정적, 일반적 귀인을 하고, 긍정적 사태에 대해 외적, 불안정적, 특수적 귀인을 한다. 이를 기초로 애브럼슨은 우울에 대한 부정적 인지의 하위 형태를 제안한 바 있다.

### ③ 대인관계 접근방법

이는 우울증 환자와 주위 환경과의 상호작용에 초점을 둔다. 우울증 환자는 타인의 보호와 지원 등 반응을 구한다. 그러면 주위에서는 처음에는 돕다가 계속 요구하면 지치고, 같이 있으면 자신이 우울해져 피하게 된다. 따라서 우울도 일종의 전염병이 된다. 그러면 환자는 더 많은 도움을 청해 악순환이 계속된다는 것이다.

#### ④ 정신역동적 모형

이는 프로이트와 그의 제자들의 주장이다. 여기서는 우울도 부정적 정서의 내적 전환, 즉 자신을 향한 분노로 설명한다. 우울증 환자는 소중한 사람의 상실을 거부당한 것으로 해석하고, 이에 분노를 느낀다. 그리고 이를 밖으로 표현하지 못하고 내부로 전환하여 죄의식, 무가치성, 무력감을 느끼고, 자기비난을 하게 된다.

프로이트는 우울증의 원인을 아동기의 소중한 사람의 상실에서 찾는다. 그는 많은 우울증 환자들의 어머니가 11세 이전에 사망한 것을 발견했다. 우울증 환자는 분노가 내부로 투사, 즉 내사(introjection)되어, 스스로 상실된 사람이 된다. 그래서 심한 슬픔과 죄의식을 느끼고, 자기비난 및 타인에 지나친 의존을 하게 된다.

### (2) 생물학적 이론
#### ① 유전적 접근방법

이는 우울이 유전된다고 보는 이론이다. 그런데 일극성 우울보다는 양극성 우울 환자의 경우, 가족 간의 관계가 더 높다. 일반인의 경우 약 5% 정도가 우울증 환자라면, 가족 중 환자가 있는 경우는 약 15% 정도나 된다. 그리고 이란성 쌍생아의 경우 한쪽이 우울증 환자이면 다른 쪽도 우울증일 비율이 15%인 반면, 일란성 쌍생아의 경우는 70%나 된다. 따라서 우울에도 유전적 요소가 관여되어 있다고 할 수 있다.

#### ② 생물학적 이론

이 이론은 신경화학적 전달자, 즉 신경전달물질(neurotransmitter)인 카테콜아민(catecholamine)과 인돌레아민(indoleamine)에 초점을 둔다. 전자의 한 형태인 노르에피네프린(norepinephrine: NE)은 중추신경계의 동기와 관계가 있다. 또한 NE는 신경계의 에너지와 관계있는 신경전달물질인 아드레날린(adrenalin)의 분비와 관련된다. 그런데 NE가 적으면 우울증, 그리고 과다하면 조증으로 나타난다. 또한 우울증을 인돌레아민의 신경전달물질인 세로토닌(serotonin: 5HT)의 부족으로 설명하기도 한다.

삼환계 항우울과 항 모노아민(monoamine: MAO) 제는 NE와 5HT의 활동을 증가시켜, 우울증 치료에 효과가 있는 것으로 알려져 있다. 그러나 이는 직접적이라기보다 신경전달물질의 수용기를 자극하여 간접적으로 영향을 주는 것으로 보인다.


# 5. 미움

미움 또는 증오(hate)란 화, 부정적 판단, 그리고 파괴적 충동이 지배적인 인간의 각성 또는 흥분 상태를 말한다. 이는 생물학적 원인과 환경적 요인의 상호작용에 의해 산출된다. 미움의 표현은 교묘한 간접적 표현방식으로부터 직접적 폭력 및 전쟁에 이르기까지 아주 다양하다. 그리고 모든 미움이 꼭 나쁜 것은 아니다. 어떤 미움은 파괴적인 반면, 어떤 미움은 건설적 내지 생산적이기도 하다(Schoenewolf, 1994).


## 1) 미움의 생물학적 근거

미움 자체는 생득적인 것이 아니다. 그러나 화와 공격적 충동은 본능적인 부분이 있으므로, 미움도 간접적으로는 본능과 관련이 있다고 할 수 있다. 생득적 공격 충동은 동물의 세계에서 잘 볼 수 있는데, 특히 동물의 싸움 행동은 유전되며, 종마다 특유의 싸움 형태가 있다.

인간의 경우도 생득적 공격 충동이 있는데, 이는 생존 투쟁이나 테러 본능과도 관련이 있다. 그리고 사냥, 영토 분쟁, 사회적 위계 또는 서열 정하기, 스포츠 등에서 볼 수 있듯이, 모든 인간은 타인의 공격에 대한 두려움 때문에 거리를 두려 한다. 따라서 인간의 역사란 갈등과 전쟁의 역사다.

생물학적으로 공격성은 교감신경계(sympathetic nervous system)와 내분비계(endocrine system)를 각성시키는 '싸움 아니면 도망(fight or flight)' 반응과 관련이 있다. 사람이 스트레스를 받을 때, 스트레스 요인은 시상하부(hypotha-lamus)를 자극하는데, 이는 아드레날린과 같은 피질액(corticoid)을 혈액 속에 방출하도록 뇌하수체(pituitary)와 부신(adrenal gland)을 흥분시키는 물질을 생산한다. 그러면 흉선, 즉 가슴샘(thymus)의 수축과 당의 분비를 일으킴과 동시에 교감신경계를 각성시키는데, 이는 곧 근육과 혈관의 수축을 가져온다. 만약 사람이 오랫동안 각성상태에 있으면, 이는 신체의 작동과 화학적 변화에 영향을 준다.

한편 성 호르몬인 남성 호르몬 테스토스테론(testosterone)과 여성 호르몬 에스트로겐(estrogen)의 증가도 공격성을 각성시킨다. 또한 실험심리학자들에 의하면, 시상하부에 전극을 부착해 분노 반응을 일으킬 수가 있다. 이 실험에서 피험자들은 극도의 화를 내고 폭력 행동을 하였다. 또한 분노하는 동안 인지능력도 변하여, 화를 내면, 부정적 판단(미움)을 하고, 화의 근원, 즉 스트레스 요인을 없애려고 한다. 그리고 출생 시 아동들 간에는 생득적 공격성에 있어 약간 개인차가 있다. 어떤 아이들은 까다롭고, 어떤 아이들은 그렇지 않다. 그런데 임산부들이 우울증에 빠지면, 이는 내부를 향한 화와 미움의 상태로서, 과잉행동(hyperactive) 아이를 낳을 가능성이 높다는 연구들이 있다 (Schoene- wolf, 1991).

이렇게 보면, 미움은 '싸움 아니면 도망'이라는 각성상태의 인지적 요소다. 그리고 이런 공격적 각성상태는 교감신경계와 관련이 있다. 따라서 우리는 우리를 놀라게 하거나 좌절시키거나 불안하게 하는 것들을 싫어하고 미워한다. 그리고 이로 인해 공격적 행동을 하게 되기 쉽다.

## 2) 미움의 환경적 근거

인간의 공격적 충동에 생득적 요소가 있기는 하지만, 공격성이나 미움 모두 유전적 요인과 환경적 요인의 상호작용 결과다. 공격성과 미움의 환경적 요인을 강조하는 이론 중에서 첫 번째 이론은 평형상태(homeostasis)를 교란하는 환경의 변화에 초점을 둔다. 예를 들면, 이혼, 해고, 원하지 않는 결혼과 임신, 실연 등은 스트레스, 화, 그리고 미움을 야기하는 변화들이다. 둘째, 좌절에 초점을 둔 이론으로서, 공격성과 미움은 모종의 좌절과 관련이 있다는 것이다. 예를 들면, 짝사랑, 시기, 미완성의 포부 등의 경우다. 셋째, 공격성과 미움은 생존에 대한 위협과 관련이 있다는 이론이다. 예를 들면, 상대가 자신의 직장 자리를 위협할 때, 또는 정부가 복지 혜택을 빼앗으려 할 때와 같은 경우다. 넷째, 미움은 동일시(identification) 및 주입(indoctrination)과 같은 심리적 수단을 통해 전수된다는 이론이 있다. 예를 들면, 어떤 아동이 부모가 어떤 개인이나 집단에 대해 부정적 태도를 갖는 것을 보고 세뇌되는 경우다.

그런데 미움은 어렸을 때 어머니와 같은 보호자와의 유대가 원만하지 못할 때 발달하기 시작한다. 예를 들면, 갓난아이가 배가 고파 울어도 엄마가 젖을 잘 주지 않을 경우, 다음에 젖을 주게 되면 엄마의 젖을 꽉 물어뜯거나 하는 행위는 미움의 표시다. 그리고 아동은 자라면서 아버지, 형제자매, 조부모와 같은 가족 내 다른 인물들과의 동일시를 통해 미움을 발달시키기도 한다. 그래서 가정이나 가족의 가치관이 특정인 또는 특정 집단에 대한 미움 발달에 영향을 주기도 한다. 예를 들면, 가족이 특정 종교를 믿는다고 다른 종교인들을 미워하는 경우다.

성인기에는 다른 사회문화적 요인들이 미움의 형성에 영향을 준다. 전쟁과 경제적 불황이 그 좋은 예다. 그런 때에는 사회적 히스테리 정도가 높고, 각 개인은 위협과 불안을 느껴, 이를 야기한 적국이나 정당에 대한 미움으로 발달한다. 그리고 급격한 사회문화적 변화도 미움의 근거가 될 수 있다. 예를 들면, 정치적 격변을 겪을 때, 이데올로기의 차이로 인해 상대방을 미워하게 되는 경우다. 또한 가난과 인구과밀 같은 요인도 미움의 원인이 된다. 예를 들면, 자신의 가난을 외적으로 귀인하여 부자들을 미워하거나, 사람들이 너무 많아 일자리를 얻기 힘들 때 괜히 경쟁자들을 미워하는 경우다.

### 3) 미움의 표현

미움의 표현은 분명하고 간단한 것으로부터 복잡하고 교묘한 것까지 다양하다. 분명하고 간단한 것으로는 '너 미워!' '이 바보야!' 와 같은 직접적인 언어적 표현과 살인, 강간, 전쟁과 같은 폭력 행위가 있다. 보다 교묘하고 복잡한 것으로는 골탕 먹이기, 약속 잊어버리기, 다 안 가르쳐 주기, 서류 훔치기, 상대방이 미워하는 사람 좋아하기와 같이 간접적인 방식으로 미움을 표출하는 것이다.

정서적으로 건강하고, 타인과의 유대가 좋으며, 하는 일에 만족하는 사람은 미움의 표출이 적다. 반면에 그렇지 못한 사람은 미움의 표출이 심하다. 그들은 늘 불안해하고, 소외감을 느끼며, 화가 나 공격성과 미움을 곧잘 표출한다. 그래서 반사회적 행위자, 피해망상증 환자, 정신분열증 환자에게서 공격성과 분노가 쉽게 표출되는 것을 볼 수 있다.

미움의 표현에는 기본적으로 3가지 방식이 있다. 직접적인 언어적 방식, 행동적 방식, 그리고 신체적 방식이 그것이다. 먼저 직접적인 언어적 방식은 저주, 모욕, 위협과 미움을 언어적으로 표현하는 것이다. 행동적 방식은 야만적, 적대적, 배타적, 기만적, 도전적, 모욕적, 조소적, 경멸적, 위협적, 폭력적 행위를 하는 것을 말한다. 그리고 신체적 방식은 미움으로 인한 공격성이 자신의 신체에 나타나 위궤양, 히스테리성 마비 등이 오는 것을 말한다.

한편 미움의 어떤 표현방식은 능동적·의식적인데 반해, 어떤 표현방식은 수동적·무의식적이다. 예를 들면, 전자는 사업상의 경쟁자나 사랑에 있어 연적에 대해 직접적·의도적으로 미움을 표출하는 것이고, 후자의 경우 가족 중 경쟁적인 형제자매에 대해 서로 우애를 보이지 않는 것은 사회적 금기사항이

니까, 연락을 하지 않는다든가 생일을 잊어버림으로써 간접적·무의식적으로 미움을 표현하는 것이다.

그런데 가장 파괴적인 미움은 가정에서 일어나기 쉽다. 부모는 아이들에 대해 다른 사람들의 눈에 잘 띄지 않는 절대적인 권한을 갖는 경향이 있다. 그래서 어떤 부모들은 아이들에 대해 학대, 소홀, 착취하기도 한다. 그런데 그런 부모들은 대체로 자신들이 그렇게 자란 경우가 많다.

그리고 미움의 사회문화적 형태로는 인종주의, 종파주의, 지역주의, 이데올로기 갈등, 그리고 성차별을 들 수 있다. 다른 집단에 대한 학살, 탄압, 차별의 예는 역사적으로 많이 있다. 예를 들면, 인종주의의 경우 과거 미국이나 남아프리카 공화국에서 흑인들에 대한 백인들의 학대와 제2차 세계대전 중 독일의 나치(NAZI, 국가사회주의) 집단이 유대인들을 600만 명이나 강제 수용소에서 학살한 것을 들 수 있다. 종파주의의 경우로는 과거 로마시대 다신교도인 로마인들의 기독교도들에 대한 탄압, 중세 때 기독교도들의 중동지방으로의 십자군 원정으로 인한 회교도들과의 전쟁, 조선시대 유교도들의 천주교도들에 대한 탄압 등을 들 수 있다.

그리고 지역주의는 각 국가마다 조금씩은 다 있다. 영국의 경우 잉글랜드 지방 사람들과 타 지방 사람들과의 갈등, 과거 미국의 남북 갈등, 현재 우리나라의 동서 갈등 등이 그 예다. 이데올로기에 따른 갈등은 구소련 건국 시절 신, 구 이데올로기 집단 간의 갈등과 우리나라의 남북 갈등을 들 수 있다. 또한 성차별의 예로는 여성에 대한 남성 우월주의를 들 수 있다.

그런데 이러한 집단적 미움은 대체로 편견으로 인한 집단적 히스테리의 발로다. 편견은 대체로 근거가 없는데, 상대방을 불신하고, 자신의 미움에 대해 책임회피를 하도록 하며, 또 이를 통해 이득을 취하기도 한다. 그래서 우리 집단은 좋고, 옳으며, 순수한 반면, 다른 집단은 나쁘고, 도덕적으로 타락했으며, 불순하다고 간주하도록 한다. 그 결과 미움은 증폭된다.

## 4) 건설적 미움 대 파괴적 미움

그렇다고 해서 모든 미움이 다 파괴적인 것은 아니다. 일반적으로 어떤 개인이나 집단이 성숙할수록, 미움의 감정을 더 잘 인식하고 갈등을 해소하는 건설적인 방법으로 처리한다. 대체로 미운 감정을 직접적 · 언어적으로 표현하는 방식은 건설적인 반면, 행동적 · 신체적으로 표출하는 것은 파괴적이다.

흔히 '사랑은 만병통치약이다.' 는 것은 오해의 소지가 있다. 이것이 만일 '이제 미움을 억제하고 서로 좋게 지내자.' 는 뜻이라면, 미움의 본질을 잘못 파악한 것이다. 이는 오히려 잘못된 거짓 사랑이다. 파괴적 미움에 대한 해독제는 건설적 미움이라고 할 수 있다. 미움의 건설적인 표현방식은 공격적 충동과 미움을 성숙한 자아로써 통제하는 것이다. 이는 곧 적대적 복수심 없이 파괴적 미움에 직면하여 이를 처리하는 것이다.

대체로 건설적 미움은 의식적인 데 반해, 파괴적 미움은 무의식적이다. 그런데 미움이 무의식적이라면, 이는 상당히 해소하기 어렵다. 따라서 그만큼 무의식적인 파괴적 미움의 치유가 쉽지 않다는 것이다. 그러나 미움의 본질과 건설적 미움 대 파괴적 미움의 차이를 잘 알면, 이를 점진적으로 해소해 나갈 수 있다.

사실 모든 미움의 표출은 실재적 또는 상상적 위협에 대한 방어, 열등감 또는 무력감에 대한 보상, 또는 주목해 달라는 일종의 호소다. 이를 해소하기 위해서는 표면적으로만 화합한 체하거나, 징벌 차원의 복수가 아니라, 미움을 건설적으로 표현하면서 적절히 대응하는 것이다. 건설적 미움도 진정으로 타인과 연대하려는 일종의 사랑이다.

# 6. 질투

질투(jealousy)란 경쟁자에게 가치 있는 물건, 자격 또는 사람을 실제로 또는 상상적으로 빼앗기거나 빼앗길 위협에 처할 때 일어나는 정서적 반응이다 (Stearns, 1994). 이는 보통 자신의 애정적 또는 성적 상대방이 다른 사람과 애정적 또는 성적 관계를 가질 때 일어나는 감정이다. 그런데 질투는 아동들, 특히 동기(sibling, 형제자매) 간에도 일어난다. 동생이 새로 태어나면, 아동들은 대체로 부모의 사랑을 동생에게 빼앗길까 봐 질투를 느끼기 시작한다.

## 1) 질투의 정의상의 문제

일찍이 질투는 아동기의 경험에 의존한다고 알려졌다. 정신분석학자들은 아동기에 겪은 부모의 사망이나, 친구 또는 가까운 친지와의 분리 등의 상실감이 그 원인이라고 생각한다. 이 경우 만일 아동이 다른 사람들과 생산적인 관계를 갖게 되면, 아동은 성인이 되어서도 애정에 대한 위협에도 불구하고 거의 질투심 없이 극복할 수 있다는 것이다.

그러나 최근의 연구들은 질투의 아동기 근원을 부적절하다고 판단한다. 그 대신 개인차의 문제를 거론한다. 여기에는 2가지 범주가 있는데, 하나는 분명한 위협에 반응하는 대응적 질투(reactive jealousy)이고, 다른 하나는 개인 내적 압력 때문에 생기는 의혹적 질투(suspicious jealousy)다. 어떤 사람의 질투가 의혹적인가, 대응적인가는 넓게는 그 사람의 성격 요인 또는 정서적 반응 양식에 따른다는 것이다.

질투는 사회적 정서다. 다시 말해서 이는 대인관계 속에서 나타나고, 또한 사회적 상황에서 사람이 행동하는 방식에 영향을 준다. 또 질투는 어느 정도 사회적 규제의 영향을 받는다. 어떤 사회에서는 질투를 부인하는 한편, 다른 사회에서는 이를 묵인 또는 장려하기도 한다. 예를 들어, 질투가 나면 프랑스 사람들은 화를 내는 반면, 네덜란드 사람들은 슬퍼한다.

그런데 사실 질투는 복합적인 감정이다. 강한 질투가 일어나면, 사랑하는 사람의 상실로 인한 슬픔과 동시에 그에 대한 책임이 있다고 생각되는 상대방에 대한 화(분노)가 일어난다. 또한 이는 공격성을 유발하기도 한다. 그리고 질투는 수동적 상태와 자괴감을 일으키기도 한다. 또 질투는 상실에 대한 두려움이나 공포심을 유발하기도 한다.

한편 질투는 시기(envy)와도 비슷한 것 같다. 그러나 양자 사이에는 큰 차이가 있다. 시기가 다른 사람이 가지고 있는 것을 갖고 싶은 욕망이라면, 질투는 상실 또는 상실에 대한 반응이므로, 양자는 서로 다르다. 어떤 사람이 가지고 있는 것을 다른 사람이 시기하여 빼앗는다면, 이는 질투의 유발로 연결된다. 그러나 실제로는 일상생활에서 양자 사이에 별 차이가 없이 통용되는 경우가 허다하다. 이와 같이 감정과 반응이 복잡하게 얽혀 있어 질투에 대한 정의가 어렵다.

## 2) 질투의 의미와 연구방법

질투의 어원은 그리스어 젤로스(zelos)다. 이는 원래 질투라는 의미 외에도 열정, 열심, 시기, 투기의 뜻도 가지고 있다. 고대 그리스 또는 로마의 신들은 질투심이 많았다. 그리고 기독교의 신 하느님 또한 질투심이 강하다. 이런 신들은 자신의 지위에 대한 위협으로 보고, 다른 신에게 경배하거나 우상숭배하는 것을 아주 싫어했으며, 또한 자신의 특권을 적극적으로 보호하기 위해 열심히 노력했다. 이와 같이 질투는 처음부터 신과 결부되어 정당하게 적극적으로 자신의 행위를 방어한다는 긍정적인 의미도 함의하고 있었다. 그래서 보다 일반적인 질투의 의미는 어떤 대상의 소유욕과 그 위협에 대한 반응을 나타낸다.

그런데 질투는 또한 힘의 강약과도 관련이 있다. 자신의 권리, 명예, 재산을 열심히 보호하려는 것은 강력한 행동을 할 동기를 유발하고, 이는 대체로 남성다움과 관련이 있는 것으로 간주한다. 반면에 질투가 약함과 관련이 있는 경우도 있다. 예를 들면, 폭행죄를 저지르고 재판을 받는 경우, 남성들은 대체로 화(이는 강하고 공격적인 감정)가 나서 그렇게 했다고 하는 경우가 많은 반면, 여성들은 질투심에서 그랬다고 하는 경우가 많은데, 이때 질투는 보다 힘이

약한 여성의 반응으로 간주되는 경우가 많다.

질투의 연구방법으로 우선 텍스트 해석을 거론할 수 있다. 고대 신화로부터 구약 성서, 그리고 그 후의 많은 문학 작품들, 또한 현대의 영화에 이르기까지 수많은 텍스트들은 질투를 주제로 한 경우가 많았다. 질투는 명예나 사랑과 관계가 깊기 때문에, 오랫동안 문학의 중요한 주제였다. 따라서 이런 텍스트들을 분석해 보면, 질투에 대한 보다 심층적인 이해에 도달하게 될 것이다.

질투에 대한 과학적 연구는 19세기 다윈(Darwin)의 진화론이 소개된 뒤 본격적으로 시작되었다. 진화론자들은 정서나 감정의 진화에도 관심이 많았는데, 그들에 의하면 질투는 가족을 형성하고 지키는 수단이 되었다는 것이다. 왜냐하면 적대자(rival)에 대한 두려움으로 인해, 낭만적 사랑과 성적 관심이 확실한 책임감으로 바뀌어 결혼에 이르게 되었다는 것이다. 그들에 따르면, 여성이 남성보다 질투가 더 많다. 왜냐하면 여성들이 외부의 적으로부터 가족을 형성하고 지키는 역할을 더 많이 하고, 또 여성들이 생존을 위해 가족에 대한 의존도가 더 높기 때문이라는 것이다.

프로이트의 정신분석학에서는 부모의 애정을 받기 위한 경쟁이 질투심의 표출이며, 이는 생득적인 것이라고 본다. 이는 어린아이들이 엄마의 젖가슴을 서로 차지하기 위해 다투는 것에서도 볼 수 있다. 또한 이는 유아기에 나타난 오이디푸스 콤플렉스 또는 엘렉트라 콤플렉스(열등의식)에서 보듯이, 다른 성의 부모에 대한 애정을 위해 같은 성의 부모에 대해 느끼는 감정에도 잘 나타난다.

그 후 한동안 질투와 관련하여 형제자매에 대한 연구가 유행하였는데, 주로 어린아이들이 부모의 관심 및 선물을 둘러싸고 서로 다투는 것을 연구하는 것이 대표적인 주제였다. 연구 결과, 질투는 남자 아이들보다 여자 아이들에게 더 많이 나타나며, 어린 시절의 질투가 잘 통제되지 않으면, 나중에 왜곡된 질투적 성격이 되어, 대인관계나 업무에 지장을 준다는 것이다. 그러나 최근 연구들은 보통의 형제자매 사이에는 질투가 일반적인 현상이 아니고, 오히려 더 큰 유대관계가 존재한다고 밝히고 있다.

그러나 질투에 관한 최근 연구들은 질투의 사회문화적 맥락이나 심리적 구성 요소에 더 관심이 많다. 전자는 서로 다른 문화권에서 질투를 어떻게 보는가에 관심을 갖고, 후자는 질투 유발 상황에 대한 인지적 평가, 질투의 개인차, 그리고 질투의 대처 전략 등에 관심을 갖는다. 이에 대한 연구결과를 몇 가지 보면 다음과 같다(Stearns, 1994).

## 3) 질투의 비교적 관점

질투에 대한 문화적 차이는 재산 및 여성의 소유 문제와 관계가 깊다. 에스키모인들이나 태평양에 있는 타이티(Tahiti) 섬 사람들은 재산, 아동, 성적 상대로서의 여성에 대한 공유의식이 강하다. 그래서 이런 문화권에서는 이런 문제를 둘러싸고 질투의 문제가 발생하지 않는다. 그에 비해 무슬림(Muslim) 국가나 천주교의 영향이 강한 국가에서는, 재산 및 여성과 관련하여 가족의 명예를 중시하기 때문에, 이를 지키기 위해 범죄도 서슴지 않는 경우가 허다하다. 이렇게 보면 질투는 문화에 따라 달리 형성된 정서임을 알 수 있다.

## 4) 동기 간 질투의 변화

최근에 와서 형제자매 간 질투는 출산율 및 가족의 크기와 관련이 깊은 것으로 밝혀졌다. 대가족 제도하에서는 소가족일 때보다 동기간 경쟁이 덜 심하다. 왜냐하면 부모의 호의를 얻기 위해 동기간에 경쟁을 하기보다는 연대를 하기 때문이다. 그런데 출산율 저하와 소가족, 핵가족으로의 변화로 인해, 부모의 애정을 둘러싸고 이를 독차지했던 큰 아이는 새로 태어난 작은 아이에게 심한 질투를 느끼게 된다는 것이다.

## 5) 성인의 질투

성인기의 질투는 대체로 애정 및 결혼생활과 관련이 깊다. 예전에는 질투가 미성숙한 아동기의 부적절한 사회화의 결과라고 보았다. 그리고 질투는 사랑과 행복을 파괴하는 약점, 이기심, 열등의식, 겁, 기만의 표출이라고 보았다. 또한 질투는 교육받지 못하고 점잖지 못한 사회적 정서이므로 감춰야 한다고 생각해 왔다.

그러나 여성의 사회적 진출이 늘어나고, 성의 혁명이 일어난 뒤로 이러한 생각들이 바뀌게 되었다. 남성이나 여성 모두 자신의 애정과 결혼생활을 지키기 위해 이를 파괴하려는 상대에게 질투를 느끼는 것이 당연시되었다. 이는 거의 모든 문화권에서 보편적인 현상임이 밝혀졌다. 그리고 질투는 아동기의 부적절한 사회화의 결과도, 열등의식의 표출도, 그리고 점잖지 못한 정서도 아니라고 깨닫게 되었다.

# 7. 무력감

무력감 또는 학습된 무력감은 통제하기 어려운 사태에 따른 인지적, 정서적, 동기적 장애를 말한다(Peterson, 1994). 이는 동물이나 사람 모두에게 나타나는데, 추후 여러 부적응 행동을 낳는다.

## 1) 무력감의 의미

무력감 또는 무기력은 1960년대 동물의 학습에 대한 실험에서 처음 나타났다. 실험실에서 개들을 묶어 놓고, 능동적 회피(avoid)나 수동적 도피(escape)가 불가능한 상황에서, 고통스럽지만 해는 안 되는 일련의 전기 쇼크를 주었다. 하루 뒤 다시 똑같은 실험 상황에 개를 두었는데, 이번에는 간단한 반응으로 이를 피할 수 있게 하였다. 보통의 개들은 곧장 적절한 반응을 학습했다. 그러나 실험 대상이 되었던 개들은 가만히 앉아 전기 쇼크를 감내하였다.

마이어(Maier)와 셀리그먼은 이를 보고, 개들은 전기 쇼크가 그들의 반응과는 무관하다는 것을 학습했다고 해석했다. 다시 말해서 개들은 자기들의 행동과 무관하게 어쩔 수 없이 무기력하다는 것을 학습한 것이다. 즉, 개들은 반응과 그 결과의 독립성을 속으로 학습한 셈이다. 이는 여러 가지 장애를 가져왔다.

첫째, 동기의 결핍이다. 즉, 도피 반응을 시도하지 않은 것이다. 둘째, 인지적 간섭이 있었다. 즉, 가끔 전기 쇼크를 피할 반응에 성공했어도, 이로부터 학습한 바가 없다. 셋째, 정서적 수동성이다. 이는 낑낑거리거나 다른 정서적 반응이 없음을 말한다. 이처럼 통제 불가능한 사태의 경험에 따른 장애를 학습된 무력감이라 한다.

학습된 무력감에는 중요한 3가지 특징이 있다. 첫째, 부적응적 수동성이다. 무기력한 동물이나 사람은 비활동성으로 인해 중요한 결과를 통제하는 데 실패한다. 둘째, 사전에 통제 불가능한 사태들이 있었다. 즉, 통제 불가능성이 중요한 요소다. 셋째, 인지적 매개가 있다. 즉, 반응과 결과의 무관함을 기대하기 때문이라는 것이다.

## 2) 동물의 무력감

동물의 학습된 무력감은 행동주의가 맹위를 떨치던 1960년대 처음으로 제안되었다. 그런데 이는 특정 상황에서 자극에 대한 반응의 연합으로 학습을 설명하는 행동주의와 달리, 무기력한 동물은 특정한 반응을 학습하는 것이 아니라, 반응에 영향을 주는 기대를 학습한다고 하여, 인지적 설명을 함으로써 행동주의와 불편한 관계에 있었다.

마이어와 셀리그먼은 동물을 3가지 집단으로 나누어 실험하였다. 첫째 집단의 동물은 어떤 반응을 함으로써 전기 쇼크를 끝낼 수 있다. 둘째 집단은 같

은 쇼크를 받으나 자신의 반응을 통제할 수 없다. 셋째 집단은 아무런 쇼크도
없는 비교 집단이다. 실험 결과, 자신의 행동을 통제할 수 있는 동물에게는 무
력감이 나타나지 않았으나, 자신의 행동을 통제할 수 없는 동물들이 무력해졌
다. 이는 동물들이 어떤 반응과 그 결과의 관계를 탐색하고, 내적으로 이를 표
상할 수 있다는 것을 증명한 셈이다. 그리고 통제 불가능성을 학습한 동물들
도 한 번만 통제 가능하다는 사태에 노출되면, 이런 기대가 유지되어, 더 이상
무력한 행동을 하지 않았다. 이는 동물들도 어떤 반응에 대한 결과를 기대한
다는 것을 말해 준다. 이로써 학습된 무력감 설명에는 인지적 설명이 더 적합
하게 되었다.

### 3) 무력감의 생물학

무력감에 대한 인지적 설명과 생물학적 설명 모형은 서로 대안적인 것이 아
니라 연관성이 깊다. 이를 서로 배타적인 것으로 보는 것은 데카르트(Descartes)
이후의 오래된 심신(mind-body) 이원론의 유물이다. 따라서 무력감의 인지적
과정에 생물학적 하위 과정이 작동한다고 보아야 할 것이다.

무력감을 유발하는 통제 불가능한 스트레스 요인은 뇌의 여러 가지 생화학
물질의 변화를 야기한다. 즉, 뇌의 생화학 물질의 양과 활동에 영향을 준다.
예를 들면, 통제 불가능한 쇼크를 받으면, 이는 신경전달물질인 노르에피네프
린(NE)의 양이 줄어든다. 그리고 NE의 감소는 운동 결핍뿐 아니라 주의집중
과 같은 심리적 과정의 결핍도 가져온다. 또한 NE가 결핍되면 우울증을 유발
하는데, 우울증은 무력감과도 관련이 깊다. 그러므로 무력감에 생화학적 과정
이 작용한다고 볼 수 있다.

또 다른 신경전달물질인 감마 아미노뷰티르산( r -aminobutyric acid: GABA)
도 무기력에 관여하는 것으로 보인다. 통제 불가능한 쇼크는 GABA의 감소를
가져오는데, 이는 불안 및 두려움을 유발한다. 그리고 불안 및 두려움은 무기
력과 관계가 깊다.

그리고 통제 불가능한 요인은 뇌 속의 물질인 엔도르핀(endorphin)에도 영향을 준다. 엔도르핀은 마약의 일종인 모르핀(morphine)처럼 뇌와 척수의 고통을 덜어 준다. 유기체는 통제 불가능한 사태에 직면하면, 그런 사태로부터 물러나 고통을 줄이려고 한다. 이는 무기력의 전형적인 현상이다. 이때 엔도르핀이 분비되어 이런 일을 한다는 것이다.

그 외에도 다른 신경전달물질인 아세틸콜린(acetylcholine), 세로토닌, 도파민(dopamine) 등이 무기력과 관련이 있는 것으로 알려져 있다. 그러나 이에 대해서는 더 심층적인 연구결과가 나와야 확실한 정보를 얻을 수 있다.

## 4) 인간의 무력감

연구자들은 동물에게서 학습된 무력감을 발견한 뒤로, 같은 현상이 사람에게도 있는지에 관심을 가졌다. 인간을 대상으로 하는 실험에도 동물의 경우와 비슷한 실험 전략이 채택되었다. 통제 불가능한 사태로는 갑작스러운 큰 소음이나 해결책이 없는 문제 등이 사용되었다. 그러고 나서 해결 가능한 과제가 피험자들에게 제시되었다. 연구 결과, 인간의 경우도 통제 불가능한 사태를 겪고 난 다음에는, 추후 해결 가능한 과제를 만나더라도 해결에 지장이 있음이 발견되었다.

그런데 인간의 경우 학습된 무력감에 독특한 점이 있다. 첫째, 간접적인 대리적 무력감(vicarious helplessness) 현상이 있다. 이는 관찰학습의 경우처럼, 자신이 직접 통제 불가능한 사태를 경험하지 않더라도, 남이 처한 상황을 보고 나면 무력감을 느끼게 된다는 것이다. 이는 뉴스에서 다른 사람들이 겪는 통제 불가능한 사태를 보고 자신도 그렇게 느끼는 경우에서 알 수 있다. 둘째, 학습된 무력감은 집단의 경우에서도 볼 수 있다. 어떤 집단이 통제 불가능한 사태를 겪고 나면, 나중에 해결하기 어려운 문제에 직면했을 때, 집단 무력감이 나타난다.

한편 통제 불가능성과 인간의 무력감 사이에 어떤 인지과정이 개입되어 있는지에 대해 몇 가지 대안들이 제시되었다. 첫째, 가설 검증(hypothesis testing)이다. 이는 사람들이 문제를 해결하려고 할 때, 문제가 어려워질수록 점진적으로 복잡한 가설을 제안하고 이를 검증해 나가는데, 통제 불가능한 사태를 만나면 나중에 유용한 가설도 필요 없다고 버려 버린다는 것이다. 따라서 이용할 가설이 없어 무력감에 빠진다는 것이다.

둘째, 자아보호주의(egotism)다. 이는 사람들이 자신의 체면을 유지하기 위해 통제 불가능한 문제를 단념한다는 것이다. 어떤 과제를 시도하지 않으면, 시도하여 실패하는 것보다는 자아를 보호할 수 있다는 설명이다.

셋째, 심리 상태(psychological state) 유지다. 통제 불가능한 문제들은 자신의 심리상태를 나타내는 자의식을 유발한다. 예를 들면, '내 기분이 지금 어떻지?' '내가 왜 어려움을 겪지?' 등이다. 그렇다고 문제가 해결되는 것은 아니다. 그러다가 문제가 어려워 해결책이 없는 경우 결국 무력감을 느끼게 된다.

넷째, 인지적 소진(cognitive exhaustion)이다. 이는 사람들이 문제에 직면하면 많은 인지활동을 동원하여 문제를 해결하려고 노력하나, 노력을 계속해도 해결책이 나오지 않으면, 지쳐서 그만둔다는 것이다.

다섯째, 제2의 통제(secondary control) 과정이다. 이는 실제로 사태를 통제할 수 있는 제1의 통제 과정과는 달리, 운이나 운명처럼 다른 방식으로 사람들의 행동을 통제하는 과정이다. 따라서 재수가 없어서 또는 어쩔 수 없어서 무력감에 빠진다는 설명이다.

## 5) 무력감과 귀인

학습된 무력감에 관심을 갖는 학자들은 그 후 사람들이 통제 불가능성의 원인을 어떻게 해석하는가에 관심을 갖게 되었다. 그래서 그들은 사회심리학 분야의 귀인 이론(attribution theory)에서 답을 찾고자 하였다. 그 결과 셀리그먼 등은 사람들이 자신들의 반응과 그에 따른 결과가 무관하다고 기대하기 때문에, 통제 불가능한 사태가 사람들을 수동적으로 만든다고 보았다.

행동의 원인을 설명하는 귀인 이론에서는 3가지 차원이 중요하다. 첫째, 안정적인가 비안정적인가 여부다. 안정적 원인은 지속적인 것을 말하고, 비안정적인 원인은 일시적인 것을 말한다. 둘째, 원인의 소재가 내적인가 외적인가 여부다. 내적 원인은 반응하는 사람에게 그 원인이 있지만, 외적 원인은 환경, 운, 다른 사람 등과 같이 행위자 외부에 그 원인이 있는 경우를 말한다. 셋째, 원인이 일반적인가 구체적인가 여부다. 일반적 원인은 여러 가지 행동에 영향을 주는 원인이고, 구체적 원인은 어떤 특정 행동에 대한 원인을 말한다.

이와 같이 자신의 행동의 원인을 설명하는 방식을 설명 양식(explanatory style)이라 한다. 이는 인지적 성격 변인으로서 개인차가 있다. 이를 측정하기 위해서는 질문지 형식으로 된 귀인양식 질문지(attributional style questionnaire: ASQ)를 이용하거나 편지, 일기, 면담, 연설, 노래, 시 등의 내용을 분석하는 축어적 설명의 내용분석(content analysis of verbatim explanations: CAVE)을 이용한다.

## 6) 학습된 무력감의 예

학습된 무력감에는 3가지 특징이 있다. 첫째, 행동이 수동적이라는 점이다. 둘째, 그전에 통제 불가능한 사태들을 경험한 역사가 있다. 셋째, 통제 불가능성을 기대한다는 점이다.

이러한 특징을 가진 학습된 무력감의 좋은 예는 학교에서 계속 실패하여 학업성취 정도가 낮은 학생들, 계속해서 차별을 받아 온 소수 민족이나 인종에 속한 사람들, 그리고 우울증에 걸린 사람들에게서 볼 수 있다. 이들의 행동은 수동적이고, 안 좋은 사태가 통제 불가능하여 어쩔 수 없다고 보며, 사태를 희망도 없고 비관적으로 본다.

## 8. 교육환경으로서의 부정적 정서

우리는 이 장에서 인간의 부정적 정서로서 화(분노), 공포, 비탄(슬픔), 우울, 미움(증오), 질투, 무력감에 대해 살펴보았다. 앞 장에서 살펴본 긍정적 정서와는 달리, 이러한 부정적 정서들은 인간의 활동을 촉진시키기보다는 방해하고 위축시키는 경향이 있었다.

따라서 이러한 부정적 정서들은 교육의 심리적 환경으로서 교육활동에 긍정적 · 적극적 · 촉진적이라기보다는 부정적 · 소극적 · 저해적 영향을 줄 것이라고 예견할 수 있다. 그러므로 인간의 부정적 정서들은 교육에 심리적 플러스(+) 환경이라기보다는 마이너스(-) 환경이라고 할 수 있다. 실제로 사람이 극도로 화가 나고, 공포에 떨며, 슬픔에 잠기고, 우울하며, 누군가를 증오하거나 질투하고, 무력감에 빠지면 그의 상구활동이나 하화활동이 적극적이기를 기대하기 어렵다는 사실은 손쉽게 짐작할 수 있다.

따라서 문제는 교육활동을 저해하는 이러한 부정적 정서들을 어떻게 하면 극복하고, 촉진적인 심리적 · 정서적 환경으로 바꿀 수 있는가다. 이를 정서적 순화라 할 수 있을 것이다. 일단 정서적 순화가 되면, 사람들은 부정적 정서 상태에 있을 때보다는 더욱 적극적으로 교육활동에 임하게 될 것이다. 그러므로 사람들이 화를 누그러뜨리고, 공포를 이겨 내며, 슬픔과 우울을 극복하고, 미움과 질투를 거두어들이며, 무력감에서 벗어나는 방법들을 강구해야 할 것이다.

그러나 부정적 정서를 순화한다고 해서 곧바로 긍정적 정서로 바뀌는 것은 아니다. 단지 그 정도를 줄이는 것인데, 그것만으로도 사람들에게 상당히 적극적 활동을 기대할 수 있다. 앞에서 언급한 부정적 정서들을 순화하는 방법들로는 상담, 심리치료, 각종 집단 프로그램 실시, 그리고 교육을 생각해 볼 수 있다.

# 제6장

## 사회적 특성

# 1. 도움 및 이타심

도움(help)이란 다른 사람이 고민이나 문제를 해결하는 데 조력을 제공하는 행동이나 활동을 말한다. 여기에서 자신의 이익을 위해 돕는 행위는 이기적 도움 또는 자기중심적 도움이라고 하고, 도움을 요하는 타인을 위해 돕는 행동을 비이기적 도움 또는 이타적 도움이라 한다. 다시 말해서 이타심(altruism)이란 이기심, 즉 사심 없이 남을 도우려는 마음을 말한다(Clary, 1994). 다음에서는 도움과 관련된 동기 및 개인 내 요인, 상황 변인 등에 대해서 알아본다.

## 1) 도움의 범위와 빈도

인간은 다른 사람들에 대해 극도로 잔인하거나 폭력적일 수도 있는 반면, 타인을 위해 극도로 친절, 관대, 희생적 행동을 하기도 한다. 유럽에서는 1930, 40년대 독일 나치(NAZI: 국가사회주의)의 유대인 인종청소 기간 동안 유대인들을 구하고 숨겨 준 이교도들이 상당수 있었다. 또 1950, 60년대 미국 남부의 인권운동 기간 동안에는 정치적 집회 결성에 흑인들과 함께 열성적으로 참여한 백인들을 볼 수 있었다.

이러한 극적인 예들은 흔하지 않지만, 일상생활에서도 도움 행동은 자주 일어난다. 예를 들면, 길 잃은 사람에게 길 안내하기, 가치 있는 일에 소액을 기부하기, 빈곤층 아동이나 노인들에게 친구 되어 주기, 심리적 고통을 겪는 사람들 상담하기, 문맹자에게 글 가르치기, 가난한 사람들에게 식사 제공하기 등 대단히 많다.

이처럼 친사회적(prosocial) 행동들의 범위는 매우 넓다. 그런데 도움의 상황은 대체로 3가지 차원으로 구분할 수 있는데, 이는 계획적 도움 대 비계획적 도움, 심각 상황 대 비심각 상황, 그리고 간접적 도움 대 직접적 도움 차원이다. 또 이에 따른 도움 행동들을 제시하면 〈표 6-1〉과 같다.

| 〈표 6-1〉 | 도움 행동과 대표적 행동의 차원 | | | |
|---|---|---|---|---|
| | 계획적 도움 | | 비계획적 도움 | |
| | 심각 상황 | 비심각 상황 | 심각 상황 | 비심각 상황 |
| 간접적 | 헌혈 | 재활용품 분류 | 응급실 전화 | 차비 대주기 |
| 직접적 | 위기 상담 | 피험자 자원 | 응급 처치 | 물건 찾아주기 |

출처: Clary(1994).

이렇게 보면, 도움 행동은 그것이 일어나는 맥락, 즉 도움에 대한 필요가 우연히 또는 계획적으로 일어나는지의 여부, 수혜자의 도움 필요의 성격, 즉 심각한지의 여부, 그리고 필요한 도움 행동의 유형, 즉 직접적인지 간접적인지의 여부에 따라 다르다. 따라서 이는 우리가 도움 행동을 이해하려고 할 때 많은 도움이 될 수 있다.

## 2) 도움에 영향을 주는 조건

### (1) 상황적 요인

도움에 영향을 주는 변인에는 상황적 변인과 도움을 주려는 잠재적 조력자의 개인적 특성이 있다. 그런데 도움 행동에 대한 연구를 촉발시킨 것은 뉴욕시에서 일어난 하나의 극적인 사건이다. 이 사건은 왜 사람들이 남의 위급 상황을 목격하고서도 도우려 하지 않는가의 문제를 야기하였다. 사건은 대략 다음과 같다.

때는 1964년 어느 날 새벽에, 키티 제노베스(Kitty Genovese)라는 한 여자가 뉴욕에 있는 자신의 아파트로 가는 도중, 칼을 휘두르는 괴한에 의해 처참하게 살해되었다. 괴한은 무려 45분 동안에 걸쳐 세 차례나 공격을 하였다. 그런데 놀랍게도 이 사건을 근처의 아파트에서 목격한 사람들이 적어도 무려 38명이나 되었다. 그런데 아무도 그녀를 도우려 나서지 않았다.

　　이로부터 위급 상황에 대한 방관자들의 개입 문제를 다루는 많은 실험 연구들이 이루어졌다. 그런데 하나의 일관성 있는 결론은 다른 사람들, 특히 낯선 이방인들이 있을 때가 사람들의 위급 상황에 대한 개입을 제지시킨다는 사실이었다. 위급 상황에 대한 개입과정에서 타인의 제지 효과(inhibiting effect)를 설명하기 위한 연구의 틀은 [그림 6-1]과 같다.

　　이 그림을 보면, 방관자의 개입은 몇 단계를 거쳐 일어난다. 첫째, 사건에 대한 목격 여부다. 앞의 사례와 같은 극적인 위급 상황은 일반적으로 목격하지 않을 수가 없지만, 대도시의 번잡함과 소음, 또는 다른 일로 바쁘거나 자신의 일에 몰두하다 보면 목격하지 못할 수도 있다.

　　둘째, 잠재적 조력자가 그 사건을 목격했다고 해도, 이를 도움이 필요한 상황으로 해석하느냐의 여부다. 예를 들면, 앞의 사건에서 괴한의 공격으로 보느냐 아니면 연인들 간의 사랑싸움으로 보느냐에 따라 개입 여부가 달라진다. 여기에서 타인의 제지 효과에 직접 관련된 사항이 평가의 우려(evaluation apprehension)라는 사회적 과정이다. 사람들은 보통 자신이 침착하고 냉정하

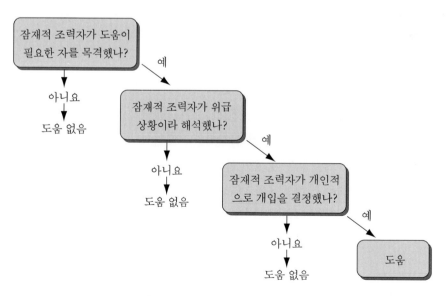

[그림 6-1] 방관자의 개입과정

출처: Clary(1994).

며 집중력 있는 것으로 보이기를 바란다. 그래서 과잉행동을 하는 것을 자제하려고 한다. 따라서 주위 사람들이 모두 그런 생각을 하는 경우, 위급한 사태에서도 그렇지 않다고 해석하여 아무도 개입하지 않는 경우가 있다.

셋째, 사태를 위급 상황이라고 해석해도, 자신이 도울 능력이 있다고 판단하느냐에 따라 개입 여부가 결정된다. 여기에 관련된 사항이 책임의 분산(diffusion of responsibility) 문제다. 혼자일 때는 희생자를 돕는 것을 결정하는 것이 온전히 자신에게 달려 있다. 그렇지만 주위에 다른 사람들이 있는 경우, 혼자만의 책임으로 생각하지 않아, 서로 개입을 안 하려고 하는 수도 있다.

한편 도움을 가로막는 다른 변인들도 있다. 첫째, 남의 일에 참견 말고 자신의 일에나 신경 쓰자는 생각이 강한 경우다. 둘째, 시간, 에너지, 금전 등의 손해가 발생하는 경우다. 셋째, 도움 행위에 위험이 수반되는 경우다. 예를 들면, 나치 치하에서 유대인들을 돕다가 잡히면 처형되는 경우가 그렇다. 넷째, 심한 심리적 불편함을 느끼는 경우다. 예를 들면, 교통사고로 심한 부상을 당해 유혈이 낭자하거나 고통 받는 사람을 보는 것 자체가 심한 스트레스를 주는 경우가 그렇다.

그런데 도움에 따른 보상도 있기 때문에, 도움 행동이 일어날 가능성이 증가한다. 다른 사람의 인정, 도움 받는 사람으로부터의 감사 표시, 그리고 자기 인정(self-approval)이 그 예다. 자기 인정의 경우 자신의 가치관, 자신감, 그리고 자아 존중감의 고양을 체험할 수 있다.

도움은 다른 사람의 도움 행동을 관찰하고 모방하는 모형화(modeling)에 의해서도 촉진된다. 어렸을 때 밖에서 부모의 자선행동을 관찰한 아동은 나중에 같은 상황을 만나면, 자신도 도움 행동을 할 가능성이 그만큼 커진다. 또한 모형을 통해 타인을 돕는 사회적 책임의 규범(norm of social responsibility)을 배운다. 즉, 아동, 병자, 노약자 등 우리의 도움을 필요로 하는 사람들을 도와야 한다는 사회적 규범을 획득한다.

그리고 도움 행동과 관련된 규범에는 호혜의 규범(norm of reciprocity)도 있다. 이는 우리를 돕는 사람을 도와야 한다는 규범이다. 그러나 도움의 정도가 사소한 것일 때, 우연히 일어났을 때, 그리고 저의가 있는 도움이었을 때 그 상호 호혜성은 감소된다.

### (2) 개인적 요인

도움 행동과 관련된 변인으로는 상황적 변인이 더 중요하게 작용하고, 개인적 변인은 덜 중요한 것 같다. 그러나 도움과 관련된 개인적 변인도 있다. 개인적 변인으로는 폭력, 강도, 성추행과 같은 범죄 상황에서 도움을 주려는 사람들을 연구한 결과 얻은 것들이다. 그들은 대체로 신체적으로 건강하고, 응급처치, 구명활동 또는 무술훈련을 받은 사람들이 많았다.

그리고 도움 행동에 영향을 주는 개인적 변인으로, 도움을 주는 사람의 기분 상태(mood state)가 있다. 사람이 어떤 일을 성취했을 때와 같은 긍정적 기분 상태에 있으면, 도움 행동이 증가한다. 그는 사태를 긍정적으로 보게 되고, 자신의 행운을 기대하여 그런 기분을 유지하려고 하며, 결국 긍정적 강화를 받으려 하기 때문에, 도움 행동이 증가한다는 것이다.

한편 부정적 기분 상태의 영향은 다소 미묘하다. 돕지 않으면 안 된다는 죄책감(guilt)과 같은 기분은 도움을 증가시키지만, 슬픔(sadness)의 경우는 누구의 슬픔이냐에 따라 달라진다. 사람들은 남의 슬픔을 보면 도우려 하지만, 자신이 슬픈 경우에는 도우려고 하지 않는다.

한편 도움 행동과 관련하여 도움이 받는 수혜자를 위한 것인가, 아니면 주는 조력자를 위한 것인가의 이타주의-이기주의(altruism-egoism) 논쟁이 있다. 전자는 남의 잘됨이 우선적 또는 유일한 궁극적 목적이라면, 후자는 자신의 손해를 최소화하고 이익을 극대화하려는 도구적 목적에서 도우려 한 것이다. 그런데 이는 타인의 곤경에 대한 2가지 정서적 반응과 관계가 있다. 첫째, 남의 곤경을 보고 자신이 개인적 고통(personal distress)을 받아, 곤란함, 놀람, 화남과 같은 감정을 느끼는 경우가 있다. 둘째, 남의 고통에 대해 동정적, 인간적, 공통적 감정을 느끼는 공감적 관심(empathic concern)의 경우가 있다.

여기에서 개인적 고통을 우선 느끼는 사람은 도움의 목적이 자신의 고통을 줄이는 것이기 때문에, 이기적 동기를 일으킨다. 그래서 문제 상황으로부터 도피하려고 하거나, 하는 수 없어 도와주려고 한다. 이에 반해 공감적 관심을 우선 느끼는 사람은 다른 사람의 고통을 줄이는 것이 목표이기 때문에, 이타적 동기를 일으킨다. 그래서 사심 없이 도움을 주려고 한다.

이러한 공감적 관심과 이타적 동기의 관계를 공감-이타심(empathy-altruism) 가설이라고 한다. 이타심은 특수한 가치들과 관련이 있는데, 인간주의적 관심, 공동체에 대한 헌신, 사회적 책임감 등이 그것이다. 더욱이 이런 가치들을 가진 사람은 이를 적극적 행위로 나타내려는 경향이 있다. 이는 헌혈이나 기타 자원봉사활동을 하는 사람들에게 흔히 볼 수 있다.

이타적 도움 또는 자원봉사자의 도움 행동과 관련된 성격 특성으로는 자아효능감, 정서적 안정, 공감, 내적 귀인, 내재적 종교심 등을 들 수 있다. 또 자아 존중감, 책임감, 공감적 관심, 높은 양육(nurturance) 욕구를 들기도 한다. 그런데 이런 특성들은 부모나 교사들의 사회화나 교육방식과 밀접한 관련이 있다. 부모나 교사가 도움 행동의 모형이 되어 모범을 보이고, 자녀나 제자들과 긍정적이고 온화한 인간관계를 유지하면, 아동들은 이를 잘 내면화한다. 그렇지만 말로만 설교하고 실천을 하지 않은 부모나 교사는 효과가 없다.

### 3) 도움의 방법

#### (1) 도움의 유형

도움의 유형에는 직접적 도움과 간접적 도움이 있다. 직접적 도움은 타인의 문제를 해결하기 위해 자신이 직접 어떤 행동을 하는 경우를 말하고, 간접적 도움은 문제해결에 쓰도록 무언가를 주는 것을 말한다. 예를 들면, 전자는 심장발작을 일으킨 사람을 보고 자신이 직접 심폐소생술을 실시하는 경우를 들 수 있고, 후자는 시민운동에 재정적 지원을 하는 것을 들 수 있다.

그런데 적십자나 유엔(UN)과 같은 큰 조직은 직접적 도움과 간접적 도움 활동을 모두 할 수 있다. 재난을 당한 국가에 직접적으로 구조 활동을 하거나, 헌혈이나 재정적 지원을 통해 간접적 도움을 줄 수도 있다. 어떤 사람이 남을 직접적으로 돕느냐 또는 간접적으로 돕느냐는 그 사람의 시간, 에너지, 재원, 기술, 재능, 심리적 성향 등 많은 변수에 달려 있다.

### (2) 도움의 모형

도움에 대한 모형은 문제를 가진 사람이 문제의 원인과 그 해결책에 대해 갖는 책임의 높고 낮음에 따라 4가지 모형이 만들어진다. 첫째, 도덕적(moral) 모형은 문제를 가진 사람이 문제의 원인과 해결책에 대해 높은 책임감을 갖는 경우다. 둘째, 의학적(medical) 모형은 당사자가 문제의 원인과 해결책에 대해 거의 책임이 없는 경우다. 셋째, 계몽적(enlightenment) 모형은 당사자가 문제의 원인에 대한 책임은 높지만, 해결책에 대한 책임은 낮은 경우다. 넷째, 보상적(compensatory) 모형은 당사자가 문제의 원인에 대한 책임은 없고, 해결책에 대한 책임만 있는 경우다. 이들의 관계를 표로 제시하면, 〈표 6-2〉와 같다.

**〈표 6-2〉 도움 모형과 책임의 소재**

| 문제에 대한 수혜자의 책임 | 해결책에 대한 수혜자의 책임 | |
|---|---|---|
| | 고 | 저 |
| 고 | 〈도덕적 모형〉 | 〈계몽적 모형〉 |
| 수혜자에 대한 지각 | 게으름 | 죄책감 |
| 수혜자에게 기대하는 행위 | 고군분투 | 복종 |
| 조력자 | 동료 | 권위자 |
| 조력자에게 기대하는 행위 | 훈계 | 훈육 |
| 인간성에 대한 견해 | 강함 | 나쁨 |
| 저 | 〈보상적 모형〉 | 〈의학적 모형〉 |
| 수혜자에 대한 지각 | 박탈 | 병 |
| 수혜자에게 기대하는 행위 | 주장 | 수용 |
| 조력자 | 부하 | 전문가 |
| 조력자에게 기대하는 행위 | 동원 | 처치 |
| 인간성에 대한 견해 | 선함 | 약함 |

출처: Clary(1994).

## 4) 효과적 도움

도움 행동이 반드시 성공적인 것은 아니다. 도움이 효과가 있으려면, 몇 가지 요건에 맞아야 한다. 우선 상황에 맞는 기본 기술이 있어야 한다. 예를 들면, 범죄 현장에서 남을 돕기 위해서는 무술을 갖추고 있는 것이 유리하고, 전기 쇼크를 당한 사람을 돕기 위해서는 전기기구를 다룰 줄 알아야 한다.

또한 관련 기술에 대한 훈련도 필요하다. 훈련을 받아 기술을 갖추고 있으면, 직접적 도움을 줄 수 있지만, 그렇지 않다면 간접적 도움을 줄 수밖에 없다. 예를 들면, 응급처치 훈련을 받은 사람은 상처를 입은 사람을 보면 직접 도움을 줄 수 있지만, 그렇지 않은 사람은 환자를 병원에 나르는 등 간접적 도움을 주기가 쉽다.

그리고 도움이 효과적이기 위해서는 도움을 받는 수혜자의 반응도 고려해야 한다. 도움에는 받는 사람의 자아 존중감에 대한 위협이 뒤따르기 쉽다. 수혜자들은 무능감, 당황스러움, 수치심을 느끼기 쉽다. 그러므로 수혜자들이 이러한 느낌을 갖지 않도록 하는 것도 중요하다.

또 도움을 주는 조력자에 따라 배려하고 지원적인 사람이 있는 반면, 부정적이고 위협적인 사람도 있다. 후자는 대체로 기분을 나쁘게 하므로, 전자의 태도가 더 낫다고 할 수 있다. 결국 효과적 도움이란 도움을 받는 사람들이 자아 존중감에 손상을 입지 않고 자조(self-help)하도록 하는 것이다.

## 5) 결론

도움이라는 친사회적 행동에는 많은 변인이 관여한다. 상황적 변인과 조력자의 개인적 변인 등 많은 변인이 상호작용한다. 조력자가 도움을 주려고 결정을 해도, 어떻게, 어떤 특수한 기술과 방법으로 도울 것인가도 문제가 된다. 그리고 도움이 반드시 성공적이라는 보장은 없으므로 유의해야 한다.

사람들 중에는 계속해서 남을 도우려는 이타적 동기를 가진 사람들이 있다.

그들은 도움을 가치 있게 여기고, 다른 사람에 대한 사회적 책임감을 느끼며, 높은 도덕적 수준을 유지하고, 정규적으로 자원봉사를 하려고 한다. 그러나 좋은 의도를 가지고 있어도, 구체적으로 도울 능력이나 기술이 없으면, 효과가 줄어든다. 효과적 도움은 타인에 의존하지 않고 홀로 서서 자조하고, 더 나아가 그 자신이 스스로 다른 사람을 돕는 조력자가 되도록 하는 것이다.

# 2. 협력

협력(cooperation)이란 집단 내 한 구성원의 성공이 다른 구성원들의 성공 가능성을 증가시키는 사람들 사이의 관계를 말한다(Paulus, 1994). 다시 말해서 개인들에 대한 보상이 개인들 간의 상호작용 행동에 달려 있는 사태다(Vealey, 1994). 그런데 협력은 보상의 분배와 관련하여 경쟁(competition)과 밀접한 관련이 있다. 경쟁은 수행결과에 따라 보상이 균등하지 않게 분배되는데 반해, 협력은 개인들 간의 상호작용에 따라 균등하게 배분되는 경우를 말한다.

보통 경쟁은 도박의 경우처럼 한 사람의 승 또는 성공이 다른 사람의 패 또는 실패를 가져오는 제로섬(zero-sum) 게임에서 볼 수 있다. 즉, 성공과 실패의 총화가 영(0)인 경우가 그렇다. 그러나 현실적으로 이 사회에는 총화가 영이 아닌 비 제로섬(non-zero-sum) 게임이 훨씬 더 많다. 이런 문제를 수학적으로 다루는 분야를 게임이론이라 하는데, 다음에서는 이 분야의 대가인 액셀로드(Axelrod)의 연구결과를 중심으로 이 문제를 다루고자 한다(이경식 역, 2009).

## 1) 협력의 출현

인간은 천사가 아니며, 가능한 한 자기의 이익부터 챙기는데도 인류사회에 협력이라는 행위가 나타났으며, 이 협력을 바탕으로 문명이 만들어졌다. 액셀로드(2006)에 의하면, 협력은 사회 구성원들에게 협력을 강요하는 국가나 정부와 같은 중앙 권위체가 없는 상태에서 자신의 이익을 추구하는 이기주의자들로 가득 찬 세상에서도 나타나고, 조건만 맞으면 국가 간, 그리고 우정이 없는 적군 사이나 심지어 지능이 없는 박테리아 간에도 일어날 수 있다.

구체적인 예를 하나 들면, 제1차 세계대전 당시 서부전선에서는 치열한 전투가 벌어졌다. 그러나 여러 전선에서 적군끼리 상당히 자제하는 일이 허다했다. 이를 본 한 영국군 장교는 다음과 같이 기록했다.

나는 독일군 병사들이 그들 방어선 안의 아군 소총 사정거리 내에서 태연히 걸어 다니는 모습을 보고 깜짝 놀랐다. 아군 병사들은 그것을 보고도 신경을 쓰지 않은 것 같았다……. 그것은 있을 수 없는 일이었다. 병사들은 현재 전쟁을 하고 있다는 사실을 까맣게 잊은 듯했다. 양측 모두 공존공영(live-and-let-live) 정책을 철석같이 믿고 있는 게 분명했다(이경식 역, 2009).

이 사례에서 알 수 있듯이, 전쟁 중에 병사들이 서로 사격을 자제한 이유는 그렇게 하면서 적군 역시 호의를 갚기 바랐기 때문이다. 이를 보면, 협력이 출현할 조건만 존재하면 협력은 싹트고, 전혀 가능할 것 같지 않은 상황에서도 유지됨을 알 수 있다.

실제로 협력은 무조건적으로 배신만 하는 세계에서도 싹틀 수 있다. 아주 적게나마 대가성 협력을 바탕으로 서로 상호작용하는 사람들이 있다면, 이들로부터 협력은 진화할 수 있다. 그리고 협력에서는 호혜주의(reciprocity)를 기초로 한 전략이 수많은 전략이 난무하는 세상에서도 살아남을 수 있다. 즉, 상대방이 호의를 베풀면, 이쪽도 호의를 베푼다는 기대가 있기 때문에, 협력이 유지된다는 것이다. 또한 일단 협력이 호혜주의를 원칙으로 안착되면, 덜 협력적인 전략들에 맞서 스스로를 지켜낼 수 있다. 다시 말해서 이것이 최종적으로는 가장 강력한 전략이라는 것이다.

## 2) 죄수의 딜레마 게임

혼히 협력을 연구하는 게임이론에서 가장 널리 쓰이는 것은 바로 1950년대 플러드(Flood)와 드레서(Dresher)가 창안하고 후에 터커(Tucker)가 보완한 '죄수의 딜레마 게임'이다. 원래 죄수의 딜레마 이야기는 다음과 같다.

공범 관계의 두 용의자가 체포되어 각각 따로 심문을 받는다. 각 용의자는 죄를 자백하면, 가벼운 처벌을 받을 것이라는 기대로 상대를 배반할 수 있다. 그렇지만 두 사람 모두 자백을 하면, 자백의 가치가 떨어진다. 한편 두 사람이 자백을 거부하면서 서로 협력하면, 검사는 경범죄로 처벌할 수밖에 없다. 그런데 이 두 사람 모두 상대를 배반하고 밀고하는 데 대한 양심의 가책이나 두려움을 가지고 있지 않다면, 죄수의 딜레마를 형성하는 보수가 성립된다.

액셀로드도 이러한 상황과 유사한 게임을 이용하여 협력 현상을 연구하였다. 이 게임의 참가자는 두 사람이다. 두 사람은 소위 협력(cooperate)과 배반(defect)이라는 2가지 행동을 선택할 수 있다. 그러나 서로 상대방이 어떤 선택을 할지 모르는 상태에서 선택을 해야 한다. 그리고 상대방이 어떤 선택을 하든 상관없이, 배반이 협력보다 더 많은 보수를 받는다. 그런데 딜레마는 두 사람 모두 배반을 하면, 모두 협력할 때보다 더 적은 보수를 받는다는 데 있다. 이를 간단히 그림으로 나타내면 [그림 6-2]와 같다.

여기에서 두 사람 A와 B의 선택에 따라서 나타날 수 있는 경우의 수는 4가지다. 먼저 두 사람 모두 협력을 선택하면, 두 사람 모두 상호 협력에 대한 보상 R을 받는다. 이 그림에서 보상은 3점이다. 그리고 한 경기자는 협력을 하고 다른 경기자는 배반을 하면, 배반을 한 경기자는 배반의 유혹(T)으로 5점을 받고, 협력을 한 경기자는 바보의 빈손(S)으로 0점을 받는다. 마지막으로, 두 사람 모두 배반을 하면, 상호 배반에 대한 처벌(P)로 둘 다 1점을 받는다.

이 게임에서 승리하는 최상의 전략은 어떤 것인가? 결론적으로 말하면, 최

| | | A 경기자 | |
|---|---|---|---|
| | | 협력 | 배반 |
| B 경기자 | 협력 | R=3, R=3<br>상호 협력에 대한 보상 | S=0, T=5<br>바보의 빈손, 배반의 유혹 |
| | 배반 | T=5, S=0<br>배반의 유혹, 바보의 빈손 | P=1, P=1<br>상호 배반에 대한 처벌 |

[그림 6-2] 죄수의 딜레마 게임

출처: Axelrod(2006).

상의 전략은 가장 단순하다 할 수 있는 팃포탯(Tit for Tat) 전략이다. 이는 '눈에는 눈, 이에는 이'라는 뜻으로, 맞대응 전략이라고 할 수 있다. 다시 말해서 처음에는 협력하고, 그다음부터는 항상 상대가 바로 전에 한 대로 하는 전략이다.

결과적으로 게임을 성공으로 이끄는 전략을 구체적으로 이야기하면, 먼저 상대가 협력하는 한 거기에 맞춰 협력하고, 불필요한 갈등을 일으키지 말라는 것이다. 둘째, 상대의 예상치 않은 배반에 응징할 수 있어야 한다는 것이다. 셋째, 상대의 도발을 응징한 후에는 용서할 수 있어야 한다. 마지막으로, 상대가 나의 행동 패턴에 적응할 수 있도록 행동을 명확히 하라는 것이다.

## 3) 협력의 선택

그렇다면 효과적 협력을 하는 전략은 무엇인가? 이에 대해 액셀로드는 다음 몇 가지 사항을 추천한다. 먼저 질투하지 말라는 것이다. 제로섬 방식에서는 누군가 이기면, 다른 누군가는 반드시 지게 되어 있다. 그러나 우리의 삶은 대개 제로섬 방식이 아니다. 일반적으로 양쪽 모두 잘할 수도 있고, 또 모두 다 못할 수도 있다. 이때 사람들은 당장 눈에 보이는 비교 기준에 의존하는 경향이 있다. 이 기준은 보통 상대방이 거둔 성공인데, 이는 질투로 이어지게 마련이다. 질투는 상대방이 거둔 성과를 어떻게든 깎아내리려는 시도로 이어진다. 그래서 결국 배반을 하는 수밖에 없다. 그렇지만 배반은 더 많은 배반을 부르고, 서로 처벌을 받는 결과를 낳아, 스스로를 파괴할 뿐이다. 그러므로 인간관계에서는 먼저 질투를 하지 말라는 것이다.

둘째, 배반을 하지 말라는 것이다. 이를 신사적 전략이라고도 한다. 이는 상대방이 협력적인 한, 협력을 선택하는 것이 유리하다는 것이다. 내가 협력을 선택할 때, 협력으로 보답하는 상대가 반드시 있게 마련이다. 서로 알아보고 자기들끼리 상호작용하는 신사적 전략을 쓰는 사람들의 무리가 아주 작더라도 언제나 배반하는 비열한들의 집단들을 이겨 낼 수 있다. 먼저 배반하는 것이 유리한 경우는 관계가 짧을 때뿐이다. 즉, 나중에 다시 상대를 만날 것 같지 않을 때다. 그런데 신사적이지 않은 전략은 처음에는 전도유망해 보이지만, 장기적으로는 자기 성공에 필요한 환경을 스스로 파괴하여 결국 몰락하고 만다.

셋째, 협력이든 배반이든 그대로 되갚으라는 것이다. 이는 맨 처음에는 협력을 하고, 그다음부터는 상대방과 똑같이 선택하여, 받은 대로 되갚아 주라는 것이다. 상대방이 협력을 하면 협력을 하고, 배반을 하면 똑같이 배반을 하라는 것이다. 그러나 한 번만 배반에 대해 배반으로 응징을 하고, 그다음부터는 다시 협력을 하는 용서가 최선의 전략이다. 상대방의 계속된 배반에 계속 협력하는 지나친 관용도 손해이고, 배반에 배반으로 계속 답하는 것도 배반의 악순환을 불러 둘 다 손해다. 그러므로 처벌과 용서의 균형이 필요하다.

넷째, 너무 영악하게 굴지 말라는 것이다. 이는 인간관계에서 너무 자기의 이익을 위해 머리를 쓰면, 결국은 손해라는 것이다. 상대방은 우리가 협력을 협력으로 갚는지 주의 깊게 우리의 행동을 보고 있다. 그러므로 우리의 행동은 메아리가 되어 되돌아온다. 그래서 우리의 지나치게 영악한 전략은 상호 배반의 고리에 갇혀 마지막에는 영원한 복수를 불러 손해를 낳는다.

## 4) 협력의 증진

이상에서 보았듯이, 인간관계에서는 협력이 배반보다는 결과적으로 서로에게 이득이라는 사실을 알게 되었다. 어떻게 하면 협력을 증진시킬 수 있는가? 그런데 상호작용이 반복되지 않는다면, 협력은 일어나기 힘들다. 그렇기 때문에 협력을 증진시키기 전에 두 사람이 나중에 다시 만날 수 있고, 다시 만났을 때 서로 알아볼 수 있으며, 또 과거에 서로에게 어떤 행동을 했는지 기억할 수 있어야 한다는 전제가 성립되어야 한다. 이처럼 계속적으로 이어지는 상호작용은 호혜주의에 입각한 협력이 안정적으로 자리 잡게 해 준다. 협력을 증진시키는 방안으로 액셀로드(2006)는 다음과 같은 사항을 추천한 바 있다.

첫째, 현재와 비교해 미래를 더 중요하게 만들라는 것이다. 현재와 비교해 미래가 충분히 중요하다면, 상호 협력은 안정적이다. 보복의 효과가 나타날 만큼 상호작용하는 기간이 충분히 길다면, 보복이 상당한 효과를 발휘할 수 있다. 그러므로 현재에 드리우는 미래의 그림자를 확대하는 것은 협력 증진을 위한 좋은 방안이다.

둘째, 보상체계 자체를 바꾸라는 것이다. 즉, 협력을 하면 결국 이득이 크다는 상호작용의 장기적인 동기를 배반에 따른 순간의 이익, 즉 배반의 단기적인 동기보다 높게 하라는 것이다. 죄수의 딜레마 상황에 빠진 사람들은 이러한 상황을 억제하는 법률이 있어야 한다. 사실 죄수의 딜레마 상황이 나타나지 않도록 하는 것이 정부의 기본 기능의 하나다. 다시 말해서 사람들은 개인의 이득을 따져 봐서는 협력할 이유가 없더라도, 사회를 위해서 요구되는 선택을 하도록 해야 한다. 그래서 사람들로 하여금 탈세를 하지 않고 세금을 내고, 낯선 사람과 맺은 계약도 존중하도록 법이 제정되었다.

셋째, 서로에 대한 배려를 가르치라는 것이다. 한 사회에서 협력을 장려하기 위한 최고의 방법은 다른 사람의 입장을 배려하라고 교육하는 것이다. 남을 배려하는 사람들로 구성된 사회는 혹시 죄수의 딜레마 상황에 빠지더라도, 구성원들 사이에서 협력을 훨씬 쉽게 이끌어 낼 수 있다.

넷째, 호혜주의를 가르쳐라. 흔히 사회에서 도덕의 황금률은 무조건 협력하라는 것이다. 즉, 남에게 대접 받고자 하는 대로 남을 대접하라는 것이다. 그런데 무조건 협력이 안고 있는 문제는 상대가 나를 이용할 동기를 제공한다는 데 있다. 무조건 협력은 더 나아가 무고한 타인들에게도 피해를 준다. 그들도 그 사람과 상호작용하게 될 것이기 때문이다. 그래서 결국 무조건 협력은 그 사람까지도 망치게 하는 경향이 있다. 따라서 무조건 협력보다는 호혜주의가 더 든든한 도덕적 토대가 됨을 알 수 있다. 호혜주의를 바탕으로 한 신사적 전략이 당사자들뿐 아니라 사회에도 도움이 됨을 알 수 있다.

다섯째, 인식능력을 높이라는 것이다. 과거에 상호작용했던 상대를 알아보고, 그 상호작용이 어떠했는지 관련된 특징을 기억하는 인식능력은 협력을 유지하는 데 반드시 필요하다. 이런 능력이 없다면, 사람은 어떤 호혜주의도 실천할 수 없고, 나아가 상대방에게 협력을 이끌어 낼 수도 없다. 사실 협력의 지속 가능성 여부는 바로 이런 능력에 달려 있다. 사람은 뇌의 한 부분을 얼굴 인식에 전담시킬 정도로 고도의 인식능력을 발달시켰다. 이미 상호작용했던 개인들을 구별할 수 있을 정도로 확장된 능력을 가졌기 때문에, 사람은 협력관계를 훨씬 더 풍부하게 개발하고 증진시키며 유지할 수 있다.

## 5) 협력학습

협력의 중요성을 활용하는 예가 학교에서는 일찍부터 도입되었다(변영계, 김광휘, 1999). 이를 협력학습 또는 협동학습(cooperative learning)이라 한다. 이는 소집단을 구성하는 구성원들이 공동으로 노력하여 학습과제의 목표에 도달하게 하는 방법이다. 여기에서는 학습자들이 학습활동에 보다 능동적 적극적으로 참여하도록 개인과 집단별 보상체계를 이용한다. 따라서 소집단 구성원들이 공간적으로 근접하게 모여 학습할 내용을 서로 토의하여 계획하고, 분담하여 구성원 각자에게 부여된 몫을 다함으로써 학습자 개개인뿐 아니라 집단 구성원 모두가 주어진 목표를 성취하도록 하는 교육방법이다.

협력학습을 활용하는 방법에도 여러 가지가 있다(변영계, 2004). 먼저 애런 슨(Aronson)이 개발한 직소(Jigsaw) 학습모형이 있다. 이는 학생들을 5~6개의 소집단으로 나누고, 또 각각의 학습할 단원을 집단 구성원의 수에 맞게 나누 어, 각 구성원에게 한 부분씩 배당한다. 각 집단에서 같은 부분을 담당한 학생 들이 따로 모여 전문가 집단을 형성하고, 분담된 내용을 토의하고 학습한다. 그런 다음 각자 원래 소속 집단으로 되돌아가, 학습한 내용을 집단 구성원들에 게 가르치는 방법이다. 이는 동료로부터 배우고 또 동료를 가르치는 방식이다.

다음으로 슬래빈(Slavin)에 의해 개발된 학생 팀 성취과제 분담 학습(Student Teams Achievement Division: STAD)도 일종의 협력학습 방법이라 할 수 있다. 이는 학급의 학생들을 나누어 4~5명으로 구성된 학습 팀을 조직하는데, 각 팀은 전체 학급의 축소판처럼 학습능력이 높은 자, 중간인 자, 낮은 자로 구성 된다. 매주 교사는 강의나 토의를 통해 새 단원을 소개한다. 그리고 연습문제 지를 각 팀에게 나누어 준다. 각 팀은 서로 질문하고 토의하면서 문제도 풀고, 그 단원을 학습한다. 구성원 모두가 학습내용을 완전히 이해할 때까지 팀 학 습이 계속되고, 팀 학습이 끝나면 개별적으로 시험을 본다. 개인은 각자 자신 의 시험점수를 받지만, 이전 시험까지의 평균 점수 이상은 팀 점수에 기여한 셈이다. 이는 개인의 성취에 대해 팀 점수가 가산되고, 그에 따라 집단 보상이 추가된 구조다.

존슨(Johnson)의 함께 학습하기(Learning Together: LT)도 협력학습 형태의 하나다. 이 또한 5~6명의 학생들로 구성된 집단이 주어진 과제를 협력적으로 수행한다. 과제도 집단별로 부여되고, 평가도 집단별로 받으며, 보상 또한 집 단별로 받는다. 시험은 개별적으로 보나, 성적은 집단의 평균 점수를 받으므 로, 서로가 서로에게 영향을 준다. 집단 내 구성원 모두가 정해진 수준 이상에 도달했을 때, 구성원들에게 보상을 주기도 한다. 이는 또 상호 정보교환, 질의 응답, 격려와 같은 협력적 행위에 대해 보상을 줌으로써 협력을 격려하고 조 장한다.

# 3. 배려

## 1) 배려의 의미

최근에 우리나라에서 대체로 배려라고 번역이 통일되어 사용되는 영어 단어 care 또는 caring은 다른 말로 하면 돌봄 또는 보호라고 할 수 있다. 그런데 배려나 돌봄 또는 보호라 하면, 우선 여성적인 뉘앙스를 가진 단어라는 생각이 든다. 그래서 그전에는 서양에서도 이와 같은 주제들을 학문적으로 잘 다루지 않았다. 그러다가 1960년대 후반부터 여권주의(feminism)가 등장한 뒤로, 배려나 돌봄 또는 보호와 같은 주제들도 중요한 학문적 주제가 되었다.

그런데 배려에 관해 세계적 권위자인 미국의 노딩스(Noddings, 2006)에 의하면, 배려를 논할 때는 몇 가지 고려해 보아야 할 사항이 있다. 첫째, 배려가 다양한 방식으로 사용된다는 것이다. 배려는 문화와 직업에 따라 다르게 사용될 뿐 아니라, 같은 사람이라도 어떤 상황에서 누구를 만나느냐에 따라 달라진다. 그러므로 배려라는 개념은 이를 다 포괄할 수 있어야 한다. 둘째, 배려는 우리의 일상생활과 직장에서 유용한 실용적 개념이 되어야 한다. 셋째, 배려를 감정이나 태도로 간주하는 것은 배려의 중요성을 간과하고 사소한 것으로 치부할 가능성이 크다. 넷째, 배려가 적용되는 특별한 상황을 잘 고려해야 한다는 것이다.

노딩스(1998)는 독일의 현상학, 실존철학 및 해석학자 하이데거(Heidegger)의 인간 존재의 상호 공존성에 기초하여, 배려를 인간적 실존의 본질적 요소로 보았다. 그리고 노딩스에 의하면, 우선 배려는 관계적 개념이다. 배려에는 두 사람 사이의 만남이 있는데, 한 사람은 배려자 또는 배려하는 자(carer)이고, 다른 사람은 배려 받는 자(cared-for)다. 그리고 배려에서는 이 양자 사이의 관계가 중요하다.

노딩스(1992)의 배려 개념에서는 우선 배려자의 수용적 주의(receptive

attention)와 동기의 전위 또는 치환(motivational displacement)이 중요하다. 우리가 배려를 하려고 할 때는 먼저 상대방, 즉 배려 받는 자에게 주의를 기울이고, 그가 말하는 것이나 우리에게 보여 주는 것을 수용하려고 한다. 이것이 바로 수용적 주의다. 그리고 나면 우리는 그의 요구나 감정에 의해 움직이게 되는데, 이것이 바로 동기의 전위 또는 치환이다. 그다음 우리는 상대방의 관심사에 대해 운동 에너지(motive energy)를 쏟아 붓는다. 예를 들면, 상대방의 고통을 덜어 준다거나, 즐거움을 함께 나누거나, 문제를 풀어 주는 것 등이다. 그런 후 상대방, 즉 배려 받는 자가 우리의 배려를 직접 인정하거나 자연스럽게 성장했다는 증거를 보이면, 배려는 끝나게 된다.

## 2) 배려의 대상

우리는 배려라 하면, 우선 사람들 사이의 관계를 생각한다. 그리고 앞에서도 이를 예로 들었다. 그런데 노딩스에 의하면, 배려의 대상은 이보다 훨씬 더 다양하다. 이를 그림으로 나타내면 [그림 6-3]과 같다.

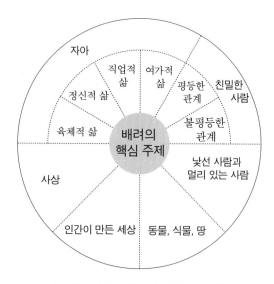

**[그림 6-3] 노딩스의 배려의 주제들**
출처: 강선보, 신창호(2009).

그림에서 보듯이, 배려의 대상은 자아에 대한 배려, 친밀한 사람에 대한 배려, 낯선 사람과 멀리 있는 사람들에 대한 배려, 동식물과 땅에 대한 배려, 인간이 만든 세상에 대한 배려, 그리고 사상 또는 생각(idea)에 대한 배려 등 6가지로 나누어 볼 수 있다. 이 중에서 자아에 대한 배려는 다시 신체적 삶을 통한 배려, 정신적 삶을 통한 배려, 직업적 삶을 통한 배려, 그리고 여가적 삶을 통한 배려로 나뉜다. 또 친밀한 사람들에 대한 배려의 경우, 평등한 관계에 있는 사람에 대한 배려와 불평등한 관계에 있는 사람들에 대한 배려로 나뉜다.

## 3) 배려와 직업

진정한 배려는 그 자체를 가치 있게 여기는 배려자가 배려 받는 자를 장기간 보호하여, 그의 요구를 수용하고, 최선의 성장과 자아실현을 하도록 하는 것이다. 그런데 배려가 요구되는 전문직(profession) 세계에서는 이러한 의미의 배려와 전문화(professionalization) 사이에 약간의 갈등이 생길 소지가 있다. 그러할 소지가 있는 대표적인 전문직으로는 교직(teaching), 간호, 의료 및 법률관계 직업을 생각해 볼 수 있다.

우리가 잘 알듯이, 배려는 개인적으로 이해를 잘할 정도로 충분히 친밀한 관계가 요청된다. 그에 반해 전문화는 일정한 거리와 초연함을 필요로 한다. 그리고 배려는 어떤 언어를 쓰든지 양 당사자들이 효과적으로 의사소통할 수 있기를 바란다. 이에 비해 전문화는 전문가들만이 사용할 수 있는 전문용어의 증대를 권장한다. 또한 배려는 유능한 배려자에게 배려 받는 자의 근처에 머무를 것을 요구한다. 그런데 전문화에서는 전문가로 하여금 직접적 보호를 넘어 어떤 형태의 감독(supervision)을 하도록 한다. 이처럼 배려와 전문화 사이에는 차이가 있기 때문에, 전문직에 종사하는 사람들의 경우 딜레마에 빠진 경우가 많기 마련이다.

그런데 노딩스(Noddings, 2006)에 의하면, 우리가 전문직을 이야기할 때는 전문성(professionalism)과 전문화를 구별할 필요가 있다. 전문성이란 어떤 전문직 내부의 일을 말하는데, 이는 그 전문직 종사자들이 자신들의 의뢰인 또는 내담자들에게 최선의 봉사를 하도록 하는 데 그 초점이 있다. 이에 비해 전문화는 지위, 봉급, 특수화, 그리고 통제력과 같은 외적 준거를 말한다. 물론 전문직에는 이 양자가 모두 관련이 있다.

따라서 배려와 전문직의 관련성을 이야기할 때는 전문화와 전문성을 구별하여 고려할 필요가 있다. 전문화와는 달리 전문성이 배려와 반드시 갈등 상태에 있는 것은 아니다. 이러한 예를 다음에서 교직의 경우를 예로 들어 살펴보기로 한다.

## 4) 배려와 교사

교직은 대표적으로 배려와 관계가 깊은 전문직이라 할 수 있다. 따라서 교직에서는 배려와 동시에 전문성이 고려되어야 한다. 그런데 문제는 배려가 우선이냐, 전문성이 우선이냐의 갈등 상태가 적지 않다는 데 있다.

먼저 모든 학생들에게 동일한 학습 자료를 가르쳐야 하는 교사의 경우를 예로 들어 볼 수 있다. 이는 커다란 갈등 사태를 야기한다. 교사라면 당연히 모든 학생들이 어떤 기능들은 반드시 획득해야 한다고 생각한다. 그런데 그와 동시에 교사들은 학생들이 서로 다른 속도로 그러한 기능들을 습득할 뿐 아니라 이를 넘어 서로 다른 관심사를 추구하도록 허용되어야 한다고 믿는다. 이러한 후자의 경우는 학생의 개인차를 존중하고 배려하는 것이다. 따라서 교직에서 학급의 학생 전원이 최소 필수 사항을 학습하는 것 대 학습의 개별화 문제는 정답이 있기 어려운 딜레마다.

교사는 전문가로서 '교육을 받았다'는 것이 무슨 의미인지 알고, 학생들이 교사 자신의 전문분야에서 어느 정도까지 배워야 한다는 것을 알고 있다. 그와 동시에 교사는 배려자로서 학생들을 강제로 어떤 기준에 이르도록 할 수는 없다. 이 후자의 경우 학생들은 충분한 정보를 가지고 의사결정을 하고, 또 특정의 교육기회를 수용하거나 거부했을 때 어떤 위험이 따르는지 아는 것이 중요하다. 따라서 배려적 교사(caring teacher)라면, 학생들의 말에 주의를 기울이고, 그들의 합당한 관심사와 흥미를 존중할 뿐 아니라, 자신의 지혜를 학생들과 공유할 수 있어야 한다.

그런데 갈등은 전문성과 배려 간에서뿐 아니라 배려 간에도 일어날 수 있다. 어떤 경우는 강요도 배려로 간주되는 경우가 있다. 어떤 교사는 학생의 이익을 위해 배려 차원에서 그렇게 시켰다고 하는 경우가 있다. 그러나 학생의 경우 원하지 않았다면, 이는 진정한 배려라 하기 어려울 것이다. 따라서 배려의 경우에는 배려 받는 자의 반응이 중요하다 할 수 있다.

## 5) 배려의 장려

배려가 인간관계나 직장에서 중요한 것이라면, 이를 적극적으로 장려할 필요가 있다. 교직의 경우를 예로 들면, 배려는 관계적 개념으로서 일차적으로 교사와 학생의 인간관계가 원만해야 한다. 그런데 배려는 또한 그것이 일어나는 상황, 맥락 또는 풍토도 중요하다. 그러므로 학교에서는 우선 학교행정가들이 교사들과 원만한 인간관계를 맺고, 그러한 배려적 풍토 조성을 위해 노력해야 할 것이다.

그렇게 하려면, 학교행정가들이 먼저 배려의 모범을 보이고, 배려하려는 교사의 노력을 장려해야 할 것이다. 또한 학교행정가들, 교사들, 학부모들, 학생들이 상대방들의 발언 및 주장에 대해 서로 주의를 기울이고, 공개적으로 진솔한 대화를 하는 것도 배려적 풍토의 조성에 큰 도움이 된다. 또 학교행정가들은 교사들이 배려를 실천할 다양한 기회를 제공하고 인정해 줘야 한다.

그리고 학교와 지역사회 또는 공동체의 관점에서 보았을 때는 대규모보다는 소규모 학교나 지역사회가 배려의 장려에 더 유리하다고 할 수 있다. 왜냐하면 소규모 학교나 지역사회에서는 서로 잘 알 수 있고, 또 인간관계가 더욱 친밀해질 가능성이 그만큼 크기 때문이다. 또한 여기에는 기간의 문제도 있다. 단기간보다는 충분한 시간을 가지고 인간관계를 맺을 때, 서로 더 잘 배려를 할 수 있다.

마지막으로 배려에는 장소의 문제도 있다. 장소는 미학적으로 자아의 연장이다. 장소에 따라 의사소통, 상호 인식, 더 나아가 학습 정도가 달라질 수 있다. 이런 관점에서 보면, 학교는 교사, 학생, 행정가들에게 중요한 생활공간이다. 생활공간으로서 학교가 안전하고, 안정적이며, 배려적일 때 배려는 더욱 장려될 것이다.

# 4. 경쟁

경쟁(competition)이란 사회적 비교 과정인데, 그 비교 과정을 평가할 수 있는 다른 사람들이 있는 가운데, 사람들이 자신의 수행결과를 어떤 기준과 비교하는 것이다. 사람들은 원래 미분화된 전반적인 능력을 갖고자 하는 욕구를 가지고 있으나, 사회화 과정을 통해 특수 성취 상황에서는 경쟁 행동을 하도록 분화된다. 사회심리학적 관점에서 보면, 경쟁은 반드시 좋거나 나쁜 것이 아니다. 그보다는 경쟁이란 그것이 일어나는 사회적 맥락의 성격에 따라 긍정적 또는 부정적 결과가 결정되는 사회적 비교 과정이다(Vealey, 1994).

## 1) 경쟁의 과정

### (1) 경쟁의 정의

경쟁이란 특히 서양 문화의 특징인데, 현재는 그 영향을 받은 모든 국가나 사회의 특징이기도 하다. 가끔 경쟁이 사회에 도움이 되느냐의 여부를 놓고 찬반 토론이 벌어지기도 한다. 이는 경쟁을 어떻게 정의하느냐에 따라, 그리고 경쟁이 일어나는 사회적 상황에 따라 다른데, 경쟁을 제대로 이해하기 위해서는 사회심리학적 관점에서 접근할 필요가 있다.

경쟁과 비경쟁 활동을 비교하기 위해 경쟁을 맨 처음 정의한 학자는 마르텐스(Martens)다(Martens, Vealey, & Burton, 1990). 그는 우선 경쟁을 사회적 비교 과정이라고 정의했다. 그리고 나서 그는 경쟁은 사람들이 어떤 기준과 자신의 수행결과를 비교하는 것이라고 했다. 또한 경쟁에는 다른 사람들이 그 비교 과정을 평가할 수 있어야 한다고 했다. 이렇게 보면, 경쟁은 사회적 평가의 성취과정(social evaluation achievement process)이다. 왜냐하면 성취에는 어떤 기준과 비교하여 수행결과를 평가하는 것이 포함되기 때문이다. 그리고 그 기준은 다른 사람의 수행결과, 자신의 과거 수행결과, 또는 어떤 이상적인 수행 수준이 될 수도 있다.

그러나 타인의 평가가 없는 상황에서 하는 자기 비교나 비사회적 비교는 경쟁에 포함되지 않는다. 예를 들면, 어떤 사람이 자신의 운동 실력을 높이기 위해 혼자 열심히 운동했다면, 이는 자기 평가적 성취 상황이지 경쟁은 아니다. 또한 모든 성취 상황이 경쟁은 아니다. 경쟁이란 사회적 성취 상황에서 일어나므로, 적어도 다른 한 사람이라도 존재해야 한다.

### (2) 사회적 평가의 성취과정으로서의 경쟁

경쟁이란 하나의 사건이 아니라 과정이다. 여기에는 개인적 특성과 외부 환경 요인이 상호작용하여 4단계를 거치게 된다. 이를 그림으로 나타내면, [그림 6-4]와 같다. 그리고 각 단계에 대한 설명이 이에 뒤따른다.

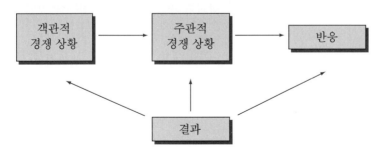

[그림 6-4] 경쟁 과정에 대한 마르텐스 모형

출처: Martens, Vealey, & Burton(1990).

### ① 객관적 경쟁 상황

경쟁 과정의 첫째 단계는 객관적 경쟁 상황(objective competitive situation: OCS)이다. 이는 경쟁 상황의 준거에 맞는 물리적 환경 및 사회적 환경 요인을 말한다. 전술한 바와 같이, 객관적 경쟁 상황이란 수행결과를 기준과 비교해야 하고, 또 적어도 한 명의 타인이 그러한 비교를 평가할 수 있어야 한다. 따라서 이러한 객관적 경쟁 상황에 의해 업무의 유형, 적대자의 어려운 정도, 경쟁의 조건, 경쟁의 규칙, 참관자의 수, 이용 가능한 외적 보상이 정해진다. 이에 따라 개인은 경쟁 과정에 참여할 것인가의 여부를 결정한다.

### ② 주관적 경쟁 상황

둘째 단계는 개인이 어떻게 객관적 경쟁 상황을 지각, 해석, 평가하는가의 주관적 경쟁 상황(subjective competitive situation: SCS)이다. 주관적 경쟁 상황은 성격적 성향, 태도, 경쟁 과정에 대한 참여와 같은 요인에 의해 중재된다. 따라서 똑같은 상황을 어떻게 지각하는가의 개인차를 이해해야 한다. 그런데 이는 개인 내부에서 일어난 과정이기 때문에, 직접 측정하기 어려워, 다른 행동 지표로부터 추론할 수밖에 없다.

### ③ 반응

주관적 평가를 하는 동안 사람들은 경쟁 과정을 계속할 것인가를 결정한다. 다시 말해서 객관적 경쟁 상황을 회피할 것인가, 아니면 접근할 것인가를 결정한다. 만일 사람들이 접근하기로 결정한다면, 세 번째 반응 단계가 발생한다. 반응 단계란 심장 박동 수의 증가 또는 땀 흘림과 같은 생리적 반응, 불안 또는 자신감과 같은 심리적 과정, 그리고 과제수행 또는 공격성과 같은 행동적 반응을 말한다. 이러한 반응은 주관적 경쟁 상황에 의해 주로 결정된다. 그리고 반응과 관련된 또 다른 요인은 과제와 관련된 개인의 능력 수준이다.

④ 결과

경쟁 과정의 마지막 단계는 기준과 개인 반응의 비교 결과(consequences)
다. 결과는 긍정적, 중립적, 부정적일 수 있다. 여기에서 중요한 것은 개인이
그러한 비교 결과를 어떻게 지각하느냐다. 경쟁 상황에서는 종종 긍정적 결과
는 성공으로, 그리고 부정적 결과는 실패로 지각된다. 그런데 [그림 6-4]에서
보듯이, 마지막 결과 단계는 객관적 및 주관적 경쟁 상황과 연결되어 있다. 이
는 결과에 의해 경쟁에 대한 태도 및 경쟁에 계속 접근할 것인가, 아니면 회피
할 것인가가 결정된다는 것을 말해 준다.

### (3) 경쟁 관련 용어
① 협력

예전에는 경쟁과 협력을 보상의 배분과 관련해서 정의하였다. 그래서 경쟁
은 보상이 수행결과에 따라 균등하지 않게 배분되는 상황이었다. 종종 경쟁에
서는 적어도 한 사람의 승자와 한 사람의 패자가 있어, 승자와 패자의 합이 영
(0)이라는 제로섬 게임 용어가 사용되었다. 이에 비해 협력은 보상이 사람들
간의 상호작용에 기초하여 균등하게 배분되는 상황이라고 정의되었다. 협력
상황에서는 모든 사람이 다 같은 보상을 받는 반면, 경쟁 상황에서는 제한된
사람이 보상을 받으면 다른 사람들은 못 받게 되어 있었다.

경쟁에 대한 이러한 보상적 정의의 단점 하나는 이로써 경쟁과 보상이 극과
극의 대치점이 된다는 것이다. 그런데 경쟁이 곧 협력의 반대는 아니다. 거의
모든 경쟁에는 일종의 협력이 포함되어 있다. 함께 일하는 팀 내에서는 협력
이 필요할 뿐 아니라, 공통의 규칙과 태도를 준수해야 하는 적대자 간에도 협
력은 필요하다. 경쟁자들이 서로 간에 도전하여 최대의 수행결과를 낳게 협력
하도록 하는 것이 경쟁의 진수다. 흥미롭게도 경쟁(competition)이라는 용어의
어원은 '함께 구하다'라는 뜻의 라틴어 동사 콤페테레(competere)인데, 이는
협력이 경쟁의 중요한 부분임을 시사하고 있다고 할 수 있다.

### ② 적대성

경쟁이 협력의 반대가 아니듯이, 경쟁과 적대성(rivalry)도 구별되어야 한다. 적대성이란 많은 정서를 유발하는 경쟁을 기술할 때 쓰는 인기 있는 용어다. 그 이유는 적대성이란 그 초점이 특정의 적대자에 있는데, 자신의 성취에 의해 그 특정의 적대자를 이기려 하기 때문이다. 그러나 경쟁은 초점이 어떤 목표의 달성이나 특정 수행 수준의 성취에 있기 때문에 적대성과는 다르다. 이렇게 보면, 경쟁이 수행결과 중심의 목표를 강조한다면, 적대성은 적대자 중심의 목표를 강조한다고 할 수 있다.

### ③ 경쟁 행동

경쟁 행동(competitive behavior)이란 객관적 경쟁 상황(OCS)에서 어떤 사람이 보이는 관찰 가능한 외재적 반응을 말한다. 따라서 경쟁 행동이란 경쟁 과정의 반응 단계에서 일어난다.

### ④ 경쟁성

경쟁성(competitiveness)이란 성격적 성향을 나타내는 용어로서, 경쟁할 때 어떤 사람이 보이는 에너지의 강도를 말한다. 다시 말해서 경쟁성은 경쟁에서 성공을 얻으려는 열정이라 할 수 있다. 따라서 경쟁성은 경쟁 과정에서 주관적 경쟁 상황(SCS)에 해당되고, 실제적 경쟁 행동 전에 일어난다고 할 수 있다.

## 2) 경쟁 행동의 선행조건

### (1) 능력 동기

경쟁이란 일종의 성취이기 때문에, 성취동기(achievement motive)가 경쟁성과 경쟁 행동의 선행조건으로서 이와 관계가 있다고 할 수 있다. 그런데 성취동기도 넓은 의미로 볼 때 능력 동기(competence motive)에서 발달된 것이다. 여기에서 능력(competence)이란 자기의 성장과 발달을 이루기 위해 환경과 성공적으로 상호작용할 수 있는 힘을 말한다.

인간은 원래 자신의 환경을 효과적으로 다루려는 능력에 대한 내재적 욕구가 있고, 또 이를 이루기 위해 부단히 노력한다. 만일 이러한 노력이 성공하여 수행결과가 좋다면, 자아 효능감과 내재적 즐거움을 맛보게 되고, 그 결과 내재적 동기 또는 능력 동기도 증가한다. 이런 능력 동기의 최종 목표는 자율성(autonomy) 또는 자기 자신에 대한 통제력이다.

전에는 이러한 능력 동기가 폭넓고 미분화된 동기라고 생각했었다. 그러나 최근에는 능력 동기가 인지적, 사회적, 물리적 또는 신체적 맥락에서 특수화되었다는 것이 밝혀졌다. 이는 아동이 자라면서 사회화를 통해 학습되기 때문이다. 따라서 경쟁을 통해 성공을 성취하려는 동기인 경쟁성은, 흔히 운동 경기에서 볼 수 있듯이, 능력 동기가 경쟁 활동을 통해 통로화(channelling)됨으로써 발달된다.

## (2) 경쟁성의 발달

경쟁성은 능력 동기가 경쟁으로 통로화되는 분화과정을 통해 학습된다(Veroff, 1969). 그에 의하면, 성취동기에는 2가지가 있다. 한 가지는 자율적 성취동기로서, 내재적 기반을 가진 동기이며 내면화된 개인적 평가기준을 가지고 있다. 다른 한 가지는 사회적 성취동기인데, 이는 경쟁성 개념과 똑같은 것이다. 사회적 성취동기가 높은 사람들은 사회적 비교를 통하여 자신들에 대한 정보를 얻고, 자신들의 능력을 평가하여, 자신들의 능력(내재적 동기)을 개선하거나 사회적 인정(외재적 동기)을 얻으려 한다.

사회적 성취동기의 이러한 2가지 기능을 정보적 기능과 규범적 기능이라 한다. 정보적 기능은 자신의 실패를 조절하고, 자신의 포부가 타인들과 비교하여 현실적인지 아닌지를 평가하는 데 필요한 정보를 제공해 주는 기능이다. 이 기능은 내재적 성격을 띠므로, 능력감의 발달에 아주 중요하다. 이에 비해 규범적 기능은 부모, 교사, 친구와 같은 유의미한 타자(significant others)뿐만 아니라, 사회 일반으로부터 사회적 인정을 받는지 못 받는지와 관계가 있다.

이 기능은 정확한 자기 평가보다는 자존심의 고양을 추구한다는 점에서 외재적이다.

베어로프(Veroff)에 의하면, 성취동기는 3단계에 걸쳐 발달한다. 첫째, 아동은 자율적 성취동기 단계이다. 둘째, 사회적 비교에서 성공해야 한다. 셋째, 통합된 성취동기 단계다. 셋째 단계는 앞의 두 단계가 통합된 단계인데, 이 단계가 되면 언제 사회적 비교를 하고, 또 언제 평가를 위해 자신의 개인적 기준을 이용할지를 알게 된다.

첫째 단계인 자율적 성취동기는 언어 사용 전인 영아기에 어린아이가 자신의 능력을 키우고자 행동을 주도하기 시작할 때부터 나타난다. 둘째 단계인 사회적 성취동기는 초등학교 저학년 때인 아동기 초기에 자율적 성취동기가 충분히 성공한 뒤에 나타난다. 이때 아동은 자신의 유의미한 타자들과 사회적 비교를 하기 시작한다. 셋째 단계는 자율적 성취동기와 사회적 성취동기가 적절히 통합되는 단계인데, 누구나 다 이 단계에 도달하는 것은 아니다. 첫째 단계는 잘 통과했으나 둘째 단계는 잘 통과하지 못한 사람들은 경쟁을 피하고, 그 대신 자신의 개인적 목표달성을 위해 더욱 노력한다.

### (3) 경쟁 행동의 사회화

능력 동기, 자율성, 성공적인 사회적 비교의 발달은 경쟁성 및 경쟁 행동의 선행 요소들이다. 그러나 어린 영아들은 경쟁을 하기보다는 자율성을 추구하고, 경쟁은 특정의 사회적 맥락에서 사회화를 통해 발달한다. 경쟁성은 아동들이 자신의 수행결과를 비교할 기준 및 목표를 구성하는 데 중요한 역할을 하는 부모, 형제, 친구들의 사회적 맥락 안에서 발달한다.

사회화란 사람들이 사회적으로 정의된 역할의 수행에 수반되는 기능, 가치, 태도 및 규범을 학습하는 과정이다. 여기에서 가족은 아동의 경쟁 행동에 가장 영향력이 크다. 가족은 아이가 아주 어렸을 때부터 경쟁적인 놀이를 하도록 고무시킨다. 특히 남아들에게는 경쟁 행동에 대해 사회적 지원을 더욱 고취시킨다. 그러나 청년기가 되면, 가족의 영향력은 점점 줄어들고, 학교나 지역사회의 친구들과 유의미한 타자들의 영향력이 더 커진다. 그러나 여전히 경쟁은 사회적으로 남자들에게 더욱 강조된다.

환경적 요인 또한 기회라는 측면에서 경쟁 행동의 사회화에 영향을 준다. 생활지역이나 사회계층을 반영하는 이웃은 경쟁 기회에 영향을 준다. 농촌 지역보다는 도시가 경쟁의 참여 기회가 더 많다. 그리고 경쟁적 역할 모형의 가시성 및 접근 가능성도 경쟁의 사회화에 영향을 준다. 특히 남자들은 대중매체를 통해 경쟁 행동 및 태도를 배운다.

또한 성취동기와 경쟁 행동의 사회화에는 문화적 차이가 있다. 도시 아이들이 농촌 아이들보다, 그리고 서구 아동들이 비서구 아동들보다 더 성취적, 경쟁적이라는 연구는 아주 많이 있다. 이렇게 본다면, 경쟁성과 경쟁 행동이 발달하는 데는 사회적 환경 요인의 영향이 상당히 큼을 알 수 있다.

## 3) 경쟁 과정의 결과

앞에서 보았듯이, 경쟁은 사회적 평가의 성취과정이다. 그런데 경쟁의 결과 나타나는 생리적, 심리적, 행동적 반응과 그 성과를 알아보는 것도 중요하다. 여기에서는 다음과 같은 항목에 대해 알아보고자 한다.

### (1) 불안

불안은 경쟁 상황에 대한 대표적 반응인데, 그 이유는 자칫 잘못하면, 자존심에 상처가 되기 때문이다. 사람들은 자신에게 중요한 경쟁 상황에서 실패할까 두려워 경쟁 불안(competitive anxiety)을 나타내는데, 이는 신경과민, 부정적 생각, 걱정 등으로 나타난다. 그런데 불안은 경쟁 과정에서 일어나므로, 이 관계를 그림으로 나타내면 [그림 6-5]와 같다.

그림에서 나타나듯이, 객관적 경쟁 상황은 경쟁 불안을 일으키는 환경 요인을 말한다. 경쟁 특질 불안(competitive trait anxiety)이란 경쟁을 위협으로 지각하고, 걱정 및 긴장을 가지고 반응하는 경향을 나타내는 지속적인 성격적

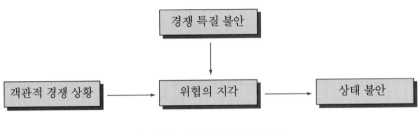

[그림 6-5] 경쟁 불안의 과정

출처: Vealey(1994).

성향이다. 객관적 경쟁 상황과 경쟁 특질 불안이 상호 결합하여 위협에 대한 지각을 야기하는데, 이는 경쟁 과정 모형의 주관적 경쟁 상황에서 일어나는 것으로 생각된다. 위협에 대한 지각을 나타내는 경쟁의 특징에는 실패 및 평가에 대한 두려움, 자아에 대한 위협, 부정적 결과의 확실성, 외적 통제감, 경쟁의 중요성에 대한 지각 등이 있다.

그리고 이러한 위협에 대한 지각이 상태 불안(state anxiety)을 일으키는데, 이는 긴장과 걱정과 같은 일시적인 현재의 정서 상태를 말한다. 따라서 특질 불안이 불안을 느끼는 성향 또는 경향성이라면, 상태 불안은 구체적 상황에서 느끼는 실제적 감정을 말한다.

한편 불안 수준에 영향을 주는 것으로 활동의 유형이 있다. 집단이나 팀별 활동보다는 개인별 활동의 불안 수준이 더 높다. 그 이유는 집단이나 팀별 활동은 책임이 분산되는 반면, 개인별 활동은 평가의 책임이 개인에게 있기 때문이다. 또한 경쟁의 중요성도 불안 수준에 영향을 준다. 경쟁 결과의 중요성이 높아질수록 그에 따른 불안 수준도 높아진다. 그리고 경쟁에서의 성공 가능성도 불안 수준에 영향을 준다. 경쟁에서 성공할 가능성이 낮다고 지각하는 사람들의 불안 수준이 더 높다.

### (2) 공격성

경쟁의 또 다른 결과는 흔히 경쟁 상황에서 자주 보이는 공격성(aggression)이다. 공격성이란 다른 사람에게 상처나 해를 주려는 행동 형태를 말한다. 경쟁 상황에서 일어나는 공격성의 주요 원천은 어쩔 수 없이 나타나는 좌절(frustration) 때문이다. 좌절은 종종 경쟁에서 상대방의 목표달성을 막으려는 데 실패할 때 나타난다.

인간은 원래 좌절에 대해 공격성을 나타내려는 성향이 있다. 그러나 학습에 의해 이를 수정할 수 있다. 대부분의 사회학습 이론가들은 공격성이 모형화와 강화를 통해 학습된 행동이라고 주장한다. 어린 아동들도 일찍이 경쟁 속에서 공격행동을 사회적으로 학습한다.

경쟁의 상황적 요인들도 공격성과 관계가 있다. 경기에서 이긴 팀보다는 진 팀에서 공격성이 더 잘 나타난다. 또한 공격성은 경쟁 시간이 길어지고 수행결과의 차이가 커질수록 더 잘 나타난다. 그리고 경쟁의 중요성과 그에 따른 보상이 분명해질수록 공격성은 증가한다.

### (3) 품성

경쟁이 사회적으로 가치 있다고 간주되는 성격 특성, 즉 품성(character) 형성에 도움이 된다는 속설이 있다. 그런데 연구에 의하면, 경쟁은 도움이나 나누기(sharing)와 같은 친사회적 행동을 감소시키고, 오히려 반사회적 경향성을 증가시키는 것으로 알려졌다. 특히 이러한 경향은 경쟁에서 실패했을 경우 더욱 두드러진다. 그리고 연령과 경험이 늘어갈수록 경쟁의 가치인 공정성(fairness)이 능력 및 승리에 종속되는 경향이 있다.

대부분의 연구들은 품성과 관련된 성격 특성들이 경쟁에 참여하기 전에 이미 형성된 것으로 보고한다. 다시 말해서 품성은 경쟁에 대한 참여 이전에, 아동의 양육 및 조기 사회화에 의해 더 큰 영향을 받는다는 것이다. 이는 곧 경쟁이 품성 형성과는 관계가 없다는 것이다.

### (4) 동기

그러면 경쟁은 동기의 증진과 관련이 있는가? 경쟁에서 동기의 한 측면은 계속 동기, 즉 지속력(persistence)이라 할 수 있다. 사람들이 계속 경쟁에 참여하는 이유는 그러한 경쟁이 즐겁고 재미있으며, 기술을 배우고 익히며, 신나고 도전감 있으며, 동료들과 유대감을 형성할 수 있기 때문이다. 이에 비해 경쟁을 그만두는 이유는 재미가 없고, 실패에 대한 두려움이 크며, 심리적 스트레스가 크고, 유의미한 타자들로부터 인정을 받지 못하기 때문이다.

경쟁과 관련된 동기의 다른 측면은 내재적, 외재적 동기의 문제다. 경쟁에서 내재적 동기란 능력감을 느끼는 것과 같은 내적 보상을 말하고, 외재적 동기란 사회적 인정이나 금전적 보상과 같은 외적 보상을 말한다. 그런데 종종 경쟁에서는 외재적 동기가 내재적 동기를 약화시키기도 한다.

동기 이론가 드사이와 라이언(Deci & Ryan, 1985)의 인지적 평가 이론에 의하면, 외재적 보상은 2가지 방식으로 내재적 동기에 영향을 준다. 하나는 통제적 방식이고, 다른 하나는 정보적 방식이다. 사람들이 그러한 외적 보상이 통제적이어서 자기 결정권이 없다고 생각하면, 내재적 동기는 감소한다. 반면에 그러한 외적 보상이 정보를 준다고 생각하면, 사람들은 능력감과 자기 결정권을 느껴 내재적 동기가 증가한다. 따라서 경쟁은 보상의 통제적 측면을 줄이고, 능력과 개선에 대한 정보를 강조하도록 조직되어야 한다.

### (5) 수행결과

대체로 혼자 일을 하는 것보다 경쟁이 수행결과에 더 큰 영향을 미친다는 연구는 많이 있다. 이는 다른 사람의 존재 자체가 경쟁 동기를 일으키고, 더 많은 에너지를 방출하여, 수행결과에 영향을 주기 때문이다. 그런데 이는 대체로 속도, 힘, 인내심을 요구하는 단순하거나 잘 학습된 기능을 수행할 때 그렇다. 그러나 정확성을 요하는 작업에서는, 경쟁은 오히려 수행결과에 지장을 초래한다. 또한 능력이 높은 사람들은 경쟁 상황에서 복잡한 과제를 더 잘 수행한다. 이에 비해 능력이 낮은 사람들은 비경쟁 상황에서 더 잘 수행한다.

한편 집단 내 경쟁의 경우, 대체로 사람들은 집단 내 자신의 입지를 위해 경쟁에 참여한다. 그런데 그 수행결과는 과제의 성격에 따라 약간 다르게 나타난다. 과제가 집단 구성원 개인별로 수행될 때는 집단 내 경쟁은 수행결과에 긍정적 영향을 준다. 반면에 고도의 상호의존적, 상호작용적 과제의 경우는 집단 내 경쟁이 오히려 수행결과에 악영향을 준다.

## 4) 결론

경쟁은 복잡한 사회적 평가의 과정으로서, 그것이 일어나는 사회적 맥락의 성격에 따라 긍정적 또는 부정적 결과가 나타난다. 경쟁 그 자체는 좋거나 나쁜 것이 아니고, 사람들이 남들과 관련하여 자신들의 능력을 평가하는 하나의 과정에 지나지 않는다. 경쟁의 결과 불안 및 공격성과 같은 부정적 결과도 있지만, 내재적 동기 및 성과의 증가와 같은 긍정적 결과도 있다.

사회화를 통해 아동은 자율성을 발달시키고, 또 그를 통해 성공적인 사회적 비교에 참여하게 된다. 이때 경쟁에서는 아동이 자신의 기능을 발달시키도록 사회적 비교의 정보적 성질을 강조하는 것이 중요하다. 그러므로 상대방을 이김으로써 자신의 자존심을 고양시키는 적대적 경쟁은 덜 강조되어야 한다. 또한 경쟁은 아동 각자의 구체적이고 특수한 욕구에 부응하도록 해야 한다. 동시에 아동에게 경쟁은 이기는 것과 전문성을 위한 것보다는 즐거움을 주고, 기능을 개발하며, 사회적 애착심을 기르는 것이어야 한다. 결국 경쟁은 자신의 능력을 평가하는 도전의 장이 되어야 한다.

# 5. 공격성

## 1) 공격성의 의미

공격성이란 자세히 정의하기는 어렵지만, 대체로 상처를 주거나 파괴하려는 의도를 가진 신체적, 언어적 행동을 말한다(Baenninger, 1994). 오랫동안 공격성을 연구한 버스(Buss, 1961)는 공격성을 '다른 유기체에 불쾌한 자극을 전달하는 반응(행동)'이라고 정의한 바 있다. 그런데 이러한 정의가 직설적이고 객관적, 과학적이기는 하지만, 몇 가지 문제가 있다.

첫째, 버스의 정의는 행동만을 언급하고 있다. 대부분 사람들이 공격성의 일부로 생각하는 적대감, 화, 분노와 같은 감정들이 이 정의에서는 생략되어 있다. 그의 정의에 따르면, 누가 줄 서기에서 당신의 앞에 새치기를 해서, 화가 나고 적개심이 일어나도, 밀어내거나 때리는 등 불쾌한 자극을 전달하는 외현적 자극을 가하지 않는 한, 당신이 공격적인 것은 아니다.

둘째, 버스의 정의는 불쾌한 자극 뒤에 놓여 있는 의도는 포함하고 있지 않다. 우리는 종종 의도하지 않고 우연히 남에게 해를 가하기도 하는데, 그의 정의에 따르면 이러한 행동도 공격성이다. 그러나 공격성 연구자들 대부분은 의도하지 않은 불쾌한 자극 전달은 공격성이 아니라고 본다. 우리는 또한 상처나 해를 주려고 의도했으나, 실제로 그러한 행동이 일어나지 않을 수도 있다. 그러나 우리는 이때를 공격성이라 한다. 따라서 공격성에는 의도가 아주 중요하다.

셋째, 버스의 정의에 의하면, 정신의학에서 이야기하는 '수동적 공격성(passive aggression)', 즉 공격자는 아무 일도 하지 않지만 결과는 피해자에게 해가 가는 것과 같은 현상은 공격성이 아니다. 예를 들면, 당신이 도움을 요청하는 계속되는 소리를 누군가 듣고도 계속 못 들은 척하는 것은 굉장히 불쾌하다. 이러한 것을 수동적 공격성이라 하는데, 이것도 분명히 공격성의 일종이긴 하지만, 버스의 정의에 의하면 이는 공격성이라 하기 어렵다. 따라서 이러한 점들을 종합적으로 검토해 보면, 공격성이란 상처를 주거나 파괴하려는 의도를 가진 신체적, 언어적 행동을 말한다.

## 2) 공격성의 정당화

종종 폭력이나 공격성이 자기방어를 위한 것이라면, 묵과되거나 처벌을 받지 않는 수가 있다. 그래서 집안의 무단침입자를 집주인이 자기방어를 위해 살해했다 해도, 이는 대체로 살인죄가 적용되지 않는다. 만일 상대방의 분명한 도발이나 위해 행위가 있었다면, 나의 공격성은 종종 변명이 된다. 즉, 공격성이 외부의 도발적인 여건이나 사태에 대한 반응이라면, 나의 공격적 반응은 정당화되는 경우가 많다.

## 3) 공격성의 이론

일찍이 프로이트는 인간에게 생물학적 유전에 의해 성과 공격 본능이 있다고 했다. 그렇다면 인간은 외적 여건이 조성되지 않더라도, 원래부터 공격적 동기가 있다는 것이다.

그런데 많은 사회심리학자들은 공격성이 환경 내의 불쾌한 여건들, 즉 고통, 위협, 도발, 위해에 대한 반응 방식이라고 본다. 이것의 대표적인 예의 하나가 좌절-공격성(frustration-aggression) 가설이다. 이는 모든 공격성이 좌절에 대한 반응이라는 것이다. 그런데 어떤 사람들은 공격의 방향을 내적으로 자신에게 향하게 해서 내적 처벌을 하여, 우울, 위축 또는 죄책감에 빠진다.

공격성에 대한 또 다른 설명은 고통스런 자극만으로도 공격성을 유발하기에 충분하다는 것이다. 이는 사람이나 동물 모두에게서 나타나는 현상이다. 사람이나 동물 모두 고통스런 자극을 받으면, 즉각적으로 심한 공격 행동을 나타낸다.

어떤 이론가들은 공격성이 두려움 또는 전율(terror) 때문이라고 본다. 쥐도 궁지에 몰리면 고양이에게 달려든다는 속담과 마찬가지로, 두려움이 공격성의 주요 원인이라는 것이다. 또한 국제관계에서도 적대 국가의 무장은 침략의 두려움을 야기하기 때문에, 선제공격을 하여 전쟁이 일어나는 원인이 된다고 본다.

또 어떤 이론은 환경 조건과 공격성이 관계가 있다고 보기도 한다. 기온이 높아지면, 불쾌지수가 올라가 짜증이 나고, 이로 인해 공격성이 증가한다는 것이다. 그 예로, 미국에서 기온이 높은 남부지방의 살인 비율이 다른 지방보다 높다는 것과 성 범죄 및 다른 강력 사건들이 여름철에 더 많이 일어난다는 사실을 들고 있다.

또한 공격성은 종종 고단한 삶에 대한 학습된 반응, 즉 고통, 두려움, 좌절과 같은 것에 대한 대응방식이라고 보는 이론도 있다. 조작적 조건화 또는 작동적 조건화(operant conditioning) 이론에 의하면, 공격성이 강화되기 때문에 어떤 사람의 특성이 된다는 것이다.

## 4) 학습과 공격성

어릴 때 다른 아이를 때리거나 귀찮게 하여 자신의 목적을 달성해 온 아동은 공격성을 학습하여, 나중에 성인이 되어서까지도 그렇게 하려고 한다. 연구에 의하면(Baenninger, 1994), 5세 때 공격적인 아동은 12세가 되어서도 여전히 공격적이었다. 그렇다면 그 아동은 성인기에도 그렇게 행동할 가능성이 아주 크다.

반두라(Bandura, 1973)는 공격성에 대한 사회학습 이론을 세웠다. 그에 의하면, 공격성이 학습되는 과정은 관찰에 의해서다. 어떤 사람이 자신이 존경하는 인간적 모형이 공격 행동을 하는 것을 보는데, 그러한 행동이 주위로부터 강화를 받고, 성공하는 것을 관찰하고 나면, 그도 공격성을 학습한다는 것이다. 여기에는 자신이 존경하는 모형의 행동을 그대로 따라서 한다는 모방학습(imitation learning)과 주위의 칭찬 및 보상과 같은 사회적 촉진(social facilitation)이라는 기제가 개입되어 있다.

이 이론에 따르면, 아동들의 공격성은 자신이 존경하는 어른들의 공격적 행동을 관찰하고 모방하는 데 기인한다. 부모나 교사들이 체벌을 사용하는 것을 본 아동들도 같은 상황이 되면 그렇게 하기 쉽다. 따라서 아동들이 보는 앞에서 어른들은 공격성을 보이는 것을 자제해야 한다.

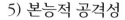

## 5) 본능적 공격성

프로이트는 성적 본능과 마찬가지로 공격성도 유전된다고 하였다. 그는 이러한 공격적, 파괴적 에너지가 계속 축적되는데, 스포츠와 같이 사회적으로 수용 가능한 방식으로 해소되지 않으면, 다른 방식으로 탈출구를 찾는다고 하였다. 그런데 로렌츠(Lorenz, 1966)에 의하면, 이러한 공격적, 파괴적 에너지는 생존에 필수불가결하기 때문에 진화된다는 것이다.

공격성은 척추동물들 사이에서는 보편적인 현상이다. 그리고 유전적, 신경적, 내분비적, 생화학적 측면과 관련 있는 것으로 볼 때, 공격성은 본능적 행동 형태다. 이러한 생물학적 영향력은 학습과 같은 환경의 영향력과는 독립적으로 존재하는 유전적 체제에 기인한다. 그러므로 인간은 좌절, 두려움, 고통이 없는 상황에서도 공격성이 유발될 가능성이 있다.

## 6) 공격성의 내적 요인

같은 동물이라도 호랑이가 토끼보다 공격적인 것을 보면, 종 사이에도 공격성에 차이가 있고, 같은 개라도 사냥개 종류가 애완견보다 더 공격적인 것을 보면, 종 내에서도 공격성에 차이가 있다. 이는 공격성에 분명히 유전적 요인이 개입해 있다는 것을 말해 준다. 사람의 경우 쌍생아는 대부분 유전적·환경적 정보를 공유한다. 쌍생아를 대상으로 공격성을 연구한 것을 보면, 이란성 쌍생아는 서로 간에 공격성과 별로 상관이 없는 반면, 일란성 쌍생아는 0.40 정도의 상당히 높은 정적 상관관계가 있는 것으로 나타났다. 이는 공격성에 유전적 요인이 개입하고 있다는 사실을 말해 준다.

그리고 공격성은 남성과 여성 사이에도 차이가 있는데, 이는 남성 호르몬인 안드로겐(androgen)에 기인한 것으로 알려져 있다. 특히 청소년기에 안드로겐의 일종인 테스토스테론(testosterone)이 급격히 증가하는데, 청소년기의 공격성과 비행이 증가하는 것을 이것에 기인하는 것으로 보는 경우도 있다. 그리고 안드로겐이 공격성 범죄와 관련이 있다고 보아, 서유럽에서는 20세기 초 한때 거세에 의해 공격성 범죄를 줄이고자 이를 법으로 정하기도 하였다.

또 일찍이 돌턴(Dalton, 1964)은 여성의 신경질적인 공격성이 소위 월경 전 증후군(premenstrual syndrome)과 관련이 있다고 했다. 즉, 여성의 월경이 있기 전주에 난소의 호르몬인 프로게스테론(progesterone)의 수치가 낮으면, 여성의 공격성이 증가한다고 했다. 그리고 실제로 여성에게 프로게스테론을 주사하여 보충한 결과, 공격성이 감소되었다는 보고도 있다.

또한 공격성에는 섭식 요인도 중요하다. 저혈당 수치가 공격성과 관계가 있다는 연구도 있고, 알코올은 중추신경계의 활동을 약화시키는 대신 공격성을 촉진시킨다는 보고도 있다. 그리고 유전에 의한 요산 대사(purine metabolism)의 장애로 인해 공격성이 증가하는 경우도 있다.

또 신경조직도 공격성과 관계가 있다. 편도체(amygdala) 부근의 측두엽(temporal lobe)이 공격성과 관계가 있는 것으로 알려져 있다. 그리고 뇌 조직에 장애가 생겨 발생하는 간질로 인해 공격성이 나타나는 사례도 자주 보고된다.

## 7) 사회적 맥락

공격성은 지속적인 성격 특성 같지만, 사회적 요인의 영향도 계속 받는다. 하나의 예로 TV의 폭력 장면을 시청하는 것이 시청자들의 공격 행동을 증가시킨다는 연구결과를 보면 알 수 있다. 그런데 이에 대해서는 반론도 있다. 그러한 장면의 시청이 오히려 정화작용(catharsis)을 일으켜, 분노 및 적대감과 같은 부정적 정서를 감소시킨다는 것이다. 최근의 연구결과는 이러한 사실들을 종합하여, 폭력 장면의 시청으로 인해 공격적 감정은 줄어들지만, 공격 행동은 증가한다고 결론짓고 있다. 그런데 사람에 따라서는 무기류를 직접 보거나 사진만 봐도 분노, 적대감 및 공격성이 증가하는 경우도 있다.

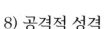

## 8) 공격적 성격

인간의 공격성은 선천적 유전 때문인가, 아니면 후천적 환경 탓인가? 지금은 대체로 어떤 사람의 공격성은 그의 성격 특성과 사회적 환경의 상호작용 결과로 본다. 그런데 범죄 심리학자 토치(Toch, 1984)는 죄수들을 대상으로 폭력적 인물들의 동기를 연구하여 유형별로 그 특징을 열거하였는데, 이를 살펴보면 다음과 같다.

### ① 명성의 방어

많은 주위 사람들이 폭력배 두목, 싸움꾼 등에게 자신의 명성이나 평판을 방어하기 위해 폭력적, 공격적일 것이라고 기대한다. 그러면 그는 그러한 명성이나 평판을 지키기 위해, 상황이 되면 폭력을 사용한다.

### ② 규범의 집행

어떤 사람들은 그들이 옳다고 생각하는 행위규범을 정해 놓고, 이를 집행하는 것을 자신의 사명으로 생각한다. 그래서 종종 폭력적인 방법도 사용하는데, 이는 흔히 서부영화의 보안관 등에서 볼 수 있다.

### ③ 자기 이미지 보상

사람들은 모두 다 지키려고 노력하는 자신에 대한 이미지가 있다. 그런데 이 범주의 사람들은 보통 다른 사람들보다 이를 지키기 위한 노력을 더욱 치열하게 한다. 예를 들면, 자신의 남성다움을 지키려는 사람은 평소에는 그렇지 않더라도 상황이 되면, 더욱 공격적인 행동을 보인다.

### ④ 자기 방어

어떤 사람들은 어릴 때부터 주변의 인적 환경이 위험인물들로 둘러싸여 있으면, 자신을 지키기 위해 선제공격을 하거나 위협을 가한다. 즉, 자기를 방어하기 위해 공격적 행동을 한다.

### ⑤ 압력 제거

사회생활이나 경제적 여건의 어려움에서 오는 두려움, 압력, 좌절이 생기면, 어떤 사람들은 폭력을 유일한 탈출구로 간주하기도 한다. 그 결과 공격적 행동을 하게 된다.

### ⑥ 괴롭힘

괴롭힘(bullying)은 폭력적 수단에 의해 남을 때리거나 겁주는 데서 즐거움을 맛보는 사람들에게서 볼 수 있다. 즉, 남을 괴롭히는 것이 재미있기 때문에, 계속 공격적 행동을 하게 된다는 것이다.

### ⑦ 착취

이 부류의 사람들은 위 범주와 비슷한데, 거기에다 자신의 요구에 응하도록 하거나, 금전적 이득을 취함으로써 만족한다. 이는 갱 집단이나 조직 폭력배 집단에게서 볼 수 있다.

### ⑧ 자기도취

어떤 사람들은 사회생활에서 자신의 욕구 충족만이 가장 중요한 문제다. 따라서 다른 사람의 피해나 안위는 생각하지 않고 남을 괴롭힌다. 예를 들면, 가학적 성애자에게서 이러한 사례를 볼 수 있다.

### ⑨ 정화작용

어떤 사람들은 정화작용, 즉 카타르시스를 맛보기 위해 공격적 행동을 하기도 한다. 즉, 이들은 폭력을 행사하고 나서, '시원하다' 는 등 정서의 정화작용을 느끼는 사람들이다.

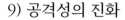

### 9) 공격성의 진화

인간의 공격성도 유전된 부분이 있다. 동물의 경우 먹이, 새끼 보호, 서열, 성적 상대를 둘러싸고 쟁탈전이 벌어지지만, 인간은 이들을 획득하기 위한 사회적 규칙이라는 문화를 수립해 왔다. 그러나 인간도 궁핍해지고 여건이 어려우면, 이를 둘러싸고 서로 간에 공격적 행동이 일어난다. 그런데 인간과 다른 종 사이의 공격성에 있어서 차이는, 인간은 무기를 가지고 떨어져서 공격을 할 수 있다는 점이다. 또한 인간의 공격성은 그 저변에 인지적, 추상적 이유가 있다는 점이 특이하다.

## 6. 동조성과 복종

### 1) 동조성

사람들은 사회적 영향력에 취약하다. 그런데 사람들은 흔히 친절함 또는 잔인함과 같은 사회적 행동을 개인의 성격이나 도덕적 품성의 반영이라고 믿는 경향이 있다. 그리고 상황의 역할은 흔히 무시되는데, 이를 사회심리학에서는 기본적 귀인의 오류(fundamental attribution error)라 한다(Miller, 1994).

많은 사회적 행동들은 개인적 요인보다는 외부 요인의 영향을 더 강하고 기묘하게 받는다. 그 대표적인 예가 동조성(conformity)과 복종(obedience) 현상이다. 먼저 동조성이란 사회적 영향력의 결과, 동료들과 비슷한 행동을 보이는 것을 말한다. 그리고 복종이란 권위 있는 사람의 명령을 따라 행동하는 것을 말한다. 전자의 연구로는 애쉬(Asch), 그리고 후자의 연구로는 밀그럼(Milgram)의 연구가 유명한데, 다음에서는 이를 중심으로 논의하고자 한다.

## 2) 애쉬의 동조성 실험

### (1) 애쉬의 연구 전형

애쉬(Asch, 1956)가 집단 압력(group pressure)에 대한 동조성을 연구하기 위하여 사용한 전략은 [그림 6-6]과 같이 아주 간단하다. 일군의 대학생들에게 왼쪽 그림의 막대와 길이가 같은 것을 오른쪽 그림에서 찾도록 하는 것이었다. 여기에서 학생들은 앉은 순서대로 답을 하는데, 진짜 순수한 피험자는 한 명으로, 그는 마지막에서 두 번째로 답하게 되어 있었다. 다른 피험자들은 사전에 모두 잘못 답하도록 지시를 받았다.

연구 결과, 순수한 피험자는 자신의 의지 및 실제 막대의 길이와 다르게 동료들의 답에 동조하여 오답을 선택하였다. 이는 분명히 집단 압력이 작용하고 있다는 증거였다. 공개적으로 여러 사람 앞에서 말하는 것보다 혼자 글로 써서 답하도록 하면, 정답률이 훨씬 높아진 것에서도 알 수 있다. 그리고 이때는 자신의 의지와 다르게 선택함으로써 느끼는 심리적 불편감이 아주 높았다. 그런데 실제 길이의 정답을 고집하는 한 사람의 이탈자만 있어도, 이탈률은 급격하게 증가하였다.

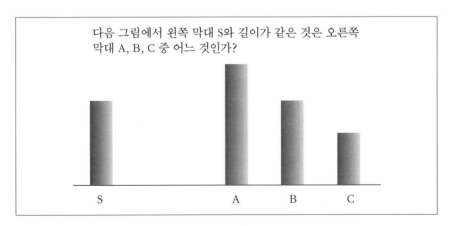

[그림 6-6] 애쉬의 동조성 실험 모형

## (2) 동조성에 영향을 주는 요인

애쉬는 동조성에 영향을 주는 여러 상황적 요인을 찾아냈다. 그중 하나는 집단의 크기(size)다. 집단이 크다고 해서 무조건 동조율이 높아진 것이 아니라, 3명 정도였을 때가 영향이 가장 컸다. 집단의 크기가 그 이상이 되어도 동조율은 증가하지 않았다.

또한 집단 의견의 일치성(unanimity)도 아주 중요하게 작용했다. 집단 내 의견이 일치하지 않는다면, 구성원들이 느끼는 동조에 대한 집단 압력은 상당히 저하된다(한규석, 2004). 즉, 이탈자가 자기 혼자가 아니라는 사실을 알게 되면, 동조율은 떨어진다. 이때 다른 이탈자가 자신과 의견이 같지 않더라도, 동조율은 떨어진다. 실제로 애쉬는 한 명이 집단 의견에서 이탈하도록 했는데, 그 뒤로 이탈율이 급격하게 증가하였다.

그리고 과제의 애매성(ambiguity)도 동조현상에 영향을 주는 것으로 나타났다. 과제는 애쉬가 초기에 실험에 사용했던 것과 같이, 똑같은 길이의 막대 고르기처럼 아주 구체적이고 애매하지 않은 과제에서는 동조성이 잘 드러났으나, 미술품의 선호도를 묻는 질문처럼, 과제가 애매하고 주관적 견해를 묻는 경우에는 동조가 잘 일어나지 않았다.

## (3) 피험자의 반응

애쉬는 실험 결과, 피험자들이 걱정, 당황스러움, 무언가에 홀린 느낌, 심지어 두려움을 느낀다고 보고하였다. 이는 동조에 따른 불편한 심정을 말한 것이다. 그런데 집단 압력이 없는 비교 내지 통제 집단에서는 그런 감정이 잘 나타나지 않았다고 했다.

동조성에는 2가지 분명히 구별되는 사회적 걱정이 따른다. 하나는 다른 사람의 눈에 비친 자신의 모습이고, 다른 하나는 다른 사람이 제공하는 정보에 대한 요구다. 전자는 규범적 사회적 영향력(normative social influence)이라 하고, 후자는 정보적 사회적 영향력(informational social influence)이라 한다.

먼저 규범적 사회적 영향력은 동료들의 눈에 자신이 이상하게 보이지 않을

까 하는 불안에 의해 동조성이 일어나는 경우를 설명하는 개념이다. 사람은 자신과 태도나 가치관이 비슷한 사람에게 호감을 갖는다. 그래서 집단의 합의에서 벗어난 행동은 조소, 당혹감, 거부감을 일으킨다. 특히 이러한 느낌은 다른 사람들이 자신에게 유의미한 타자(significant others)인 부모, 친구, 교사, 약혼자, 직장 상사인 경우는 더욱 그렇다. 동조를 한 경우에는 덜하겠지만, 하지 않는 경우에는 그런 감정을 더욱 크게 느낄 것이다.

다음으로 정보적 사회적 영향력은 다른 사람들이 종종 가치 있는 정보의 일차적 원천이라는 사실을 설명하는 개념이다. 어떤 문제에 대해 우리는 자신의 의견도 있지만, 다른 사람들은 어떻게 생각하는지 매우 궁금해한다. 그리고 그들의 의견을 무시하기란 쉽지 않은 문제다. 자신의 의견보다 다른 사람들의 의견을 따를 때, 동조현상이 일어난다.

### (4) 생산적 동조성

사람이 혼자일 때는 바람직하지 않은 일을 할 수 있지만, 동조라는 사회적 압력을 통해 바람직한 방향으로 바뀔 수도 있다. 블랜차드 등(Blanchard et al., 1991)은 동조에 대한 압력이 인종적 편견을 줄이는 데 이용될 수 있음을 보여 주었다. 그들의 실험은 다음과 같다.

지나가는 백인 여대생들에게 면접자가 다가가 익명의 인종차별적 쪽지에 대한 대학당국의 조치에 대해 찬성하는지, 반대하는지, 아니면 찬성도 반대도 아니고 중립적인지를 물으려고 한다. 그런데 이때 실험 보조자인 다른 백인 여대생이 나타나 질문에 대해 먼저 자신은 찬성하는지, 반대하는지, 중립적인지를 표방한다. 그 후 순수 피험자들은 자신의 의견을 표현한다.

연구 결과, 여기에서도 사회적 압력이 강하게 작용하고 있음이 드러났다. 실험 보조자들의 반응에 따라, 순수 피험자들은 찬성, 반대 또는 중립적 의견을 나타냈다. 이를 보면, 동조현상을 잘 이용하여 목소리 큰 영향력 있는 사람들, 즉 여론 지도자들을 앞세워 인종차별 반대 운동을 하면, 상당히 성과를 거두리라는 사실을 알 수 있다.

## 3) 밀그럼의 복종 실험

애쉬의 제자인 밀그럼(1963)은 애쉬와 같이 동조성을 연구하다가, 후에 권위에 대한 복종으로 실험의 방향을 바꾸었다. 그는 권위에 대한 복종의 연구를 제2차 세계대전 중에 일어난 독일 나치의 유대인 대량학살 사건을 설명하는 데 적용하였다. 그는 많은 사람들이 단지 권위 있는 자의 명령에 복종하여, 인류 역사상 가장 끔직한 범죄를 저지른 것으로 보았다.

### (1) 연구 프로그램

밀그럼은 광고를 내서 약 1,000명의 실험 참가자를 구해, 약 20개의 실험을 진행하였다. 참가자들은 대부분 남성이었는데, 그들의 연령이나 교육적 배경, 사회경제적 배경은 다양했다. 그들에게는 학습과 기억에 관한 연구에 참여한다고 말해 두었다.

전형적인 실험 절차를 보면, 먼저 두 사람씩 선정하여 한 사람은 학습자 역할을 하고 다른 사람은 교사 역할을 하는데, 교사(진짜 피험자)는 학습과제를 주고 학생이 실수를 하면, 벌을 주는 역할을 하게 되었다. 벌은 학습자에게 연결된 전극을 통해 전기 쇼크를 주게 되어 있었다. 전기 쇼크는 30개 단계가 있는데, 가장 낮은 15볼트부터 450볼트까지 주게 되어 있었다. 그리고 낮은 단계에는 '가벼운 쇼크', 높은 단계에는 '심한 쇼크', 아주 높은 단계에는 '위험: 극심한 쇼크', 그리고 마지막 450볼트에는 단지 'XXX'라는 표찰을 붙여 두었다. 그러나 실제로 전기 쇼크는 전달되지 않았고, 학습자가 보이는 신음이나 소리들도 사전에 녹음된 것이었다.

## (2) 권위의 표현

이때 실험자는 하얀 실험복을 입고, 점잖은 표정으로 권위 있는 사람 행세를 했다. 그리고는 교사들에게 학생들이 실수하면, 가장 약한 쇼크부터 틀릴 때마다 쇼크의 강도를 높여 가라고 말했다. 피험자들이 주저주저하면, 다음 4단계의 명령을 내려 계속하도록 하였다. 여기에서 3, 4단계는 만일 명령에 복종한다면, 학생에게 반드시 고통을 주게 되는 단계다.

> 1단계 --- 계속해 주세요.
> 2단계 --- 계속하셔야 됩니다.
> 3단계 --- 반드시 계속하셔야 됩니다.
> 4단계 --- 계속하지 않으면 안 됩니다.

## (3) 초기 연구결과

연구결과는 크게 2가지다. 먼저 놀랍게도 피험자의 65%가 명령에 복종하여 끝까지 실험을 수행하였다. 300볼트 이전에 실험을 그만둔 피험자는 없었다. 밀그럼은 학부 학생과 정신의학자로 구성된 사람들에게 약 100명의 피험자들 중 몇 명이나 명령에 복종할 것인지를 물었다. 그들 중 450볼트까지 계속하는 사람이 있을 것이라고 대답한 사람은 아무도 없었다. 그러나 몇 명은 실제로 끝까지 명령에 복종하여 수행했다.

둘째, 피험자들이 심한 스트레스를 받았다는 것이다. 심지어 어떤 점잖은 기업인은 처음에는 웃고 실험실에 들어갔으나, 20분 정도 지나자 신경발작을 나타냈고, 나중에는 주먹으로 자신의 머리를 치면서 제발 끝내 달라고 절규했다. 그러나 여전히 그는 실험자의 명령에 복종하여 계속 반응을 하였다. 밀그럼에 의하면, 여기에는 몇 가지 상황적 요인이 개입한다. 우선은 피험자의 눈에 비친 실험의 적합성(legitimacy) 문제다. 대학 실험실, 연구의 과학적 중요성, 연구 인력의 능력, 자발적 참여 등 연구 전체가 주는 상황적 중요성이 반응을 거부하기 힘들게 만들었다는 것이다. 또한 이 실험에는 상황의 애매성이 있다. 피험자는 심리학자의 권위와 벌 받는 학습자의 고통 사이에서 갈등을 하게 되어 있다. 그럼에도 불구하고 결국은 실험자의 명령에 복종하여 따랐다.

우리는 대체로 원래 선하고 도덕적인 사람이 그러한 명령을 따르지 않을 것이라고 생각한다. 그러나 앞에서 언급했듯이, 이러한 판단을 기본적 귀인의 오류라 한다. 밀그럼의 실험결과는 실제로 그런 상황이 오면, 대부분이 명령에 복종하여 따르게 된다는 사실을 극적으로 보여 준 것이라 할 수 있다.

### (4) 연구 윤리

밀그럼의 연구가 발표된 뒤, 연구의 윤리 문제를 둘러싸고 많은 논란이 있었다. 실험자의 권리와 피험자의 인권의 한계가 뜨거운 논쟁거리였다. 또한 그런 연구를 통해 얻은 결과의 가치도 많은 반향을 일으켰다.

이에 대해 밀그럼은 연구가 진행 중일 때는 언제든지 피험자들이 원하면, 그만둘 수 있도록 했고, 또 실험이 끝난 뒤 피험자들에게 구두 또는 서신으로 연구과정에 대해 자세히 설명했다고 하였다. 그런데 그의 연구를 지켜본 많은 학자들의 대체적인 결론은, 그의 연구가 이 분야에 엄청난 공헌을 했다는 것이다.

### (5) 상황의 영향

밀그럼의 연구결과를 보면, 피험자인 교사와 학습자, 그리고 실험자와 피험자의 물리적, 신체적 거리가 가까울수록 복종은 감소하였다. 그리고 권위자의 출현 및 감독 여부도 복종에 중요한 영향을 주었다. 그런데 여기에서도 누군가가 권위에 도전하여 명령에 복종하지 않으면, 불복종에 대한 동조현상이 나타나, 그 후의 복종 비율이 현격하게 감소하였다.

### (6) 밀그럼의 이론적 분석

이런 실험결과를 보고, 밀그럼은 복종에 대한 사회화가 중요한 역할을 했다고 보았다. 우리는 어릴 때부터 권위에 복종을 하도록 교육받았고, 또 그렇게 했을 때 보상을 받으며 자라 왔기 때문에 그렇다는 것이다. 복종은 수많은 기관이나 상황, 즉 군대, 의료계, 법조계, 종교계, 교육계, 회사 등에서 의문의 여지가 없는 규범이고, 최고의 이데올로기다. 우리는 그 결과가 어떻든지, 복종이 가치 있다는 것을 배우고, 권위자들의 합법성을 신뢰한다.

그래서 권위에 대한 복종은 강요나 위협이 아니더라도, 많은 경우 자가 발전적(self-generating)이다. 즉, 권위에 대한 불복종은 '건방지다, 반항적이다, 거만하다'는 등의 평가를 받을 것이 두렵다. 따라서 권위에 복종하는 것이 속으로 불편하고 당황스럽더라도, 사전에 스스로 책임지기로 자임(自任, commit-ment)한 것이다. 그러므로 복종에는 미묘한 자기 부과적인 요소가 있다.

그리고 복종에는 상승(escalation)과 덫(entrapment)의 심리가 깔려 있다. 처음에는 아주 적은 양의 전기 쇼크를 주는 것에서 시작하여 점점 더 강도를 높여 가도, 별 어려움이 없이 수행하였다. 그리고 일단 시작을 하고 나면, 하는 수 없이 명령에 따라 복종하였다. 이를 '문의 발 효과(the-foot-in-the-door effect)', 즉 '문에 발 들여놓기 효과'라 한다.

또한 권위에 대한 복종에는 책임과 관련하여 작인의 변경(agentic shift)의 문제가 있다. 이는 위계적 사회체제나 조직에서, 어떤 사람이 이제 부하의 역할과 지위를 떠맡게 되는 데 따른 인지적 재정향(cognitive reorientation)을 말한다. 그는 자신의 행위에 대한 책임이 이제 없고, 자신은 단지 다른 사람의 명령을 수행하는 도구라고 생각한다는 것이다. 그래서 그는 이제 자신의 양심보다는 면전의 과제를 수행하는 의무가 더 중요해진다.

## (7) 밀그럼 연구의 연장

밀그럼의 연구가 발표된 뒤로 많은 후속 연구가 뒤따랐다. 먼저 킬럼과 만(Kilham & Mann, 1974)은 교사의 역할과 명령의 전달자 역할 중 어느 것이 더 복종적인가를 연구했는데, 전달자 역할을 수행하는 경우에 더 복종적이었다. 그리고 그들은 남자들이 여자들보다 더 복종적이라는 사실도 발견했다. 저명한 정치학자 아렌트(Arendt, 1963)도 나치 치하에서 유대인 인종청소 계획을 집행한 아이히만(Eichmann)의 역할을 단지 비인간적인 기계와 같은 명령의 전달자 역할이라고 해석했다.

한편 켈먼과 해밀튼(Kelman & Hamilton, 1989)은 복종의 범죄(crimes of obedience)를 분석하였다. 예를 들면, 월남전 당시 미라이(My Lai) 학살을 수행한 캘리(Calley) 중위, 결함 있는 차를 생산하는 회사의 타락, 검증되지 않은 약을 판매하는 제약회사 등이다. 이 경우 모두 의도성과 관련하여 책임의 소재가 불분명하다. 그들은 악영향을 알면서도, 어쩔 수 없이 명령에 복종한 것이다.

사람들은 파괴적인 명령에는 자신들의 도덕적 이상에 따라 자신들이 어떻게 행동해야 하는지 분명한 견해를 가지고 있다. 그러나 그들의 실제 행동은 이러한 이상에 따라 하는 경우가 드물다. 즉, 도덕적 이상과 도덕적 행동과는 직접 관계가 없다는 것이다.

그런데 지금까지의 연구는 거의 대부분 실험 참여자 개인을 대상으로 연구했다. 이 경우 개인은 권위에 도전하기가 어렵다. 특히 권위자가 여러 가지 중요한 의사결정 권한을 가지고 있을 때는 더욱 그렇다. 그런데 사람들은 혼자일 때보다는 집단일 때 명령에 더 잘 도전한다. 특히 명령이 부당한 경우에는 더욱 그렇다.

그런데 브리프 등(Brief et al., 1991)의 연구에 의하면, 권위에 대한 복종은 윤리적 갈등을 해결하는 하나의 방법이다. 사람들은 흔히 어떤 집단에서나 대표의 의견이 분명하게 개진될 때는, 그 영향을 아주 강하게 받는다. 이 경우 개인적 양심보다는 종종 권위에 따르는 경향이 있다.

## 4) 유대인 학살의 해석

제2차 세계대전이 끝난 뒤 학계는 유대인 대학살을 자행한 전쟁범죄를 여러 각도에서 해석하였다. 밀그럼 자신도 이러한 의도를 가지고 권위에 대한 복종 실험을 행했고, 또 이를 실험결과를 통해 증명해 보였다. 따라서 권위에 대한 복종 문제가 중요한 해석의 근거가 되었다.

유대인 대학살은 히틀러(Hitler) 개인의 편견이나 정신병 또는 악마적 성격을 가진 나쁜 사람들 때문보다는 오히려 당시 독일 사회 전체의 나치의 권위에 대한 복종에 기인한다고 보는 것이 옳다. 당시 독일에도 여느 나라와 마찬가지로 교육받고, 점잖으며, 선량한 사람들이 아주 많았다. 그러나 그들도 어쩔 수 없이 유대인 대학살에 저항하지 못하고 동참한 것이다.

이와 관련하여 달리(Darley, 1992)는 변화의 역학(dynamics of change)을 역설한 바 있다. 그에 의하면, 사람이 원래 악의가 없이 선하다고 할지라도, 군대, 정부, 기업체와 같은 위계적인 권위 조직에서 일단 악하고 사회적 파괴성이 있는 일에 가담을 하면, 시간이 지날수록 점점 더 무감각해져 나중에는 진짜로 나쁜 사람으로 변한다고 하였다. 그는 어떤 사람이 아무리 좋은 교육을 받고 좋은 성격을 지녔어도, 그의 주변 환경이 나쁜 짓을 하도록 압력을 가하면, 나쁜 짓을 할 가능성이 있다고 하였다.


# 7. 지도성

지도성(leadership)이란 어떤 사람이 어떤 목적을 달성하거나 어떤 사명을 완수하는 데 있어 타인의 조력을 동원할 수 있는 사회적 영향력이라 할 수 있다. 효과적 지도성이란 추종자들의 신뢰와 열성적 지원을 받거나 그들로 하여금 목표를 향해 노력하도록 지시할 수 있는 능력이다(Chemers, 1994). 이처럼 지도성은 집단의 효과적 업무수행과 관계가 깊다.

어떤 집단이 구성원들의 재능과 자원을 총동원하여 목표를 달성하려고 하면, 먼저 구성원들이 목표 지향 활동에 참여하도록 동기부여를 해야 한다. 그다음 구성원 서로 간에 정보를 공유하도록 의사소통이 원활해야 한다. 또한 구성원 개인들의 활동이 목표달성을 위해 조정되어야 한다.

어떤 집단 또는 조직이 성공하기 위해서는, 우선 집단 또는 조직 내 질서를 유지하기 위하여 내적 통합성(internal integrity)이 있어야 한다. 이는 중요한 업무의 수행 절차가 일정한 방식으로 처리된다는 것을 보장하는 신뢰성(relia-bility), 구성원 서로 간의 행동을 예견할 수 있는 예측가능성(predictability), 그리고 적절한 행동은 보상하고 부적절한 행동은 교정하는 책무성(account-ability)에 달려 있다. 또한 집단이나 조직이 성공하기 위해서는, 주변의 환경 변화에 적절히 대응하는 외적 적응성(external adaptability)이 있어야 한다. 이는 중요한 외적 요소의 변화에 주목하는 민감성(sensitivity), 목표나 절차를 변경할 수 있는 융통성 또는 탄력성(flexibility), 그리고 내부의 목표나 과정을 외부의 환경적 요구에 맞추는 대응성(responsiveness)에 달려 있다.

이러한 2가지 기능, 즉 조직의 안정을 위한 내적 통합성과 변화를 위한 외적 적응성 사이에 적절한 균형이 이루어져야 집단이나 조직이 살아남을 수 있는데, 이러한 일을 이끌어 가는 것이 지도성이다. 그래서 지도자에게는 우선 내부의 질서를 유지하기 위해, 다른 구성원들을 움직일 수 있는 권위와 함께 구성원들을 보상할 수 있는 권한이 있는 동시에, 집단의 업무 성과에 대한 책임도 따른다. 또한 지도자에게는 구성원들의 새로운 아이디어나 혁신안을 받아들여, 외부 환경의 변화와 요구에 대처할 수 있는 적응력을 키워 나가는 것도 필요하다. 이러한 지도성에 대한 저간의 이론들을 살펴보면 다음과 같다.

## 1) 역사적 검토

### (1) 특질

지도성에 대한 가장 초기의 이론은 위대한 지도자들이 가지고 있는 타고난 특질들을 연구하는 것이었다. 그런데 스톡딜(Stogdill, 1948)은 약 30년 동안 이루어진 100여 편의 지도자 특성에 대한 연구를 종합한 결과, 지능 외에 지도자와 비지도자를 구별하는 별다른 특성은 없었다고 결론지었다. 그리고 나서 그는 지도성 발휘에는 성격 특성과 함께 집단의 구성, 업무, 권위 관계 등과 같은 상황적 측면과의 상호작용이 고려되어야 한다고 했다. 그러나 최근의 연구들은 지도성에는 신뢰할 수 있고 지속적이며 중요한 개인적 특성들이 있음을 밝혀 주고 있다.

### (2) 행동

제2차 세계대전 이후 사회심리학의 관심은 지도성 연구에 있어서도 내적 특질보다는 관찰 가능한 행동에 초점을 맞췄다. 이러한 접근법은 지도자들이 실제로 한 행동이 무엇인가를 확인하고자 했다. 그중 하나는 지도자 행동 기술 질문지(leader behavior description questionnaire: LBDQ)를 통해 지도자의 행동을 연구했다. 그 결과 지도자의 행동은 2가지 두드러진 범주 또는 요인으로 구분되었다. 한 가지 범주는 고려 행동으로서, 이는 부하들과 적절한 관계를 유지하고, 집단 내에 긍정적인 사회적 분위기를 유지하려는 것이다. 이러한 행동은 부하들에게 친근하고, 그들의 감정에 민감하며, 그들의 복지를 구하려는 행동이다. 다른 범주는 주도(initiation) 행동으로서, 이는 지시에 의한 업무의 완수를 지향하는 것이다. 이런 행동은 직무에 대한 의무를 할당하고, 이를 완성하는가를 감독하는 행동이다.

다른 연구는 리커트(Likert) 등이 면접을 통해 일선 감독자들에 대한 부하들의 진술을 토대로 지도성을 연구하였다(Chemers, 1994). 이 연구결과에 의하면, 부하 중심 지도자들은 자신들의 부하를 돌보려는 사교적인 유형이다. 이에 비해 직무 중심 지도자들은 높은 생산성을 강조하여, 일의 기획과 조직에 많은 시간을 보낸다.

베일스(Bales) 등에 의한 또 다른 연구는 문제해결 상황에서 대학생들의 행동을 관찰하였다(Chemers, 1994). 그 연구에 의하면, 집단 내에서 적극적이고 영향력 있는 행동을 하는 학생들은 2가지 유형으로 분류되었다. 한 가지 유형은 사회-정서적 지도자들로서, 이들은 집단 내 긍정적 분위기를 유지하려고 하고, 구성원 모두의 참여를 독려하였다. 이에 비해 과제 지향적 지도자들은 집단의 과제가 완성되는 데 초점을 두고, 더 많은 시간을 보냈다.

그런데 지도자 행동에 대한 연구들도 특질에 대한 연구와 마찬가지로 행동과 성과에 관한 일관성 있는 연구결과를 보여 주지는 못했다. 또한 이런 유형의 연구에서도 상황적 측면이 잘 고려되지 않았다는 약점이 있었다.

### (3) 상황적 요인

지도자의 특질이나 행동의 연구에 비해 상황의 연구는 적은 편이다. 그러나 그중 한 가지 부류는 물리적, 심리적 공간(space) 변인을 연구한 것이다. 공간 변인으로서 중요한 것은 중심성(centrality)이다. 중심성은 물리적 공간상 중앙에 위치하거나, 심리적 공간상 의사소통의 망에서 집단 구성원들과의 원활한 눈 맞춤(eye contact)이 가능한 것을 말한다. 그런 위치일수록 지도성이 발휘될 가능성이 크다. 이는 군대와 같은 위계조직이나 토론 집단과 같은 수평적 조직에서도 그렇다.

또 다른 상황적 변수는 추종자들의 특성이다. 부하들의 성격이나 태도는 지도성에 많은 영향을 주는데, 그들의 지원 정도는 지도자의 행동에 큰 영향을 끼친다. 그러나 지도성이 발휘될 상황에 대한 연구는 충분하지 않아, 일관성 있는 결론을 얻을 수는 없었다.

## 2) 현대적 접근방법

### (1) 수반성 이론

#### ① 수반성 모형

지도성 연구방법에 있어서 극적인 변화는 피들러(Fiedler, 1967)의 지도성의 효과에 대한 수반성 모형(contingency model)의 연구와 출판으로 촉발되었다. 이 모형은 지도자의 성격과 상황적 특성의 상호작용을 강조하는데, 특히 최소 선호 공동작업자(least preferred co-worker: LPC)에 대한 평정척도를 이용한다. 이는 함께 일한 공동 작업자 중에서 비생산적인 사람을 평정하는 척도다.

연구결과에 따르면, 평정자들은 과제 대 관계 중심으로 나뉘었다. 과제 중심적 평정자들은 비생산적인 직원들에 대해 매우 부정적인 반응을 보였으며,

질서정연한 상황과 성공을 보장하는 협조적인 공동 작업자를 선호하였다. 다시 말해서 과제 중심 지도자들은 질서 있는 절차와 지시적인 스타일을 좋아해, 매우 통제된 상황에서 높은 생산성과 관계가 있었다. 이에 비해 관계 중심적 평정자들은 최소 선호 공동작업자들에 대해 보다 우호적인 반응을 보였는데, 그들과 조화로운 관계를 유지하고, 그들로부터 인정을 받는 데서 만족감을 얻었다. 다시 말해서 관계 중심 지도자들은 사려가 깊고 참여적 스타일을 좋아해, 최소한의 통제 상황에서 최선을 다해 조화를 이끌어 내고, 이를 통해 창의적 문제해결책을 얻으려 하였다.

여기에서 그는 지도자의 동기와 집단의 성과 사이에서 3가지 상황 변인을 발견하였다. 첫째, 추종자들의 협력과 지원, 둘째, 집단 과제의 구조 및 명료성 정도, 셋째, 지도자의 공식적 권위다.

### ② 의사결정 이론

지도자의 의사결정 이론은 브룸과 예튼(Vroom & Yetton, 1973)이 주장하였는데, 여기에는 3가지 유형이 있다. 첫째, 전제적(autocratic) 의사결정으로서, 이는 부하들의 의견에 관계없이 혼자서 의사결정을 내리는 것을 말한다. 둘째, 자문적(consultative) 의사결정으로서, 이는 부하들의 개인적 또는 집단적 의견을 들어 의사결정을 내리는 것을 말한다. 셋째, 집단적 의사결정으로서, 이는 지도자와 집단이 참여와 동의에 의해 의사결정을 내리는 것을 말한다.

### ③ 경로-목표 이론

지도성에 대한 경로-목표(path-goal) 이론은 하우스와 데슬러(House & Dessler, 1974)가 주장하였는데, 이는 지도자 행동과 동기에 대한 기대이론을 결합한 것이다. 이 이론은 지도자의 행동이 부하들의 동기와 만족과 같은 심리 상태에 영향을 주므로, 지도자의 행동이 부하들의 목표에 대한 경로를 분명하게 해 준다는 것이다. 따라서 부하들은 어떻게 노력하는 것이 좋은 수행과 바람직한 보상을 가져올 것인지 알 수 있다. 이에 따르면, 효과적인 지도자의 행동은 부하들의 특성과 그들이 일하는 업무 상황에 달려 있다.

## (2) 상호작용 접근방법

### ① 특징 신임 이론

홀랜더(Hollander, 1958)의 특징 신임(idiosyncrasy credit) 이론은 지도자와 부하 간의 관계를 강조하는 이론이다. 그에 의하면, 지도자의 능력에 대한 추종자들의 판단이 지도자의 합법성을 결정한다는 것이다. 다시 말해서 목표를 향해 집단을 이끌어 가는 지도자의 능력, 그리고 집단의 가치에 대한 지도자의 책임감과 충성도가 추종자들의 태도와 행동에 영향을 미치는 데 중요한 역할을 한다는 것이다. 따라서 지도자가 능력 있고, 충성심 있으며, 공정하다고 판단되면, 추종자들이 집단의 업무를 위해 노력할 뿐 아니라 새로운 아이디어나 혁신방안을 내놓는다는 것이다.

### ② 수직적 이원 연결 모형

그래언(Graen)의 수직적 이원 연결(vertical dyad linkage) 모형은 조직 내의 지도자와 부하들의 역할과 책임을 설명하는 데 있어, 그들 간의 수직적 이원 연결이 가장 중요한 변인임을 발견하였다. 이원적 연결 관계는 지도자와 추종자들이 동료로서 기능을 발휘하는 높은 수준의 상호작용으로부터 부하들이 고용된 일손으로 취급되고, 의사결정에의 참여가 부인되며, 개인적 성장 발달의 기회가 없는 낮은 수준의 상호작용까지 질적 차이가 있다. 상호작용이 좋을수록 부하들이 더욱 만족을 느끼고, 동기부여가 잘되며, 조직에 대한 책임감이 강하다(Chemers, 1994).

## (3) 혁신적 접근방법

번스(Burns)는 상호작용적(transactional) 지도자와 혁신적(transformational) 지도자를 구분하였다. 전자는 부하들의 노력이나 충성도와 임금이나 승진 혜택을 교환하는 지도자 상이다. 이에 비해 후자는 그런 교섭방법을 지양하고,

부하들이 조직의 사명에 진정으로 책임을 지고, 내재적으로 동기가 발휘된 공로자가 되도록 부하들을 바꾸는 지도자 상이다. 이 후자의 개념은 막스 베버 (Max Weber)의 카리스마적(charismatic) 지도자 상과 유사하다(Chermers & Ayman, 1993).

하우스는 베버의 아이디어를 더욱 발전시켜 간디(Gandhi)나 킹(King) 목사와 같은 역사적 인물들에 적용하였다. 하우스에 의하면, 카리스마적 지도자는 자신감을 가지고 있고, 인상관리기법을 통해 합법성을 획득했다. 그리고 지도자로서의 역할 모형과 추종자들에 대한 높은 기대를 통해 추종자들의 높은 동기를 이끌어 냈다.

혁신적 지도자들은 우선 고도의 능력과 신뢰감이 있음을 보여 준다. 또한 미래에 대한 전망이 있으며, 자신감을 가지고 있는 동시에, 타인에 대한 믿음도 깊다. 그리고 추종자들을 중요한 목표나 목적을 향해 나아가도록 이끈다.

한편 배스(Bass)는 상호작용적 지도성과 혁신적 지도성을 연구하기 위해 중다 요인 지도성 질문지(multifactor leadership questionnaire: MLQ)를 개발하였다. 이를 통해 그는 3개의 상호작용적 요인과 4개의 변형적 요인을 확인하였다. 이 3개의 상호작용적 지도성 요인은 아무렇게나 하도록 내버려 두는 자유방임적(laissez-faire) 관리, 실수를 고치기 위해서만 행동하는 예외적(exception) 관리, 그리고 부하들의 노력과 성취에 대해 적절한 보상을 하는 수반적 보상 (contingent reward) 관리가 있다. 그리고 4개의 변형적 요인에는 부하들의 요구에 따라 특별한 지원과 격려를 해 주는 개별적 고려(individualized consideration), 부하들의 성장과 변화를 격려하는 지적 자극(intellectual stimulation), 정서적으로 호소력 있는 목표를 기술해 주는 영감적 전망(inspirational vision), 그리고 추종자들이 지도자들과 동일시하도록 유도되는 이상적 영향력 (idealized influence) 또는 카리스마다.

그런데 하우스는 경로–목표 모형에 기초를 두고, 혁신적 지도자에 대한 자아개념 이론을 개발하였다. 이 이론에 의하면, 혁신적 지도자들은 추종자들이 자신들의 자아개념을 지도자의 목표에 일치시키도록 유도한다. 그리고 나서 지도자들은 자기 규제적이고 자기 지시적인 내재적 동기에 의한 업무의 성취를 통해, 자신들의 자아 존중감을 고양시킨다. 혁신적 지도자들은 추종자들도 집단과의 동일시를 통한 집단적 성취를 통해, 자아개념을 고양시키도록 함으로써, 이런 목표를 달성한다. 그들은 업무 달성과 관련된 특수한 동기유발 방법을 이용하여, 추종자들의 내재적 동기를 고취시킨다. 예를 들면, 봉사의 대명사 테레사(Theresa) 수녀는 사심 없음(selflessness)을 통해 추종자들의 친애동기(affiliative motive)를 유발하였고, 제2차 세계대전의 영웅 패튼(Patton) 장군은 공격성을 통해 추종자들에게 힘의 동기, 즉 권력 동기(power motive)를 유발하였다.

### (4) 인지적 접근방법

#### ① 내면적 이론

인지적 접근방법에서 볼 때, 지도성이란 지각, 사고, 판단 등 인지적 과정이 중요한 역할을 하는 인간관계다. 먼저 로드(Lord)에 의하면, 사람들은 지도성과 같은 사회적 관계나 지도자와 같은 사회적 존재들에 대해 자기 나름의 내면적 이론(implicit theories)을 가지고 있다. 내면적 이론이란 지도자 유형에 따라 어떤 특성과 행동이 관련되어 있는지에 대한 사람들의 어떤 원형(prototype)을 말한다. 이런 원형들은 어떤 사람이 지도자 감인지 아닌지를 판단하는 데, 그리고 지도자의 행동을 주목하고 기억하는 데 영향을 준다(Carroll, 1989).

최근 메인들(Meindl)은 사람들이 조직에 대해서도 내면적 이론을 가지고 있을 뿐 아니라 그런 내면적 이론이 조직의 기능에 대한 지도성에 큰 영향을 준다는 사실을 발견했다(Shaw, 1990). 그는 이러한 지도자의 효능감에 대한 믿음을 '지도성에 대한 낭만(the romance of leadership)'이라 불렀다. 그리고 나서 그는 이로 인해 사람들이 지도자의 중요성을 너무 강조한 나머지, 집단이나 조직의 과업달성에 있어 추종자들의 중요성을 소홀히 하는 경향이 있다고 하였다.

이렇게 보면, 우리의 지도자에 대한 지각은 우리의 인지적 편견의 영향을 받는다. 그리고 우리는 지도자의 효과를 과장하는 경향이 있기는 하지만, 집단적 수행에 있어 지도성이 상당한 역할을 한다는 사실을 알게 되었다. 더욱이 지도성에 대한 지각과 그러한 지각에 영향을 주는 지도자의 능력은 지도자가 영향력을 행사하는 능력, 즉 지도력의 중요한 측면이다.

### ② 부하에 대한 지각

인지와 판단은 지도자에 대한 지각뿐 아니라 부하에 대한 지도자의 지각에도 영향을 준다. 부하의 행동과 수행결과에 대한 지도자의 지각은 부하에 대한 지도자의 후속 행위에 영향을 준다. 그런데 지도자들은 대체로 실패의 책임을 불충분한 훈련 및 지원과 같은 부하의 외적 요인에 귀인하기보다는 능력 및 노력과 같은 내적 요인에 귀인하는 경향이 있다.

상사들은 부하들의 작업 환경 및 지원에 책임이 있기 때문에, 부하의 실패를 그들의 내적 요인으로 귀인해야 책임을 면할 수가 있다. 전체 집단의 수행결과가 나쁠 때일수록, 상사는 더욱 위협을 느껴 이렇게 자신에게 유리한 판단을 하는 경향이 더 강해진다.

이처럼 지도성의 효과는 지도자에 대한, 그리고 지도자에 의한 판단에 영향을 받는다. 그런데 상사와 부하의 행동에 대한 해석과 평가는 그들 자신의 기대와 가치관의 영향을 크게 받는다. 그리고 기대와 가치관은 문화적 차이의 핵심 측면이다.

### ③ 인지적 자원 이론

지도성에 대한 대부분의 인지이론은 지각과 판단에 중점을 두고 있지만, 피들러(1967)는 지능 및 지식과 같은 인지적 자원의 역할에 초점을 두었다. 그러나 많은 연구들이 지도자의 지능과 경험에 기반을 둔 지식이 반드시 훌륭한 수행결과를 보장하는 것은 아니라는 사실을 밝히고 있다. 중요한 변인은 지도자가 받는 스트레스의 수준이라는 것이다.

지능이 높은 지도자들은 스트레스를 받지 않을 때, 자신들의 지적 능력을 최대한 발휘할 수 있다. 높은 스트레스 수준은 지적 기능을 오히려 방해하는 경향이 있다. 그런 경우에는 지도자의 경험이 오히려 과업수행 결과를 더 잘 예측해 준다.

### (5) 문화적 접근방법

#### ① 일 관련 가치관

사람들의 가치, 욕구, 기대는 문화에 따라 차이가 있는데, 지도성을 제대로 이해하기 위해서는 문화적 차이도 고려해야 한다. 조직심리학에서 문화에 따른 가치관을 연구한 호프스테디(Hofstede, 1981)는 요인분석을 통해 4가지 차원을 찾아냈다. 첫째, 권력과의 거리(power distance) 차원이다. 이는 집단 내 커다란 권력 체계에서 수용되는 정도다. 둘째, 불확실성의 회피(uncertainty avoidance) 차원이다. 이는 질서와 구조에 대한 필요성과 애매하고 예측 불가능한 상황을 회피하려고 하는 욕망이다. 셋째, 개인주의-집단주의(individualism-collectivism) 차원이다. 이는 자조 능력 및 개인적 성취와 사회적 책무성 및 의존성에 대한 상대적 강조 정도다. 넷째, 남성성-여성성(masculinity-femininity) 차원이다. 이는 성취, 힘, 공격성과 같은 남성적 관심과 삶의 질, 양육, 수동성과 같은 여성적 관심 사이의 상대적 강조 정도다. 그런데 호프스테디에 따르면, 효과적 지도성은 문화마다 차이가 있다는 것이다.

#### ② 지도자의 행동

미스미와 피터슨(Misumi & Peterson, 1985)은 질문지를 이용하여 일본 관리자들의 지도성의 효과를 오랫동안 연구하였다. 그런데 일본 지도자들의 행동은 과제수행(P) 또는 긍정적 사기의 유지(M)를 강조하는 2개의 일반적 범주에 속하였다. 생산적 작업 집단을 이끌고, 부하들을 만족시키는 일본 지도자들은 2가지 행동 범주에서 모두 높은 수준을 보인 반면, 가장 열등한 지도자들은 2가지 행동 범주에서 모두 매우 낮은 수준을 보였다. 이런 연구결과는 미국과 영국 등 서구의 국가와 홍콩 등 동양의 다른 나라 지도자에게서도 발견되었다.

### ③ 수반성 효과

체머스와 에이먼(Chermers & Ayman, 1993)은 피들러의 지도성에 대한 수반성(contingency) 모형의 문화적 타당성을 검토하는 가운데, 지도성의 보편적 효과와 특수적 효과가 혼재되어 있음을 발견하였다. 예를 들면, 수반성 모형에서 예측한 대로, 지도성의 지향성과 상황적 통제성 간의 상호작용이 발견되었는데, 지도자의 개인적 스타일을 표현하는 자유를 제한하는 강한 문화적 규범에서는 그 효과가 약화되는 경향이 있었다. 소위 엄격한 문화에서는 동기나 성격과 같은 개인의 내적 특성을 표현하는 것은 행동에 대한 규범적 기대 때문에 제약을 받기도 한다.

### ④ 성별 효과

최근에는 남성과 여성의 사회화와 역할의 차이가 지도성의 스타일과 효과에 있어 차이가 있는지에 관심이 많다. 그러나 상사, 부하, 동료에 의해 평정된 연구들에 의하면, 남녀 관리자 간의 지도자 행동에 있어 별 차이가 없었다. 그런데 성별은 남녀라는 사회적 범주에 대한 기대 및 귀인에 영향을 주는 고정관념 형성에 가장 강력한 힘을 발휘하는 것 같다.

미국에서는 남녀 관리자에 대한 문화적 고정관념이 있는데, 의사결정을 내리고, 강력하며, 분석적인 것은 남성 관리자 상인 반면, 보호적, 수동적, 정서적인 것은 여성 관리자 상이다(Chermers & Ayman, 1993). 그런데 실제 관찰된 남녀 관리자 간의 차이는 아주 적다. 따라서 남녀 지도자에 대한 기대와 고정관념에 있어서 차이가 있음을 알 수 있다.

## 4) 기능적 통합

이상에서 보았듯이, 지도자는 집단의 사명 완수를 위해 집단을 움직일 능력이 있고, 조직이나 사회의 가치관에 충실하며, 타인과의 관계에 있어 공정하고 명예스러워야 한다. 이를 위해서 지도자는 다음의 3가지 측면에 유의해야 한다.

## (1) 이미지 관리

이미지 관리(image management)는 지도자에 대해 다른 사람이 갖는 전형적인 기대를 충족하는 것을 말한다. 지도자가 다른 사람들에게 영향력을 행사할 합법적 힘을 획득하려면, 능력 있게 보이고, 집단 가치관 및 목표에 충실한 것으로 보이지 않으면 안 된다. 그런데 추종자들이 지도자의 능력과 충실성을 직접적·객관적으로 관찰하기는 쉽지 않다. 그런 경우 추종자들은 지도자에 대한 기대와 현실적 특성을 비교하게 된다.

이때 지도자들은 기대에 맞추어 과단성 있게, 사려 깊게, 그리고 진지하게 행동함으로써, 그리고 자신을 성공적 성취와 관련지음으로써, 자신의 적합성을 높일 수 있다. 지도자들이 이러한 인상관리를 잘하면, 그들은 안목과 카리스마가 있는 것으로 간주된다. 그러므로 이미지 관리는 지도자에게 중요한 한 측면이라 할 수 있다.

## (2) 관계의 발전

관계의 발전(relationship development)은 추종자들과의 인간관계를 수립하고 유지하는 것이다. 효과적인 지도자와 추종자의 관계는 추종자들에게 적절한 지시와 정서적 지원을 해 주는 것이다. 추종자가 필요로 하는 적절한 것은 그의 업무, 배경, 성격에 따라 다르다. 지도자는 부하가 성장하고 발전하도록, 개인적으로 지시와 관심을 보일 때 가장 효과가 있다.

더욱이 지도자와 부하의 인간관계는 모두에게 공정하고 형평성이 있어야 한다. 그들 간의 관계의 발전은 좋은 의사소통에 의한 효과적 지도 및 안내에 달려 있다. 그렇게 되면, 그들 간의 계산적인 인간관계가 진정으로 책임감 있는 인간관계로 변모하게 된다.

## (3) 자원 이용

자원 이용(resource utilization)은 목표달성을 위해 자신과 추종자들의 지식, 재능, 에너지를 효과적으로 사용하는 것을 말한다. 그런데 자원의 이용은 지도자와 상황에 따라 다르다. 지도자 유형과 상황의 요구가 잘 맞으면, 지도자들은 자신 있게 그리고 열정적으로 일을 한다.

그런데 업무가 복잡하고 모호할 때는 많은 정보의 투입과 창의적인 분석이 필요하다. 이때 협동심과 같은 집단의 대인관계 특성이 지도자가 부하들의 협조를 얻는 방식에 영향을 준다. 집단의 내, 외적 환경에 맞는 의사결정을 해야 지식, 재능, 에너지와 같은 자원을 잘 활용할 수가 있다.

## 8. 교육환경으로서의 사회적 특성

이 장에서는 인간 특성 중 사회적 특성으로서 도움, 이타심, 협력, 배려, 공격성, 경쟁, 동조성, 복종, 지도성에 대해 알아보았다. 그러면 이러한 인간의 사회적 특성들은 교육의 환경으로서 교육에 어떤 영향을 줄 것인가? 어떤 사회적 특성들이 교육에 긍정적 또는 촉진적 영향을 주고, 또 어떤 사회적 특성들이 부정적 또는 저해적 영향을 주는가?

우선 도움, 이타심, 협력 및 배려는 인간의 긍정적 사회적 특성이라 할 수 있다. 따라서 이러한 사회적 특성들은 교육활동에도 긍정적 · 촉진적 작용을 할 것이라고 예상할 수 있다. 이에 비해 공격성, 경쟁, 동조성 및 복종은 대체로 인간의 부정적 사회적 특성이라 할 수 있다. 따라서 이 책에서 의미하는 교육활동의 측면에서 보았을 때 후자의 경우는 교육활동에 긍정적 촉진적 환경이라기보다는 부정적 저해적 환경일 가능성이 크다고 할 수 있다. 그러나 이러한 예상보다는 이를 증명할 실증적 연구결과가 더 필요하다 할 것이다.

그런데 지도성의 경우는 긍정적 측면과 부정적 측면을 모두 지니고 있다고 보아야 할 것이다. 예를 들면, 가장 일반적인 지도성에 대한 분류에 따르더라도, 민주적 지도성의 경우는 교육활동에 긍정적 촉진적 영향을 줄 것이라고 예견할 수 있는 반면, 전제적 지도성의 경우는 부정적 저해적 영향을 줄 것이라고 예견된다.

그렇지만 경쟁과 전제적 지도성을 다른 측면에서 보았을 때는 '교육에 효과적이지 않은가?' 하고 생각할 수도 있다. 왜냐하면 경쟁 상태에 있을 때와 전제적 지도자하에서는 더 높은 학업성취를 낳을 가능성이 있기 때문이다. 그러나 이는 전형적인 학교태에서 가능한 외도교육의 결과이고, 우리가 이 책에서 의미하는 진정한 의미의 내재교육의 측면에서 보았을 때는 경쟁과 전제적 지도성은 오히려 교육에 부정적이고 저해적이라 할 수 있다.

# 제 7 장

## 복합적 특성

# 1. 성격

## 1) 성격의 정의 및 특징

성격(personality)이란 단어의 어원은 라틴어에서 가면이라는 뜻을 지닌 페르소나(persona)다. 이는 고대 로마시대에 배우가 관객들에게 자신이 맡은 역할의 특징을 집약해서 보여 주기 위해 사용한 도구였다. 이를 통해 추정해 보면, 성격이란 겉으로 드러난 가면의 모습을 통해 다른 사람들에게 보여 주는 어떤 사람의 전체적이고 특징적인 인상이라고 할 수 있다.

그런데 성격을 연구하는 전문 학자들은 이를 좀 더 구체적으로 정의하고 있다. 몇 가지 사례를 보면, 우선 성격은 사람들의 심리적 행동(사고, 감정, 행위)에 있어 공통성과 차이를 결정하는 일련의 안정된 경향성과 특성이다. 이러한 심리적 행동은 시간에 따른 연속성을 가지며, 한순간 한 번의 사회적·생물학적 영향의 결과라고 손쉽게 이해될 수는 없다(Maddi, 1996). 다른 정의를 보면, 성격은 개인이 소유한 일련의 역동적이고 조직화된 특성으로서, 이러한 특성은 다양한 상황에서 개인의 인지, 동기, 행동에 독특하게 영향을 준다(Ryckman, 2000). 그리고 성격은 인간의 행동, 사고, 감정의 특유한 형태를 창조하는 심신, 즉 심리-신체적 체제인 인간 내부의 역동적 조직이다(Carver & Scheier, 2000).

성격이 함의하는 바를 몇 가지로 정리하면 다음과 같다(노안영, 강영신, 2002). 첫째, 성격은 인간의 인지, 정의, 행위를 포함한 일련의 행동과 관련하여 이해될 수 있다. 둘째, 성격은 인간의 적응적 측면을 반영한다. 셋째, 성격은 사람들이 보편적으로 공유하는 공통성을 내포한다. 넷째, 성격은 사람들을 구별할 수 있는 개인의 독특성, 즉 개인차를 반영한다. 다섯째, 성격은 비교적 일관되고 안정적인 행동 형태와 관련된다. 여섯째, 성격은 개인 내부의 역동적이고 조직화된 특성을 반영한다. 이런 특징을 갖는 성격을 설명하는 이론에

도 다음과 같이 여러 가지가 있다.


## 2) 성격이론

### (1) 유형론

인간의 성격을 몇 가지 대표적인 유형으로 묶어 분류하는 유형론(typology)은 고대로부터 있었고, 현대에도 지속적으로 영향을 주고 있는 성격 판정 방법이다. 먼저 기원전 약 450년경 그리스의 철학자 엠페도클레스(Empedocles)는 인간의 육체도 지상의 모든 물질과 마찬가지로 불, 흙, 공기, 물이라는 4가지 원소로 구성되어 있다고 보았다. 그의 영향을 받은 의사 히포크라테스(Hippocrates)는 인간의 몸속에 흐르는 체액 및 그에 따른 성격 또한 이와 관련된다고 보았다. 그리하여 황색 담즙 체액은 따뜻하고 건조한 불, 흑색 담즙 체액은 차고 건조한 흙, 혈액은 따뜻하고 습한 공기, 점액 체액은 차갑고 습한 물과 결합시켰다. 그리고 나서 체액에 따라 황색 담즙의 담즙질 인간은 침착하고 인내심이 강하며, 흑색 담즙의 우울질 인간은 비관적이고 우울하며, 혈액의 다혈질 인간은 민감하며 성미가 급하고, 점액의 점액질 인간은 둔중하고 게으른 성격을 가졌다고 주장했다(홍명희 역, 1997). 나중에 서기 2세기경 로마의 갈렌(Galen) 또는 갈레누스(Galenus)도 이를 계승하였다. 이러한 4가지 원소와 체액, 그리고 성격의 관계를 간단히 표로 정리하면 〈표 7-1〉과 같다. 그러나 이러한 체액 유형론은 아주 오래전 고대의 유형론으로서, 과학적 근거가

**〈표 7-1〉 인간의 성격 유형**

| 원소 | 체액 | 성격 | 특징 |
|---|---|---|---|
| 불(따뜻하고 건조) | 황담즙 | 담즙질 | 침착, 인내심 강함 |
| 흙(차고 건조) | 흑담즙 | 우울질 | 비관적, 우울 |
| 공기(따뜻하고 습함) | 혈액 | 다혈질 | 민감, 성미 급함 |
| 물(차고 습함) | 점액 | 점액질 | 약함, 느림, 게으름 |

출처: 홍명희 역(1997).

아주 빈약하다.

　그 후 20세기 초에 독일의 크레치머(Kretschmer)는 인간의 기질이 신체적 유형 및 성격과 밀접한 관련이 있다고 하여 기질 유형론을 발표하였다. 그에 의하면, 사람의 기질은 크게 순환기질(조울기질), 점액기질, 분열기질의 3가지로 나뉘는데, 순환기질은 키가 작고 몸집이 비대한 비만형, 점액기질은 근육질의 신체 건장한 투사형 또는 근육형, 그리고 분열기질은 키가 크고 근육이 빈약한 세장형 또는 쇠약형의 체격을 가지고 있다고 보았다. 이들의 성격을 보면, 비만형은 사교적이고 명랑하나, 잘못 적응하면 정서적으로 불안하여 조울증에 걸리기 쉽다. 그리고 투사형은 활달하고, 외향적, 공격적인데, 잘못 적응하면 반사회적 범행을 저지르기 쉽다. 이에 비해 세장형은 내향적이고 겁이 많으며, 잘못 적응하면 정신분열증에 걸리기 쉽다(Hall & Lindzey, 1978).

　한편 미국의 셀던(Sheldon)도 신체 유형과 기질 및 성격과의 관계의 밀접성을 통계 자료를 활용하여 제안하였다. 그는 신체 유형을 내배엽형, 중배엽형, 외배엽형으로 분류하였는데, 여기에서 배엽이란 동물의 발생과정에서 신체 기관의 터전이 되는 세포군을 말한다. 그에 의하면, 내배엽형은 내장긴장형의 비만 체질로서 사교적이고 식도락을 즐기며, 중배엽형은 신체긴장형의 근육 체질로서 대범하고 공격적이며, 외배엽형은 대뇌긴장형의 쇠약 체질로서 사람을 두려워하고 자의식이 강하다(박아청, 2001). 이렇게 보면, 크레치머와 셀던의 유형론은 유사한 점이 많은데, 이 관계를 표로 나타내면 〈표 7-2〉와 같다.

**〈표 7-2〉 신체 유형과 성격 유형**

| 크레치머의 유형 | 셀던의 유형 | 성격 특징 |
| --- | --- | --- |
| 순환기질 – 비만형 | 내배엽형 – 내장긴장형 | 사교적, 유머 감각, 명랑 |
| 점액기질 – 투사형 | 중배엽형 – 신체긴장형 | 모험적, 공격적, 타인감정에 무딤 |
| 분열기질 – 세장형 | 외배엽형 – 두뇌긴장형 | 내향적, 고독, 비밀, 겁이 많음 |

출처: 홍명희 역(1997).

다음으로 성격 유형을 우리에게 가장 익숙한 내향성과 외향성으로 분류한 인물은 신 정신분석학파의 거장 융(Jung)이다(Monte, 1980). 그는 프로이트가 성 에너지를 의미하기 위해 사용한 리비도(libido)라는 개념의 의미를 확대하여, 일반적 정신적 에너지라는 의미로 사용하였다. 그리고 이 에너지가 주로 내부로 향하는 사람은 내향성이라 하고, 주로 외부로 향하는 사람은 외향성이라 하였는데, 이는 그 방향에 의한 일반적 태도를 나타낸 것이다. 그에 의하면, 내향성 사람들은 내부의 주관적인 것에 삶의 방향과 가치를 두고, 자신의 내적 충실을 기하려 한다. 이에 비해 외향성 사람들은 객관적 현실의 외부 세계를 지향하고, 거기에 가치를 두는 사람들을 말한다.

그런데 융은 이러한 내향성과 외향성이라는 태도 유형 외에, 심리적 기능이 합리적인가 비합리적인가에 따라 사고(thinking)형, 감정(feeling)형, 직관(intuition)형, 감각(sensation)형의 4가지 유형을 다시 분류하였다. 그에 의하면, 사고와 감정은 합리적 기능이고 직관과 감각은 비합리적인 기능이다. 여기에서 사고형은 관념적, 지적 기능이 강한 유형이고, 감정형은 희로애락의 감정의 기능이 강한 유형이며, 직관형은 체계적 사고를 초월하는 기능이 강한 유형이고, 감각형은 감각적인 것을 추구하는 경향이 강한 유형이다. 따라서 융의 성격 분류는 일반적 태도의 2가지와 심리적 기능의 4가지를 결합하면,

### 〈표 7-3〉 융의 성격 분류

| 성격 유형 | 특징 |
| --- | --- |
| 외향적 사고형 | 객관적 자료를 사용하여 과학적 사고, 과학자 |
| 내향적 사고형 | 관념적이고, 자신의 존재 현실에 관심, 철학자 |
| 외향적 감정형 | 주위 사람의 기대에 맞추는 기분파 |
| 내향적 감정형 | 자신의 감정에 지배되면서도 이를 숨김 |
| 외향적 직관형 | 미래 예측력이 뛰어난 사업가 |
| 내향적 직관형 | 자신 내부의 이미지에 지배되는 예언가, 명상가 |
| 외향적 감각형 | 현실주의적, 쾌락주의적 |
| 내향적 감각형 | 자신의 주관적 감각에 지배되는 예술가 |

출처: 노안영, 강영신(2003).

총 8가지 유형의 성격이 나타난다(Rychlak, 1973). 이들 유형과 그들의 특징을 간단히 표로 제시하면 〈표 7-3〉과 같다.

### (2) 구조론

성격이 어떻게 조직되어 있는지 그 구조를 맨 처음 분석하려고 시도한 사람은 프로이트다. 프로이트는 인간의 정신세계가 크게 의식과 무의식으로 되어 있다고 하면서, 성격의 구조를 원초아 또는 원자아(Id), 자아(Ego), 그리고 초자아(Super-ego)의 3요소로 구성되어 있다고 보았다. 이들의 관계를 간단하게 그림으로 나타내면, [그림 7-1]과 같다. 이들은 각각 독특한 속성을 가지면서 역동적으로 상호작용을 한다.

여기에서 원초아란 성격의 가장 원시적인 부분으로서, 생득적 충동, 즉 성과 공격성이라는 생물학적 본능적 에너지의 원천이다. 그 내용 중 일부는 인류의 계통발생 과정에서 축적된 것이고, 일부는 어렸을 때 개인의 체험이 억압된 것이다. 그리고 이는 무의식적 과정에 있으면서 쾌락적 원칙에 따른다. 따라서 원자아에 의해 야기된 행동은 현실적으로 용납되기 어려운 것이 많아,

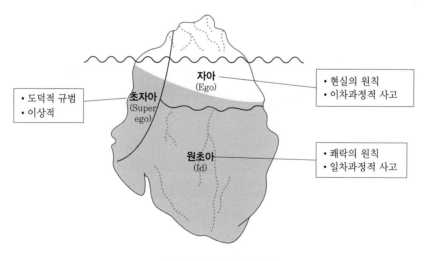

[그림 7-1] 성격의 구조

출처: 박아청(2001).

꿈과 같은 1차 사고과정을 거쳐 욕구를 충족시키려고 한다. 그러므로 이는 비논리적이고 반도덕적인 측면이 큰 부분을 차지한다.

자아는 우리 성격 중 의식적이고 지적인 부분이다. 이는 마음속 대상과 외부의 대상을 구별하는 2차 사고과정을 통해, 현실사회의 요청에 조화적으로 적응해 가는 부분이다. 따라서 자아는 현실적 원칙에 따른다. 또한 자아는 논리적 추리와 합리적 판단을 통해 이성적으로 행동하도록 한다.

초자아는 부모나 사회의 훈육과 교육을 통해 형성된 사회규범과 가치관에 기초한 도덕성과 양심 부분이다. 이는 본능적 충동의 원초아를 억제하고, 자아를 현실적인 것에서 이상적인 것으로 유도한다. 따라서 이는 이상적 원칙에 의해 작동한다.

한편 프로이트의 제자인 융은 성격의 유형을 분류했을 뿐 아니라, 성격의 구조도 나름대로 밝히려고 하였다. 그에 의하면, 성격은 의식적 측면과 무의식적 측면으로 구성되어 있다. 의식은 우리가 알고 있는 정신의 부분으로서, 자아에 의해 지배된다. 자아의 에너지 방향이 객관적 외부 세계를 향하는 성격 태도는 외향성, 그리고 주관적 내부 세계를 향하는 성격 태도는 내향성, 그리고 심리적 기능은 사고, 감정, 직관, 감각으로 구성되어 있어, 이들 조합에 의해 8가지 성격 유형이 구별된다는 점은 앞에서 언급하였다.

한편 융에 의하면, 무의식은 다시 개인 무의식과 집단 무의식 두 부분으로 나뉜다. 여기에서 개인 무의식은 개인에게 중요하지 않은 내용이나 고통스러운 경험들이 망각되거나 억제되어 저장되는 장소다. 반면에 집단 무의식은 사람들이 역사와 문화를 통해 공유해 온 모든 정신적 자료의 저장소다. 그런데 이 집단 무의식은 많은 원형(archetype)들로 구성되어 있으며, 직접 의식화되지는 않지만, 신화나 예술 작품들 속에 간접적으로 나타난다.

융이 제시한 대표적인 원형들로는 페르소나(persona), 아니마(anima), 아니무스(animus), 그림자(shadow), 자아(self)가 있다(김형섭 역, 2004). 페르소나는 사회가 어떤 개인에게 기대하는 요구에 부응하려는 가면으로서 공적 성격이라 할 수 있다. 아니마는 남성에게 있는 여성적 측면을 말하고, 아니무스는

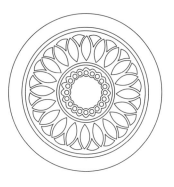

[그림 7-2] 자아의 만다라

여성에게 있는 남성적 측면을 말한다. 그리고 그림자는 인간 본성의 어두운 부분으로 동물적 측면을 나타낸다. 마지막으로 자아는 모든 의식과 무의식의 주인으로서 전체적으로 조화하고 통합하여 일관성과 평정을 유지하려는 원형인데, 융은 이를 불교의 만다라(mandala)라는 원으로 표현하였다. 이를 그림으로 나타내면 [그림 7-2]와 같다.

### (3) 특질론

성격에 대한 특성 또는 특질론은 성격이 다양한 상황에서 비교적 일관성 있게 나타나는 행동 경향성인 몇 가지 특질(trait)로 구성되어 있다는 접근방법이다. 이러한 접근방법은 올포트(Allport)로부터 비롯되었다. 그는 인간의 성격 특성이 공통 특질과 개별 특질로 구성되어 있다고 보았다. 공통 특질은 한 문화의 구성원들이 공유하는 특질이다. 이에 비해 개별 특질은 개인에게 고유한 것으로서, 유전적 요인의 영향과 개인 생활 경험에서 독자적으로 발달시켜 온 것이다. 이러한 개별 특질은 다시 그 영향의 정도에 따라 주요 특질, 중심 특질, 2차 특질로 나뉜다. 주요 특질은 예를 들면, 동성애자의 경우와 같이, 개인을 완전히 지배하는 것으로, 타인에게 명백하게 드러나는 특질인데, 소수의 사람들만이 지녔다. 중심 특질은 개인을 특징 지워 주는 비교적 적은 수의 특질인데, 흔히 우리가 누군가를 다른 사람에게 추천할 때 사용하는 그 사람의 특징이다. 그리고 2차 특질은 특정 음식을 좋아한다는 것과 같이, 제한된 상황에서만 영향을 미치는 개인의 특질이다.

그런데 성격에 대한 특질론을 본격적으로 발달시킨 사람은 캐텔(Cattell)이다. 그는 요인분석(factor analysis)이라는 통계적 방법을 이용하여, 많은 사람들로부터 수집된 자료들을 공통된 요인으로 묶어 성격 특질로 간주하였다. 그리고 이를 3가지 방식으로 분류하였다. 첫째, 공통 특질과 고유 특질이다. 공통 특질은 모든 사람들이 어느 정도 소유하고 있는 특질이고, 고유 특질은 개인 또는 소수의 사람만이 갖는 특질이다. 둘째, 능력 특질, 기질 특질, 역동적 특질이다. 능력 특질은 지능과 같이 효과적으로 목표를 수행하는 능력이고, 기질 특질은 사교성 등과 같이 개인의 행동에 대한 일반적 양식과 정서적 상태를 말하며, 역동적 특질은 행동을 추진시키는 동기를 말한다. 셋째, 표면 특질과 원천 특질이다. 표면 특질은 표정이나 동작 등을 통해 외부에서 관찰할 수 있는 특질이고, 원천 특질은 안정적이고 지속적인 특질이다. 캐텔은 요인분석을 통해 16개의 원천 특질을 찾아냈다.

한편 골드버그(Goldberg, 1990)는 성격에 관한 여러 연구들에서 일관되게 나타난 5개의 요인을 확인하고, 이를 5대 요인(Big Five)이라고 하였다. 첫째, 사교성, 활동성 등과 같이, 대인관계와 외부에 적극적으로 작용하는 외향성(extraversion)이다. 둘째, 공감성, 사려성 등과 같이, 다른 사람에 대한 관심과 배려의 정도를 나타내는 사교성(agreeableness)이다. 셋째, 신중, 진지함과 같이, 끈기 있게 목표를 추구하는 성실성(conscientiousness)이다. 넷째, 신경질, 불안과 같이, 정서적 불안정성을 나타내는 신경성(neuroticism)이다. 다섯째, 새로운 생각이나 경험을 수용하는 정도를 나타내는 개방성(openness)이 그것이다.

## 3) 성격 평가

학자들은 성격을 평가하기 위해 다양한 성격검사를 개발해 실시하여 왔다. 성격검사는 크게 자기보고식(self-report) 질문지와 투사적(projective) 검사 2가지로 나뉜다. 자기보고식 질문지는 다양한 상황에서 자신의 생각, 감정, 행동 등에 대해 묻는 문항들이 자신과 얼마나 유사한지를 보고하는 구조화된 지필검사다. 그리고 투사적 검사는 애매한 그림을 보여 주면, 피검사자는 이를 보고 자신의 욕구, 동기, 감정, 가치관 등을 여기에 투사하므로, 이를 분석하여 성격을 평가하는 방법이다.

자기보고식 성격검사의 대표적인 것에는 미네소타 다면적 성격검사(Minnesota Multiphasic Personality Inventory: MMPI)와 일종의 성격 유형 검사의 하나인 MBTI(Myers-Briggs Type Indicator)가 있다(이용남, 신현숙, 2010). 먼저 MMPI는 1943년 미국 미네소타 대학의 해서웨이(Hathaway)와 맥킨리(McKinley)가 정신과 환자들을 임상적으로 진단하기 위해 개발한 목록으로, '예' 또는 '아니요'로 답하는 약 550개의 문항으로 구성되어 있다. 이는 건강염려증, 우울증, 히스테리, 반사회성, 남성성-여성성, 편집증, 강박증, 정신분열증, 조증, 사회적 내향성을 측정하는 10개의 임상 척도로 되어 있다. 최근에는 이를 개정한 MMPI-2와 청소년용인 MMPI-A가 개발되었다.

다음으로 MBTI는 융의 성격 유형론에 기초하여 브릭스(Briggs)와 마이어스(Myers)가 개발한 성격 유형 검사다. 그들은 융이 주장한 에너지의 방향(외향-내향), 인식 기능(감각-직관), 판단 기능(사고-감정) 외에 생활양식(판단-인식)을 추가하여, 16가지로 성격 유형을 분류하도록 하는 90여 개 문항으로 된 자기보고식 목록형 검사를 개발하였다.

투사적 검사에는 로르샤흐(Rorschach)의 잉크반점(inkblot) 검사, 머레이(Murray)와 모건(Morgan)의 주제통각검사(Thematic Apperception Test: TAT), 그리고 벤더(Bender)의 벤더-게슈탈트 검사(Bender-Gestalt Test: BGT) 등이 있다. 먼저 잉크반점 검사는 1920년 로르샤흐가 정신분열증 환자를 치료하는

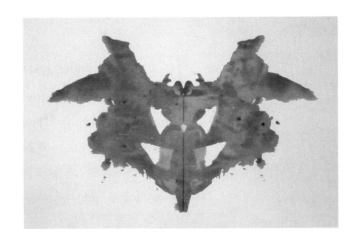

**[그림 7-3] 잉크반점 검사**

출처: 이용남, 신현숙(2010).

과정에서, 그들이 잉크반점에 대해 반응하는 것이 정상인과 차이가 있다는 것을 발견한 뒤 잉크반점을 임상적으로 사용하기 위해 개발되었다. 이는 총 10 매의 카드로 구성되어 있는데, 피검사자가 이 그림을 보고 무엇이 보이는지 반응하면, 이를 분석하여 성격을 진단한다. 이 도형의 예를 보면, [그림 7-3]과 같다.

TAT는 1935년 머레이와 모건이 자신들의 동기 및 욕구 이론에 따라 개발한 검사다. 이는 30장의 그림으로 구성되어 있는데, 피검사자는 각 그림을 보고, 자신의 마음속에 떠오른 생각을 자유연상(free association)하여, 다음의 요령에 따라 작문을 한다.

첫째, 지금 누가 무엇을 하고 있는가?
둘째, 과거에 이들에게 무슨 일이 있었겠는가?
셋째, 다른 사람들이 이들과 어떤 관계가 있는가?
넷째, 앞으로 이 일이 어떻게 되겠는가?

[그림 7-4] TAT 도판

출처: 이용남, 신현숙(2010).

그러고 나면, 일정한 채점 기준에 따라 작문을 분석하여 성격 및 동기를 판단한다. 이 도판의 예를 보면 [그림 7-4]와 같다.

BGT는 1938년 벤더가 전에 형태(Gestalt) 심리학자 베르타이머(Wertheimer)가 개발한 기하학적 도형을 변형하여 개발한 9개의 도형으로 된 검사다. 이는 원래 시지각 기능과 운동 기능의 성숙 정도를 평가할 목적으로 개발되었으나, 피검사자가 도형을 지각하고 복사하는 과정에서 개인의 성숙 및 기질적, 기능적 병리에 따라 왜곡이 일어남을 발견한 뒤로, 임상적으로 사용되었다. 따라서 이 검사를 이용하여 기질적 뇌 장애, 정서적 혼란, 성격 장애, 정신 지체, 학습 문제 등을 평가할 수 있다.

## 4) 성격장애

성격장애(personality disorders)란 개인이 삶에서 부딪히는 특정 문제들을 대처해 나가면서 어릴 때부터 발달시켜 온 장기적인 부적응적 인지-행동적 형태로서, 정신병(psychosis)처럼 매우 이상하지도 않고, 신경증(neurosis)처럼 분명한 불안도 보이지 않는 장애다(Meyer, 1994). 이러한 성격장애의 특징으로는 첫째, 개인이 속한 문화기대에서 심하게 벗어난 내적 경험과 행동의 지속적 유형으로서, 이것이 자신과 타인 및 사건에 대한 인지, 정서적 반응, 대인관계 기능, 충동조절 중 2가지 이상에서 나타난다. 둘째, 지속성이 경직되고, 개인과 사회 전반에 걸쳐 넓게 퍼져 있다. 셋째, 지속성이 사회, 직업 또는 다른 중요한 기능 영역에서 임상적으로 심각한 고통이나 손상을 초래한다. 넷째, 그런 형태가 변하지 않고 오래 지속되었으며, 발병 시기는 청소년 및 성인 초기로 거슬러 올라갈 수 있다.

성격장애는 크게 3가지 군으로 나뉘는데, 첫째, 독특하고 괴짜 행동을 보이는 유형으로서 편집(paranoid) 성격장애, 분열(schizoid) 성격장애, 분열형(schizotypal) 성격장애가 이에 해당된다. 둘째, 극적이고 정서적으로 변하기 쉬운 행동을 나타내는 유형으로서, 반사회적(antisocial) 성격장애, 경계선(borderline) 성격장애, 히스테리(histrionic) 성격장애, 자기애(narcissistic) 성격장애가 이에 해당된다. 셋째, 만성적인 두려움이나 회피 행동을 나타내는 유형으로서, 회피(avoidant) 성격장애, 의존(dependent) 성격장애, 강박(obsessive-

〈표 7-4〉 **성격장애별 증상**

① 편집 성격장애: 근거 없는 의심, 터놓고 얘기하기 꺼림, 지속적인 원한
② 분열 성격장애: 거의 혼자 활동, 흥미 있는 활동 없음, 정서적 냉담
③ 분열형 성격장애: 괴이한 믿음과 언어와 행동, 편집증적 두려움
④ 반사회적 성격장애: 사회규범 못 지킴, 반복적 거짓말, 폭력, 절도, 탈세 등
⑤ 경계선 성격장애: 정체감 상실, 자해 충동성, 자살 시도, 만성적 공허감
⑥ 히스테리 성격장애: 지나친 관심 끌기, 급격한 정서 변화, 자기 연극화
⑦ 자기애 성격장애: 과장된 자존감, 끝없는 성공 공상, 특권 의식, 거만 방자함
⑧ 회피 성격장애: 비난 두려워 대인관계 기피, 새로운 활동 꺼림, 열등감
⑨ 의존 성격장애: 지나치게 복종적, 이별의 두려움, 보호받고 싶음, 의사결정 못함
⑩ 강박 성격장애: 원리원칙주의, 정리정돈, 완벽주의, 인색, 경직성과 완고함
⑪ 기타 성격장애: 수동-공격(passive-aggressive) 성격장애 등

출처: Averill(1994).

compulsive) 성격장애, 기타 성격장애가 있다(강진령 편역, 2008). 이들의 간단한 증상을 보면 〈표 7-4〉와 같다.

## 5) 건강한 성격

인간의 건강한 성격에 대해서는 주로 후기 정신분석학자들과 인간주의자들이 많은 관심을 보였다. 먼저 신 프로이트 학파인 융은 건강한 성격의 소유자를 개별화된 인간(individualized person)이라고 하였다. 그러한 사람의 특징은 자기의 인지, 자아 수용, 자아통합, 자아표현, 인간 본성의 수용과 관대, 미지와 신비의 수용, 보편적 성격이다. 한편 프롬(Fromm)은 그러한 사람을 생산적 인간(productive person)이라고 하였다. 그러한 사람의 특징은 생산적인 사람, 생산적 사고, 행복, 양심이다.

인간주의 심리학의 길을 연 올포트는 건강한 성격의 사람을 성숙한 인간(mature person)이라고 하였다. 그러한 인간의 특징은 자아의식의 확장, 친밀감, 정서적 안정, 현실적 지각, 기능과 업무, 자기 객관화, 통합된 생활철학이다. 그리고 매슬로(Maslow)는 건강한 성격의 인간을 자아실현인(self-realizer)이라 하였다. 그가 제시한 그러한 삶의 특징은 효율적인 현실지각, 자신과 타인과 자연의 수용, 자발성 · 솔직성 · 자연성, 자신 외의 문제에 중심적 태도, 사적 생활과 독립 욕구, 자율적 기능, 인식의 신선미, 신비로운 절정경험, 사회적 관심, 깊은 대인관계, 민주적 성격구조, 수단과 목적 그리고 선악의 구별, 적대감 없는 유머 감각, 창의성, 문화적 동화에 대한 저항이다. 또 로저스(Rogers)는 그런 사람을 충분한 기능인(fully functioning person)이라 하였는데, 그들의 특징은 경험에 대한 개방성, 실존적 삶, 자신에 대한 신뢰, 창의성, 자유다(이용남 편, 2004).

## 2. 적성

적성(aptitude)이란 학업, 음악, 목공과 같은 특정 활동을 수행하는 데 필요한 기능이나 지식을 말한다(Anastasi, 1994). 그런데 최근에는 적성이란 개념의 의미가 보다 확대되었다. 먼저 가장 넓은 의미, 즉 광의(廣義)의 적성은 인간 특성 하나하나를 지칭한다. 그래서 예를 들면, 남자와 여자라는 성별도 하나의 적성이 된다. 그리고 키가 크다거나 작다는 등 신체적 특징도 적성이 된다. 또한 이런 연장선에서 보면, 학습동기가 높다, 사회성이 안 좋다, 지능이 높다는 등 정의적, 사회적, 인지적 특성 각각도 물론 적성이 된다.

다음으로 적성에 대한 중간 수준의 일반적인 의미는 특정 분야의 능력을 말한다. 이는 앞에서 애너스태시(Anastasi)가 적성을 정의한 것과 같다. 그래서 예를 들면, 국어를 잘한다, 외국어를 못한다, 축구를 잘한다, 노래를 못한다, 남 웃기기를 잘한다, 만들기를 못한다와 같은 경우의 의미다. 이는 대체로 상급학교 진학 및 취업 등 진로(career) 지도에서 흔히 쓰는 적성의 의미다.

마지막으로 적성에 대한 가장 좁은 의미, 즉 협의(狹義)의 적성은 특정 분야의 지적 능력만을 가리킨다. 이런 취지에서 보면 국어, 수학, 과학 등의 교과 적성이 이에 해당된다. 그리고 지능검사에서 지능의 하위 요인인 언어능력, 수리능력, 공간지각력 등도 바로 이런 의미의 적성에 해당된다. 이런 맥락에서, 적성에 대한 관심은 지능에 대한 연구와 같이 시작되었다. 따라서 지능이 일반적인 지적 능력을 가리킨다면, 적성은 지능에 대한 상대적인 개념으로서 특정 분야의 지적 능력을 가리킨다. 지능검사를 실시하면, 피검사자의 일반적 지능 외에 언어, 수리, 공간지각력과 같은 하위 영역에 대한 점수를 통해 피검사자의 강, 약점을 알 수 있다. 그래서 특정 개인의 적성을 알게 되면, 그에 맞는 교육을 실시할 수 있을 것이다.

그런데 적성에 대한 초기의 관심은 산업 분야에서 인력의 선발과 분류를 위해 기계적(mechanical) 적성과 사무적(clerical) 적성을 측정하는 것에서부터 시작되었다. 기계적 적성검사는 단순한 운동적 섬세성으로부터 지각적·공간적 적성을 거쳐 기계적 추리까지를 측정하였다. 사무적 적성은 단어나 수를 다루는 데 있어 지각적 속도와 정확성을 측정하는 데 초점을 두었다. 그 후 음악, 미술, 컴퓨터와 같은 다른 직업영역을 위해서도 적성검사가 개발되었다.

피검사자의 지적 능력을 측정하는 검사를 통해 총점과 하위 영역의 점수를 제공하는 대표적 사례가 미국 대학위원회에서 실시하는 대학진학생을 선발하기 위한 학업적성검사(Scholastic Aptitude Test: SAT)와 대학원 진학생을 선발하기 위한 졸업성적검사(Graduate Record Examination: GRE)라 할 수 있다. 그후 종합적성검사들이 개발되었는데, 그중 대표적인 것이 미군을 위한 군 직업적성검사(Armed Services Vocational Aptitude Battery: ASVAB)와 산업현장에서 인력의 선발을 보조하기 위해 미 고용성에서 개발한 일반적성검사(General Aptitude Test Battery: GATB)라 할 수 있다.

이런 상황에서 적성에 대한 위계 모형(hierarchical model)이 영국의 버트(Burt)와 버넌(Vernon) 그리고 미국의 험프리스(Humphreys)에 의해 제안되었다. 맨 아래 수준에는 특수 감각운동, 지각, 단순한 지적 기능과 같이 특정 과제를 수행하는 데 필요한 적성이 놓인다. 그 위에는 이러한 것들을 결합하여 언어 이해, 수학 적성, 공간적 추리와 같은 좀 더 고차적이고 폭넓은 적성이 해당된다. 맨 위에는 이러한 것들을 결합한 하나의 종합적 적성이 있다. 그리고 또 이런 관점에서 개발된 개인용 검사로는 1986년에 발표된 제4판 스탠퍼드-비네(Stanford-Binet) 지능검사와 변별능력척도(Differential Ability Scales)가 있으며, 집단용으로는 인지능력 검사(Cognitive Abilities Test)와 오티스-레넌 학업능력 검사(Otis-Lennon School Ability Test)가 있다(Anastasi, 1994).

그러면 어떤 개인의 적성은 어떻게 형성되는가? 첫째 원인은 학습경험의 계속성 때문이다. 예를 들면, 수학시간에 적절한 자극을 받고 만족을 느낀 아동은 수업시간에 교사가 가르치는 것을 철저히 학습하여, 다음 수학 학습에서도 성공 가능성을 높일 적성을 발달시킬 수 있게 된다. 둘째 원인은 훈련의 변별적 전이(transfer) 결과다. 개인은 서로 다른 범주의 지식을 획득하면서 서로 다

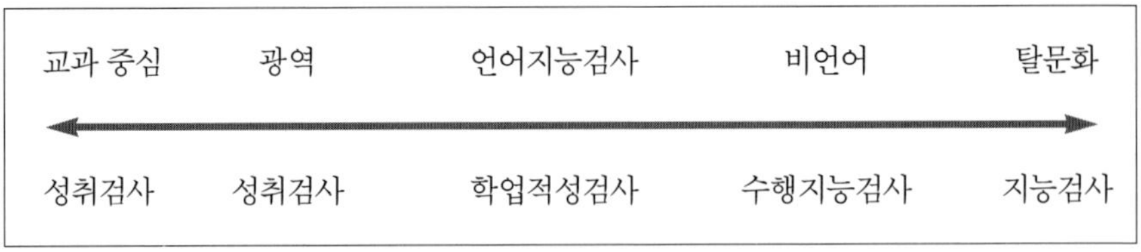

| 교과 중심 | 광역 | 언어지능검사 | 비언어 | 탈문화 |
|---|---|---|---|---|
| 성취검사 | 성취검사 | 학업적성검사 | 수행지능검사 | 지능검사 |

[그림 7-5] 경험의 특수성에 따른 개발된 능력들의 연속선

출처: Anastasi(1994).

른 학습태세(learning sets), 인지적 기능, 정보처리 전략을 획득한다. 그러므로 이에 따라서도 특정 개인의 적성이 형성된다고 할 수 있다. 셋째는 가정의 사회경제적 지위, 문화적 맥락, 학교 교육과정, 직업 세계와 같은 경험적 변인들이 개인의 적성 형성에 영향을 주기도 한다.

그런데 적성은 성취와는 어떻게 다른가? 전통적으로 성취는 후천적 학습의 결과를 나타낸 반면, 적성은 지능과 마찬가지로 학습과는 독립적인 소위 본유 능력(innate capacity)을 나타낸다고 생각하였다. 그러나 지능검사와 성취검사 결과는 90% 정도가 중첩된다(Anastasi, 1994). 따라서 적성이나 성취를 대체하기 위해 개발된 능력(developed ability)이라는 개념이 도입되었는데, 이는 결국 학습능력을 나타낸다. 그 결과 이제 SAT라는 약자는 학업적성검사 대신 학업평가검사(Scholastic Assessment Test)를 나타내게 되었고, SAT-I: 추리검사(기존의 학업적성검사)와 SAT-II: 교과검사(기존의 성취검사)로 구분되었다. 졸업성적검사(GRE) 또한 적성검사는 일반검사로, 그리고 상위 검사는 교과검사로 바뀌었다. 이제 개발된 능력들을 [그림 7-5]와 같이 연속선으로 요약할 수 있다.

최근에는 적성을 진로지도와는 달리 수업에 활용하려는 경향도 두드러진다. 그 대표적인 예 중의 하나가 바로 크론바흐(Cronbach & Snow, 1977)의 적성-처치 상호작용(aptitude-treatment interaction: ATI)이다. 이는 적성에 맞는 처치(여기에서는 수업을 의미함)를 하였을 때, 두 변인이 상호작용을 하여 학업성취에 최대한의 효과를 가져온다는 것이다. 이를 가상적으로 그림으로 나타

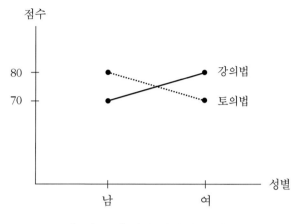

[그림 7-6] 적성-처치 상호작용의 예

내면, [그림 7-6]과 같다.

　[그림 7-6]에서 적성은 남녀 성별이고, 처치는 강의법과 토의법이라는 교수법이다. 여기에서 남자에게는 강의법으로 가르쳤을 때, 집단 평균이 70점인데 반해 여자는 80점이었다. 그리고 토의법으로 가르쳤을 때는 남자는 평균이 80점, 여자는 70점이었다고 가정하자. 그러면 전체적으로 볼 때는 남자는 토의법으로 가르치는 것이, 여자는 강의법으로 가르치는 것이 학업성취에 최대한의 영향을 미친다. 이는 성별이라는 변인과 교수법이라는 변인 어느 하나만의 영향이 아니라, 두 변인이 서로 상호작용하여 낳는 효과다.

## 3. 도덕성

　우리가 어떤 행위를 도덕적이라 할 때는, 보상에 대한 기대나 처벌에 대한 위협 없이 남들을 공평하게 대하고, 그들의 복지에 관심을 갖는 것을 말한다(Power, 1994). 여기에서 도덕성(morality)의 핵심은 공정성(fairness)과 정의(justice)라 할 수 있다. 그리고 도덕성에는 그러한 측면에 대한 판단과 행동이 따른다는 것을 알 수 있다. 이렇게 볼 때, 도덕성이란 이와 관련하여 우리의 어떤 행위가 좋은지(善) 나쁜지(惡), 또는 옳은지(正) 그른지(誤) 판단하고 행동하는 것을 말한다고 할 수 있다.

그런데 이러한 도덕성에 대한 그간의 철학의 윤리학적 입장은 도덕성의 판단 기준이 무엇이냐에 관심을 가졌다. 이에 반해 사회학에서는, 도덕도 어떤 사회의 문화유산으로서, 구성원들이 사회화를 통해 내면화하여 존중하고 지켜야 할 것으로 보아 왔다. 이에 비해 심리학에서는 다른 입장을 취한다. 도덕성에 대한 심리학적 접근방법에는 다음과 같은 여러 가지 입장이 있다(문용린 역, 2004).

## 1) 인지발달론

먼저 도덕성에 대한 인지발달론의 입장은 도덕성 또한 어떤 사람의 인지발달 수준에 따라 발달해 간다는 것이다. 따라서 일정한 연령이나 인지발달 수준에 이르기 전에는 올바른 도덕적 판단에 한계가 있다는 것이다. 이런 입장을 취하는 이론에는 피아제(Piaget)와 콜버그(Kohlberg)의 이론이 있다.

### (1) 피아제의 이론

피아제(1932/1965)는 아동의 도덕성이 인지에 기반을 두고 발달해 간다고 본 최초의 학자였다. 그는 아동이 8세를 전후하여 타율적(heteronomous) 도덕성에서 자율적(autonomous) 도덕성 단계로 넘어간다고 보았다. 그는 아동들의 구슬치기를 가지고 실험을 했다.

그에 의하면, 8세 이하의 아동들은 구슬치기의 규칙이 성인들이 만든 것이므로 변경할 수 없다고 여겼다. 즉, 그들은 이를 어기는 것을 큰 잘못처럼 생각하였다. 그들은 규칙을 반 신성시하여 존중하였는데, 이를 외재적, 타율적 도덕성이라 할 수 있다. 그런데 9세 이상의 아동들은 자신들이 규칙도 만들고, 바꿀 수도 있다는 것을 알았다. 그들은 친구들과 의논하여 더욱 재미있게 규칙을 변경하고는 했는데, 이를 내재적, 자율적 도덕성이라 할 수 있다.

　아동의 타율적 도덕성은 성인들과의 주된 상호작용에서 비롯된 것이다. 아동이 어렸을 때는 어른들의 보호 아래 그들의 지시나 명령을 따르고, 이를 어쩔 수 없는 것으로 간주하기 마련이다. 그러나 아동이 성장해 감에 따라, 비슷한 또래의 친구들과 사귀고 놀면서 다른 아동들의 관점과 비교도 하고 수용하며 서서히 자신들의 관점을 형성해 간다. 이를 통해 자율적 도덕성이 발달해 간다.

　피아제에 의하면, 어린 아동들의 도덕성 발달은 그들의 인지발달의 한계인 자기중심성(egocentrism)과 관계가 있다. 이 시기의 아동들은 아직 자신들의 관점과 타인들의 관점을 잘 구별하지 못한다. 자신들이 생각한 대로 다른 사람들도 생각한다고 믿고, 또한 그들의 관점이 옳다고 믿는다. 이는 그들의 언어나 놀이에서 흔히 나타난다. 이 시기에는 같은 또래 아동들이 모여 이야기하고 놀아도, 혼자 독백하면서 노는 경우가 허다하다. 그런데 그들의 언어나 놀이의 규칙에는 성인들이 시키는 대로의 관점이 들어가 있다.

　또한 피아제가 도덕성 판단에서 중요하게 생각한 것이 행위의 결과보다는 의도성(intentionality)이다. 먼저 8세 이하의 아동들은 그릇을 깨뜨렸을 경우, 몇 개 깨뜨렸느냐가 중요한 판단 기준이지만, 9세 이상의 아동들에게는 고의로 깨뜨렸느냐의 의도성이 더 중요하다고 판단했다. 이 점 또한 도덕성이 외적 타율성에서 내적 자율성으로 변화해 가는 증거다.

### (2) 콜버그의 이론

　피아제의 영향을 받은 콜버그(1984)는 도덕적 판단 단계의 계열성을 더욱 정교화하였다. 그는 도덕성 판단의 기준을 전통적 사회질서 유지에 필요한 기대, 즉 규칙, 역할, 규범, 가치를 중심에 두고 발달 단계를 구별하였다. 그는 도덕성 발달을 3수준 6단계로 나누었다. 이를 요약하여 표로 제시하면, 〈표 7-5〉와 같다.

　여기에서 콜버그는 1수준은 구체적인 개인주의 관점으로, 2수준은 사회 구

| 〈표 7-5〉 도덕성 발달 단계 | | |
|---|---|---|
| **수준** | **단계** | **특징** |
| 1수준: 전통 이전 수준 | 1단계: 타율적 도덕성 | • 처벌, 권위자에 의존 |
| | 2단계: 도구적 개인주의 | • 자신의 이익 |
| 2수준: 전통 수준 | 3단계: 대인관계 유지 | • 칭찬, 착한 사람 |
| | 4단계: 사회체제 유지 | • 법, 의무 |
| 3수준: 전통 이후 수준 | 5단계: 사회계약 | • 합의, 계약, 공평성 |
| | 6단계: 보편적 윤리 원칙 | • 양심, 인간 존엄성 |

성원의 관점에서, 그리고 3수준은 사회에 선행하는 관점으로 개념화하였다. 그런데 그에 의하면, 1단계에서 4단계까지는 어느 문화권에서나 공통적으로 나타나지만, 5단계와 6단계는 그렇지 않다. 어떤 원시적인 전통 문화권에서는 5단계가 나타나지 않았고, 미국에서도 대학교육을 받은 사람 가운데 13%만이 이 단계에 도달했다. 그리고 6단계는 극소수의 사람들에게서만 발견된다고 하였다.

## 2) 행동주의

도덕성에 대한 행동주의적 접근은 도덕성에 있어서 도덕적 추론이나 판단보다 관찰 가능한 행동이 더 중요함을 강조한다. 이런 접근은 오래전 하트숀(Hartshorne)과 메이(May)가 수행한 품성(character) 교육 연구, 강화와 벌을 이용한 조건화에 의한 학습, 그리고 반두라(Bandura)의 관찰학습에 의한 설명을 들 수 있다. 먼저 하트숀과 메이는 1920, 30년대에 약 11,000명의 아동을 대상으로 약 5년에 걸쳐 정직성, 이타성, 자기통제력, 도덕적 태도 등을 중심으로 대규모 연구를 진행하여 3권의 저서를 냈다. 이 연구들은 품성의 본질에 관한 연구들로 알려져 있는데, 제1권은 시험 부정행위, 거짓말, 절도와 같은 속임수에 대한 연구이고, 제2권은 협동심, 이타심, 인내심, 일탈의 억제와 같은 봉사와 자기통제를 다루고, 마지막 제3권은 도덕적 지식, 견해, 태도를 중심으로 품성의 구조를 다루었다.

그들의 연구결과로부터 도출된 가장 잘 알려진 결론은 상황 특수성 이론이라는 것이다. 말하자면, 이는 도덕적 행동이 정직성이나 이타심과 같은 구조화된 단일한 성격 특성이라기보다는 주로 상황적으로 결정된다는 것이다. 또 다른 결론은 집단의 도덕이 학교 상황에서 발달되며, 아동이 함께 있는 시간이 길어질수록 강해진다는 것이었다. 또한 사람들이 특정 상황에서 할 것이라고 기대되는 행동을 아는 것과 실제로 하는 행동 사이에는 상관이 거의 없었다. 마지막으로 얻은 결론은 도덕 행동이 연령과 상관이 없다는 것이었다. 이를 종합해 보면, 도덕 행동은 행동주의자들이 신봉하는 것처럼 환경, 맥락, 상황의 영향이라는 것이다.

그런데 그들의 연구를 추후 현대적 기법을 사용하여 재분석해 본 결과에 의하면, 여러 상황에 걸쳐 일관성 있는 정직 특성이 존재한다는 것이 밝혀졌다. 이런 특성들은 개별 아동들이 유혹에 저항하는 경향이 있음을 보여 주었다. 또한 아동들은 나이가 들어감에 따라 보다 일관성 있게 더욱 정직해지거나, 아니면 더욱 부정직해졌다(Kurtines & Gewertz, 1995).

조건화에 의해 학습을 설명하는 행동주의자들은 인간의 모든 행동, 즉 선행이든 악행이든 모두가 후천적으로 환경 속에서 학습된 것으로 본다. 따라서 우리는 악행을 제거하고 선행으로 대치시킬 수 있다는 것이다. 여기에 사용되는 행동수정의 원리가 강화와 벌이다. 먼저 강화에는 누군가 바람직한 행동을 했을 때, 그가 원하는 쾌 자극, 즉 음식이나 칭찬 등을 강화제로 주는 적극적 강화와 그가 싫어하는 것을 제거해 주는 소극적 강화가 있다. 그리고 벌에도 그가 바람직하지 않은 행동을 했을 때, 꾸중이나 체벌과 같이 싫어하는 불쾌 자극 또는 혐오 자극을 주는 적극적 벌(제1벌)과 좋아하는 것을 뺏는 소극적 벌(제2벌)이 있다. 행동주의 학습이론에서는 이를 이용하여 도덕적 행동도 학습시킬 수 있다고 본다.

도덕적 행동에 대한 관찰학습 이론은 반두라(1971)에 의해 정립되었다. 그

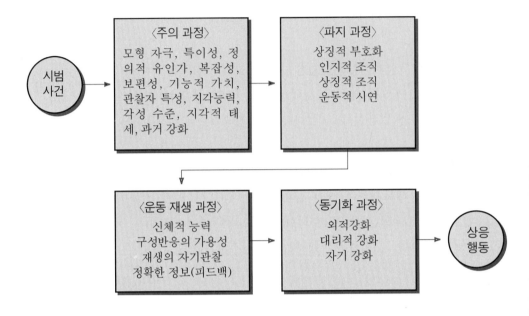

[그림 7-7] 관찰학습 과정

출처: 이용남, 신현숙(2010).

에 의하면 부모, 형제, 교사, 친구와 같은 모형들이 도덕적 표준을 언급할 뿐
아니라, 도덕적 표준을 실행해 줌으로써 아동들을 동일한 높은 표준에 일치하
게 만든다는 것이다. 이는 곧 부모는 말을 통해서 자식들에게 도덕적 표준을
의식적으로 가르치기도 하지만, 자신의 행동에 의해서 가르치기도 한다는 것
이다. 아동은 존경하는 모형의 행동을 더 잘 모방한다.

 그런데 반두라는 모방이 일어나는 과정에 인지가 개입된다고 보았다. 먼저
아동은 주위에서 강화를 받는 모형의 행동에 주의집중한다. 그리고 나서 이
행동을 자신의 기억 속에 파지(retention)하여 간직한다. 그런 다음 적절한 상
황이 되면, 이를 행동으로 표현하게 되는 운동 재생 단계에 이른다. 마지막으
로 관찰했던 행동을 실제로 수행하도록 촉진시키는 상벌이라는 동기화 과정
이 있다. 이를 그림으로 나타내면 [그림 7-7]과 같다. 여기에서 주의집중과 파
지는 인지과정이다.

## 3) 성격이론

도덕성에 대한 성격이론적 접근은 프로이트의 정신분석학에서 비롯되었다. 그는 인간을 기본적으로 합리적 존재라고 보는 계몽주의적 관점과는 대조적으로, 비합리적인 측면이 인간행동을 결정한다고 보았다. 프로이트에 의하면, 인간의 정신세계는 합리적, 이성적, 논리적인 의식과 비합리적, 감성적, 비논리적인 무의식으로 구성되어 있다. 그런데 인간은 출생 시부터 무의식에 있는 성과 공격 본능에 의해서 점진적으로 행동이 동기화된다.

이러한 본능에 의한 억제되지 않은 만족은 개인에게는 쾌락을 가져다줄 수 있지만, 문명화된 사회는 이를 억압하기 위한 수단을 발달시켜 왔기 때문에, 이는 곧 긴장과 고통을 야기한다. 따라서 이러한 긴장과 고통은 문명화된 생활의 이득에 대해 개인이 지불하는 대가인 셈이다. 여기에서 도덕성이란 이러한 인간의 기본적인 욕구나 욕망과 싸우는 사회의 규칙·관습·전통을 내면화하고 이에 순응하는 것인데, 이것이 곧 문명의 초석인 셈이다.

프로이트에 의하면, 아동은 4~5세경에 남근기에 이르면, 한편으로는 부모를 사랑하기도 하지만, 다른 한편 동성의 부모에 대해서는 질투심과 두려움이 증가한다. 그런데 이 두려움 때문에, 아동은 아버지나 어머니 상을 내면화시키고, 부모 내지 사회의 권위를 존중하게 된다. 그리고 부모에 대한 이러한 내면화된 이미지와 사회의 권위에 대한 존중이 곧 초자아 또는 양심이 된다.

후기 정신분석학 또는 신 프로이트 학파의 일원인 에릭슨(Erikson, 1968)은 프로이트가 인간의 성격 및 도덕성 형성에 있어 성과 공격성이라는 생물학적 본능을 강조한 데 비해, 후천적인 사회문화적 경험을 더 강조한다. 그는 도덕성이 개인과 사회 간의 관계에서 심리적 전환을 이루는 가운데 발달한다고 본다. 그에 의하면, 아동은 청년 후기에서 성인 초기 사이에 자아 정체성을 형성시키는 가운데, 도덕적 정체성도 발달시킨다. 자아 정체성은 '나는 누구인가?' 라는 인식과 함께 '나는 공동체를 위해 무엇을 할 수 있는가?' 에 대한 인식의 형성과 관계가 있는데, 이는 청년이 정치·종교·역사적 세계관이라 할

수 있는 이데올로기를 선택할 때 해결된다. 이러한 이데올로기는 자신과 자신
이 속한 공동체에 어떤 사람이 도덕적인 사람인가에 대한 설명을 제공하는데,
이를 통해 개인은 자신의 도덕적 정체성을 형성한다.

## 4) 사회적 구성주의

사회적 구성주의(social constructivism) 입장은 모든 인간의 행동과 행위가
인간관계라는 복잡한 망 조직(network)에 연결되어 있으며, 이런 인간관계는
다시 사회역사적 맥락에 놓여 있어, 다양한 해석의 여지가 있다고 본다. 저젠
(Gergen, 1982)에 의하면, 사회적 구성주의는 지식에 대한 외재적, 객관적 관
점을 택하는 실재론적, 경험론적 전통뿐 아니라 내재적, 주관적 관점을 따르
는 관념론적, 합리론적 전통 모두를 반대한다. 사회적 구성주의에 의하면, 지
식이란 끊임없는 사회적 실천의 맥락에서 구성되고 공유된 사회적 산물이라
는 것이다. 다시 말해서 지식은 인간과 그를 둘러싼 주변 사회적 환경과의 계
속적인 상호작용의 결과 얻어진 사회적 구성물이기 때문에, 인간의 다양한 의
미체제에 대한 다양한 해석이 가능하다.

이러한 사회적 구성주의에서 보면, 도덕성은 성인의 기존 가치체제에 사회
화시켜서 되는 것도 아니고, 정의나 의무 같은 도덕적 개념을 아동이 주관적
으로 인지해서만 되는 것도 아니다. 사회적 구성주의에서는 도덕성에 대한 아
동 자신의 구성적 활동과 사회적 환경의 영향 간에 진정한 조화를 이루고자 한
다. 따라서 도덕성은 대인 간 교류, 즉 사회적 상호작용을 통해 사회적으로 구
성되므로, 사람들은 서로를 상호의존적으로 생각하게 되고, 도덕적 규범을 개
인을 초월한 사회적 과정과 동일시하게 된다. 이러한 도덕성에 대한 사회적
구성주의 접근의 대표적 이론으로는 커틴스(Kurtines, 1993)의 상호 구성주의
(co-constructivism) 이론이 있다.

커틴스의 도덕성에 대한 상호 구성주의는 인간이 자기 주도적이며 목표 지
향적인 존재로서, 수준 높은 인지적 능력과 의사소통 능력을 획득해 가는 유

| 〈표 7-6〉 | 도덕적 정체성의 발달 수준 | | |
|---|---|---|---|
| 발달 단계 | 사회심리 수준 | 정체성 형성 수준 | 특징 |
| 영아기(0~2세) | 1수준 | 전 주관적 정체성 | 최초의 개별적 자의식<br>전 도덕적 성향 |
| 유아기(2~7세) | 2수준 | 자기중심적/주관적 정체성 | 역할 채택 및 수행<br>타율적, 무비판적 도덕 |
| 아동기(7~12세) | 3수준 | 사회중심적/간주관적 정체성 | 자율적, 사회적 지향<br>사회의 가치, 규범 중시 |
| 청년기/성인기 | 4수준 | 비판적 정체감 | 인생 방향, 목표 지향적<br>비판적 도덕성 |

출처: Kurtines(1993).

기체라고 본다. 이러한 능력은 인간이 도덕적 의사결정이나 문제해결을 할 수 있도록 해 준다. 다시 말해서 아동은 언어, 인지, 의사소통, 사회 도덕적 능력을 통합하여, 도덕적 정체성을 형성해 간다. 그는 특히 에릭슨의 사회심리적 발달이론의 영향을 받아, 도덕적 정체성의 발달 수준을 논하였는데, 이를 표로 나타내면 〈표 7-6〉과 같다.

커틴스는 도덕성과 함께 책임감을 상호 구성주의의 핵심으로 보고 있다. 그에 따르면, 인간은 스스로 선택하고 책임질 뿐 아니라, 어떤 선택이 다른 선택보다 좋은지 나쁜지 또는 옳은지 그른지 도덕적으로 평가한다는 것이다. 그리고 그 방법으로는 비판적인 민주적 의사결정이 도덕적 질을 향상시키는 데 공헌한다고 믿고 있다.

## 5) 통합이론

도덕성에 대한 가장 대표적인 통합이론으로는 레스트(Rest, 1986)의 4구성요소 모형을 들 수 있다. 그는 도덕적 행동을 설명하기 위해서는 그에 내재된 복잡한 4가지 심리적 과정을 살펴보아야 한다고 했다. 그 제1요소는 도덕적 감수성, 제2요소는 도덕적 판단, 제3요소는 도덕적 동기, 그리고 제4요소는 실행력이라고 보았다.

여기에서 제1요소인 도덕적 감수성은 사회적 상황에 대한 수용, 어떤 행동이 가능한가에 대한 상황적 해석, 대안적 행동 결과에 영향을 받는 사람, 관련된 사람의 반응 등에 관한 것이다. 제2요소인 도덕적 판단은 어떤 행동이 가장 도덕적인가를 결정하는 것으로서, 개인의 선택 가중치에 따라 어떤 사람이 특정 상황에서 무엇을 해야 하는지를 결정하는 것이다. 제3요소인 도덕적 동기는 다른 가치와 비교해서 도덕적 가치에 우선권을 주고, 그것을 수행하려고 노력하는 것이다. 마지막으로 제4요소인 실행력은 도덕적 행동을 수행하는 데 필요한 심리적, 사회적 기술과 자아 강도를 말한다. 사람의 도덕적 행동은 이 4가지 요소가 상호작용하여 나타난다.

## 4. 가치관

### 1) 가치와 가치관의 의미

게첼스(Getzels, 1966)에 의하면, 가치(value)는 실제로 바람직한 것이 아니라 바람직해야 하는 것으로, 행동의 선택에 영향을 미치는 것이다. 한편 타일러(Tyler, 1973)는 가치란 흥미, 태도, 만족 등을 규제하는 점에서 교육적 중요성을 지니는 것으로서, 개인이 간직한 대상, 활동 또는 아이디어라고 했다. 또 로키치(Rokeach, 1973)는 가치란 어떤 행위의 양태나 존재의 상태가 개인적으로나 사회적으로 볼 때 그 반대의 경우보다 더 좋다고 믿는 어떤 지속적인 신념으로서, 이는 어떤 개인의 행동, 태도, 이념, 타인에 대한 자신의 노출, 평가, 정당화, 타인과의 비교, 타인에 대한 영향력 등을 결정하고 안내하는 기준이 된다고 하였다. 그리고 체머스(Chermers, 1994)도 가치 또는 가치관이란 사회적으로 사람들에 의해 바람직하다고 생각되는 것을 지향하는 것이라고 하였다.

한편 가치에 대해 체계적 연구를 시도한 정범모(1972)는 가치란 행동방향 선택에 영향을 주는 바람직한 것, 또는 해야 할 것에 관한 일반적인 생각 또는 개념이라고 개념화하였다. 그런데 여기에서 행동방향 선택이란 여러 가지의 행동목적, 행동형태, 행동방법을 내포하고 있는 상황에서 어느 한 방향을 선택, 결정하고 행동하게 되는 것을 말한다. 따라서 가치에는 의지작용이 내포되어 있다고 할 수 있다. 그리고 바람직한 것 또는 해야 할 것이란 말을 보면, 가치 속에는 강한 욕망과 동기라는 정의적 요인이 작용하고 있음을 알 수 있다. 또한 일반적인 개념이란 가치의 지적 측면을 나타내는 것으로서, 어떤 기준 내지 근거에 비추어 보아 필연성, 절박성, 정당성이 있는 것이다.

그리고 여기에서 더 나아가 정범모는 가치관(value orientation)이란 가치가 적용되는 행동장면의 내용의 범위가 넓고 일반적일 때 사용하는 용어라고 하였다. 따라서 가치와 가치관은 행동의 폭이 좁은지 넓은지의 문제를 제외하면, 거의 비슷한 용어로 사용해도 무방하다 할 수 있다.

## 2) 가치의 특징

위에서 언급한 가치의 개념화를 기초로 하여, 가치가 지닌 특징을 살펴보면 다음과 같다. 첫째, 가치는 높은 강도의 감정을 지니고 있다. 가치는 중요하거나 소중한 것, 그리고 개인적 · 사회적으로 바람직해야 되는 것에 대한 신념이다. 따라서 그 속에는 이미 상당히 높은 정도의 정서 상태가 반영되어 있다고 할 수 있다.

둘째, 가치에는 방향이 있다. 가치는 행동을 안내하는 기준이기 때문이다. 어떤 행위나 존재의 기준은 개인적, 사회적으로 받아들일 수 있는 것이어야 하는데, 이는 가치가 잘못된 것 대신에 옳은 것, 중요하지 않은 것 대신에 중요한 것을 하도록 하기 때문이다.

셋째, 가치는 그 대상이 많고 다양하다. 가치의 대상은 사물, 활동, 태도, 존재의 상태에 대한 것 등 여러 가지가 있다. 예를 들면, 슈프랑거(Spranger)는 가치가 적용되는 행동장면의 내용에 따라 가치를 이론적, 경제적, 심미적, 사회적, 정치적, 종교적 가치로 구분하였다(정범모, 1972).

넷째, 가치는 지속적인 것이다. 가치는 상당히 오랫동안 비교적 쉽게 변하지 않고 변화시키기도 어려운 것이다. 그리고 가치는 계속해서 개인뿐 아니라 사회에도 영향을 주는 것이다.

다섯째, 가치는 행동, 흥미, 태도, 만족 등을 포함해 전반적으로 영향을 미치거나 안내하는 것이다. 가치의 영향력은 그 적용 범위가 특수적 · 부분적이라기보다는 전체적 · 전반적이라 할 수 있다.

마지막으로, 가치는 학습되는 것이다. 우리는 생득적 · 선천적으로 어떤 가치를 가지고 태어나는 것이 아니고, 가치도 다른 정의적 특성과 마찬가지로, 후천적으로 환경 속에서 지속적인 경험을 통해 획득된다.

## 3) 가치의 기능

어떤 사람이 가지고 있는 가치 및 가치관이 그 사람의 행동을 결정함에 있어 얼마나 중요한 역할을 하는지는 다음과 같은 사실에서 알 수 있다. 첫째, 가치 및 가치관은 그 사람의 동기와 포부 및 행동방향을 크게 결정한다. 즉, 무엇을 원할 것이며, 어디로 가야 할 것인가를 결정한다. 예를 들면, 운명론적 가치관을 가진 사람은 여러 가지 문제에 봉착했을 때, 불리한 여건을 뚫고 나가야겠다는 욕망을 별로 가지지 않을 것이며, 복고적 가치관을 가진 사람은 보다 옛것을 찾으려 할 것이고, 인간에 대한 평등관을 가지고 있는 사람은 부당한 압력과 압박에 강한 반발심을 느끼고 저항할 것이다.

둘째, 가치와 가치관은 우리의 지각과 해석을 크게 좌우한다. 즉, 사물, 장면, 상황을 보고 느끼며 해석하는 데 큰 영향을 준다. 따라서 가치관은 세계를 보는 하나의 눈이라 할 수 있다. 예를 들면, 개척적 가치관을 가진 사람은 어떤 상황에서나 불변적인 측면보다는 가변적인 측면에 더 잘 눈을 돌리게 된다. 그런데 하나의 가치 또는 가치관에 심화된 사람은 이와 반대되는 객관적인 사실이 아무리 많이 제시되어도, 이를 보려고 하지 않으며, 또 본다 해도 달리 해석하려고 한다.

셋째, 가치와 가치관은 인생의 만족과 의의를 결정한다. 즉, 우리가 살아가면서 어디에서 만족을 얻고 의의를 발견하는지와 직결되어 있다. 그래서 어떤 사람은 부와 재물에서 큰 만족감을 얻을 것이고, 다른 사람은 학문적인 성취에서, 그리고 또 다른 사람은 사회적 봉사나 예술적 활동에서 만족이나 의의를 느낄 것이다.

넷째, 가치와 가치관은 우리에게 평가의 기준을 마련해 준다. 살아가면서 우리는 수많은 평가를 해 나가야 한다. 예를 들면, 무엇이 옳다 또는 그르다, 참이다 또는 거짓이다, 정당하다 또는 부당하다, 아름답다 또는 추하다 등 많은 평가를 하고 살아간다. 이때 우리는 어떤 평가 기준에 근거해 판단을 하는데, 가치 및 가치관이 바로 이런 역할을 한다.

## 4) 가치의 분류

가치를 분류하고 그 종류를 나누는 방법에도 여러 가지가 있다. 먼저 정범모(1972)는 어떤 가치의 조건 여부에 따라, 무조건적 지상 가치와 조건 가치로 나누었다. 지상 가치란 그 이유를 따지지 않고, 우선 당연한 것으로 받아들인 대전제로서 공리(公理)의 성격을 띤 가치다. 예를 들면, '우리는 나라를 발전시켜야 한다.'와 같은 가치다. 이에 비해 조건 가치란 예를 들면, '만약 나라를 발전시키려면 협동정신이 있어야 하므로, 우리는 협동정신을 길러야 한다.'와 같이, 대전제를 충족시키기 위한 조건이나 이유에 해당되는 가치로서 대전제라는 공리에서 유도되는 정리(定理)의 성격을 띤 가치를 말한다.

둘째, 가치는 그 적용 범위에 따라 일반가치와 특수가치로 분류하기도 한다. 일반가치는 보다 적용 범위가 큰 가치, 예를 들면 여러 사회가 공유할 수 있는 가치를 말하고, 특수가치는 그 적용 범위가 시공간적으로 한정된 가치, 예를 들면 특정의 사회가 가지고 있는 가치를 말한다. 이와 관련하여 전에는 시공간을 초월하여 보편적으로 영원히 타당한 절대가치와 문화권에 따라 다른 상대가치를 가정하였으나, 요즈음에는 절대가치란 성립할 수 없다고 보고, 이런 분류법은 잘 사용하지 않는 경향이 있다.

셋째, 가치는 또 그 적용되는 행동장면의 내용에 따라 분류되기도 한다. 앞에서 언급하였듯이, 슈프랑거는 가치를 이론적, 경제적, 심미적, 사회적, 정치적, 종교적 가치로 구분하였는데, 이것이 바로 그 예라고 할 수 있다. 그 외에도 우리는 흔히 교육적 가치, 도덕적·윤리적 가치, 문화적 가치 등의 개념도 사용하는데, 이는 가치가 적용되는 행동장면이 늘어날수록 늘어날 수 있는 가치 분류 방식이다.

넷째, 가치는 또 그 소재의 위치에 따라 내재적 가치와 외재적 가치로 분류하기도 한다. 내재적 가치란 어떤 활동을 하는 가운데 그 자체에서 보람을 느끼고 만족과 즐거움을 얻는 가치를 말하고, 외재적 가치란 그 활동을 통하여 다른 것을 얻으려고 하는 가치, 즉 그 활동을 수단적으로 활용하여 다른 목적을 달성하려고 하는 가치를 말한다. 예를 들면, 교육하는 것 자체에서 보람을 느끼고 가치를 느끼면, 이는 내재적 가치에 해당되고, 교육을 수단으로 하여 출세를 하려고 하면, 이는 외재적 가치에 해당된다(장상호, 2005).

## 5) 가치 명료화

오늘날 많은 청소년들의 일탈 문제는 바람직하지 못한 가치관에 기인하는 경우가 많다. 그런데 현대사회에서는 가정의 교육적 기능의 약화, 급격한 사회적 변화, 이질적 문화의 유입, 여러 대중매체를 통한 다양한 문화의 접촉 등으로 인해 특히 청소년들이 가치관에 혼란을 겪기 쉽다. 따라서 올바른 행동방식을 결정하게 하는 정신적·도덕적 근거로서, 올바른 가치관을 갖도록 하는 일이 필요하다고 하겠다(윤운성, 김홍운, 2001).

일찍이 래스, 하민과 싸이먼(Raths, Harmin, & Simon, 1978)은 가치관 형성의 한 방법으로 가치 명료화(value clarification)를 제안한 바 있다. 이는 다양한

| 〈표 7-7〉 | 가치 명료화 과정 |
|---|---|

(1) 선택하기(choosing)
　　① 자유롭게 선택하기
　　② 여러 대안으로부터 선택하기
　　③ 결과를 심사숙고한 뒤 선택하기
(2) 자랑스럽게 여기기(prizing)
　　④ 선택한 것을 귀중하게 여기고 존중하기
　　⑤ 필요하면 선택한 것을 여러 사람 앞에서 확인하기
(3) 실행하기(acting)
　　⑥ 선택한 가치를 행동에 옮기기
　　⑦ 선택한 가치를 유형화하여 일관성 있게 반복해서 실행하기

선택이 가능한 가치의 목록에서, 가치의 실체와 자신의 가치에 대해 명확히 이해하고, 자신의 가치를 선택하며, 이를 소중히 여기고, 또 실행하여 내면화하도록 하는 것이다. 가치 명료화 과정은 〈표 7-7〉과 같이 7단계로 구성되어 있다.

## 6) 가치관의 내용

가치관의 내용에 대해 좀 더 실질적으로 모형화하고 실증적으로 연구를 전개한 것으로 클럭혼(Kluckhohn & Strodbeck, 1961)과 정범모(1972)의 연구가 있다. 그런데 두 모형을 비교해 보면, 정범모의 모형은 전자의 것을 토대로 더욱 발전시킨 것임을 알 수 있다. 그러나 여기에서는 각자의 내용을 간단히 살펴보려고 한다.

### (1) 클럭혼의 가치관 모형
먼저 클럭혼은 어느 개인이나 집단이든지 반드시 당면하게 되는 '기본적인 인간 문제'가 5가지 있다고 전제하고, 각 문제에 대해 어떤 방향의 해답을 가지고 있느냐에 따라, 각각 3가지씩의 가치관이 성립된다고 하였다. 그의 가치관

| 〈표 7-8〉 | 클럭혼의 가치관 |
| --- | --- |

1) 인간성은 본래?(인간관)
　① 악하다　② 선악 없다　③ 선하다
2) 인간과 자연의 관계는?(자연관)
　① 자연에 예속　② 자연과 조화　③ 자연의 정복
3) 인간관계는 본래?(인간관계관)
　① 종적　② 횡적　③ 개인적
4) 바람직한 인간의 보람은?(인간가치관)
　① --인 보람　② -되는 보람　③ --하는 보람
5) 보람 있는 시간은?(시간관)
　① 과거　② 현재　③ 미래

모형의 내용은 크게 인간관, 자연관, 인간관계관, 인간가치관, 시간관의 5개 범주로 되어 있다. 그리고 각각에 대해 3가지 선택지 중에서 고르도록 되어 있다. 그 구체적인 내용을 표로 제시하면 〈표 7-8〉과 같다.

### (2) 정범모의 가치관 모형

정범모의 가치관 모형은 클럭혼의 가치관 모형과 비슷하나, 구체적 내용에 있어서는 약간 차이가 있다. 그는 전통 대 발전이라는 대조를 선상에 두고, 가치관을 분석하였는데, 크게 자연관, 인간관, 시간관, 인생관, 사회관의 5가지 범주로 나누었다. 그 구체적 내용은 〈표 7-9〉와 같다.

| 〈표 7-9〉 | 정범모의 가치관 |
| --- | --- |

(1) 자연관
　　① 혼돈관　　② 질서관
　　① 불변관　　② 변화관
(2) 인간관
　　① 예속관　　② 조화관　　③ 주체관
(3) 시간관
　　① 과거 지향　　② 현재 지향　　③ 미래 지향
(4) 인생관
　　① 쾌락관　　② 수양관　　③ 활동관
(5) 사회관
　　① 종적 관계　　② 횡적 관계　　③ 개인주의
　　① 귀속주의　　② 업적주의
　　① 특정주의　　② 보편주의

# 5. 몰입

## 1) 몰입의 의미

최근 심리학계에서 주목을 받고 있는 대표적 주제의 하나가 바로 몰입(flow)
이다. 몰입은 어떤 행위에 깊게 몰두하여 시간의 흐름이나 공간, 더 나아가서
는 자신에 대한 생각까지도 잊어버리게 되는 심리 상태다(Csikszentmihalyi,
1990). 다시 말해서 이는 삶이 고조되는 순간에 물 흐르듯 행동이 자연스럽게
이루어지는 느낌을 표현하는 말이다(이희재 역, 1999). 이와 비슷한 개념으로,
이 분야 연구를 개척한 칙센트미할리(Csikszentmihalyi)는 최적 경험(optimal
experience)이라는 표현을 쓰기도 한다(Csikszentmihalyi & Csikszentmihalyi,
1988).

그런데 처음 이 개념이 우리 학계에 소개되었을 때는 적절한 번역어가 없어
서 영어 단어를 그대로 한글로 발음하여 플로우라 하기도 하고, 흐름, 몰입,

몰두 또는 몰류라 번역하는 사람도 있었다. 그러나 현재는 몰입이라는 용어가 점차 일반화되어 가고 있는 추세다. 우리말에서 이와 의미가 가까운 개념으로 삼매경(三昧境)이라는 말을 들 수 있다(최인수 역, 2004). 우리가 흔히 말하듯이, 누군가가 독서 삼매경에 빠졌다고 할 때의 그 사람의 심리 상태를 말하는 것과 같다. 따라서 이는 다른 말로 하면 물아일체의 상태, 무아지경 또는 황홀경이라고도 할 수 있다.

그러므로 몰입은 흔히 자기가 가장 좋아하는 일을 할 때, 어떤 다른 일에는 관심이 없을 정도로 지금 하고 있는 일에 푹 빠져 있는 상태로서, 지금 이 경험 자체가 즐겁고, 그래서 어지간한 고생도 감내할 준비가 되어 있는 상태다. 즉, 몰입은 쉽지는 않지만 그렇다고 버겁지도 않은 과제를 극복하는 데 한 사람이 자신의 온 실력을 쏟아 부을 때 나타나는 현상이라 할 수 있다. 이때 사람들은 외적 조건에 압도되지 않고, 행동을 스스로 조절하며, 내가 내 운명의 주인인 듯한 느낌을 갖는다. 이 순간 사람들은 행복감과 즐거움을 만끽한다. 그리고 이를 통해 사람들은 삶의 질을 끌어올릴 수 있다.

그래서 어떤 일에 몰입하는 사람들은 그들이 소유한 물질적 조건에 상관없이 삶의 질을 스스로 향상시켜 가고 있으며, 만족을 느끼고 있다. 더군다나 주위에 있는 사람들에게도 행복을 조금씩 나누어 주고 있기 때문에, 그들의 미래 또한 긍정적이다. 또한 그들은 열심히 살고 있으며, 다양한 경험을 즐기고, 죽는 순간까지 배우려고 하며, 자신의 주위에 있는 사람들과 진실한 관계를 맺는다. 지루한 일이든 어려운 일이든, 무엇을 하든지 즐길 수 있으며, 삶에 대해서 싫증을 느끼지 않고, 어려운 문제를 잘 해결해 나간다. 이들이 가지고 있는 가장 큰 장점은 자신의 삶을 스스로 통제하고 있다는 사실이다(최인수 역, 2004).

사람들은 여러 가지 상황에서 몰입을 경험한다. 어떤 사람은 일하는 가운데 몰입하기도 하고, 또 다른 사람은 운동, 음악이나 미술 감상, 요리할 때 몰입하기도 한다. 심지어 사랑하는 사람과 성 행위를 할 때 몰입감을 느끼기도 한다. 또 어떤 사람들은 철학이나 과학과 같은 지적 활동에서 느끼기도 하고, 또 다른 사람들은 친구 등 다른 사람과 함께 어울리는 가운데 몰입감을 느끼기도 한다. 이처럼 몰입은 거의 우리 생활의 전반에 걸쳐 일어날 수 있다고 할 수 있다.

## 2) 몰입과 의식 상태

그런데 이러한 몰입은 우리 정신의 의식 상태와 밀접한 관련을 가지고 있다. 우리 의식이 무질서 상태인 때를 엔트로피(entropy) 상태라 한다. 이는 몰입할 때와 정반대 상태다. 우리 의식이 무질서 상태이면, 주의가 분산되어 집중이 안 되므로, 어떤 일을 하더라도 마지못해 하게 된다.

그런데 이는 우리 정서가 부정적일 때 잘 나타난다. 예를 들면, 우리가 고통, 공포, 불안, 질투, 분노, 슬픔, 두려움, 떨림, 지루함 등을 느낄 때다. 이때는 마음이 심란하여 주의가 산만해지고, 그 결과 하는 일에 집중도 안 되며, 능률도 오르지 않게 된다.

이에 비해 우리가 어떤 일에 몰입해 있을 때는 우리 의식이 질서 상태에 있다. 그래서 의식의 질서 상태를 네겐트로피(negentropy) 상태라고도 한다. 다시 말해서 이는 반 엔트로피(neg+entropy) 상태라는 뜻이다.

우리가 어떤 일에 몰입하여 우리의 의식이 질서 상태에 있으면, 작업에 우선순위를 정하고 순서대로 일을 할 수 있게 된다. 그리고 그 일을 하려는 의도가 분명해, 주의가 목표만을 위해서 자유롭게 사용되고, 또 동기가 강하게 일어나 과제에 집중할 수 있게 된다. 그래서 민첩하고 과단성 있게 일을 추진할 수 있다.

한편 우리가 어떤 일에 몰입할 때는 행복, 자신감, 자부심, 의욕, 즐거움과 같은 긍정적 정서를 경험한다. 이때 우리는 마치 하늘을 자유롭게 날아가는 느낌, 그리고 물 흐르는 것처럼 편안한 느낌을 갖게 된다. 그래서 몰입을 최적 경험이라고도 하는 것이다.

## 3) 일, 여가, 몰입의 관계

우리나라 사람들을 대상으로 하루를 어떻게 보내고 있는지 조사한 자료는 없지만, 미국인들을 대상으로 조사한 바에 따르면(이희재 역, 1999), 미국인들은 하루의 24~60%의 시간을 공부나 직장에서의 근무와 같은 생산활동에, 20~42%의 시간을 가사, 식사, 몸단장 및 출퇴근과 같은 유지활동에, 그리고 나머지 20~43%의 시간을 TV 시청, 취미 생활, 운동, 영화 보기, 교제, 휴식 등의 여가활동에 보내는 것으로 알려져 있다. 이러한 통계는 이제 생활 패턴이 비슷해진 우리나라의 경우도 비슷하리라 생각된다. 여기에서 몰입은 우리가 일할 때나 여가생활을 즐길 때 많이 나타난다. 그런데 최근에는 몰입의 경험이 점점 일의 영역에서 여가 쪽으로 옮겨간다.

미국인들의 하루 생활과 행복감, 의욕, 집중력, 몰입 등의 경험의 질과의 관계를 보면 〈표 7-10〉과 같다. 이 표에서 보면, 몰입이 잘 나타날 때는 공부나

| 〈표 7-10〉 | 하루 생활과 경험의 질의 관계 | | | |
|---|---|---|---|---|
| 생산활동 | 행복감 | 의욕 | 집중력 | 몰입 |
| 근무나 활동 | − | − − | ++ | + |
| 유지활동 | | | | |
| 가사 | − | − | ○ | − |
| 식사 | ++ | ++ | − | ○ |
| 몸단장 | ○ | ○ | ○ | ○ |
| 운전, 출퇴근 | ○ | ○ | + | + |
| 여가활동 | | | | |
| TV 시청이나 독서 | ○ | ++ | − | − |
| 취미, 운동, 영화 | + | ++ | + | ++ |
| 담소, 교제, 섹스 | ++ | ++ | ○ | + |
| 휴식, 빈둥거리기 | ○ | + | − | − − |

− 부정적, − − 아주 부정적, ○ 평균 또는 중간, + 긍정적, ++ 아주 긍정적

출처: Csikszentmihalyi & Csikszentmihalyi(1988).

일 등 생산활동을 할 때, 출퇴근, 운전 등의 유지활동을 할 때, 그리고 취미생활, 운동, 영화 보기, 교제 등의 여가활동을 할 때다. 특히 취미생활, 운동, 영화 보기와 같은 능동적, 적극적 여가활동을 할 때, 몰입해서 하는 경우가 어느 때보다도 더 높았다. 이에 비해 같은 여가활동이라고 해도, TV 시청이나 휴식, 빈둥거리기와 같은 수동적, 소극적 여가활동은 오히려 몰입 정도를 떨어뜨렸다.

우리는 평균적으로 하루 생활의 약 3분의 1의 시간을 일을 하면서 보낸다. 그런데 일은 좋은 점과 나쁜 점이 모두 있다. 전자는 일이 즐거움과 행복감을 주고, 우리가 그 일에 몰입할 수 있을 때다. 이에 비해 어떤 일은 일 같지도 않아, 짜증과 싫증이 나게 할 때가 있다. 이를 일의 역설이라고 한다. 여기에서 우리가 몰입할 수 있는 일은 그 목표가 분명하고, 그 일의 난이도와 자신의 실력이 비슷하며, 그 효과가 곧바로 나타나는 일이다.

## 4) 몰입의 특징

### (1) 과제의 난이도와 실력의 균형

몰입은 우선 자신이 완성시킬 가능성이 있는 과제에 직면했을 때 일어난다. 그런데 그런 과제는 무조건 쉬운 과제가 아니라, 기술을 요하는 도전적 활동이어야 한다. 그러므로 과제의 난이도와 실력이 균형을 이룰 때, 가장 잘 몰입한다고 할 수 있다. 이를 그림으로 나타내면, [그림 7-8]과 같다. 이를 보면, 몰입은 배움으로 이끄는 힘, 즉 새로운 수준의 과제에 실력으로 올라가게 하는 힘이라 할 수 있다.

### (2) 행동과 각성의 통합

사람이 어떤 일에 몰입을 하게 되면, 그 활동은 자발적, 아니 거의 자동적으로 일어난다. 즉, 사람들은 그들 자신과 그들이 수행하고 있는 행동을 더 이상 분리하여 생각하지 않게 된다. 다시 말해서 물아일체가 된다는 말이다. 그래

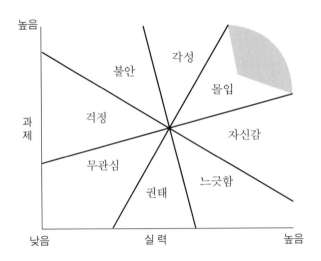

[그림 7-8] 과제와 실력의 함수관계에 따른 경험의 질

출처: Csikszentmihalyi(1990).

서 그 사람의 주의는 관련된 활동에만 집중되고, 그 이외의 어떤 정보도 처리할 심리적 에너지는 남지 않는다.

### (3) 명확한 목표

또한 우리가 어떤 일에 몰입하는 것은 명확한 목표가 있기 때문이다. 즉, 우리에게 노력의 대상이 될 분명하고 혁신적인 목표가 있다는 뜻이다. 이런 목표 내지 목적의식을 가진 사람을 자기 목적적(autotelic) 성격의 소유자라 한다. 그는 말 그대로 스스로 만들어 낸 목적을 가지고 있는 사람이다. 그는 스스로 선택한 목표가 있으므로 이를 달성하기 위해 더욱 정진한다. 그리고 자신이 선택한 목표이기 때문에 상황이나 이치에 맞지 않을 때는 융통성 있게 그 목표를 수정할 수 있다.

### (4) 즉각적 피드백

몰입의 또 하나의 특징은 즉각적 피드백을 받을 수 있다는 점이다. 다시 말해서 어떤 활동을 한 후, 곧바로 목표달성 여부를 확인할 수 있다는 것이다. 그 결과 원하는 목표를 잘 달성했으면 다음 목표를 향해 나아가고, 달성하지 못했다면 궤도 수정을 하여 다름 목표를 설정하고, 이를 달성하도록 노력하게 해 준다.

### (5) 현재 일에 집중

일반적으로 잡다한 일상사들은 원활한 심리적 에너지의 흐름을 방해하는 엔트로피 요소가 있다. 그런데 어떤 일에 몰입하게 되면, 그것이 지속되는 동안 인생의 불쾌한 모습을 모두 잊을 수 있다는 것이다. 이는 즐거운 일이 현재의 일에 주의를 완전히 집중해야 하기 때문이다. 자연스럽고 깊은 몰입 행동은 관련 없는 정보를 처리할 여유가 없게 만든다. 그래서 몰입은 경험의 질을 변화시키고 향상시키는 역할을 한다.

### (6) 자신의 행동에 대한 통제감

사람들은 어떤 일에 몰입하면, 자신이 하는 일과 그 결과를 통제할 수 있다는 느낌을 갖는다. 다시 말해서 자신의 세계를 완전히 장악하고 있다는 느낌을 갖는다. 그러나 이는 실제로 장악하고 통제한다기보다는, 장악 및 통제할 수 있다는 가능성이다. 그런 경우 사람들은 실패를 두려워하지 않고, 마음이 이완되고 편안하며, 행복감을 느끼게 된다.

### (7) 자의식의 사라짐

우리가 어떤 활동에 몰입하게 되면, 일시적으로 관련 없는 것에는 주의가 가지 않는다. 우리의 의식에서 사라지는 것 중 하나가 자신에 대한 생각인 자의식이다. 그러나 자의식이 사라진다고 해서, 자아가 없어진다거나, 의식의 상실을 의미하는 것은 아니다. 단지 자아에 대한 인식이 없어진다는 것이다. 다시 말해서 일시적으로 자신이 누구인가를 망각하고, 즐거운 경험을 한다는 것이다.

### (8) 시간관념의 왜곡

몰입 상태에서는 더 이상 시간이 일상적으로 흐르지 않고 다르게 흘러간다. 그래서 몰입 상태에서는 대체로 종종 몇 시간이 몇 분처럼 흘러간다. 그리고 대부분 사람들은 시간이 너무 빨리 지나가는 것 같다고 말한다. 그러나 그 반대의 경우도 있다. 어떤 경우는 1초도 걸리지 않는 한 동작이 너무 어려워, 마치 몇 분이나 걸린 것처럼 느끼기도 한다. 그러므로 몰입 경험이 지속되는 동안 느껴지는 시간은 시계에 의해 측정되는 객관적인 외부적 시간과는 전혀 관련이 없다.

## 5) 몰입과 가정환경

어떤 사람들은 전철역에서 다음 열차를 기다리면서도 시간을 잘 보내는 반면, 어떤 사람들은 환경이 아무리 좋아도 지루함을 느낀다. 많은 연구에 의하면, 아동이 가정에서 부모와 어떻게 상호작용을 하면서 자랐는가는 그 사람의 몰입에도 영향을 미친다고 알려져 있다. 이런 가정환경을 자기 목적적 가정환경이라 할 수 있는데, 이런 환경에서 자란 아동들은 다른 아동들에 비해 더 명랑하고, 행복하며, 만족하고, 의지가 강한 경향이 있다. 다음에서는 몰입을 경험하게 하는 가정환경 유형의 특징을 몇 가지 고찰하기로 한다.

첫째, 명료성이다. 아동들은 가정에서 부모가 자신들에게 무엇을 기대하는지 분명하게 알고 있다고 생각한다. 그리고 가정 내 상호작용에서 달성해야 할 목표가 무엇인지, 그리고 그 목표를 달성했을 때 제시되는 피드백이 명료하다.

둘째, 중심성이다. 이는 부모가 자식들이 좋은 대학이나 직장에 들어가는 것보다는 현재 자식들이 하고 있는 구체적인 일에 대한 경험과 감정에 관심을 갖는 것을 말한다. 즉, 자식들이 관심을 가지고 있는 과제에 집중하는 것이다.

셋째, 선택성이다. 이는 자녀들의 선택을 존중하는 것으로서, 선택의 결과에 대해 스스로 책임질 수 있다면, 부모가 세운 원칙도 지키지 않을 수 있다는 것을 말한다. 다시 말해서 이는 그만큼 다양한 가능성이 있다는 것을 뜻한다.

넷째, 신뢰성이다. 이는 부모가 자식에게 갖는 믿음을 말한다. 이러한 부모의 보호 아래서 자란 자식은 편안하게 자기가 관심 있는 것에는 어느 것이든 참여할 수 있다.

다섯째, 도전성이다. 이는 자식에게 점점 더 어려운 과제에 도전하도록 기회를 제공하는 부모의 헌신을 말한다. 이런 부모 아래서 자란 아동들이 더 큰 목표를 가지고 있고, 또 그것을 달성하기 위해 일에 몰입을 더 잘한다.


# 6. 역경 극복력

## 1) 역경 극복력의 의미

역경 극복력 또한 최근에 긍정심리학(positive psychology)의 영향으로 심리학계에서 각광을 받고 있는 대표적인 연구주제 중의 하나다. 우리는 주위에서 운 좋게 좋은 부모를 만나 유복한 생활을 하는 사람도 종종 만나지만, 가끔은 지적, 정서적, 신체적, 환경적으로 커다란 장애, 고난, 역경을 딛고 일어나, 성공적인 삶을 사는 사람들도 본다. 그런데 우리는 또 똑같은 어려움에 처했는데, 이를 이겨 내지 못하고 빈곤과 절망, 자포자기, 심지어 정신질환에 걸리는 경우도 본다. 여기에서는 위에서 첫째 사례 경우의 사람들을 다루려고 하는데, 심리학에서는 이를 역경 극복력(resilience)이라 한다.

여기에서 역경 극복력이라고 하는 것은 원래 재료과학에서 온 단어다. 재료과학에서 탄성 또는 반발탄성(resilience)은 어떤 재료가 사용되거나 당겨지거나 압축된 후에, 원래의 형태나 위치를 되찾는 능력을 말한다. 이를 우리나라 학계에서는 회복력(김혜성, 1998), 탄력성(홍은숙, 2006), 회복탄력성(김주환, 2011; 안진희 역, 2011) 또는 적응유연성(신현숙 역, 2010) 등으로 번역하여 쓰고 있다. 그런데 이 책에서는 역경을 이겨 낸다는 원래의 의미를 강조하기 위하여, 역경 극복력이란 용어를 쓰기로 한다.

심리학적으로 역경 극복력이란 역경에 대처하여 그것을 이겨 낼 수 있는 능력을 말한다. 다시 말해서 아동이 성장하면서 겪은 정서적, 발달적, 경제적, 환경적 어려움을 극복할 수 있는 능력이다. 그러므로 이는 불리한 조건에서도 아동이 긍정적으로 발달하고, 부적응적 결과를 피해 가는 것이라고도 할 수 있다.

아동은 태어나 살아가면서 여러 가지 위험요인(risk factor)에 노출되기 쉽다. 위험요인이란 발달 과정에서 부정적인 결과를 낳을 가능성이 큰 요인을 말한다. 예를 들면, 가난, 열악한 주위 환경, 부모의 이혼 또는 사망, 부모의 정신질환, 아동학대, 출생 시의 지적 또는 신체적 장애, 비행 또래집단 등 아주 다양하다.

그런데 어떤 아동들은 이를 잘 극복하고 건전하게 잘 살아간다. 그 이유는 그들에게 그들을 위험요인으로부터 지켜주는 소위 보호요인(protective factor)이 있기 때문이다. 여기에서 보호요인이란 위험요인에 직간접적으로 작용하여 부정적 결과의 발생 가능성을 낮추거나, 그로부터 아동을 보호해 주는 개인적·환경적 요인을 말한다(신현숙 역, 2010). 예를 들면, 우수한 지능, 높은 사회성, 좋은 부모, 좋은 친구, 좋은 학교, 자동차 에어백, 119 구급차, 신생아 집중관리실, 자살 방지 긴급전화(hotline), 건강보험 등을 들 수 있다.

## 2) 역경 극복력의 측정

어떤 사람이 역경에서 극복력이 있다는 것을 주장하려면, 2가지 판단을 해야 한다. 첫째, 그 사람이 중대한 위험이나 역경에 노출된 적이 있어야 한다. 둘째, 그 사람이 최소한 보통 또는 정상적인 발달을 이뤄야 한다. 먼저 사람의 삶 속에서 위험이나 역경이 있다는 것을 측정하기 위해서는 2가지 접근방법이 있다. 하나는 주요 생활사건(major life events)을 측정하는 것이고, 다른 하나는 일상적 골칫거리(daily hassles)를 측정하는 것이다.

　여기에서 주요 생활사건을 측정할 때는 부모의 이혼 또는 사망과 같은 일화적, 외상적(外傷的, traumatic) 사건에 주목한다. 다양한 외상적 사건을 측정하는 데는 챈들러(Chandler, 1981)의 스트레스 원 척도나 워크 등(Work et al., 1990)의 생활사건 검목표(checklist)가 많이 사용된다. 한편 일상적 골칫거리는 아동 양육자의 잦은 교체, 질 낮은 양육방식, 일관성 없거나 가혹한 훈육 등과 같이, 주요 생활사건에 비해 심각성은 낮지만, 그 상습성 때문에 더 큰 위험의 원천이다. 이를 측정하는 데는 캐너 등(Kanner et al., 1981)의 일상적 골칫거리 척도가 많이 사용된다.

　역경 극복력을 측정하는 데는 드브뢰(Devereux) 재단이 개발한 두 가지 표준화 척도가 많이 사용된다. 하나는 르뷔프와 나글리에리(LeBuffe & Naglieri, 1999)가 개발한 드브뢰 영유아기 평가(Devereux Early Childhood Assessment: DECA)이고, 다른 하나는 또 르뷔프와 나글리에리(2003)가 개발한 드브뢰 영유아기 임상 평가(Devereux Early Childhood Assessment-Clinical Form: DECA-C)다. 전자는 영유아교육 프로그램 담당자와 교사가 사용하는 척도이고, 후자는 정신건강 전문가가 임상용으로 사용하는 척도다.

　먼저 DECA는 2~5세 영유아의 역경 극복력과 관련하여, 보호요인과 행동문제를 평가할 때 사용하도록 개발된 표준화 검사다. 보호요인으로는 주도성, 자기 통제, 애착을 측정한다. 그리고 행동 문제 척도는 문제행동을 보이는 아동을 확인하는 데 사용된다. DECA는 일차적 예방 차원에서 사용되도록 개발되어, 모든 아동들에게 사용될 수 있다.

　DECA-C는 정서적, 사회적, 행동적 문제의 징후를 보이는 아동에게 사용할 목적으로 개발되었다. 그러므로 이는 임상적 측정도구를 실시하고 해석하는 데 필요한 자질을 갖춘 심리학자, 상담자, 임상훈련가 등 전문가들이 사용하는 척도다. 이는 DECA의 확대판이라고 할 수 있는데, 그 내용을 보면 보호요인을 측정하는 주도성, 자기 통제, 애착 요인은 같고, 행동 문제를 재는 척도는 더욱 확대되어 주의력 문제, 공격성, 정서 통제 문제, 위축/우울 척도로 되어 있다.

한편 김주환(2011)은 레이비치와 셰티(Reivich & Shatte, 2002)의 역경 극복력(회복탄력성)을 잴 수 있는 측정도구를 번안하여, 한국형 KRQ-53 테스트를 개발하였다. 레이비치와 셰티의 검사도구 원본은 7개 요인, 전체 56문항으로 되어 있으나, 김주환은 이를 53문항으로 간편화하였다. 따라서 이 검사를 이용하면, 역경 극복력 지수(quotient)를 알 수 있다. 그는 또 청소년을 위한 27문항으로 된 YKRQ-27도 개발하였다.

## 3) 역경 극복력에 영향을 주는 변인

아동 및 청소년의 역경 극복력 향상에 영향을 주는 변인에는 여러 가지가 있다. 이는 아동 개인적 특성과 환경적 변인으로 나눌 수 있는데, 환경적 변인은 다시 가족적 특성, 지역사회 특성, 사회문화적 특성으로 구분할 수 있다. 극복력이란 곧 이런 개인적 변인과 환경적 변인의 상호작용 결과인데, 각 변인별로 그 구체적 내용을 열거하면 다음과 같다(Goldstein & Brooks, 2005).

(1) 개인적 변인
① 유아기의 사회적, 적응적 기질
② 인지능력과 문제해결 기술
③ 효과적인 정서 및 행동 조절 전략
④ 자신감, 자아 존중감, 자아 효능감 등 자신에 대한 긍정적 견해
⑤ 희망 등 삶에 대한 긍정적 견해
⑥ 삶에 대한 믿음과 의미
⑦ 재능, 유머, 매력 등 개인적, 사회적으로 가치 있는 특징

(2) 가족적 변인
① 안정적, 지지적인 가정환경
② 낮은 수준의 부모 갈등

③ 대응적인 양육자와의 친밀한 관계

④ 높은 수준의 애정, 통제, 기대를 하는 권위 있는 육아 방식

⑤ 긍정적 형제자매 관계

⑥ 전체 가족 구성원과의 지원적 연결 관계

⑦ 자녀교육에 대한 부모의 관심

⑧ 아동 보호적 특성을 가진 부모

⑨ 사회경제적 우수성

⑩ 고등교육 받은 부모

⑪ 신앙 및 종교적 관계


(3) 지역사회 변인

① 이웃의 높은 질적 수준

② 안전한 이웃

③ 낮은 수준의 지역사회 폭력

④ 감당할 만한 주택 가격

⑤ 레크리에이션 센터의 접근가능성

⑥ 맑은 공기와 물

⑦ 효과적인 학교

⑧ 잘 훈련되고 보상받은 교사

⑨ 방과 후 프로그램

⑩ 운동, 음악, 미술 등 학교의 레크리에이션 자원

⑪ 부모와 10대의 취업 기회

⑫ 좋은 공공 건강관리

⑬ 경찰, 소방서, 병원 등의 비상 서비스

⑭ 애정 있는 성인 지도자 및 친한 친구와의 관계

(4) 사회문화적 변인

① 아동의 노동, 건강, 복지 등 보호적 아동정책

② 교육 지향적 가치관과 자원

③ 압제와 정치적 폭력의 예방 및 보호

④ 신체적 폭력에 대한 낮은 수용


## 4) 역경 극복력의 증진

앞에서는 역경 극복력에 영향을 주는 변인들에 대해 알아보았다. 그러므로 어떻게 하면 역경 극복력을 증진시킬 수 있는가의 대체적인 방향은 알 수 있는 셈이다. 그런데 이와 관련하여 벤슨(Benson, 2003)은 아동 및 청소년의 긍정적 발달을 촉진시키기 위한 발달 자산(development asset) 모형을 개발하였다. 그들은 아동 및 청소년의 강점에 기반을 두고, 여러 인간적, 사회적 관계의 맥락 안에서 그들이 건강하게 발달한다고 보았다. 그들은 아동 및 청소년의 긍정적 발달에 영향을 주는 자산을 우선 외적 자산과 내적 자산으로 나누고, 외적 자산으로는 지지, 역량 강화, 경계와 기대, 그리고 시간의 건설적 사용을 들었다. 그리고 내적 자산으로는 학습에의 몰입, 긍정적 가치, 사회적 유능성, 그리고 긍정적 정체감을 들었다. 그 구체적인 내용은 다음과 같다(신현숙 역, 2010).


(1) 지지

① 가족의 지지: 가족생활이 많은 사랑과 지지를 제공

② 가족의 의사소통: 자녀와 부모의 긍정적 의사소통, 부모의 충고와 조언 수용

③ 다른 성인과의 관계: 부모 외 3인 이상의 다른 성인의 지지를 받음

④ 애정 있는 이웃: 애정이 있는 이웃을 경험함

⑤ 애정 있는 학교 풍토: 학교가 애정 있고 격려하는 환경을 제공

⑥ 학교에 대한 개입: 자녀가 학교에서 성공하도록 돕는 데 부모가 적극 개입

## (2) 역량 강화

① 아동 및 청소년 가치 인정: 지역사회의 성인이 그들의 가치를 인정한다고 지각함
② 자원으로서 아동 및 청소년: 지역사회에서 유용한 역할이 그들에게 주어짐
③ 타인을 위한 봉사: 매주 한두 시간 지역사회에서 봉사활동을 함
④ 안전: 가정, 학교, 지역사회에서 안전하다고 느낌

## (3) 경계와 기대

① 가족 경계: 가족이 명백한 규칙을 가지고 아동 및 청소년의 행방을 감독함
② 학교 경계: 학교가 명백한 규칙을 제공함
③ 이웃 경계: 이웃이 아동 및 청소년의 행동을 감독할 책임을 짐
④ 성인 역할 모형: 부모와 다른 성인들이 긍정적이고 책임 있는 행동의 모범을 보임
⑤ 긍정적 또래 영향: 가장 친한 친구가 책임감 있는 행동의 모범을 보임
⑥ 높은 기대: 부모와 교사가 그들의 높은 성취를 격려함

## (4) 시간의 건설적 사용

① 창의적 활동: 음악, 연극 등 예술 분야에서 주 3시간 이상 교육을 받고 연습함
② 아동 청소년 프로그램: 학교나 지역사회의 스포츠클럽 등에서 주 3시간 이상이 이루어짐
③ 종교적 지역사회: 주 1시간 이상 종교기관에서 활동함
④ 가정에서의 시간: 특별히 하는 일 없이 집 밖에서 밤샘하는 것이 주 2일 이하임

### (5) 학습에 대한 몰입

① 성취동기: 학교에서 잘하도록 동기부여 받음

② 학교 몰입: 학습에 적극적으로 몰입함

③ 숙제: 주중 매일 1시간 이상 숙제한다고 보고함

④ 학교에 대한 애착: 학교에 대해 애착을 느낌

⑤ 즐거움을 위한 독서: 주 3시간 이상 즐거움을 위해 독서함

### (6) 긍정적 가치

① 애정과 배려: 다른 사람을 돕는 일에 높은 가치를 둠

② 평등과 사회정의: 평등을 증진시키고 기아와 빈곤을 감소하는 데 높은 가치를 부여함

③ 온전: 자신의 확신에 따라 행동하고 자신의 신념을 옹호함

④ 정직: 쉽지 않을 때에도 진실을 말함

⑤ 책임: 개인적 책임을 수용하고 맡음

⑥ 자제: 성적으로 절제하고, 술과 약물을 사용하지 않는 것이 중요하다고 믿음

### (7) 사회적 유능성

① 계획과 의사결정: 사전에 계획을 하고 선택하는 방법을 알고 있음

② 개인 간 유능성: 공감, 감수성, 우정의 기술을 가지고 있음

③ 문화적 유능성: 서로 다른 문화, 인종, 민족 출신 사람에 대해 알고 편안함

④ 저항 기술: 부정적 또래 압력과 위험한 상황에 저항할 수 있음

⑤ 평화적 갈등해결: 비폭력적으로 갈등을 해결하려 함

### (8) 긍정적 정체감

① 개인적 힘: 자신에게 일어난 일을 통제할 수 있다고 느낌

② 자아 존중감: 높은 자아 존중감을 가지고 있다고 보고함

③ 목적의식: 인생의 목적을 가지고 있다고 보고함
④ 개인적 실패에 대한 긍정적 견해: 자신의 개인적 실패에도 낙관적임

# 7. 스트레스

## 1) 스트레스의 의미

스트레스(stress)란 용어가 건강심리학의 용어로 사용되기 시작한 것은 1926년 셀리에(Selye)에 의해서였다. 그는 원래 동물을 대상으로 실험을 하여 그 생리적 반응에 초점을 두었다. 그는 스트레스를 어떤 요구에 대한 신체의 불특정한 반응이라고 정의하였다. 즉, 스트레스는 많은 환경적 스트레스 원(stressor)에 의해 야기된 신체 내의 일반적이고 지속적인 일련의 반응이다.

그런데 스트레스를 이와는 달리 보는 연구자들도 있다. 어떤 사람에게 스트레스를 주는 사태가 일어나면, 이는 곧 그의 내적, 외적 인지적 평가에 의해 중재되어, 그 사태가 자신에게 위협적인지 아닌지를 해석하고, 또 동시에 자신이 그 스트레스 원을 다룰 수 있는 능력이 있는지를 평가함으로써, 그에 대한 반응이 결정된다고 주장하는 연구자들도 있다. 즉, 그들은 위협과 대응능력에 대한 해석에 초점을 두는데, 이러한 해석과정에 영향을 주는 성격 특성이 있다는 것이다. 특히 라자루스와 포크먼(Lazarus & Folkman, 1984)이 이러한 견해를 견지한다. 그들은 스트레스를 정의하기를, 환경 내 사태에 대한 사람의 지각인데 여기에는 잠정적 위협, 해, 도전에 대한 평가뿐 아니라 그것들을 다루거나 대처할 수 있는 개인의 능력까지가 포함된다고 하였다.

한편 허버트와 코헨(Herbert & Cohen, 1994)은 스트레스를 사람과 환경 간의 상호작용에서 유래하는 조건으로 본다. 그들에 의하면, 스트레스는 어떤 상황의 요구와 어떤 사람의 대처 자원 사이의 차이(discrepancy)에 대한 그 개인의 지각을 말한다. 또 다른 사람들은 스트레스의 자극적인 측면에 주목한

다. 그래서 스트레스란 생리적, 질병적, 정서적 반응의 촉발 자극이라고 본다. 이에 따르면, 스트레스는 일탈적인 지적, 정서적, 신체적 행동의 출발점이다 (Doctor & Doctor, 1994).

한편 현대인들의 사망 원인을 보면, 스트레스성 생활양식이 약 50%로 거의 절반을 차지한다. 그리고 생물학적 원인이 약 20%, 환경적 원인 또한 약 20%, 그리고 나머지 약 10%가 기타 원인 탓이다. 인간의 마음과 신체는 서로 상호 작용을 한다. 그래서 우리의 태도, 지각, 신념, 사고, 상상력 등과 같은 심리적 과정들은 혈압, 심장 박동, 혈관, 암 세포, 질병의 감염 등 신체에 영향을 주고, 또 역으로 이런 신체적 변인들도 심리적 현상에 영향을 준다.

## 2) 생리적 반응으로서의 스트레스

### (1) 셀리에의 3단계 모형

셀리에에 의하면, 스트레스 반응은 일반적 적응 증후군(general adaptation syndrome: GAS)이라고 하는 3단계를 거친다. 첫째 단계는 경고(alarm) 반응 단계다. 이때 우리 신체는 스트레스 원에 대항하여, 방어적·보호적 방식으로 자율신경계의 교감신경을 즉각 활성화한다. 그래서 아드레날린이라고도 불리는 호르몬인 에피네프린(epinephrine)이 분비되고, 심장 박동률, 호흡, 혈압이 상승한다. 그리고 두개골 근육의 긴장도와 그 혈액의 공급도 더 커진다. 땀샘은 활성화되는 반면, 위장계통은 활동을 멈춘다. 그다음 단계는 저항(resistance) 단계다. 이 단계에서는 진행 중인 스트레스 원에 적응하기 위해 호르몬과 신경적 변화가 일어나고 처음 경고 단계에서 일어난 현상들이 줄어든다. 그래서 스트레스 원이 없어지면, 우리 기관은 정상적인 생리적 활동 상태로 돌아간다. 그러나 위의 두 단계가 반복되어 적응 에너지가 고갈되면, 셋째 단계인 소진(exhaustion) 단계에 진입한다. 이 단계에서는 기관의 손상이 일어나고, 심지어 사망에 이를 수도 있다.

## (2) 스트레스 반응의 생물학적 경로

스트레스 반응은 몇몇 신경학적 활동과 관련이 있다. 두뇌 내의 시상하부(hypothalamus)와 대뇌 변연계(limbic system)가 스트레스 반응과 관계가 있는 것으로 보인다. 시상하부는 자율신경계 및 내분비선에 영향을 주므로, 스트레스 반응과 중요한 관계가 있다. 변연계는 시상하부보다 더욱 복잡하고 발달되어 있다. 이는 불안, 슬픔, 우울과 같은 정서적 표현에 관여한다. 그리고 이런 정서들은 결국 스트레스성 질병과 관계가 있다. 스트레스의 생물학적 경로로는 다음 3가지가 있다.

첫째, 교감 또는 싸움 아니면 도망(fight-flight) 기제의 직접적 신경쇠약(neurological enervation)을 통해서다. 이는 심각한 스트레스 원에 대한 반응이다. 또 다른 두 가지 교감신경계의 쇠약과 마찬가지로, 항상 사전에 사태에 대한 인지적 해석 또는 평가를 하고, 그에 따라 긍정적이거나 부정적인 정서적 반응이 결정된다. 일단 위험하다는 인지적 해석이 내려지면, 관련기관의 쇠약이 일어난다. 그래서 교감신경계의 활성화를 담당하는 후 시상하부(posterior hypothalamus)로부터 척추의 흉부 및 요추부를 지나 관련기관에서 멈춘다. 그래서 스트레스를 받으면, 사람들이 등이 아프다고 한다. 이는 길에서 차가 갑자기 앞을 지나갈 때나, 순간적으로 어떤 일에 실패하여 당황할 때와 같이, 즉각적 반응을 해야 할 때 거치는 경로다.

둘째, 신경내분비(neuroendocrine) 경로를 따른다. 여기에서 신경내분비 활동은 직접적인 신경쇠약과 관련이 있는 심각한 급성 스트레스 원보다는 간헐적 또는 만성 스트레스 원에 의해 촉발되는 경향이 있다. 그리고 신경내분비 쇠약에는 심리적·인지적 요인이 관여되는 경향이 있다. 이러한 반응체제에서 핵심적인 기관은 카테콜아민(catecholamine)을 분비하는 부신수질(adrenal medulla)이다. 이는 직접적 신경쇠약이 사람에게 영향을 주듯이, 신체활동을 약화시킨다. 그런데 카테콜아민은 장기적인 효과가 있어, 아드레날린 작용의 교감반응을 지연시킨다.

셋째, 내분비 반응인데, 이는 더욱 지속적이고 파괴적이다. 스트레스와 관련된 4가지 내분비 경로가 밝혀졌는데, 이는 부신피질 축(adrenal cortical axis), 성장 호르몬과 관계있는 성장자극 축(somatotropic axis), 갑상선 (thyroid), 그리고 뇌하수체 후엽(posterior pituitary)이다. 최근에 밝혀진 사실에 의하면, 뇌하수체 호르몬인 테스토스테론(testosterone)이 A형(Type A) 성격의 인물들의 성급하고 경쟁적인 관상동맥 관련 행동 유형과 관련이 있다는 것이다.

### (3) 스트레스의 인지-해석적 모형

스트레스에 대한 인지적 모형은 스트레스 반응과 대처방법에 있어, 중재자로서 인지적 요인의 역할을 강조한다. 인지적 요인은 생리적 각성에 선행하거나 동시에 일어난다. 여기에서 인지적 요인이란 잠정적 위협이나 위험에 대한 1차적 평가와 당사자의 해당 스트레스 원을 다루는 능력과 관련된 2차적 평가를 말한다. 이러한 2차적 평가는 과거 경험, 자신의 대처능력 및 이용 가능한 지원에 대한 일반적 신념에 달려 있다.

그다음은 대처 반응인데, 이는 연속선으로 나타낼 수 있다. 한쪽 끝은 적극적 문제해결 태도를 보이는 적응적 대처 반응이고, 다른 쪽 끝은 퇴행적이고 자기 파괴적인 부적응적 반응이다. 스트레스 원을 다루는 적응적 대처전략으로 5가지가 있는데, 이는 정보 탐색, 사태에 대한 직접적 행동, 부적절한 정서적 · 행동적 반응의 금지, 부정적 정서와 신념을 다루는 내적 노력, 그리고 감정을 다루고 지원을 얻기 위해 타인에게 의뢰하기다.

## 3) 스트레스에 대한 신체기관의 반응

스트레스 반응에 영향을 받는 신체기관에는 순환기 또는 심혈관계 및 위장계통(cardiovascular and gastrointestinal system), 피부, 면역체계, 두뇌, 신진대사, 그리고 정신활동이다. 어느 신체기관이 스트레스로 영향을 받는가는 과거 경험, 조건화, 활동의 유형과 정도, 유전, 충격적 경험인 외상(外傷, Trauma)

등의 상호작용 함수다. 스트레스에 따라 소화액의 분비, 혈압, 심장 박동, 근육의 긴장, 호흡 등이 영향을 받는 것으로 밝혀졌다.

## 4) 스트레스의 영향

스트레스의 영향으로는 정서적, 행동적, 신체적 신호가 있다. 이를 구체적으로 살펴보면 다음과 같다.

### (1) 정서적 신호
① 무관심(apathy): 보통 바람직한 활동들에 대한 즐거움이 결여됨
② 불안: 걱정, 긴장, 흔들림, 흥분, 흐릿함, 균형 상실
③ 과민성(irritability): 방어적 태도, 논쟁적, 화남, 반발적, 퉁명스러움, 쌀쌀함
④ 정신적 피로: 곤란 직면, 집중 안 됨, 사로잡힘, 초점 못 맞춤
⑤ 과잉보상 또는 거절: 문제나 자신에 대한 거부, 다른 사람들을 제쳐 놓음, 의심스러움, 늦출 줄 모름, 일을 골칫거리로 봄

### (2) 행동적 신호
① 회피하기: 책임과 일을 소홀히 함, 관계 맺기를 기피하고 개인적 감정 표현을 피함, 공유하려 하지 않음, 고립
② 극단적 행동: 중독, 탐닉, 감정 조절에 약물 의존, 판단 잘못, 자기 파괴적 행동
③ 개인적 소홀: 사고 위험, 잘못된 개인적 습관, 잘못된 작업 습관, 음식 잘못 먹기, 휴식이나 여가 부족
④ 판단 문제: 부채, 애완동물 학대, 화 잘 내고 거친 행동, 사고, 피상적 관계

## (3) 신체적 신호

① 병에 대한 지나친 걱정 또는 부정

② 잦은 질병

③ 신체적 소진

④ 약물 의존: 약국의 약을 과용하거나 자기처방에 의존

⑤ 고통: 두통, 불면증, 식욕 감퇴, 체중 감소 또는 증가, 소화불량, 구토, 신경성 설사, 변비, 성 문제

## 5) 스트레스의 평가

### (1) 질문지법

스트레스를 측정하는 유명한 척도로는 홈스(Holmes)와 래히(Rahe)가 1967년에 개발한 사회 재적응 평정척도(Social Readjustment Rating Scale: SRRS)가 있다. 이는 다른 말로는 홈스-래히 척도 또는 삶의 변화 척도(Life Change Scale)라고도 불린다. 이 척도는 실제로 스트레스를 직접 측정하지는 않지만, 개인의 최근 경험에서 다양한 삶의 스트레스 원을 평가하려고 한다. 이는 가중치가 서로 다른 43개의 인생사와 변화에 관계된 항목으로 되어 있다.

이 SRRS의 예언력을 개선하기 위해 사라슨(Sarason)과 그의 동료들은 인생경험 조사지(Life Experiences Survey: LES)를 개발하였다. 그리고 비슷한 목적으로 라자루스와 그의 동료들은 중대한 인생사보다는 일상생활에서 더 자주 부딪히는 사소한 일상적 골칫거리를 잴 수 있는 골칫거리 척도(Hassles Scale)를 만들었다. 예를 들면, 청소, 음식 준비, 세탁, 체중 조절, 가족의 건강, 인간관계, 과제 완성과 같은 일들이다. 그들은 이러한 일상적 골칫거리들이 중요한 인생사들보다 심리적·신체적 증상을 예언하는 데 더 효과가 있다고 하였다.

몇몇 스트레스 척도는 스트레스 사태에 대한 인지적 해석에 따라 그에 대한 반응이 영향을 받는다는 데 초점을 둔다. 에벌리 스트레스 및 증상 검사(Everly Stress and Symptom Inventory: ESSI)는 자기보고식 질문지로서, 생리적 스트레

스 반응과 관계된 20개의 인지적·정의적 진술로 구성되어 있다. 이는 또 20개의 대처전략과 38개의 증상의 빈도를 묻는 질문도 포함하고 있다(Everly, 1989).

### (2) 생리학적 척도

스트레스 반응에는 3가지 생물학적 체계, 즉 신경학적, 내분비적, 그리고 신경내분비 체계가 관여되어 있다. 먼저 신경학적 측정방법에는 신체적 각성이나 특정 스트레스 원과 관련된 각성 상태를 결정하는 데 유용한 전류 피부저항반응(galvanic skin response: GSR) 측정법, 근육의 전위를 재는 근전위기록(electromylographic) 측정법, 그리고 심혈관 측정법과 같은 피부전기적(electrodermal) 기법이 있다.

그리고 내분비적 방법에는 혈압을 재는 방법이 있다. 혈압은 특히 심한 스트레스나 정서적 각성 상태에 민감하다. 혈압에 의한 반응은 스트레스 유발자극이 있을 때만 일어나는 상태 의존적(state-dependent) 반응과 스트레스 원에 대해 비교적 장기간 만성적으로 나타나는 특성 의존적(trait-dependent) 반응으로 나눌 수 있다.

신경내분비 반응은 보통 부신수질 카테콜아민, 즉 에피네프린(아드레날린)과 노르에피네프린(노르아드레날린)의 분비로 측정된다. 이는 오줌, 혈액, 침을 표집하여 직접 측정하거나, 오줌 속의 대사물질을 관찰함으로써 간접적으로 측정할 수도 있다.

### (3) 성격적 중재 변인

최근에는 스트레스 반응의 발전에 성격 구조가 관련되어 있다는 심리학적 보고들이 등장하고 있다. 먼저 본(Bourne, 1990)의 불안, 특히 광장 공포 및 공황 장애에 대한 연구는 특정 성격 특성이 스트레스와 더 관련이 깊다는 것을 보여 준다. 광장 공포가 있는 사람들은 군중, 식당, 극장과 같이 많은 사람들이 모이는 곳에 가면 심한 불안으로 공황 발작을 일으키기 쉬워, 그런 사회적 상황을 회피하려고 한다는 것이다. 그는 뿌리 깊은 불안정감, 타인의 반응에 대한 지나친 걱정, 자기주장성의 억압과 같은 성격 특성이 사회적 스트레스 반응의 발전에 관계된다고 하였다.

한편 성격 유형 중 A형(Type A) 성격 유형이 B형(Type B) 성격 유형보다 더 스트레스와 관련되는 것으로 보고되었다. A형은 공격적, 경쟁적, 적대적, 강박적, 성취 지향적, 일 중독적일 뿐 아니라 조급하고, 참을성이 없으며, 긴장이 많은 데 비해, B형은 비적대적, 덜 공격적, 더 안정적, 덜 강박적일 뿐 아니라 시간에 얽매이지 않고 성취에 관심이 적어 정신건강상 더 유리하다. 그러므로 당연히 A형 유형의 사람이 B형에 비해 일로 스트레스를 더 받기 쉽다.

스트레스의 심리적 영향을 측정하는 심리검사에는 여러 가지가 있다. 예를 들면, 미네소타 다면적 성격검사(MMPI), 16 성격요인 검사(16 P-F), 밀론 임상 다축 검사(Milon Clinical Multiaxial Inventory: MCMI), 테일러 불안 척도(Taylor Manifest Anxiety Scale: TAS), 상태-특성 불안 검사(State-Trait Anxiety Inventory: STAI), 정서 형용사 검목표(Affect Adjective Checklist: AACL), 주관적 스트레스 척도(Subjective Stress Scale), 그리고 기분 척도 프로파일(Profile of Mood Scales: POMS) 등이 있다. 이들은 대체로 자기보고식 검사로서, 다소 간 개인생활에서의 스트레스를 측정하게 해 준다.

## 6) 스트레스와 질병

스트레스는 어떤 스트레스 원에 대한 반응일 뿐 아니라 동시에 자극이 되어, 질병의 원인이 되기도 한다. 스트레스가 질병으로 연결되는 통로를 허버트와 코헨은 그림으로 나타냈는데, 이는 [그림 7-9]와 같다.

스트레스에 대한 반응으로 질병이 나타나기 쉬운 신체기관에는 심혈관계, 소화기계, 호흡기계, 근육, 피부, 면역체계, 그리고 정신상태 등이 있다. 먼저 심혈관계는 특히 스트레스에 취약하다. 특히 지속적인 스트레스는 특정 성격 요인(예를 들면, A형) 및 행동 요인과 상호작용하여, 심혈관에 장애를 일으킨

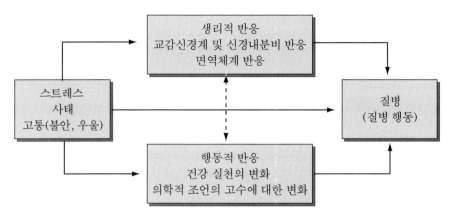

[그림 7-9] 스트레스와 질병의 연결 통로

출처: Herbert & Cohen(1994).

다. 그리고 스트레스와 관련된 소화기계 장애로는 소화성 궤양, 궤양성 대장염, 과민성 대장 증후군(irritable bowel syndrome), 그리고 식도 역류(esophageal reflux)가 있다.

스트레스와 관련된 호흡기계 장애로는 알레르기, 천식, 그리고 과호흡증(hyperventilation)이 있다. 근육 장애로는 두통, 귀 울림, 턱 긴장, 이 갈기, 경직, 어지러움, 욱신거림 등이 있다. 그리고 스트레스와 관련된 피부질환으로는 만성 염증성 피부병인 건선(psoriasis), 여드름, 탈모증, 습진 등이 있다. 또한 면역체계는 과도한 스트레스에 특히 민감하다. 면역체계가 약화되면, 특히 감염성 및 퇴행성 질병에 걸리기 쉬운데, 암과 AIDS도 이와 관계가 있다. 그래서 최근에는 암에 걸리기 쉬운 C형 성격(Type C)에 대한 연구도 이루어지고 있다.

또한 스트레스와 관련된 정신적·정서적 질병은 아주 많다. 예를 들면, 우울증, 운동 및 감각에 이상이 있는 전환 장애(conversion disorder), 강박 장애, 정신분열, 외상 후 스트레스 장애, 알코올 중독, 공황 장애, 그리고 광장 공포 등이 있다. 이처럼 스트레스는 다양한 질병을 일으키는 원인이 된다. 이와 관련하여 최근에는 스트레스 원에 대한 개인의 유전적, 생물학적, 심리적 취약성 또는 사전 조건을 강조하는 스트레스 취약성 또는 소질 모형(diathesis-stress model)이 하나의 연구 모형으로서 각광을 받고 있다.

## 7) 스트레스의 심리적 처치 방법

스트레스를 다루기 위한 방법에는 대체로 3가지가 있다. 첫째, 스트레스를 야기하기 쉬운 환경에 초점을 두어 스트레스 반응을 감소시키려는 행동적 처치가 있다. 둘째, 스트레스를 유발하는 사태에 대한 평가와 관련 있는 불합리한 사고 및 신념에 초점을 두는 인지적 처치가 있다. 셋째, 이완과 주의집중에 의해 스트레스를 감소시키는 명상이 있다.

### (1) 행동적 처치
#### ① 점진적 근육이완

점진적 근육이완(progressive muscle relaxation: PMR)은 1938년 외과의사인 제이콥슨(Jacobson)에 의해 개발되었다. 그에 의하면, 사람은 스트레스를 받으면, 근육이 긴장된다. 따라서 그 역으로 근육을 이완시키게 되면, 스트레스와 그에 따른 효과를 감소시킬 수 있다. PMR의 전략은 대체로 다음과 같다. 첫째, 시작 단계로서, 참여자는 서로 다른 근육군에 대해 알게 되고, 또 이런 근육군을 긴장-이완시키는 방법에 대해 학습한다. 둘째, 이완 단계인데, 이 단계에서는 실제로 다양한 근육군을 긴장-이완시키고, 그러고 나서 이완의 느낌을 확인하고, 지나친 긴장을 풀어 주는 방법을 학습한다. 셋째, 매일 연습하는 단계인데, 이를 통해 점점 더 스트레스와 불안이 적어지는 성향을 개발한다. 그러면 스트레스와 관련된 근육의 긴장이 점점 더 이완되고, 정서 상태도 더욱 이완된다.

#### ② 신체 운동

신체적 운동이 스트레스 반응을 감소시킨다는 증거는 많이 있다. 이는 운동이 스트레스 반응을 건강하게 해소시키기 때문이라는 것이다. 운동과 스트레스 해소 간의 생리학적 기제를 보면 다음과 같다. 첫째, 신체 내 다양한 호르몬과 지방산 수준의 생화학적 변화다. 둘째, 운동 후 근육의 피로 및 주관적 이완의 느낌 단계다. 셋째, 심장, 호흡, 신진대사 기능의 전반적인 개선이다.

그런데 스트레스를 받는 사람에게 운동을 처방할 때 그 운동이 효과적이기 위해서는 다음 2가지 요령을 지켜야 한다. 첫째, 적어도 20분 정도의 유산소 운동이고 규칙적이어야 한다. 둘째, 경쟁은 오히려 스트레스를 증가시키므로, 이를 피해야 한다.

### ③ 바이오피드백

바이오피드백(biofeedback)도 일종의 행동적 요법인데, 이는 개인의 생리적 기능의 특정 측면을 계속해서 체계적으로 측정하여, 그에게 피드백해 주는 몇 가지 절차로 구성되어 있다. 이를 통해 개인은 인지적 · 자발적으로 통제하여, 자신의 생리적 기능을 조절할 수 있다. 바이오피드백을 이용하면, 일반적인 이완 반응을 고양시켜, 스트레스로 인한 특정 생리적 체계의 비정상적 활동을 변화시킬 수가 있다. 스트레스 반응을 감소시키는 수단으로 효과가 있는 생리적 체계로는 다음과 같은 것들이 있다. 즉, 뇌파검사(electroencephalography: EEG)를 통한 뇌의 알파($\alpha$) 파 활동, 심전도검사(Electro Kardio Gram: EKG)를 통한 심장 박동, 손바닥의 땀과 같은 전류 피부저항반응(galvanic skin response: GSR), 피부 온도, 근전도(electromyography: EMG)를 통한 이마나 어깨 근육의 긴장 측정 등이다.

### (2) 인지적 처치

이 접근방법은 스트레스를 감소시키기 위해서 인지, 즉 사고를 재구조화하는 것을 목표로 한다. 이를 인지적 또는 인지-행동적 방법이라 하는데, 이는 스트레스를 야기시키는 것이 스트레스성 자극에 대한 인지적 평가라고 본다. 그래서 그런 자극에 대한 우리의 해석을 수정 또는 변화시켜야 한다고 주장한다. 여기에는 다음 몇 가지가 있다.

### ① 엘리스의 REBT

최초의 인지적 치료법 중 하나인 합리-정서 치료(rational emotive therapy: RET)는 엘리스(Ellis, 1973)에 의해 개발되었는데, 이는 추후에 합리-정서-행동 치료(rational emotive behavioral therapy: REBT)로 개명되었다. 엘리스에 의하면, 스트레스 반응을 포함한 모든 심리적 장애는 비합리적 사고형태로부터 발생한다. 이러한 사고형태는 ABCDE 과정을 거친다.

여기에서 A는 실제 사태(activating event)로서, 이는 개인이 스트레스를 준다고 경험하는 외부의 실제 사태다. B는 신념(belief)으로서, 개인이 A 사태를 경험한 후에 겪는 일련의 비합리적 자기 언어다. 예를 들면, "이를 어떻게 할 수가 없네." 또는 "끔찍한 일이야."와 같은 표현을 말한다. C는 결과(consequence)로서, B, 즉 스트레스 반응의 결과로 일어나는 정서와 행동을 말한다. 이 이론에 의하면, 이러한 ABC가 심리적 장애가 일어나는 기제다.

그다음 심리치료자는 내담자가 심리적 장애를 극복할 수 있도록 가르친다. 여기에서 D는 반박(dispute)으로서, A 사태에 대한 반응으로서 갖게 된 비합리적 신념들을 반박하는 것이다. 마지막으로 그러한 비합리적 신념을 반박하여 합리적 신념으로 대체하면, E, 즉 긍정적 정서(emotion)가 경험되는 것이다. 이러한 방법은 특히 스트레스 상황에서 효과적인 것으로 알려져 있다.

### ② 벡의 인지치료

엘리스의 방법과 마찬가지로 벡 등(Beck et al., 1979)의 인지치료도 합리주의에 근거를 두고 있다. 그러나 벡은 우리의 사고가 이용 가능한 경험적 자료에 비추어 검증되어야 한다고 보았다. 그에 의하면, 환경 자극에 대한 비합리적 사고가 역기능적 반응을 낳기 때문에, 그러한 사고를 바꿔 줌으로써 환경에 대한 올바른 반응을 성취할 수 있다. 그러한 취지에 따르면, 합리적 사고는 상황에 대한 객관적이고 자료에 근거한 해석, 즉 가설검증(hypothesis-testing)

에 의해서 가능하게 된다.

　벡이 제시한 자신의 사고의 타당성을 검증할 3가지 질문은 다음과 같다. 첫째, 내 신념에 찬성 또는 반대하는 증거는 무엇인가? 둘째, 상황을 바라볼 또 다른 방법은 있는가? 셋째, 현재 내 생각이 옳다면, 그런 상황의 결과는 무엇인가? 아무튼 벡의 방법도 상황에 대한 우리의 평가를 수정하거나 바꿈으로써 스트레스 반응을 줄일 수 있다는 것이다.

### ③ 스트레스 면역 훈련

　마이켄바움과 바이에밀러(Meichenbaum & Biemiller, 1998)는 행동적 치료와 인지적 치료를 종합하여 환경, 스트레스 반응, 그리고 인지적 평가를 아우르는 다차원적 치료방법을 고안했는데, 이를 스트레스 면역훈련(stress inoculation training: SIT)이라 한다. 이는 다음의 3단계로 구성되어 있다.

　첫째, 교육 단계다. 이 단계에서는 사람들에게 그들의 스트레스 반응에 수정 가능한 인지적 구성 요소가 있음을 알린다. 특히 스트레스 상황에 대한 그들의 평가에 스트레스 반응이 기인하고 있다고 말한다. 그리고 스트레스 반응을 막기 위해서는 비합리적인 자기진술을 합리적인 것으로 바꿀 필요가 있다고 가르친다.

　둘째, 획득 단계다. 이 단계에서는 이완 훈련 및 자기진술 또는 자기 언어화와 같은 대처기술을 훈련하는 단계다. 이완 훈련을 통해 스트레스 반응의 강도를 어느 정도 통제할 수 있다. '여유를 가지라.' '천천히 깊은 숨을 쉬라.' '불안하면 그만 쉬라.' 이와 같은 자기 언어화 능력은 적절한 행동을 유발하는 데 사용될 수 있는 언어적 암시 방법이다.

　셋째, 적용 단계다. 이 단계는 처음 두 단계에서 배운 기술을 스트레스 상황에 적용에 보는 단계다. 이는 '주말까지 보고서를 써 내라.' 와 같은 것을 상상 또는 시각화를 통해 내면적으로 하는 수도 있고, 일상생활에서 일어나는 스트레스 상황에서 실제로 해 보는 수도 있다.

## (3) 명상

명상(meditation)은 지금으로부터 약 3,500년 전 인도에서 시작되었다. 그리고 그 후 동양에는 널리 퍼졌을 뿐 아니라, 그 방법 및 종류도 여러 가지가 있다. 서양에서는 지금으로부터 약 40, 50년 전에 알려지기 시작했다. 명상은 집중(focusing)과 고요함(calming)이 그 특징인데, 그 방법에 따라 대체로 다음과 같은 대표적인 4가지가 있다.

첫째, 문제 관조법(problem contemplation)은 복잡한 문제를 초연한 입장에서 바라보고 해결하려고 하는 방법이다. 둘째, 시각 집중법(visual concentration)은 조용히 꽃, 불꽃, 나무와 같은 시각적 영상에 집중하는 방법이다. 셋째, 정신적 반복법(mental repetition)은 어떤 어구나 주문(mantra)을 속으로 계속 외우는 방법이다. 넷째, 신체적 반복법(physical repetition)은 기도하는 동안 호흡이나 리듬 있는 움직임에 초점을 두는 방법으로서, 선(禪, zen)은 이를 이용한다.

벤슨(Benson, 1975)에 의하면, 이러한 명상법에는 조용한 환경, 수동적이나 깨어 있는 태도, 그리고 편안한 자세가 효과적이다. 명상의 목표는 완전한 집중을 성취하는 것이다. 완전한 집중을 하게 되면 우리의 스트레스 반응도 감소하게 된다.


## (4) 요가

요가(yoga)는 명상, 호흡, 스트레칭이 결합된 심신수련방법이다. 이는 수천년 전 고대 인도에서 시작되었는데, 정신력을 개발하고 육체를 강화하여, 심신의 평형상태의 유지와 조화에 초점을 둔다. 그래서 이는 불안 및 스트레스를 감소시키고, 자기에 대한 이해를 증진시키며, 자기를 진정시키는 법을 배우도록 하는 데 효과적이다.

요가에는 대체로 다음의 8가지 종류가 있다. 첫째, 소리의 힘을 이용하여 심신을 정화시키는 만트라(mantra) 요가로서, 음악치료는 이를 활용한 예의 하나라 할 수 있다. 둘째, 바른 앎보다는 사회참여와 봉사 등 바른 행을 더 강조하는 카르마(karma) 요가가 있다. 셋째, 신에 대한 헌신을 통해 구원받고 깨달음을 얻으려는 박티(bhakti) 요가가 있다. 넷째, 분별심을 일으켜 자신의 에고를 타파하려는 지혜의 요가인 즈나나(jnana) 요가가 있다. 다섯째, 체위법과 호흡법을 강조하는 육체 요가인 하타(hatha) 요가가 있다. 여섯째, 마음의 평온을 찾고 해탈의 경지를 추구하는 명상요가로서 라자(raja) 요가가 있는데, 선(zen)은 그 하나다. 일곱째, 욕정의 통제를 통해 육신을 해방시키려는 탄트라(tantra) 요가도 있다. 여덟째, 신경능력을 개발하는 데 초점을 두는 쿤달리니(kundalini) 요가도 있다.

요가의 종류는 다양하지만, 대체로 훈련은 다음의 8단계를 밟는다. 첫째, 금계(禁戒, yama) 단계로서, 성실, 정결, 불살생, 불탐욕, 부도적질의 5가지 계율을 지키는 단계다. 둘째, 권계(勸戒, niyama) 단계로서, 청정, 만족, 학습, 고행, 헌신을 통해 심신의 안정을 꾀하는 단계다. 셋째, 좌법(坐法, asana) 단계로서, 요가체조를 통해 호흡, 동작, 정신집중이 삼위일체가 되는 심신통제의 단계다. 넷째, 조식(調息, pranayama) 단계로서, 우주의 정기인 프라나(prana)를 호흡을 통해 섭취하고 축적해 두었다가 신경활동의 영양소로 공급하는 단계다. 다섯째, 제감법(制感法, pratyahara) 단계로서, 감각기관의 자극을 차단하고, 진아(眞我)와 우주의 본체를 정관하도록 조용한 곳에서 심신의 휴식을 얻는 단계다. 여섯째, 응념(凝念, dharana) 단계로서, 대상물에 대한 정신집중 또는 정신통일의 단계다. 일곱째, 명상(瞑想, dhyana) 단계로서, 대상을 초월해 무념, 무상, 무심의 정려상태(靜慮狀態)가 되는 단계다. 여덟째, 견성(見性, samadhi) 단계로서, 소우주인 나와 대우주인 자연이 하나로 통일되어 우주의 본성을 깨닫게 되는 단계다.

### (5) 호흡 운동

호흡(breathing) 또는 정신집중(centering)도 스트레스를 이완시키고 마음의 안정을 이끌어 내는 손쉬운 활동이다. 이를 통해 신경전달물질의 생산을 증가시키고, 알파(α) 파와 쎄타(θ) 파의 뇌파를 자주 형성한다. 더욱이 심호흡 운

동은 혈액과 뇌에 산소를 제공하여, 뇌가 엔도르핀(endorphin)을 방출하도록
한다. 엔도르핀은 기분을 좋게 하고, 신체에 활력을 불어넣으며, 긴장이완을
촉진시키며, 몸속에서 자연적으로 발생하는 화학물질이다.

호흡하는 요령은 다음과 같다. 첫째, 편안하게 앉아 양쪽 눈을 감는다. 둘
째, 긴장을 풀고 호흡하는 데 집중하도록 한다. 셋째, 코를 통해 복부가 풍선
처럼 천천히 부풀어 오르도록 숨을 들이마신다. 넷째, 입을 통해 천천히 숨을
내쉰다. 이런 호흡운동이 숙달되면, 평화로운 생각을 시각화하고, 마음속에
아름다운 곳의 그림을 그려 보도록 한다. 그러면 더욱 효과적이다(정종진, 임청
환, 성용구 역, 2008).

### (6) 뇌 체조

뇌 체조(brain gym)는 특정 영역의 감각적 활성화에 초점을 두고, 신체의 중
앙선을 가로질러, 기능의 통합을 촉진시키는 간단한 통합운동으로서, 마음과
신체의 기능을 충분히 활성화시키는 방법이다(Hannaford, 1995). 하나의 예가
크로스 크롤(cross crawl)이라는 것인데, 이는 먼저 오른쪽 팔꿈치를 왼쪽 무릎
에 천천히 갖다 대고, 그다음에 왼쪽 팔꿈치를 오른쪽 무릎에 천천히 갖다 대
는 것과 같이, 반대쪽의 팔과 다리를 함께 움직이는 운동이다. 이를 규칙적으
로 실시하면, 뇌량을 가로질러 신경 활성화를 촉진시킨다. 이는 더 많은 신경
망이 형성되고, 뇌량에서 수초가 생성되게 한다. 그러면 고차적 추리를 위해
뇌의 양 반구 간의 의사소통이 더욱 빠르게 통합된다. 뇌 체조는 천천히 하는
것이 중요한데, 이는 보다 많은 미세운동의 관여와 균형을 요구하며, 또한 내
이에 있는 전정기관과 전두엽을 의식적으로 활성화시킨다.

## 8. 교육환경으로서의 복합적 특성

이 장에서는 인간 특성 가운데 인지적, 정의적, 사회적 특성 중 어느 하나로

분류하기는 어렵고, 이들 중 2가지 이상이 복합된 특성들을 모아 복합적 특성이라고 명명하여 탐구하였다. 여기에서는 성격, 적성, 도덕성, 가치관, 몰입, 역경 극복력, 스트레스를 복합적 특성으로 보았다. 그러면 이러한 복합적 특성들은 교육의 환경으로서 어떤 역할을 할 것인가? 각 특성마다 특징이 있어, 이들을 일반적으로 교육에 촉진적 또는 저해적이라고 하기는 어려울 것이다.

먼저 성격의 경우, 외향적 성격이 더 적극적이고, 내향적 성격이 더 소극적이므로, 교육활동에 있어서도 그럴 가능성이 있다. 그러나 일에 따라서는 내향적인 사람이 더 차분하고 끈기 있게 추진할 가능성이 있으므로, 섣불리 성격이 교육에 긍정적 촉진적이다 또는 부정적 저해적이라고 결론짓기는 어려울 것이다. 이보다는 오히려 건강한 성격인가 아니면 성격 장애인가의 여부가 더욱 중요하다 할 것이다. 건강한 성격의 소유자가 교육활동에도 더욱 적극적이고, 성격 장애가 있으면 교육활동에도 부정적 영향을 줄 것이라고 어렵지 않게 판단할 수 있을 것이다.

교육환경으로서 적성의 역할은 어렵지 않게 판단할 수 있다. 어떤 것에 적성이 뛰어나면, 그것에 성공할 가능성이 그만큼 크다고 할 수 있다. 그러므로 적성은 교육에 촉진적 긍정적 환경이라고 할 수 있다. 그러나 적성이 낮다고 해서 곧 교육활동에 부정적 저해적인 것은 아니다. 적성이 부족한 그 부분을 바로 교육활동의 출발점으로 삼으면 되기 때문이다. 단지 적성이 부족한 경우는 시간과 노력이 더욱 필요하다고 하겠다.

그다음 교육환경으로서 도덕성의 경우, 도덕적 인식 수준이 높을수록 내재적 교육활동을 할 가능성이 크다고 할 수 있다. 이에 비해 도덕적 인식 수준이 낮거나 비도덕적인 사람일 경우, 외재적 교육활동을 할 가능성이 크다. 그래서 이 경우는 원하는 목표를 달성하기 위해 수단과 방법을 안 가리고 활동하기 때문에, 진정한 의미의 교육활동을 왜곡시킬 가능성이 크다고 할 수 있다.

그리고 가치관의 경우는 그 대상에 따라 교육환경으로서의 역할이 달라질 수 있다. 예를 들면, 학문적 가치관이 경제적 가치관이나 종교적 가치관보다 우선적인 사람의 학문적 교육활동에는 그의 가치관이 긍정적 · 촉진적 요인으로 작용할 가능성이 크다. 그러나 다른 가치관들이 학문적 가치관보다 우선적인 경우는 학문적 교육활동에 그다지 긍정적 · 촉진적이라고 하기는 어렵다.

한편 몰입과 역경 극복력은 모두 교육활동에 긍정적 · 촉진적 환경이 될 수 있다. 어떤 것에 몰입할 수 있고, 또 어떤 어려움을 극복할 수 있는 사람이라면, 그는 또한 교육활동에 있어서도 적극적이라 할 수 있다. 이와 반대로 주의가 산만하고, 어려움을 극복하지 못하고 쉽게 좌절하는 사람이라면, 그의 교육활동은 소극적 내지 부정적이라 할 수 있다.

마지막으로 스트레스는 경우에 따라 교육활동에 플러스(+) 환경이 되기도 하고, 마이너스(-) 환경이 되기도 한다고 할 수 있다. 스트레스가 심하면, 일반적으로 교육활동에 부정적, 저해적 영향을 줄 것이라는 것은 손쉽게 생각할 수 있다. 그러나 스트레스가 너무 없으면, 그것 자체가 스트레스가 되어, 교육활동에 방해가 될 수 있다. 따라서 사람이 견딜 수 있는 적절한 스트레스는 작업의 능률을 올리므로, 교육활동에 긍정적 · 촉진적 요인으로 작용할 수도 있다고 상정된다.

# 제8장

## 운동적 특성

# 1. 운동적 특성의 의의

우리는 앞에서 인간 특성으로서 인지적, 정의적, 사회적, 복합적 특성에 대해 알아보았다. 그런데 그동안 이런 특성들에 대해서는 학자들이 많은 관심을 가졌지만, 이 장에서 다루려고 하는 운동적 특성(psychomotor characteristics)에 대해서는 그다지 관심을 기울이지 않았다. 그 이유의 하나는 운동적 특성이 너무 복잡하여 분류하거나 다루기 힘든 데에 있다. 여기에서 말하는 운동적 특성에서 운동(psychomotor)이란 신체적 기능을 사용하거나 그와 관련된 행동방식을 말한다. 예를 들면, 수영, 테니스, 축구, 야구, 골프, 무용 등의 스포츠와 타자 치기, 피아노 치기, 조각하기, 책상 만들기, 마술, 연기하기 등에 사용되는 운동기능을 말한다. 따라서 성별, 신장, 체중 등과 같은 순수한 신체적(physical) 특성은 운동적 특성에서 제외된다.

교육목표를 인지적, 정의적, 운동적 영역으로 분류한 블룸 등(Bloom, 1956; Krathwohl, Bloom, & Masia, 1964)도 인지적 목표와 정의적 목표의 분류체계는 완성했으나, 운동적 영역의 교육목표 분류는 완성하지 못했다. 그 이유의 하나가 바로 운동적 영역이 그만큼 분류하기 까다롭기 때문이었다. 실제로 위에서 언급한 것 중에서 수영, 테니스, 축구 등에 사용하는 운동기능과 타자 치기, 피아노 치기, 조각하기 등에 사용하는 운동기능은 서로 다르다.

그럼에도 불구하고 운동적 영역의 교육목표를 분류하려는 시도들이 상당히 있었는데, 그중에서 비교적 널리 인용되는 것이 심슨(Simpson, 1969)과 해로우(Harrow, 1972)의 분류다. 그런데 이들의 분류 사이에는 그다지 공통점을 발견하기가 어렵다. 한편 운동기능을 분류할 때는 위와 같이 목표에 따라 분류하는 경우도 있지만, 흔히 일반적으로는 일차원적으로 대근 운동기능 대 소근 운동기능, 또는 불연속 운동기능 대 계열 운동기능 대 연속 운동기능, 그리고 개방 운동기능 대 폐쇄 운동기능으로 분류하는 경향도 있다(김진구 외 역, 2001; 박상범 역, 2008). 그런데 젠타일(Gentile, 2000)은 비교적 최근에 동작의 기능과 환경적 맥락이라는 2가지 차원에서 운동기능을 새롭게 분류한 바 있다.

그동안 학자들이 운동적 특성에 관심을 소홀히 한 또 다른 이유는 서양의 교육학자나 심리학자, 그중에서도 특히 교육심리학자들이 중산층의 합리주의 지적 전통에 따라, 학교에서의 지적 교과의 학업성취와 관련된 인지적 특성과 정의적 특성에만 주로 관심을 가져왔기 때문이다. 그러나 최근에는 이러한 경향이 변하여, 학업성취와 직접적인 관련이 없다고 생각되는 정의적 특성, 사회적 특성, 복합적 특성, 운동적 특성에도 폭넓은 관심을 기울이고 있다. 그중에서도 특히 인간의 사랑, 우정, 희망, 행복, 즐거움, 공감 등의 긍정적인 정의적 특성과 도움, 이타심, 협동, 배려 등의 긍정적인 사회적 특성, 그리고 몰입, 역경 극복력 등의 긍정적인 복합적 특성을 다루는 긍정심리학(positive psychology)에 대한 많은 관심은 최근의 두드러진 연구경향이다.

그리고 최근 서양의 학교에서는 음악, 미술, 체육 등 운동적 특성과 관련이 있는 교과들을 우리나라 학교들처럼 소홀히 하지 않는다. 왜냐하면 학교교육의 목표가 인지적, 정의적, 사회적, 복합적, 운동적 특성이 종합된 전인(全人, whole person)을 육성하는 것이기 때문이다. 그리고 실제로 서양, 특히 미국의 일류대학 신입생 선발과정을 보면, 장차 세계적 지도자로서 폭넓은 교양인을 배출하는 것이 대학의 목표이기 때문에, 그에 대한 기초 소양을 요구하는 경우가 많다. 그래서 신입생 선발과정에서 반드시 "무슨 악기를 다룰 줄 아는가?" 또는 "무슨 운동에 얼마나 소질이 있는가?"를 묻는 경우가 허다하다.

그런데 인지적 교과의 학업성취 외에 정의적 특성, 사회적 특성, 복합적 특성, 그리고 특히 운동적 특성을 소홀히 하는 경향은 우리나라 학교의 경우가 더욱 심하다고 할 수 있다. 왜냐하면 우리나라 교사, 학부모, 학생들에게는 대학입학이 지상 과제이고, 대학입학 전형에서 몇몇 관련 학과를 제외하고는 거의 모든 대학에서 그러한 인간 특성, 특히 운동적 특성에는 거의 관심을 가지지 않기 때문이다. 이러한 우리나라 학교교육 풍토에서 세계적인 지도자들이 배출되기는 쉽지 않다 할 것이다. 따라서 우리나라에서도 학교에서 전체 인간 특성이 고루 발달된 전인을 육성하도록 하고, 또 실제로 대학에서도 그러한 인간 특성을 가진 학생들을 선발하도록 하는 제도적 장치가 마련되어야, 장차 개인적으로도 바람직한 인간으로 성장할 수 있고, 또 사회적, 국가적, 국제적으로도 희망이 있다 할 것이다.

　운동적 특성의 교육은 단지 운동기능의 획득에만 그 성과가 있는 것이 아니다. 운동적 특성과 가장 관련이 깊은 체육을 예로 들자면, 그래버(Graber, 2006)는 체육의 성과가 운동기능의 획득 외에, 체형유지(fitness), 정의적 학습, 인지적 학습 등 아주 다양하다고 주장하였다. 먼저 운동기능의 경우, 체육 수업의 결과 다양한 스포츠, 게임, 댄스, 그리고 신체적으로 능동적인 여가 분야에서 더 나은 수행능력을 보이고, 또 이를 즐기게 되는 운동기능을 획득한다고 하였다. 그리고 체육을 통해 학생들은 체중 조절, 영양 조절, 적절한 형태의 운동과 같은 건강상의 체형유지와 특수 기능 수행상의 체형유지를 할 수 있게 된다고 하였다. 또한 체육은 정의적 차원에서도 스포츠맨십(sportsmanship), 사회적 책임감, 협동심, 윤리적 행동을 고취하고, 체육 관련 활동, 자신의 능력 발휘, 그리고 체육에 대한 긍정적 성향을 길러 준다. 마지막으로 인지적 차원에서도 체육은 운동기능 학습과 수행의 관계, 운동의 역사, 체형유지 방법에 대한 지식을 길러준다. 또한 체육이 학생의 사고력 증진에 도움이 되고, 역으로 비판적 사고력은 또 운동 문제에 대한 다양한 답을 산출하도록 한다는 연구들도 있다(Graber, 2006).

　하버드 의대 교수로서 역경 극복력(resilience)의 세계적 대가인 보리센코(Borysenko, 2009)는 운동이 신진대사를 활성화시켜 주고, 체중을 조절해 줄 뿐만 아니라, 심장병, 암, 골다공증, 그리고 다양한 다른 질병에 걸릴 위험을 줄여 주기 때문에, 인간의 수명을 크게 연장시킨다고 하였다. 또 운동은 새로운 뇌세포(neuron)를 생성하고, 뇌 회로를 재구성함으로써 뇌가 계속해서 성장하고 변화에 적응할 수 있게 하여, 뇌 질량의 감소를 예방하며, 노화와 스트레스에 따른 인지능력 저하, 즉 불분명한 사고 및 기억력 저하 등을 상당히 막아 준다고 하였다. 또한 운동은 우울증 완화에도 큰 도움이 된다고 하였다.

## 2. 운동적 영역의 교육목표

인간의 운동적 특성과 관련이 깊은 운동적 영역의 교육목표 분류에 대한 필요성은 일찍이 블룸 등에 의해 제기되었으나, 그 자신은 이를 시도하지 않았다. 그래서 심슨과 해로우 등이 이를 시도한 바 있다. 그러나 운동적 영역의 다양성 때문에, 그들 사이에 공통점을 발견하기는 쉽지 않다. 그렇지만 다음에서는 이를 차례대로 소개하기로 한다.

### 1) 심슨의 운동적 영역 교육목표

먼저 심슨의 운동적 영역의 교육목표는 지각(perception), 태세(set), 인도된 반응(guided response), 기계화(mechanism), 복합적 외현 반응(complex overt response)의 5가지로 되어 있다. 여기에서 먼저 지각은 눈, 코, 귀, 손 등의 감각기관을 통해 어떤 대상의 특징 및 형태를 파악하는 것으로서, 이는 운동이 일어나기 전의 첫 단계라 할 수 있다. 그다음으로 태세란 특정 행동을 하기 전의 준비 자세를 말한다. 그리고 인도된 반응은 다른 사람의 지도를 받아 나타내는 기초적인 외현적 동작이다. 다음 기계화는 습관적인 숙련화와 자신감 정도를 말한다. 마지막으로 복합적 외현 반응은 자연스럽고 효율적인 복잡한 동작을 말한다. 이를 표로 정리하여 나타내면, 〈표 8-1〉과 같다.

| 〈표 8-1〉 | 심슨의 운동적 영역 교육목표 |
| --- | --- |

**1.0 지각**

어떤 반응 또는 동작을 하려면 감각기관을 통하여 먼저 그 대상의 특징 및 관계 등을 알아보는 과정이 필요한데, 그 과정의 첫 단계가 곧 지각이다. 따라서 지각은 상황-해석-동작이라는 일련의 신체운동 과정에서 매우 중요하다.

**2.0 태세**

여기에서 태세란 신체적 준비 자세를 의미하는데, 이는 특정한 행동에 필요한 준비된 적응을 말한다.

**3.0 인도된 반응**

타인의 지도 또는 조력을 받아서 나타난 외현적 동작을 말하는데, 이는 특히 다음 단계의 보다 복잡한 운동기능을 발달시키는 데 필요한 기초 동작이다.

**4.0 기계화**

어떤 동작을 함에 있어서 숙련도와 자신감의 정도를 기계화라 하는데, 습관적으로 반응하게 되는 동작을 가리킨다.

**5.0 복합적 외현 반응**

특정한 흐름과 연결을 요구하는 비교적 복잡한 동작을 최소한의 노력과 시간으로 아주 자연스럽고 효과적으로 표현하였을 때를 말한다.

출처: Simpson(1969).

## 2) 해로우의 운동적 영역 교육목표

다음으로 해로우의 운동적 영역 교육목표는 반사 동작(reflex movements), 기초 동작(basic fundamental movements), 지각 능력(perceptual abilities), 신체 능력(physical abilities), 숙련 동작(skilled movements), 그리고 비언어적 의사 소통(non-discursive communication)의 6가지로 되어 있다. 먼저 반사 동작은 개인의 의지와 관계없는 움직임으로서, 다른 운동 기능의 기초가 되는 것이다. 이는 분절의 크기에 따라 소, 중, 대 분절 반사로 분류된다. 그리고 기초 동

작은 몇 개의 반사 동작이 통합되어 이루어지는 움직임으로서, 이동, 입상, 조
작 동작으로 나뉜다.

그다음 지각 능력은 감각기관을 이용하여 자극을 변별하고, 이를 토대로 환
경에 대처하는 능력을 말한다. 그리고 이는 다시 근육, 시각, 청각, 촉각을 통
한 변별과 협응 능력으로 구분된다. 또 신체 능력은 기초 운동기능으로서 지
구력, 체력, 유연성, 민첩성으로 분류된다. 다음으로 숙련 동작은 능률성, 숙
달도, 통합성이 조화된 복잡한 운동기능으로서, 적응 기능에 따라 단순, 혼성,
복합 적응 기능으로 분류된다. 마지막으로 비언어적 의사소통은 신체적 운동
및 동작을 이용하여 자신의 의사나 욕구를 표현하고 창조하는 것을 말한다.
이를 정리하여 표로 나타내면, 〈표 8-2〉와 같다.

---

**〈표 8-2〉  해로우의 운동적 영역 교육목표**

---

**1.00 반사 동작**
   이는 무릎반사와 같이 개인의 의지와 관계없이 일어나는 단순한 반사적 움직임을 말
   한다. 이는 훈련이나 교육에 의해 발달되는 것이 아니지만, 보다 높은 운동기능의 발
   달에 기초가 된다.
   1.10 소 분절적 반사
   1.20 중 분절적 반사
   1.30 대 분절적 반사

**2.00 기초 동작**
   이는 잡고, 서고, 걷는 것과 같이 몇 개의 반사 동작이 통합됨으로써 이루어지는 움직
   임을 말한다.
   2.10 이동 동작
   2.20 입상 동작
   2.30 조작 동작

**3.00 지각 능력**
   이는 시각, 청각, 촉각 등 감각기관을 통해 자극을 지각하고 변별하여 해석하며 이를
   토대로 환경에 대처하고 적응하는 능력을 말한다.
   3.10 근육 감각을 통한 변별

3.20 시각을 통한 변별
3.30 청각을 통한 변별
3.40 촉각을 통한 변별
3.50 협응 운동능력

4.00 신체 능력
이는 숙달된 운동기능의 발달에 필요한 부분이며, 민첩하고도 유연하게 일련의 숙달된 운동을 연속시켜 가는 데 필요한 기초 기능을 말한다.
4.10 지구력
4.20 체력
4.30 유연성
4.40 민첩성

5.00 숙련 동작
이는 타자나 체조와 같이 비교적 복잡하고 숙련된 기능을 요구하는 운동을 할 때 능률성, 숙달도, 통합성이 조화된 운동기능을 말한다.
5.10 단순 적응 기능
5.20 혼성 적응 기능
5.30 복합 적응 기능

6.00 비언어적 의사소통
이는 간단한 얼굴 표정을 비롯해서 무용과 같이 신체적 운동 및 동작을 통하여 감정, 흥미, 의사, 욕구 등을 표현하고, 그 표현 자체를 창작하는 운동기능을 말한다.
6.10 표현 동작
6.20 해석 동작

출처: Harrow(1972).

# 3. 일반적 운동기능 분류

## 1) 운동기능의 특징

우리가 운동기능이라 할 때는 공통적인 몇 가지 특징이 있다. 첫째, 성취할 목표가 있다는 것이다. 이는 운동기능이 목표를 지닌다는 것을 의미한다.

둘째, 운동기능은 수의적으로 수행되는 것이다. 다시 말해서 불수의적인 반사는 엄밀하게 말해서 운동기능이라 할 수는 없다는 것이다. 예를 들면, 눈을 깜빡이는 것도 목적을 지닐 수 있으며, 동작을 포함하기는 하지만 불수의적으로 발생하므로, 엄밀한 의미에서 운동기능은 아니라는 것이다.

셋째, 운동기능은 과제목표의 성취를 위해 신체 및 사지의 동작을 요구한다. 따라서 수학문제를 계산하는 것도 모종의 기능이기는 하지만, 그 목표달성을 위해 사지 및 동작을 요구하지 않는다는 점에서 운동기능은 아니고, 오히려 인지적 기능이라 할 수 있다.

넷째, 운동기능은 그 목표를 성취하려면 학습할 필요가 있다. 예를 들면, 보행은 인간이 자연적으로 수행하는 것처럼 보이지만, 새롭고 흥미로운 신체 이동의 수단을 이용하여, 자기 주변의 환경 내에서 움직이려고 시도하는 유아는 그것을 학습해야만 한다. 더 나아가 사고로 인해 의족으로 걷는 방법을 배워야 하는 사람은 보행을 재학습해야 하는 경우다(박상범 역, 2008).

## 2) 운동기능의 분류방식

운동기능의 분류방식으로는 먼저 공통적인 특성에 따라 기능들을 분류하는 일차원적 방법이 있다. 여기에는 대략 3가지가 있다. 첫째, 요구되는 주요 근육의 크기에 따라 운동기능을 분류하는 방식이다. 이에 따라 운동기능을 분류하면, 대근 운동기능(gross motor skills)과 소근 운동기능(fine motor skills)으로 나눌 수 있다.

둘째, 활동의 시작과 끝을 구분하는 구체성에 따라 분류하는 방법이다. 이에 따라 시작과 끝의 구분이 구체적이면 불연속 운동기능(discrete motor skills)이다. 그리고 하나의 전체적 운동기능이 일련의 불연속 동작들을 요구하면 계열 운동기능(serial motor skills)이다. 또 운동의 시작과 끝을 구체적으로 구분할 수 없으면 연속 운동기능(continuous motor skills)이다.

셋째, 환경의 안정성에 따라 운동기능을 분류하기도 한다. 이에 따라 먼저 운동기능이 수행되는 동안 환경이 안정되어 변하지 않을 경우, 이를 폐쇄 운동기능(closed motor skills)이라 한다. 그리고 운동기능이 수행되는 동안 물체나 배경이 움직이는 불안정한 환경에서 수행되는 기능은 개방 운동기능(open motor skills)이라 한다(김진구 외 역, 2001).

# 4. 대, 소근 운동기능

운동기능을 분류하는 범주 가운데 우선 기능을 수행하는 데 요구되는 주요 근육의 크기에 따라 분류하는 방식이 있는데, 이에 따르면 운동기능은 크게 대근 운동기능과 소근 운동기능으로 분류할 수 있다는 사실을 앞에서 보았다. 먼저 대근 운동기능은 목표달성을 위해 큰 근육의 이용을 요구하는 운동기능이다. 기초적 운동기능인 걷기, 점프하기, 던지기, 뛰어오르기 등은 대근 운동기능이라 할 수 있다.

이에 비해 소근 운동기능은 목표달성을 위해 작은 근육의 제어를 요구하는 운동기능으로서, 대체로 눈과 손의 협응을 포함하며, 손과 손가락 동작의 정교함을 요구한다. 예를 들면, 글쓰기, 타자 치기, 그림 그리기, 바느질, 단추 끼우기는 소근 운동기능에 해당된다고 할 수 있다.

이와 같이 운동기능을 대근, 소근 운동기능으로 분류하는 것은 여러 상황에서 흔히 사용되는 분류방법이다. 먼저 산업체 및 군대의 적성검사는 흔히 대근, 소근 운동기능의 분류를 이용한다. 그리고 유아발달 및 교육 분야 역시 이러한 범주를 유용하게 사용하며, 또 이를 이용하여 운동기능 발달검사를 개발하기도 한다.

이러한 분류를 가장 널리 사용하는 분야는 특수교육과 재활 분야라 할 수 있다. 특수교육과 장애자 체육의 교육과정 및 검사는 대체로 이러한 분류체계에 근거를 두고 있다. 그리고 재활 상황에서 물리치료사들은 대개 걷기와 같은 대근 운동기능의 재활을 필요로 하는 환자들을 치료하지만, 작업치료사들은 흔히 소근 운동기능의 학습을 필요로 하는 환자들을 다루게 된다(박상범 역, 2008).

# 5. 불연속, 계열, 연속 운동기능

운동기능을 분류하는 다른 방식으로 활동의 시작과 끝의 구체성에 따라 분류를 하는 것이 있다. 다시 말해서 동작의 연속성 여부에 따른 분류다. 이에 따라 운동기능을 분류하면, 불연속 운동기능, 계열 운동기능, 연속 운동기능으로 나눌 수 있다. 이들의 관계를 그림으로 나타내면 [그림 8-1]과 같다(김진구 외 역, 2001).

여기에서 불연속 운동기능은 운동의 구체적인 시작과 끝이 구분되는 운동기능이다. 예를 들면, 공 차기, 던지기, 받기, 전등 스위치 켜기, 자동차 클러치 밟기, 피아노 건반 치기 등이 이에 해당된다. 이런 운동기능은 동작이 빠르고, 짧은 시간에 끝나는 특징을 가지고 있다. 따라서 불연속 운동기능들은 대체로 단순하며, 하나의 동작으로 구성되어 있다.

그리고 계열 운동기능은 앞의 불연속 운동기능이 연속적으로 연결되어, 하나의 큰 운동기능을 구성하는 경우를 말하는데, 여기에서는 운동기능이 발생

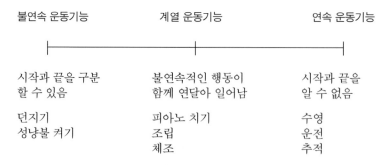

[그림 8-1] 불연속, 계열, 연속 운동기능

하는 순서가 중요하다. 계열 운동기능의 예를 들면, 체조 연기하기, 피아노로 노래 연주하기, 야구에서 수비하기, 생산라인에서 조립하기, 자동차 기어 변속하기가 그 예다. 야구를 예로 들어 이야기하면, 야구에서 공을 받고 던지는 운동기능은 각각 불연속 운동기능이다. 그러나 야구의 수비 기능은 공을 받아서 목표 지점으로 던지는 것이 연속적으로 이어져 하나의 전체적 운동기능이 된다. 이와 같이 시작과 끝이 명확하게 구분되는 받기와 던지기 기능이 연결되어 하나의 수비 기능이 되는 것이다. 따라서 수비하기는 계열 운동기능이다 (김선진, 2009).

연속 운동기능은 운동의 시작과 끝을 구분할 수 없을 정도로 어떤 특정한 운동이 계속적으로 반복되는 운동기능이다. 예를 들면, 수영, 자동차 운전, 자전거 타기, 추적하기, 걷기, 마라톤 등이 그에 해당된다.

# 6. 폐쇄, 개방 운동기능

운동기능을 분류하는 또 다른 방식에는 환경의 안정성에 기초해 분류하는 것이 있다. 이는 운동기능이 수행되는 동안 환경의 변화를 얼마나 예측할 수 있느냐에 달려 있다. 이에 따라 운동기능은 폐쇄 운동기능과 개방 운동기능으로 분류된다. 이들의 관계를 그림으로 나타내면, [그림 8-2]와 같다.

여기에서 먼저 폐쇄 운동기능은 어떤 운동기능이 수행되는 동안, 환경이 안정되어 변화하지 않고, 예측할 수 있는 경우의 운동기능이다. 예를 들면, 활쏘기, 사격, 티(tee) 위의 골프 공 치기, 볼링하기, 체조, 단추 끼우기, 계단 오르기, 서명하기, 양치질하기가 그 예다. 여기에서 활쏘기, 사격, 골프 공 치기, 볼링하기는 움직이지 않은 목표물을 정확히 맞히는 운동기능이고, 체조는 고정되어 있는 기구를 이용하여 자신의 기능을 보여 주는 것이다. 그리고 위에서 다른 운동기능들도 모두 물체가 고정되어 있거나 환경이 안정적인 경우의 운동기능들이다.

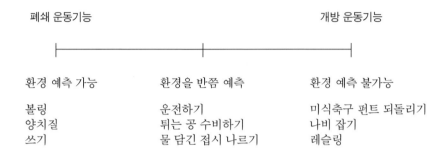

**[그림 8-2] 폐쇄, 개방 운동기능**

다음으로 개방 운동기능은 어떤 운동기능을 수행하는 동안 물체나 배경이 움직이는 불안정한 상황에서 수행되는 운동기능을 말한다. 이때는 환경이 끊임없이 변하기 때문에, 수행자가 미리 전체 운동을 효과적으로 계획하거나 예측하기가 어렵다. 따라서 이를 잘 수행하기 위해서는 환경의 변화에 잘 적응할 수 있어야 한다. 예를 들면, 농구의 수비 기능, 거리에서 자동차 운전하기, 움직이는 테니스 공 치기 등이 그 예다. 여기에서 농구의 수비 기능은 공격자의 움직임에 따라 자신의 동작을 잘 조정해야 한다. 그리고 거리에서 자동차를 운전하려면, 그때그때 주위의 변화에 민첩하게 대처해야 사고를 미연에 방지할 수 있다. 또 움직이는 테니스공을 제대로 치기 위해서는 공의 시간, 공간적 특징에 따라 계속 움직이면서 낙하지점을 정확히 포착하여야 한다.

# 7. 이차원적 운동기능 분류

## 1) 분류의 특징

앞에서 언급한 운동기능의 일차원적 분류는 전문가가 지도나 연습 일정에 대한 의사결정을 내릴 때, 고려해야 할 많은 사항을 모두 포착하지 못할 수도 있다. 이러한 단점을 극복하기 위해 젠타일(2000)은 모든 운동기능의 일반적인 2가지 특징을 고려하는 이차원적 분류 모형을 제시하였다. 그 특징의 하나는 먼저 운동기능이 수행되는 환경적 맥락(environmental context) 또는 배경을 고려하는 것이고, 다른 하나는 운동기능을 특징짓는 동작의 기능(function of action) 또는 활동의 작용을 고려한 것이다.

　젠타일은 물리치료사들의 임상적 활동 수행을 돕기 위한 지침으로 그와 같은 분류방식을 제안하였다. 이러한 분류방식 내에 있는 다양한 범주들은 서로 다른 독특한 요구를 기능 수행자에게 요구한다. 젠타일은 이 분류방식이 치료자를 위해 다음의 2가지 실용적 목적이 있는 것으로 보았다. 첫째, 환자가 가진 운동상의 문제를 결정하는 임상적 과정에서 치료사를 안내하는 체계적이고 종합적인 평가지침을 제공하기 위함이다. 둘째, 환자에 대한 평가가 이루어진 후, 치료사가 환자에게 기능적으로 적절한 활동을 체계적으로 선택할 수 있는 기초를 제공하기 위함이다.

　그런데 젠타일의 분류법이 물리치료를 염두에 두고 개발되기는 했지만, 꼭 그 상황에만 유용한 것은 아니다. 이는 매우 다양한 운동기능의 수행에 있어 그 수행자에게 필요한 요구사항을 이해하는 데 훌륭한 기초 자료를 제공한다. 따라서 운동기능을 지도하는 데 종사하는 사람들은 이 분류법을 꼭 이해할 필요가 있다고 할 수 있다. 그리고 이 분류법은 어떤 기능과 다른 기능의 차이점 및 관련성을 아는 데 아주 좋은 수단이고, 또 어떤 운동기능의 연습 및 훈련일정을 수립하는 데도 아주 좋은 지침이 된다. 다음에서는 이 분류법의 2가지 차원 각각에 대해 알아본다.

## 2) 환경적 맥락

### (1) 규제 조건

　젠타일의 운동기능의 이차원 분류법의 한 가지 차원은 수행자가 기능을 수행하는 환경적 맥락 또는 배경이다. 여기에는 다시 2가지 하위 범주의 특징이 있다. 그중 하나는 규제 조건(regulatory condition)이다. 이는 동작을 결정하는데, 즉 규제하는 데 영향을 주는 환경적 특징으로서, 운동기능을 성공적으로 수행하기 위해 수행자가 고려해야 할 사항이다. 다시 말해서 성공적인 운동기능의 수행을 위해 수행자의 동작은 특정 환경적 맥락에 맞추어야 한다. 예를 들면, 우리가 걷는 지면은 우리의 걷는 행위에 영향을 미친다. 또 야구에서 타격행위는 공의 비행속도, 공간적 위치, 공의 크기, 모양, 그리고 무게의 영향을 받는다.

그런데 운동기능을 분류할 때 또 고려해야 할 사항으로는 수행 시 규제 조건이 고정되어 있는가, 아니면 움직이는가의 여부다. 우리가 도로를 걷거나 티 위의 골프공을 칠 때는 규제 조건이 고정되어 있다. 그러나 에스컬레이터를 타거나 야구에서 투수가 던진 움직이는 공을 타격할 때는 규제 조건이 고정되어 있지 않다. 규제 조건이 고정된 경우는 폐쇄 운동기능이고, 고정되어 있지 않고 움직이는 경우는 개방 운동기능이라 할 수 있다. 이는 젠타일이 운동기능을 분류할 때 폐쇄-개방 범주를 이용한 것을 알 수 있게 한다. 그런데 이 기준만을 적용하면, 운동기능을 분류할 때 그 폭이 너무 넓기 때문에 젠타일은 다른 환경적 맥락 변인을 추가하였다.

### (2) 수행 간 가변성

젠타일이 도입한 다른 하나의 환경적 맥락 변인은 수행 간 가변성(intertrial variability)이다. 이는 어떤 운동기능을 수행하는 도중 규제 조건이 수행 간 일정한가, 아니면 가변적인가의 여부를 말한다. 그리고 이는 가변성이 있다 또는 없다로 판정된다. 이것의 예를 들면, 잘 정돈된 운동장 트랙을 조용히 걸을 때는 규제 조건이 변화되지 않으므로, 걷는 보폭 간 가변성이 거의 없다. 그러나 사람이 붐비는 거리를 걸을 때는 부딪치지 않기 위하여 걷는 보폭을 크게 할 수도 있고 작게 할 수도 있다. 그러므로 이때는 수행 간 가변성이 있다.

## 3) 동작의 기능

### (1) 신체 이동

젠타일의 운동기능의 분류 기준 중 또 다른 하나는 동작의 기능 또는 활동의 작용이다. 여기에는 또 그 하위 범주로서 먼저 어떤 운동기능의 수행에 신체의 이동 또는 움직임(body orientation or transport)이 포함되는지의 여부가 있다. 따라서 이는 신체 이동이 있는지 없는지를 판단한다. 예를 들면, 앉기, 서기, 활쏘기, 사격과 같은 운동은 신체의 이동보다는 고정 내지 안정성을 중시한다. 이에 비해 걷기, 달리기, 수영, 축구 등 대부분의 구기 종목은 신체의 움직임 내지 이동을 포함한다.

### (2) 사물의 조작

행위의 기능의 두 번째 하위 범주는 사물의 조작(object manipulation) 여부다. 예를 들면, 야구는 볼, 클럽, 배트와 같은 도구, 즉 사물을 사용하지만, 마라톤이나 맨손체조는 어떤 사물도 사용 또는 조작할 필요가 없다. 그런데 사물을 조작해야 하는 경우에는 운동과 사물의 조작이라는 2가지 일을 동시에 해야 하므로 주의가 필요하다. 첫째는 사물을 정확하게 조작해야 한다는 것이고, 둘째는 사물에 의해 발생한 불균형을 바로잡기 위해 신체 자세를 조절해야 한다는 점이다.

이상에서 본 젠타일의 복잡한 운동기능의 분류 기준을 간단하게 그림으로 표시하면 [그림 8-3]과 같다. 이것에 따르면, 운동기능의 분류 기준은 총 16가지임을 알 수 있다. 그리고 이에 따라 운동기능을 분류하고 그 각각의 예를 들면, 〈표 8-3〉과 같다(김선진, 2009).

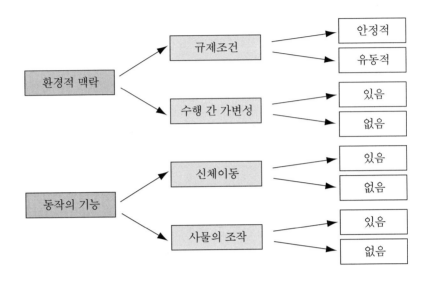

[그림 8-3] 젠타일의 운동기능 분류 기준

〈표 8-3〉 젠타일의 운동기능 분류 기준과 그 예

| | | 동작의 기능 | | | |
|---|---|---|---|---|---|
| | | 신체 이동 무 | | 신체 이동 유 | |
| | | 사물의 조작 무 | 사물의 조작 유 | 사물의 조작 무 | 사물의 조작 유 |
| 환경적 맥락 | 고정 규제 조건 수행 간 가변성 무 | 서기 | 농구 자유투 | 계단 오르기 | 책 들고 계단 오르기 |
| | 고정 규제 조건 수행 간 가변성 유 | 수화 | 타이핑 | 철봉 위에서 체조하기 | 곤봉으로 리듬체조 |
| | 유동 규제 조건 수행 간 가변성 무 | 이동버스 안 균형 잡기 | 일정 속도의 공 받기 | 이동버스 안 걸어가기 | 물 컵 들고 일정히 걷기 |
| | 유동 규제 조건 수행 간 가변성 유 | 러닝머신 위 장애물 피하기 | 자동차 운전 하기 | 드리블 선수 수비하기 | 볼 몰면서 드리블하기 |

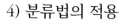

## 4) 분류법의 적용

젠타일은 이러한 운동기능의 분류방법이 다음 2가지 방식으로 이용될 수 있기 때문에, 지도자와 치료사들에게 실용적 가치를 지닌다고 하였다. 첫째, 이 분류방법은 운동능력과 한계의 평가를 위한 유용한 지침이 될 수 있다. 지도자나 치료사들은 특정 개인에게 어려운 어떤 운동기능 수행의 특징을 파악하기 위해 환경적 맥락이나 동작의 기능을 체계적으로 변경시켜 봄으로써 운동 결손을 파악할 수 있다. 또한 특정 개인의 운동기능 수행능력을 향상시키기 위해 무엇이 필요한지를 결정할 수 있다.

둘째, 이 분류법은 개인이 자신의 결손을 극복하고, 운동기능 수행능력을 향상시키기 위해, 적절한 활동 순서를 체계적으로 선택하는 데도 가치가 있다. 이는 기능훈련이나 재활과정의 보완으로서 중요하다. 모든 치료나 재활을 전문가에게만 의존할 수 없는 경우가 많다. 그런 경우 이 분류표에 따라 개인이 운동기능을 향상시킬 수 있으면, 치료나 재활은 그만큼 앞당겨지고, 성공 가능성이 커지게 된다.

# 8. 교육환경으로서의 운동적 특성

이 장에서는 먼저 운동적 특성의 의의와 운동적 영역의 교육목표 분류에 대해 알아보았다. 그다음으로 일차원적 운동기능의 분류로서, 소근 운동기능, 대근 운동기능, 불연속 운동기능, 계열 운동기능, 연속 운동기능, 폐쇄 운동기능, 개방 운동기능에 대해 고찰하였다. 그리고 마지막으로 젠타일의 이차원적 운동기능의 분류를 살펴보았다.

그런데 교육환경으로서 운동적 특성을 논할 때는 전체적으로 보아 여러 가지 운동기능의 숙달 또는 미숙달 여부와 여러 가지 운동을 통한 건강 여부가 중요하다 할 것이다. 먼저 위에서 언급한 각 운동기능의 숙달, 미숙달 정도는 해당 운동기능과 관련된 스포츠나 운동기능의 획득에 필요조건은 되지만, 충분조건은 되지 않는다고 할 수 있다. 현재의 운동기능의 숙달 정도가 어느 정도에 있는지 파악하여, 그곳을 교육의 출발점으로 삼으면 되기 때문이다. 숙달 정도가 낮으면, 약간 노력이 더 들겠지만, 교육이 불가능한 것은 아니다. 그곳을 출발점으로 삼아 최대한 열정적으로 교육, 즉 상구하고 하화하면, 완전 숙달 경지에는 도달하지 못할지라도, 상당한 정도까지는 숙달이 가능할 것이다.

그러나 운동을 통한 건강 여부는 교육의 여건 내지 환경으로서 매우 중요하다 할 수 있다. '건강한 신체에 건강한 정신이 깃든다(A sound mind in a sound body).' 는 옛 로마시대의 격언에서도 알 수 있듯이, 운동을 통해 건강한 신체를 유지하면, 건강한 정신을 소유하게 되고, 이는 더 나아가 긍정적 촉진적 교육환경이 될 수 있다. 육체적 · 정신적으로 건강한 사람이 교육활동에 더욱 적극적인 반면, 육체적 · 정신적으로 건강하지 못한 사람이 교육활동에 더욱 소극적일 것이라는 것은 어렵지 않게 알 수 있다.

제**9**장

# 인간 특성과 뇌

# 1. 뇌의 진화

오늘날 인간이 수백만 년 동안 여러 동물의 단계를 걸쳐 진화했다는 것이 생물학계의 정설이다. 그리고 인간을 포함한 모든 동물의 활동에는 뇌가 밀접하게 관련되어 있으므로, 인간의 뇌 또한 수백만 년에 걸쳐 진화했음을 짐작할 수 있다. 이는 모든 척추동물의 뇌가 후뇌(hindbrain), 중뇌(midbrain), 전뇌(forebrain)로 구분되어, 그 기본 구조는 같다는 데서도 알 수 있다(최준식 역, 2006).

그런데 여러 동물의 뇌의 크기를 비교해 보면(박권생 역, 2004), 쥐 25g, 고양이 25g, 원숭이 80g, 침팬지 400g, 인간 1400g, 코끼리 4700g로서, 코끼리를 제외하고는 대체로 뇌가 클수록 더욱 지능이 발달된 고등동물임을 알 수 있다. 그런데 인간과 코끼리의 뇌를 비교하면, 인간의 뇌가 코끼리 뇌의 3분의 1에 불과하지만, 인간이 코끼리보다 훨씬 더 지능적임을 알 수 있는데, 이는 단순히 뇌의 크기만이 지적 행동에 중요한 것이 아니라는 사실을 알려 준다. 뇌에 대한 해부학의 발달 덕택으로, 인간의 지적 활동에는 뇌의 크기보다 대뇌의 피질(cortex)에 생긴 주름이 이와 더욱 관련이 깊다는 사실이 밝혀졌다(조신웅 역, 2001).

인간의 뇌의 진화와 관련하여 신경생리학자 맥린(MacLean, 1990)은 자신의 삼위일체의 뇌(triune brain) 이론에서, 오늘날 인간의 뇌는 파충류의 뇌에서 선사(하등) 포유류의 뇌를 거쳐, 약 백만 년 전부터 시작된 신(고등) 포유류의 뇌에 이르기까지 3단계의 진화과정을 걸쳤다고 본다. 그리고 이 3가지 유형의 뇌는 화학적·구조적으로 현격히 다르며, 진화적 시기상 무한히 동떨어져 있지만, 놀랄 만한 연결을 보이고 층을 이루어 하나의 뇌에 3개의 뇌 체제가 존재하는 것처럼 보이므로, 이를 삼위일체의 뇌라 하였다.

인간이나 다른 영장류 혹은 고등 포유동물에게는 3가지 뇌가 모두 존재한다. 그러나 더 낮은 수준의 포유동물에게는 신 포유류의 뇌가 없지만, 선사(구)

포유류의 뇌와 파충류의 뇌는 있다. 그리고 어류, 양서류, 파충류, 조류와 같은 하등 척추동물들은 파충류의 뇌만을 가지고 있다.

먼저 파충류의 뇌는 우리의 뇌에서 가장 오래되고 가장 원시적인 부분으로서, 주로 우리의 본능적 행동이나 운동기능과 밀접한 관련을 가지고 있다. 이는 우리 머리의 뒤쪽 아랫 부분의 후뇌가 주로 이에 해당된다고 할 수 있다. 이는 소뇌와 그 주변의 뇌교(pons) 및 연수(medulla) 등으로 구성되어 있는데, 주로 호흡, 신진대사처럼 살아가는 데 중요하나 무의식적으로 수행되는 기능들을 담당한다. 또한 충동, 본능, 반사작용들을 조절하는데, 예를 들면 갓난아기도 원래 수영을 할 수 있다는 것이다. 그리고 이는 나중에 진화된 뇌의 다른 영역들과 긴밀하게 협력하여, 운전이나 수영처럼 학습한 것이 입력되어 자동화되도록 한다.

또한 맥린(1990)에 의하면, 이러한 초기 유형의 뇌는 기본적으로 후각 뇌(rhinencephalon)다. 원시시대의 생존 조건 속에서 살아남기 위해서 후각의 기능이 절실했기 때문이다. 이는 냄새 분류하기, 먹잇감 잡아먹기, 뒤쫓기, 달아나기, 구애하기, 짝짓기 하기에 중요한 역할을 한다. 그는 고등 영장류의 발한, 심장 박동, 혈압 같은 장기의 활동도 후각 뇌의 통제를 받으므로, 후각 뇌를 내장 뇌 또는 장기 뇌(visceral brain)라고도 하였다.

다음으로 모든 포유동물에게서 보이는 선사(구) 포유류의 뇌는 이 후각 뇌가 발달하여, 뇌간(brain stem)의 위쪽에 하나의 층을 형성하여 생긴 것이다. 이는 뇌간 위 그리고 대뇌피질 하부에 있는 변연계(limbic system, 변연, 즉 limbus는 반지 모양이라는 뜻)가 주로 해당되는데, 이는 감성 사령부로서 정서에 관여한다고 알려져 있다. 따라서 모든 포유동물은 정서적 표현을 하고, 또한 개성적 행동을 한다고 볼 수 있다. 변연계의 구성 요소 중에서는 특히 해마(hippocampus)와 편도체(amygdala)가 중요하다. 해마는 사실적 지식과 연관적 지식을 축적하고, 편도체는 감성을 전문적으로 담당한다고 알려져 있다. 또한 변연계는 뇌간 및 대뇌의 신 피질 모두와 지속적으로 상호작용하는 것으로 알려져 있어, 인간의 경우 신체적 행동, 정서적 표현, 지적 활동이 서로 무관한 것이 아니라, 모두 밀접한 관련을 맺고 있음을 짐작할 수 있다.

한편 약 백만 년 전에 지구상에 고등 포유동물이 출현하여, 뇌의 비약적 진화가 이루어졌다. 뇌간과 변연계 위에 신 피질이 생겨, 이성적 뇌가 출현하였다. 대뇌의 대뇌피질 중 신 피질은 진화상 가장 최근에 이루어진 것으로서, 지적 학습과 관련이 있는 것으로 알려져 있다. 따라서 이제 인간은 본능적, 충동적 행동과 복잡한 감성적 표현 외에, 추상적으로 생각하고, 전체적 연관을 이해하며, 의식적 자아를 발전시킬 수 있게 되었다.

이상에서 간단히 살펴보았듯이, 인간의 제 특성과 우리의 뇌와는 밀접한 관련을 맺고 있음을 짐작할 수 있다. 그러는 가운데 뇌와 관련되어 다소 생소한 명칭들도 여러 가지 등장하였다. 따라서 인간의 제반 특성에 대해 좀 더 자세히 공부하기 위해서는, 인간의 뇌의 구조와 그 기능에 대해서도 조금 더 알아보아야 할 필요가 있다.

# 2. 신경계와 뇌

## 1) 신경계의 이해

인간의 제반 특성과 관련이 깊은 신비한 인간의 뇌를 이해하기 위해서는, 먼저 인간의 신경계에 대해 이해할 필요가 있다(조신웅 역, 2001). 인간 신경계의 해부도에 의하면, 신경계는 크게 말초신경계와 중추신경계로 나누어진다. 말초신경계는 척수와 두개골 바깥에 위치한 신경계를 말하고, 중추신경계는 척수와 두개골 안쪽에 위치한 신경계를 말한다.

먼저 말초신경계는 신체 여러 부위의 감각 수용기에서 받은 감각신호를 중추신경계로 전달하고(감각기능), 또 중추신경계에서 신체 여러 부위, 즉 근육, 선 및 주효기관(effector organ), 즉 실행기로 보낸 운동신호를 전달한다(운동기능). 말초신경계는 외부 환경과 상호작용하고, 의식적이며, 감각신호를 중추

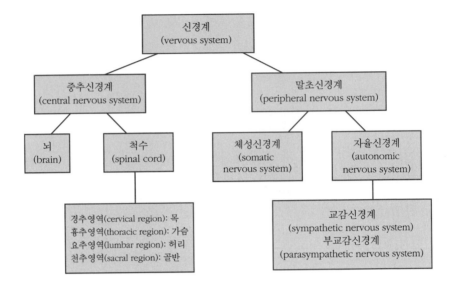

[그림 9-1] 신경계의 구분

신경계로 전달하고, 중추신경계의 운동신호를 신체 각 부위로 전달하는 체성
신경계와 신체 내부 환경을 조절하고 무의식적인 자율신경계로 구성되어 있
다. 그리고 또 자율신경계는 각성기에 흉부와 요부에서 중추신경계로 감각을
전달하는 교감신경계와 휴면기에 뇌와 척수에서 중추신경계로 감각을 전달하
는 부교감신경계로 구성되어 있다. 다음으로 중추신경계는 말초신경계에서
전달된 감각신호를 수용 · 분석 · 저장하고, 뇌의 운동신호를 말초신경계로 전
달하는 척수와 지각 · 사고 · 기억 · 언어 · 감정과 관련이 깊은 뇌로 구성되어
있다. 이상의 인간 신경계에 대한 논의를 간단히 정리하면, [그림 9-1]과 같다.

## 2) 뇌의 구조

인간의 뇌는 크게 세 부분으로 구분하여, 아래쪽부터 후뇌, 중뇌, 전뇌로 나
눈다. 그리고 이를 다시 자세히 나누어 다섯 부분으로 구분하는데, 이를 그림으
로 표시하면 [그림 9-2]와 같다. 그림에서 보듯이, 후뇌는 연수가 있는 수뇌와

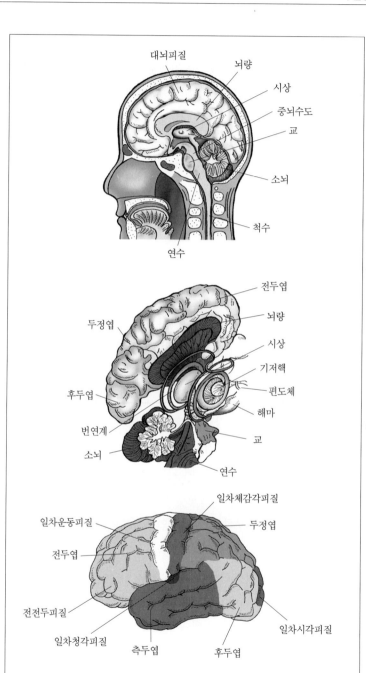

**[그림 9-2] 뇌의 해부도**

출처: 윤가현 외(2012).

소뇌 및 뇌교가 있는 후위 뇌로 다시 나뉘고, 중뇌는 그대로이며, 전뇌는 다시 시상과 시상하부가 있는 간뇌와 뇌의 맨 윗부분에 피질과 그 피질 하에 변연계와 기저핵이 있는 종뇌, 즉 대뇌로 나뉜다. 그런데 대뇌는 좌, 우 2개의 반구(hemisphere)로 구성되어 있다. 그리고 뇌간은 척수 위에 있는 수뇌, 후위 뇌, 중뇌, 그리고 간뇌에까지 뻗쳐 있는 부분을 일컫는다. 따라서 간단히 말하자면, 인간의 뇌는 하나의 뇌간과 두개의 대뇌 반구로 구성되어 있다고 할 수 있다.

## 3. 뇌의 기능

### 1) 뇌의 기능 연구방법

뇌의 기능에 대한 연구의 효시는 갈(Gall, 1758~1828)의 골상학(phrenology)이라 할 수 있다. 이는 인간의 두개골 크기 및 구조와 성격 및 능력과의 관계를 연구하려 했던 학문이다. 이러한 연구에 기초하여 심리학 분야에서는 능력심리학(faculty psychology)이 출현하였다. 이는 인간의 뇌는 마음을 담당하는데, 마음은 지각, 기억, 상상, 추리, 감정, 의지의 선천적 능력으로 구성되어 있고, 각 능력은 뇌에 자신의 자리 또는 기관이 있다고 보았다(김유미 역, 2009). 그러나 이러한 방법은 뇌 해부학이 발달되어 뇌의 구조를 자세히 밝힌 후 비과학적인 방법으로 판명되었다.

뇌 해부학은 뇌를 직접 해부하여 전체적인 모양이나 조직 및 구조를 연구한다. 뇌 해부학 외에도 특정 부위에 뇌 손상을 입은 환자들의 행동 특징을 연구하기도 하고, 특정 부위에 전극이나 화학물질로 뇌 자극을 하여, 행동의 변화를 연구하기도 한다(김문수 외 역, 2010).

최근에는 뇌의 기능을 연구하는 데에 다양한 뇌 영상 기법이 사용되고 있다. 이들은 뇌가 작동하는 동안 여러 가지 방법으로 사진을 찍어 그 기능을 연구한다. 그 예로는 컴퓨터 단층촬영(computed tomography: CT), 양전자 방출 단층촬영(positron emission tomography: PET), 자기 공명 영상(magnetic resonance imaging: MRI), 기능성(functional) 자기 공명 영상(fMRI), 뇌자도 (magnetoencephalography: MEG), 뇌전도(electroencephalography: EEG), 광자 방출 컴퓨터 단층촬영(single photon emission computerized tomography: SPECT) 등이 있다(김유미 역, 2009; Garrett, 2003; Pinel, 1997).

더욱이 최근에는 광 지형학(optical topography: OT) 또는 근적외선 분광기 법(near-infrared spectroscopy: NIRS)이 개발되어, 이 분야의 연구에 획기적인 발전을 가져오고 있다. 이는 피질의 혈액 변화를 근적외선으로 측정하여 뇌의 기능을 연구하는 방법이다(Koizumi et al, 2003). 이는 간단히 광섬유로 된 모 자를 쓰고 의자에 편안히 앉아서 사진을 찍으면 된다. 또한 이 장치는 작고 휴 대 가능해 대단히 경제적이다.

## 2) 뇌의 부위별 기능

우리 뇌는 대체로 기능적으로 국지화되어 있으면서도, 서로 상호작용하고 있다고 할 수 있다. 이를 그림으로 나타내면, [그림 9-3]과 같이 요약할 수 있 다. 여기에서 보면, 우선 뇌간의 일부분인 후뇌, 즉 수뇌와 후위 뇌는 우리의

---

후뇌(hindbrain, rhombencephalon)

    수뇌(myelencephalon)

        연수(medulla) --- 대뇌 반구 반대쪽으로 신호 전달, 교차로

           망상체(reticular formation) --- 생체기능 조절, 각성, 긴장, 수면

    후위 뇌(metencephalon)

        뇌교(pons) --- 생존기능 조절

        소뇌(cerebellum)--- 운동 협응, 운동 실조

중뇌(midbrain, mesencephalon)

    중뇌개(tectum)

        상구(superior colliculi) --- 시각

            하구(inferior colliculi) --- 청각

    피개(tegmentum)

        적핵(red nuclei) --- 감각운동

        중뇌수도주변 회백질(periaqueductal gray) --- 진통, 방어행동

        흑질(substantia nigra) --- 감각운동

전뇌(forebrain, prosencephalon)

    간뇌(diencephalon)

        시상(thalamus) --- 감각정보를 대뇌피질에 전달

            외측 슬상핵(lateral geniculate nuclei) --- 시각정보 전달

            내측 슬상핵(medial geniculate nuclei) --- 청각정보 전달

            복측 후핵(ventral posterior nuclei) --- 촉각정보를 대뇌피질로 전달

        시상하부(hypothalamus) --- 자율신경계, 내분비계 통제, 생존 관련 행동

            복내측 핵(ventromedial nuclei) --- 비만 조절

            시신경교차상핵(superachiasmetic nuclei) --- 생체리듬 조절

            유두체(mammillary bodies) --- 정서, 변연계까지 연장

            시신경전 영역(preoptic area) --- 성 행동

        뇌하수체 선(pituitary gland)

            전엽 뇌하수체(anterior pituitary) --- 주 분비선, 향성 호르몬 방출

            후엽 뇌하수체(posterior pituitary) --- 옥시토신, 바소프레신 방출

    종뇌(telencephalon)---대뇌

        변연계(limbic system) --- 후각, 정서

            해마(hippocampus) --- 사실적 · 연관적 지식

            편도체(amygdala) --- 기저핵에 걸쳐 있음, 정서

            대상피질(cingulate cortex)

            뇌궁(fornix)

            중격(septum)

            유두체(mammillary bodies) --- 시상하부에 걸쳐 있음

```
        기저핵(basal ganglia) --- 운동 조절
            편도체(amygdala) --- 변연계에 걸쳐 있음, 정서
            미상(caudate)
            피각(putamen)
            담창구(globus pallidus)
        대뇌피질(cerebral cortex)
            후두엽(occipital lobe)--- 뒤, 시각
            전두엽(frontal lobe)--- 앞, 후각, 감성, 계획, 의사결정, 문제해결
            두정엽(parietal lobe) --- 위, 미각, 촉각, 신체 기능
            측두엽(temporal lobe)--- 옆, 청각, 언어 이해와 표현, 기억, 분노 조절
```

[그림 9-3] 뇌의 각 부위별 기능

생존기능을 조절하고 운동기능을 협응한다. 그리고 중뇌는 감각 및 운동과 밀접한 관련을 가지고 있다. 전뇌 중 간뇌는 감각정보의 전달 및 생존 관련 행동과 정서에 관계가 깊다. 그리고 전뇌 중 종뇌는 감각, 운동, 정서, 동기 외에도 기억, 언어, 사고 등의 지적 과정과 밀접한 관련을 가지고 있다. 따라서 종뇌는 지, 정, 체의 우리의 모든 특성에 대한 종합적인 관제탑 역할을 한다고 할 수 있다.

## 3) 대뇌의 반구

인간의 대뇌는 크게 좌, 우 2개의 반구로 나뉘어 있다. 그리고 그 기능도 차이가 있다. 대뇌의 좌, 우 반구에서 기능상의 차이를 흥미롭게 연구한 것 가운데 심한 간질 발작을 보이는 환자들을 대상으로 양쪽 반구를 연결하는 신경다발인 뇌량(corpus callosum)을 절단함으로써 증상을 완화시킨 연구가 있다 (Gazzaniga, 1970). 이 연구는 뇌가 분리되면, 양 반구 사이의 통신이 끊어져

버린다는 사실을 보여 준다.

언어와 관련된 기능이 주로 좌반구에 있기 때문에, 환자들은 오로지 좌반구가 인식하고 있는 내용에 대해서만 언어적 표현이 가능했다. 우반구만 인식할 수 있게 자극을 주었을 때, 분리 뇌(split-brain) 환자들은 그 자극이 무엇인지 말하지 못했다. 그러나 우반구가 언어적 방법 이외의 수단을 이용하여 반응할 수 있는 기회를 주었을 때는 그 자극이 접수되었다. 예를 들면, 왼손의 촉각과 관련된 입력은 우반구로 투사되고, 오른손의 촉각은 좌반구로 투사되므로, 어떤 그림 자극이 우반구로만 전달되도록 제시하고, 왼손으로 어떤 자루 안에 든 여러 가지 물건을 만지게 하면, 그 그림에 있었던 것과 같은 물건을 찾아낼 수가 있었다. 즉, 우반구는 조금 전에 본 물건을 기억했다가 그 물건이 주는 느낌과 비교하여 일치하는 물건을 찾아낼 수 있었다. 그러나 오른손으로 물건을 만지게 했을 때는 일치하는 물건을 찾는 데 실패했는데, 이는 오른손의 촉각 정보는 좌반구로 올라가며, 좌반구는 이 물건을 본 적이 없기 때문이다(최준식 역, 2006).

이처럼 분리 뇌 환자의 경우, 한쪽 반구로 전달된 정보는 그 반구 내에만 머물 뿐 반대편으로 넘어가지 못한다. 그 후 뇌의 좌, 우반구의 기능에 대한 연구가 집중적으로 이루어졌다. 우리 뇌의 좌, 우반구의 기능상의 차이를 정리하여 표로 제시하면 〈표 9-1〉과 같다.

〈표 9-1〉 뇌의 좌, 우반구의 기능

| 좌반구 | 우반구 |
|---|---|
| 순차적, 계속적 행동 점검 | 신기성, 거짓말과 농담의 진위 파악 |
| 시간, 계열, 순서, 세부사항 인식 | 전체적 상황 |
| 청각 수용, 언어 표현 | 음악, 미술, 시각-공간, 시각-운동 |
| 단어, 논리, 분석적 사고, 읽기와 쓰기 | 독서나 대화 시 심상형성 |
| 옳고 그름 | 직관적, 정서적 반응 |
| 규칙, 최종 기한 | 관계의 형성 및 유지 |
| 기하보다 대수 | |

가드너(Gardner, 1983, 1993)의 지능이론 중 언어적, 수학적, 실존적, 자연적, 자기 성찰적 지능은 우리 뇌의 좌반구와 관계가 깊다. 그리고 공간적, 음악적, 신체-운동적, 자연적, 대인관계적 지능은 뇌의 우반구와 관계가 깊다. 그런데 사람 중에는 어떤 반구도 우세하거나 지배적이지 않은 중뇌형의 인간도 있다(정종진, 임청환, 성용구 역, 2008).

다음에서는 뇌와 우리가 지금까지 논의한 인간의 인지적, 정의적, 사회적, 복합적, 행동적 특성 간의 관계에 대한 그간의 대체적 연구결과를 요약하고자 한다. 각각의 인간 특성과 뇌의 관계에 대한 연구는 뇌의 기능에 대한 연구가 다 이루어지기 전까지는 아직 요원하다고 할 수 있다. 지금은 겨우 이에 대한 시작 단계이므로, 이는 앞으로 중요하고, 연구거리가 풍부한 분야라 할 수 있다. 그러나 지금까지 알려진 바가 그렇게 많지 않기 때문에, 여기에서는 단편적인 지식이나마 한데 모아 제시해 보고자 한다.

# 4. 인지적 특성과 뇌

인간의 뇌는 약 $10^{11}$개의 신경세포, 즉 뉴런(neuron)으로 구성되어 있는데, 이 많은 신경세포들은 또 약 $10^{14}$개의 연결을 이루고 있다. 또한 우리 두뇌의 피질 $1^3$ mm에는 약 6만 개의 신경세포가 있다고 알려져 있다. 그런데 인간의 뇌는 몸무게의 약 2%에 불과하지만, 에너지의 약 20~30%를 소모한다. 그러므로 머리를 쓰면 쓸수록 더 많은 에너지를 사용한다는 사실을 알 수 있다. 그리고 새로 태어난 신생아라 하더라도, 백지 또는 무(無)의 상태로 태어나는 것이 아니라, 상당한 정도 크기의 두뇌를 가지고 태어나고, 또 인간의 지식은 신경세포로 표상되기 때문에, 신생아도 상당한 정도의 정보처리 능력을 지니고 태어남을 알 수 있다.

그런데 인간의 인지적 특성이라 할 수 있는 지능, 창의력, 사고력, 지식, 메타 인지, 지혜, 인지양식 등의 활용과 두뇌의 관계에 대해서는 아직은 알려진 바가 그렇게 많지 않다(Rosenzweig & Leiman, 1982). 앞으로 이런 측면에 대한 연구가 더욱 활발해지리라 기대되지만, 여기에서는 이와 관련된다고 생각되는 그간의 단편적인 연구결과들을 모아 보기로 한다.

먼저 인지와 뇌의 관계를 다루는 연구로, 인지의 첫 단계라 할 수 있는 주의(attention) 또는 주의집중을 주로 다룬 연구가 있다. 포스너와 로스바트(Posner & Rothbart, 2007)에 의하면, 주의에는 관련된 3가지 망 또는 망조직(network)이 있는데, 이는 각각 경계, 지향, 실행적 통제 망조직이다. 경계는 유입 자극에 민감하여 그것을 유지하는 것이고, 지향(orienting)은 감각신호에 주의를 배분하여 감각 입력 자료로부터 정보를 선택하는 것이다. 그리고 실행적 통제는 사고, 감정, 반응 간의 갈등을 조절, 통제하고 해결하는 기제다. 각 기능과 관련된 우리 두뇌의 구조, 그리고 그에 관련된 신경전달물질을 요약하여 표로 제시하면, 〈표 9-2〉와 같다.

위 표에서 보듯이, 우리의 주의집중에서 경계와 지향은 우리 두뇌의 전두엽과 두정엽이 주로 관여한다. 그리고 실행적 통제, 즉 사고, 정서, 그리고 갈등 간 조절에는 전대상회(anterior cingulate gyrus)와 전전두피질(prefrontal cortex)이 관련되는데, 여기에는 신경전달물질인 도파민(dopamine)이 작용한다. 결국 주의 망조직은 인간의 인지, 정서, 사회성에 모두 중요하다 할 수 있다. 주의는 인지과제의 해결, 문해(literacy) 능력, 일반 지능뿐 아니라, 정서의 조절에도 작용하여, 부정적 정서를 감소시키고, 또 충동성의 억제, 갈등의 해

〈표 9-2〉 주의 망조직, 해부학적 구조, 신경전달물질의 관계

| 주의 기능 | 해부학적 구조 | 신경전달물질 |
|---|---|---|
| 경계, 지향 | 우반구 전두엽과 두정엽, 시상<br>상측 두정엽, 측두 두정 결합부 | 노르에피네프린<br>아세틸콜린 |
| 실행적 통제 | 전두 안구영역, 후측 뇌<br>전대상회, 복외측 전전두피질<br>기저 신경절 | 도파민 |

결과도 관련이 있어, 사회성 발달에도 중요하다고 알려져 있다.

그리고 인간의 주의와 관련하여 주의력 결핍 장애(attention deficit disorder: ADD)를 겪는 사람들은 대뇌의 전전두피질에 문제가 있는 것으로 나타났다. 주의력 결핍 장애는 2가지 유형으로 분류되는데, 제1형은 과잉행동, 충동성, 산만, 불안 등의 증상을 보이는 유형으로서, 대체로 아동기에 나타나고, 도파민 수치가 낮아 전전두피질과 전동작피질(premotor cortex)의 활동이 감소하여 나타나는 것으로 보고 있다. 제2형은 주의집중력이 부족한 것으로, 주로 아동 후기나 청년기에 나타나는 유형인데, 백일몽, 무관심, 게으름, 멍함, 고집이 셈, 도전적인 것이 특징이다.

또 인간의 인지 중 중요한 부분인 기억 중에서 단기기억(short-term memory: STM)이라고도 하는 작동기억 또는 작업기억(working memory: WM)은 전전두피질과 관련이 깊은 것으로 알려졌다. 또한 우리들의 의사소통에는 시상하부와 대뇌피질이 관여하는 것으로 알려졌다.

러시아의 루리아(Luria, 1966)에 의하면, 각성은 뇌간과 중뇌와 관련이 깊은데, 특히 연수, 망상체, 뇌교, 시상, 시상하부와 관련이 깊다. 그리고 감각 입력에는 측두엽, 두정엽, 후두엽이 모두 관여하는 것으로 보인다. 또 기획과 조직에는 전두엽피질이 관계가 깊다. 그 외에도 측두엽은 공황, 공포, 멍함, 자살, 실수, 조급, 격노, 망상, 기억과 관계가 있고, 두정엽은 몸의 반대쪽에서 온 감각정보의 조정 및 해석, 방향, 조립, 그리고 고등수학 연합 영역으로 알려져 있다.

그런데 인지와 뇌의 관계에 대한 그동안의 연구는 주로 듣기와 읽기 등의 언어영역과 계산 등 수학적 지식영역을 중심으로 이루어졌다. 그리고 언어와 수학 모두 우리 두뇌의 좌반구가 우반구보다 더 깊은 관련이 있는 것으로 알려졌다. 먼저 언어가 좌반구와 밀접한 관련이 있다고는 하나, 좌반구에 손상을 입어도 말하는 것이 어느 정도는 가능하다. 특히 어린 나이에 손상을 입은 경우에는 더욱 그렇다. 이는 그만큼 우리 뇌가 가소성(plasticity)이 있기 때문이다.

한편 언어는 두뇌의 좌반구에 편재화되어 있어, 갓 태어난 신생아들도 모국어를 들으면, 좌반구 청각피질 주변이 활성화된다. 그런데 너무 어린 나이에 외국어에 빨리 노출되면, 어린이는 언어 획득에 심한 혼란을 겪게 되는데, 이는 태아기에 모체에 전달되는 모국어의 리듬과 억양에 반응하는 것이 익숙해 졌기 때문이라 할 수 있다. 따라서 너무 빠른 나이에 외국어 교육을 시키는 것은 그 효과에 문제가 있지 않은지 더 많은 연구결과를 기다려 보아야 할 것이다.

우리 두뇌 가운데 특히 좌반구 전두엽과 측두엽, 후두엽이 언어와 관계가 깊다. 좌반구 전두엽은 인지과정 및 단어 읽기 음운과제와 관련이 있는데, 특히 브로카(Broca) 영역이 단어 생성과 관련이 깊다(Fiez et al., 1999). 그리고 측두엽은 청각 및 언어처리와 관련이 있는데, 특히 베르니케(Wernicke) 영역이 단어 이해와 관련이 깊다. 또 후두엽은 시각적 대상의 재인과 관계가 깊다.

읽기에는 주의, 지각, 인지, 언어과정이 관여하는데, 시각 영역인 좌반구 후두엽, 청각영역인 측두엽, 그리고 인지 및 언어영역인 전두엽이 관여한다. 그래서 이 중 어느 부위가 손상되면, 읽기에 장애가 생긴다. 특히 어휘가 풍부하고 IQ가 정상인데도 잘 읽지 못하는 난독증(dyslexia)은 대체로 청각계의 미성숙으로 인한 경우가 많다. 청각의 미성숙 때문에 소리 형태를 마음속에 구체적으로 표상하기 어렵고, 또 그로 인해 글자-음소의 관계를 배우기 어려울 뿐 아니라, 신속한 자동화 처리에 결함이 있어 글을 읽기 어렵게 된 것이다.

한편 수 내지 수학과 관련된 두뇌 부위는 전전두피질과 두정엽으로 알려져 있다. 우리가 암산을 하는 경우에는 전전두피질이 활성화되고, 또 두정엽이 손상되면, 계산 불능에 빠지는 것으로 알려져 있다. 수 계산에 문제가 있는 난산증(dyscalculia) 환자의 경우, 좌반구 두정내고랑의 회백질의 밀도가 일반인 보다 감소되어 있다. 이에 비해 아인슈타인(Einstein)은 수학적 추리와 시각적 처리와 관련된 두정엽과 계획 및 문제해결과 관련된 전두엽이 일반인에 비해 15% 정도 더 발달된 것으로 밝혀졌다(정종진, 임청환, 성용구 역, 2008).

인간의 인지적 기능과 관련하여 전전두피질, 전대상회, 그리고 대뇌 기저핵의 역할이 중요한 것으로 밝혀졌다. 먼저 전전두피질은 판단, 집중, 충동 조절, 조직화, 계획, 언어 표현, 일관성과 관련이 있다. 또한 성격과 도덕성 발달의 중심부로서, 변연계에서 온 감정을 번역, 판단, 통찰한다. 그리고 공감, 미래 예측, 사회적 책임, 사려, 실수를 반복하지 않는 것도 이와 관계가 있다. 특히 전전두피질의 기능 장애는 주의력 결핍 장애, 품행 장애, 비행, 범죄와 관련이 있는 것으로 밝혀졌다.

전대상회는 정보처리체제로서 부정적 사고, 행동 고착, 근심, 걱정, 주의 전환과 관계가 있다. 특히 전대상회가 과잉활성화되면, 세로토닌이 결핍되어 융통성에 문제가 생기고, 대안 마련에 어려움을 느끼며, 한 가지만을 고집하여 고착, 경직, 조급증, 강박증을 보인다. 그리고 또 유연성, 협동, 공감, 유대, 도덕성에 문제가 있어, 부정적, 저항적, 도전적이고, 분노, 변덕, 과민성을 보인다. 또한 섭식장애와 생리 전 증후군도 전대상회가 과잉활성화된 것과 관련이 있다. 한편 대뇌 기저핵은 통합, 이완, 불안 및 그 수준 조절, 동작 전환, 신경질, 스트레스, 공황, 긴장, 과잉경계와 관련이 있다고 알려져 있다.

인간의 사고력과 관련해서는 자동화된 부정적 사고(automated negative thought: ANT)가 문제다(Amen, 2002). 이는 변연계의 과잉활성화 때문에 생긴 것으로, 해로운 생각('언제나' 방식의 사고, 부정성에 초점 두기, 부정적인 일 일어날 운명 점치기, 누군가 부정적으로 본다고 마음 읽기, 부정적 감정에 의한 사고, '해야 한다'는 죄의식, 부정적 꼬리표 달기(낙인), 순수한 사건에 개인적 의미를 부여한 인격화, 비난)이 문제인데, 이는 반박되어야 한다.

그런데 고통스런 과거의 기억을 단절하는 방법으로 2가지 방법이 있다. 첫번째 방법은 고통스런 정서 연결 단절(disconnecting painful emotional bridge: DPEB) 방법이다. 이는 주로 최면술에서 쓰는 방법으로, 다음의 5단계를 거친다. 첫째, 최근의 고통스런 기억을 떠올린다. 둘째, 그때의 감정을 적는다. 셋째, 과거로 돌아가 그런 감정을 처음 느낀 사건을 자세히 기록한다. 넷째, 그 과거로 되돌아가 다시 생각해 본다. 다섯째, 부모나 성인의 마음과 자세로 재처리하고 재구성하여 과거의 감정을 단절시킨다. 흔히 이와 같은 5단계 과정을 거쳐 단절한다.

두 번째 방법은 눈 동작 둔감화 및 재처리(eye movement desensitization and reprocessing: EMDR) 방법이다(Shapiro, 1998). 이는 정서적으로 파괴적인 기억과 현재의 생활경험을 단절하고, 괴로운 기억에서 나온 정서적 고통을 해결하며, 교통사고, 강간, 자연재해, 전쟁 외상으로부터 회복하기 좋은 방법으로, 눈을 좌측 아래에서 우측 상단으로 이동하면, 혼란스러운 생각과 불안이 사라진다는 방법이다.

# 5. 정의적 특성과 뇌

우리는 앞에서 학습과 관련된 정의적 특성으로 동기, 태도, 자아개념, 흥미, 기대, 귀인, 불안을 고찰하였다. 그리고 긍정적 정서로는 사랑, 우정, 희망, 행복, 즐거움, 공감, 자아 존중감, 자아 효능감을 보았다. 또한 부정적 정서로서 화, 공포, 비탄, 우울, 미움, 질투, 무력감을 보았다. 한편 골먼(Goleman, 1995)은 정서 지능(emotional intelligence)이라는 개념을 도입하여, 자기 인식, 자기 조절, 동기화, 공감(감정이입), 사회적 기술을 이에 포함시켰다. 이와 같이 인간의 정서 내지 정의적 특성은 인지적 특성보다 훨씬 더 다양한데, 이러한 정의적 특성과 뇌의 관계를 밝히는 연구는 아직 충분하지 않다고 할 수 있다(최준식 역, 2006). 그럼에도 불구하고, 여기에서는 지금까지 밝혀진 사실들을 모아 정리해 보고자 한다.

먼저 정서는 독자적으로 표출된다기보다는 인지와 밀접한 관련을 가지고 있다. 그래서 정서의 조절에 인지과정 및 그와 관련된 뇌의 부분이 작동한다. 먼저 정서 표현은 간뇌의 시상하부와 관련이 있고, 정서 경험은 대뇌피질과 관련이 깊은 것으로 알려져 있다. 이는 인간의 뇌가 그 작용 면에서 볼 때, 하향이동(down shifting)의 경향이 있기 때문이다. 다시 말해서 사고가 정서를 통제하고, 정서가 행동을 통제한다. 이는 인간의 뇌가 파충류의 뇌 → 구 포유류의 뇌 → 신 포유류의 뇌로 진화했기 때문에, 그대로 두게 되면, 그 영향력도 뇌간(신체) → 변연계(정서) → 피질(사고)의 순이 되어 사회가 무질서하게 되기 때문이다. 예를 들면, 사람이 화가 날 때는 이성적 판단보다 주먹이 먼저 날아가기 쉽다. 그러므로 이성적 판단에 의해 화를 다스리고 또 행동을 자제해야 한다.

먼저 앞에서 보았듯이, 우리의 주의 망조직이 정서의 조절에 작용하여 부정적 정서를 감소시키고, 또 충동성을 억제한다. 이는 전두엽과 두정엽이 작용한다는 것을 말해 준다.

그리고 우리 대뇌의 좌반구 전전두피질은 긍정적 정서 표현과 관계가 있어, 사랑, 행복, 열정, 농담, 공감에 관여하고, 이러한 전전두피질이 감소하면, 우울, 비관, 분노, 증오, 조급증이 나타나는 경향이 있다. 특히 공감은 건강한 전전두피질 및 전대상회와 관계가 깊으나, 만일 이 부분이 과잉활성화되면, 이기적인 경향을 띠게 된다. 이에 비해 우리 대뇌의 우반구 전전두피질은 활동 증가 시 비관적·부정적이고, 수줍음, 우울증, 공포증과도 관련이 깊다고 알려져 있다.

그런데 정서에 있어 가장 중요한 중심부는 종뇌의 변연계라 할 수 있다. 그중에서도 특히 편도체가 중요하다. 이는 긍정적 정서에 관여하고, 또 정서에 기초하여 공격적 행동을 통제하기도 한다. 즉, 편도체는 호, 불호, 슬픔과 같은 강렬한 긍정적, 부정적 정서에 관계되고, 또 정서적 뇌가 사고의 뇌를 조절하도록 한다.

전두엽 좌측이 활성화되면, 변연계가 안정되는데, 이때는 근육이 이완되고, 맥박이 느리며, 손에 땀이 안 나고, 호흡도 느리다. 이는 긍정적 정서와 관계되어, 사랑, 신뢰감, 안정감, 즐거움, 친밀감, 행복, 기쁨을 느끼게 한다. 이는 또한 노인의 기억 및 지능을 향상시켜 노화를 지연시키고, 암 발생률을 낮추며, 신체적 유대에도 관여하여, 부모-자식 간 포옹 및 눈 맞춤(eye contact)의 기회도 늘려 준다.

이에 비해 변연계가 과잉활성화되면, 부정적 정서와 관련이 많다. 따라서 부정적 정서인 비탄, 화, 우울, 불안, 공포, 조울증이 잘 나타난다. 그래서 자살을 많이 하게 되고, 심장병 발병률이 높으며, 긴장 정도가 심하고, 충동적이며, 가끔 망상을 하기도 한다.

사람이 불안하면, 긴장을 하고, 부정적인 일을 예견하며, 심장 박동과 호흡이 빨라진다. 이는 대뇌 기저핵의 우측이 과잉활성화되기 때문이다. 불안의 일종인 공황 발작의 경우도 질식할 것 같은 느낌이 들고, 호흡과 심장 박동이 빨라지고, 땀이 나는데, 이것도 마찬가지다. 또한 불안의 일종인 강박증도 지나친 걱정, 불신, 경직된 사고, 격식 차림, 부정적 생각, 반복적 행동이 특징인데, 이는 대뇌 기저핵과 전대상회가 과잉활성화되기 때문이다. 이는 지나친 종교적 강박증의 경우도 마찬가지다. 종교적 체험에는 측두엽과 변연계가 관여하는데, 종교적 강박증의 경우, 불안과 관련된 뇌 부위가 과잉활성화된다. 즉, 전대상회와 대뇌 기저핵이 과잉활성화되는 것을 볼 수 있다.

한편 사람이 화가 나면, 스트레스 호르몬인 코르티솔이 분비되어, 혈액 내 산소량이 낮아지고, 이산화탄소가 증가한다. 이는 곧 근육이 긴장하고, 심장 박동이 빨라지며, 손에 땀이 나게 한다. 이는 다시 화가 조급증, 충동성, 혼란, 잘못된 의사결정으로 이어지게 한다. 이 모든 것은 전대상회가 과잉활성화되기 때문이다. 그리고 여성들이 종종 생리 전 증후군(premenstrual syndrome: PMS)의 하나로 화를 내는 것도 이러한 전대상회가 과잉활성화되기 때문이다.

그리고 사람이 우울증에 걸리면, 부정적이고, 절망감에 빠지고, 사회적으로 고립되며, 주의가 산만해진다. 이는 정서와 관계된 인지 중심부 및 관련 부위에 문제가 있다는 것을 말해 준다. 실제로 우울증 환자의 경우, 좌측 전전두피질의 활동이 정지되고, 시상 및 변연계의 활동이 증가함을 보인다.

## 6. 사회적 특성과 뇌

인간의 사회적 특성에는 도움 및 이타심, 협동, 배려, 경쟁, 공격성, 동조성 및 복종, 지도성 등이 있다. 그러나 공격성 및 지도성을 제외한 여타의 사회적 행동과 두뇌와의 관계에 대해서는 알려진 바가 많지 않다. 따라서 이 분야도 앞으로 집중적으로 연구해야 할 분야의 하나다. 그러나 여기에서는 그간 알려진 단편적인 지식이나마 모아 정리하려고 한다.

우선 인간의 사회성은 전전두엽의 안와 전두피질(orbitofrontal cortex)과 관련이 깊다고 알려져 있다. 한편 인간의 사회성 발달은 정서와 관련되고, 여기에는 2가지 방식이 있다. 첫째, 두려움이 많은 사람의 경우, 편도체가 고통 신호를 주어 타인과 공감하도록 한다. 이들을 상냥하게 훈육할 때, 도덕성을 내면화하고, 양심을 발휘하며, 통제에 대한 노력을 하여 사회성이 발달된다. 둘째, 두려움이 없는 사람의 경우, 통제 노력과 갈등 조절 능력의 부족으로 인해 반사회적 행동을 하기 쉽다. 이들은 편도체의 활동 신호에 주의하도록 통제를 하고, 또 이를 통해 사회성이 발달되도록 해야 한다. 다음에 이와 관련된 사례가 하나 있다.

1998년 5월 20일 수요일, 오리건 주 스프링필드에 사는 열다섯 살 된 킨켈은 대학에서 총을 훔쳐 정학을 당했고, 퇴학 가능성을 안고 있었다. 조서를 작성한 후 경찰은 그를 부모와 함께 돌려보냈다. 당국에서는 그가 수요일 오후 저녁 무렵 그의 부모를 쏴 죽였다고 발표하였다. 다음날 아침 트렌치코트를 입은 그는 서스톤 고등학교의 한 지점에 주차하였다. 그는 소총 1정과 권총 2정을 들고 학교로 가서 총알 51발을 발사하였다. 2명의 학생이 죽고 25명의 학생들이 부상당했다(Amen, 2002).

킨켈의 뇌를 검사한 에이먼(Amen)은 폭력 및 공격성과 관련된 편도체 부근의 좌측 측두엽, 그리고 양심, 의사결정, 충동 조절, 주의집중과 관련된 전전두피질, 또 뇌의 외상 가능성을 나타내는 시각 부위인 후두엽이 심하게 손상되어 있음을 발견했다(김유미 역, 2006).

위에서 보았듯이, 공격성은 전전두피질, 전대상회, 대뇌 기저핵, 측두엽, 그리고 변연계 내의 편도체 및 해마와 관계가 깊은 것으로 알려져 있다. 전전두피질은 뇌의 앞부분의 30%(침팬지는 11%)를 차지하고 있는데, 이는 마음의 최고경영자(chief executive officer: CEO)로서 감독자 및 집행부의 역할을 한다. 그래서 우리의 사고 및 행동을 안내하고, 계획·예측·판단·조직에 관여하고, 충동 조절을 하며, 사려 깊음·공감·인정·양심과 관련이 있다. 또한 전전두피질은 주의집중, 사회성, 자유의지, 자제력, 인내력, 시간엄수, 일관성, 통찰과도 관계가 깊다. 그리고 전전두피질은 행복, 슬픔, 기쁨, 사랑, 공감 등 정서에도 관여하여, 정서 뇌인 변연계의 감정을 인식 가능하게 만든다. 이는 대체로 성년이 되어 20대 중반에 완성되는데, 전전두피질이 과소활성화되면, 과잉활성화되었을 때와는 달리, 감정 표현 불능증(alexythymia)에 빠지기도 한다. 그러나 전전두피질이 건강한 사람은 부모와 사랑, 유대관계가 좋고, 청소년기 임신, 약물 중독, 폭력, 자살률도 적은 것으로 나타났다.

전두엽의 전대상회와 대뇌 기저핵도 공격성과 관련이 깊은데, 세로토닌 부족으로 이 부위가 과잉활성화되면, 사람이 부정적, 논쟁적, 적대적, 대립적, 비타협적, 이기적, 비협조적이다. 그래서 강박 장애, 섭식장애, 중독 장애(약물, 섹스, 도박), 품행 장애가 있는 사람들은 이 부위가 과잉활성화되어 있다. 또한 전대상회와 대뇌 기저핵은 완고함, 화, 질투심, 공포, 불안, 긴장, 증오, 저주, 원한, 죄책감, 엄격성과도 관계가 있어, 근본주의 신앙을 고수하거나, 인종차별주의자들에게서도 이 부위가 과잉활성화되어 있음이 잘 발견된다.

그런데 천연 항우울제인 성요한초(Saint John's wort, 성 요한의 축일인 6월 24일경에 피는 꽃에서 추출, 세로토닌 가용성을 높임)를 주사하면, 이 부위가 안정이 된다. 또한 세로토닌 분비를 촉진하는 약물 졸로프트(Zoloft)를 처방한 뒤에는 공포심이 사라지고, 안정적이며, 편안하다. 또 협동심이 생겨 유대관계와 인간관계가 좋으며, 융통성·개방성·적응력을 보인다. 그리고 미래 지향적 사고를 하여 계획적이 되고, 목표를 설정한다. 그 외에도 문제해결력이 높아지고, 동기유발이 잘되며, 마음상태가 이완되어 용서 및 배려를 잘하고, 긍정적·수용적이다.

그리고 공격성은 측두엽 및 변연계와도 관계가 깊다. 이들은 우리의 정서 뇌로서, 정서, 기억, 영적 경험과 관계되는데, 안정되어 있으면, 사회적 유대, 기분 안정, 분노 조절, 열정, 바람, 기쁨, 일관성, 긍정성과 관계가 있다. 그러나 과잉활성화될 경우, 격노, 자살, 우울, 공격성, 부정적임, 과민, 난독증, 편집증, 정서 불안, 기억상실, 두려움, 두통, 복통, 고립, 조급증, 변덕, 치매, 죄, 신경질, 불안, 비합리성, 짜증, 망각, 자살, 범죄(폭행, 살인 강간, 방화)와 관계된다.

측두엽은 해석적 피질로서 장기기억 저장 및 인출, 현재 경험과 과거 지식의 통합(재실수하지 않게), 성격 발달에 관여한다. 측두엽이 과잉활성화될 경우, 정서 불안, 난독증, 얼굴 인식 실패, 사회기능의 기억상실, 치매, 불안으로 인한 두통, 복통 등을 겪는다. 특히 좌측 측두엽은 오른손잡이에게 발달되어 있는데, 언어 이해 및 인출, 중장기 기억, 기분 안정, 분노 조절, 폭력 조절, 일관성, 예측과 관계가 있다. 이에 비해 우측 측두엽은 왼손잡이와 관련이 깊고, 정서 이해, 말의 억양과 느낌 이해, 음악, 직관력, 통찰력, 종교 경험과 관계가 있다.

변연계는 과잉활성화되면, 슬픔, 부정적임, 우울, 불안, 버림받은 느낌, 관계 소원과 관계가 있으나, 안정되면 다정다감, 온정적임, 유대, 친밀감과 관계가 있다. 보통 남성보다 여성의 변연계가 더 큰데, 그렇기 때문에 여성이 보호자, 정서적 유대, 친밀한 친구가 되기 쉽고, 또 여성이 우울증에 더 잘 걸리는 경향이 있다.

한편 시상하부는 정서 상태를 긴장·이완의 신체 상태로 바꾸는 역할을 한다. 실험 심리학자들에 의하면, 시상하부에 전극을 부착해 분노 반응을 일으킬 수가 있다. 이 실험에서 피험자들은 극도의 화를 내고 폭력 행동을 하였다. 그리고 또 성 호르몬인 남성 호르몬 테스토스테론(testosterone)과 여성 호르몬 에스트로겐(estrogen)의 증가도 공격성을 각성시킨다.

한편 지도성, 곧 리더십은 전전두피질, 전대상회, 대뇌 기저핵, 측두엽, 변연계가 두루 관여하고 있는 것 같다. 먼저 전전두피질이 건강하면, 지도자로서 감독자의 역할을 잘해 관찰 · 안내 · 보호를 잘하고, 목표 지향적이며, 진보적이고, 주의집중과 공감을 잘하며, 일관성이 있고, 충동 조절도 잘한다. 전전두피질에 문제가 있는 경우는 부하에게 상처를 주는 말을 잘하고, 깊게 생각하지 않고 행동을 하며, 소송에 연루되거나 마찰이 잦고, 양심이 부족하며, 종종 주의력 결핍 장애가 있다.

그리고 지도자의 전대상회와 대뇌 기저핵이 정상적이면, 융통성이 있고, 적응력이 뛰어나며, 변화 가능성을 타진하고, 대안 마련을 잘하며, 타협 · 공감 · 용서를 잘하고, 매사에 긍정적이다. 그러나 전대상회와 대뇌 기저핵이 과잉활성화되어 있으면, 불안 · 걱정 · 공포 · 의심 정도가 높고, 부정적이어서 실패를 잘 예견하고, 책임회피를 잘하며, 대립적, 논쟁적, 이기적, 비타협적, 강박적이고, 원한, 적개심, 증오가 많으며, 과거에 상처를 입었거나 이혼율이 높고, 폭력 · 학대 · 전쟁을 좋아한다. 그리고 이런 사람들은 고집이 세고, 부하를 배신하며, 이직률이 높다. 그런데 이는 흔히 미국에서는 백인 우월주의자들에게서 잘 나타난다.

한편 지도성에는 측두엽과 변연계도 관여하는 것 같다. 훌륭한 지도자들은 이 부위가 안정적이다. 그래서 긍정적이고, 기억력이 좋으며, 실수를 통해서도 배우고, 분노를 잘 조절하며, 정확한 사회적 상황을 잘 파악하여, 이에 잘 대처해 나간다.


## 7. 복합적 특성과 뇌

앞에서는 인간의 복합적 특성으로 성격, 적성, 도덕성, 가치, 몰입, 역경 극복력, 스트레스를 다루었다. 그런데 인간의 복합적 특성과 뇌의 관계를 다룬 연구들은 거의 없는 실정이다. 성격 및 스트레스 그리고 뇌와 관련된 연구가 그나마 조금 있는 정도다. 앞으로 이에 대한 연구가 더 활발하게 이루어져야 하겠지만 여기에서는 그간 발표된 정도만을 소개하고자 한다.

먼저 성격과 뇌의 관계에 대한 연구로 성격 장애, 특히 반사회적 성격 장애와 뇌의 관계를 밝힌 연구가 있다. 반사회적 성격 장애인들은 대체로 정상적인 다른 사람들에 비해 전전두피질이 감소되어 있다. 이들은 대체로 주의력 결핍 장애를 보이고, 사춘기에 품행 장애가 있다. 그들은 전전두피질의 저하로 인해 맥박이 느리고, 땀 분비도 느리며, 불안 정도도 낮다. 그리고 그들은 충동적이고 예측력이 부족하다. 또한 그들은 타인과의 공감이 부족해 타인의 권리에 무관심하다.

그리고 자기애 성격 장애인들은 전대상회가 과잉활성화되어, 넓은 안목이 부족하고, 전전두피질의 활동 부족으로 인해 공감능력이 부족하다. 한편 경계선 성격 장애인들은 관계가 불안정하고, 충동성을 보이며, 낮은 자아 존중감을 가지고 있고, 변덕이 심하다. 그래서 계속 새로운 자극을 추구한다. 이들은 전전두피질에 이상이 있어 충동적이고 갈등을 추구하며, 전대상회에 이상이 있어 강박적이고 경직되었으며, 측두엽에 이상이 있어 공격성을 보이는 것이다.

한편 사람이 오랫동안 각성 상태에 있으면, 이는 신체의 작동과 화학적 변화에 영향을 준다. 그래서 예를 들면, 사람이 스트레스를 받으면, 스트레스 원은 시상하부를 자극하는데, 이는 아드레날린(adrenalin)과 같은 피질액(corticoid)을 혈액 속에 방출하도록 뇌하수체와 부신을 흥분시키는 물질을 생산한다. 그러면 이는 흉선, 즉 가슴샘(thymus)의 수축과 당의 분비를 일으킴과 동시에 교감신경계를 각성시키는데, 이는 곧 근육과 혈관의 수축을 가져온다.

사람이 스트레스를 받으면, 손에 땀이 나거나 차고, 맥박이 빨라지며, 혈압이 상승하고, 호흡이 빨라지며, 근육이 긴장되고, 흥분하여 분별력을 상실하게 되는 것은 불안, 긴장, 경계심과 관련된 아드레날린이 바로 분비되기 때문이다. 또한 스트레스를 받으면, 스트레스 호르몬인 코르티솔(cortisol)이 증가하여 기억 센터인 변연계의 해마의 신경세포를 파괴하는 역할을 하기 때문이다.

한편 큰 사건을 겪고 난 후 생기는 외상 후 스트레스 장애(post-traumatic stress disorder: PTSD)는 플래시백(flashback, 과거로의 순간적 전환), 악몽, 걱정, 놀람, 불안, 우울, 회피가 특징이다. 그런데 이는 근심, 걱정, 주의 전환과 관계가 있는 전대상회, 그리고 불안, 과잉경계와 관련이 깊은 대뇌 기저핵, 또한 우울, 부정적 사고와 관련이 있는 시상 및 변연계의 편도체가 과잉활성화되기 때문이다.

부정적 사고와 외상 후 스트레스 장애를 치유하는 방법으로 2가지 정도를 생각해 볼 수 있다. 첫째, 기도와 명상은 전대상회와 대뇌 기저핵을 안정시켜 스트레스 감소, 콜레스테롤 수치 저하, 수면 상태 개선, 불안과 우울증 감소, 두통 감소, 근육이완, 생명 연장, 주의집중, 마음의 안정을 가져온다. 둘째, 느리고 깊은 복식호흡도 대뇌 기저핵을 안정시켜 불안, 화, 긴장의 감소를 가져오는데, 심호흡을 4~5초 동안 하고, 6~8초 내쉬는 것을 약 10회 정도 반복하면 된다.

# 8. 운동적 특성과 뇌

인간의 운동기능은 일차원적으로 소근 운동기능 대 대근 운동기능, 불연속 운동기능 대 계열 운동기능 대 연속 운동기능, 그리고 폐쇄 운동기능 대 개방 운동기능으로 분류된다. 그리고 운동기능은 또 이차원적으로 동작의 기능과 환경의 맥락을 고려하여 분류되기도 한다. 그런데 이러한 다양한 운동기능과 뇌의 관계에 대한 연구도 아직은 활발하지 않다. 따라서 앞으로 이 분야의 연구가 더욱 기대되지만, 다음에서는 지금까지 알려진 지극히 일부분의 지식만을 소개하고자 한다.

우선 전체적으로 운동기능은 소뇌, 곧 작은 골과 관련이 깊다. 예를 들면, 술에 취한 사람이 비틀비틀 걸어가는 것은 소뇌가 알코올에 의해 일시적으로 마비되었기 때문이다. 그리고 소뇌에 상처를 입는 등 손상이 있으면, 운동기능에 지장이 있다. 그런데 소뇌에 손상이 있어도 나이가 어릴수록 나중에 상당한 정도로 운동기능이 회복되는데, 이는 우리 뇌가 그만큼 가소성(plasticity)이 크기 때문이다.

그리고 오른손과 오른발의 기능은 뇌의 좌반구와 관계가 깊고, 왼손과 왼발의 기능은 우반구의 영향을 받는다. 따라서 오른손이나 오른발잡이들은 왼쪽 뇌가 더 발달되었고, 왼손이나 왼발잡이들은 오른쪽 뇌가 더 발달했다고 할 수 있다. 전에는 동서양을 막론하고, 왼손이나 왼발잡이들은 안 좋다는 편견이 있어, 이를 바로잡는다는 미명하에 억지로 오른손과 오른발잡이로 만들려고 하였다. 그러나 그러다가는 아동의 어떤 능력이나 특성을 개발하지 못하고 사장시킬 수가 있다. 따라서 최근에는 동서양 모두 아동이 자연스럽게 자라도록 하는 것이 권장되고 있다. 그리고 미국의 학교에서는 왼손잡이 학생을 위한 책상이 따로 보급될 정도로 이에 대한 배려를 하고 있기도 하다. 그 외에 좌반구와 우반구의 기능상의 차이에 대해서는 앞에서 언급한 바 있으므로 여기에서는 생략하도록 한다.

그리고 일반적으로 종뇌의 기저핵이 운동 조절과 관련이 있고, 시신경 교차상핵(superachiasmetic nuclei: SCN)은 생체리듬 조절과 관련이 깊다고 알려져 있다. 그런데 신생아의 기는 행동만 하더라도, 뇌의 여러 부위가 관여한다. 우반구의 전전두엽, 후두엽, 두정엽이 이에 관여한다고 알려져 있다. 또한 신생아들의 옹알이도 좌반구 전전두엽과 측두엽이 관련된다고 한다.

한편 운동과 정신건강의 관계에 관해 알려진 바에 의하면, 운동은 뇌에서 유도된 향정신성 인자(brain-induced neurotropic factor: BDNF)를 방출한다(Dryfoos, 2000). 이러한 BDNF는 신경세포의 의사소통 능력을 향상시킴으로써 학습을 향상시킨다는 것이다. 운동은 전전두피질의 혈류를 촉진시켜 반응시간을 빠르게 하고, 활력을 주며, 창의력을 향상시켜 성취 정도를 높여 준다는 것이다.

이와 관련하여 젠슨(Jenson, 2000)은 뇌 양립적 학습(brain-compatible learning)이라는 개념을 소개한 바 있다. 이는 뇌 친화적 학습, 즉 뇌가 좋아하고 뇌에 일치하는 학습이다. 다시 말해서 인문, 사회, 수학, 자연, 동작, 체육 모두를 엮는 학습이 가장 효과적이라는 것이다.

또 젠슨(1996)에 의하면, 인간의 학습양식에는 3가지 정도의 차이가 있다.

첫째, 청각적 활동, 즉 강의, 낭독, 토론, 구두발표, 연주를 선호하는 양식이 있다. 둘째, 시각적 활동, 즉 그래픽, OHP(overhead projector), PPT(power point), 개념도, 차트, 영화, 포스터, 삽화, 컬러, 복사물을 더 선호하는 양식도 있다. 셋째, 운동감각적 활동, 즉 역할극, 손동작, 유물, 음식 제공, 모형, 실물, 유물, 현장 답사, 노트 필기, 무용, 사진 찍기 등을 더 선호하는 양식도 있다. 그에 의하면, 이 모든 학습양식이 어우러질 때 학습에 가장 효과적이다.

한편 인간은 하루 24시간을 일주기로 하는 생체시계를 내장하고 있다. 인간뿐 아니라 동물은 유전적으로 생물학적 일주기 조정기를 가지고 태어난다. 그래서 인간이나 동물은 지구의 자전 주기에 맞추어 밤낮의 변화를 예측하고, 행동 상태와 생리적 기질의 적절한 변화를 유도한다.

이와 관련된 뇌의 부분은 시상하부의 시신경 교차상핵에 있다. 이는 수면-각성 리듬을 조정하여, 자정 이전에 빛에 노출되면, 수면 위상이 앞당겨지고, 자정 이후에는 이를 지연시킨다. 이는 밤의 호르몬이라고 알려진 멜라토닌(melatonin)이 자정 이전에는 잘 분비되어 수면 위상을 앞당기고, 자정 이후에는 잘 분비되지 않아 수면 위상을 지연시키기 때문이다. 우리가 흔히 먼 나라에 여행 갔다 온 후로 시차에 잘 적응하지 못하는 시차증후군(jet-lag)도 바로 이 때문이다.

그리고 인간의 수면은 90~100분 주기로 신속 안구운동(rapid eye movement: REM)과 저속 안구운동(non-rapid eye movement: NREM)을 반복한다. 그런데 성인은 하루 저녁 이를 4~5회 반복한다. 그래서 75세를 산 노인이라면, 각성 상태로 약 50년, NREM 수면으로 약 19년, 그리고 REM 수면으로 약 6년을 보낸 셈이다. REM 수면은 빠른 눈 움직임, 뇌 기능의 활성화, 반항상성이 특징이고, 생생한 꿈을 꾸는 수면으로서, 역설적 수면이라고도 한다. 또 이때는 뇌와 자율신경계가 활성화되어 심장, 호흡, 체온의 조절 기능이 감소한다. 따라서 심장 박동과 혈압은 증가하고, 호흡은 불규칙적이다.

이에 비해 NREM(non-REM) 수면은 서파 수면으로서, 세포 보호, 세포 생성의 촉진, 뇌 대사의 감소가 그 특징이다. 이때는 혈압이 낮아지고, 심장 속도와 호흡 속도가 느리며, 면역 기능은 증가한다. 또한 성장 호르몬은 규칙적으로 분비되고, 산소 소모량은 감소하며, 뇌 자체의 활동이 감소한다. 그리고 이때 신경의 영양 요소가 합성되고, 동화 작용이 일어난다(김유미 역, 2009).

한편 청소년들의 생체시계는 낮에는 느리고 저녁 무렵에 가장 활발하다. 그래서 청소년들은 낮에 조는 경우가 많고, 저녁이 되어야 활기를 띤다. 따라서 청소년 교육이 효과를 보려면, 그들의 생체시계에 맞게 저녁 무렵에 수업을 해야 그들의 인지기능이 최적상태에 이르러 가장 효과적이다.

또 한편 스트레스 요소는 수면을 방해하고, 사회적 유대감은 수면을 촉진하는 것으로 알려져 있다. 그러므로 청소년들에게 많은 스트레스를 주어 수면을 방해하고, 이로 인해 학업에 더욱 큰 지장을 받는다면, 바람직하지 않다고 할 수 있다. 그러므로 그들을 이해하고 공감하며, 좋은 유대관계를 가지는 것이 바람직하다 할 수 있다.

# 참고문헌

강선보, 신창호(2009). 배려: 교육을 향한 열정. 서울: 원미사.

강진령 편역(2008). DSM-IV-TR. 서울: 학지사.

권정혜 역(1999). 기분 다스리기. (D. Greenberger & C. A. Padesky 저). 서울: 학지사.

김문수, 문양호, 박소현, 박순권 역(2010). 생물심리학. (J. W. Kalat 저). 서울: 시그마프레스.

김선진(2009). 운동학습과 제어. 서울: 대한미디어.

김유미 역(2006). 영혼의 하드웨어인 뇌 치유하기. (D. G. Amen 저). 서울: 학지사.

김유미 역(2009). 마음, 뇌, 교육의 연결고리를 찾아. (A. M. Battro, K. W. Fischer, & P. J. Léna 편). 서울: 학지사.

김정희 역(2004). 지혜, 지능 그리고 창의성의 종합. (R. J. Sternberg 저). 서울: 시그마프레스.

김주환(2011). 회복탄력성. 서울: 위즈덤 하우스.

김진구, 표내숙, 박상범, 이강헌, 허진영, 조국래, 정현채 역(2001). 운동제어와 학습. (R. A. Schmidt & T. D. Lee 저). 서울: 대한미디어.

김형섭 역(2004). 융 심리학 입문. (C. S. Hall 저). 서울: 문예출판사.

김혜성(1998). 회복력(resilience) 개념 개발. 대한간호학회지, 28(2), 403-413.

노안영, 강영신(2002). 성격심리학. 서울: 학지사.

문용린 역(2004). 도덕성의 발달과 심리. (W. M. Kurtines & J. L. Gewirtz 저). 서울: 학지사.

문정화, 하종덕(1999). 또 하나의 교육 창의성. 서울: 학지사.

박권생 역(2004). 정서심리학. (R. Plutchik 저). 서울: 학지사.

박상범 역(2008). 운동학습: 개념과 적용. (R. A. Magill 저). 서울: 도서출판 금광.

박아청(2001). 성격심리학의 이해. 파주: 교육과학사.

변영계(2004). 교수-학습 이론의 이해. 서울: 학지사.

변영계, 김광휘(1999). 협동학습의 이론과 실제. 서울: 학지사.

변창진, 문수백 역(1987). 정의적 특성의 사정. (L. W. Anderson 저). 파주: 교육과학사.

송인섭(1998). 인간의 자아개념 탐구. 서울: 학지사.

신현숙(2004). 학습자의 정의적 특성. 이용남(편). 교육 및 상담 심리학. 파주: 교육과학사.

신현숙 역(2010). 아동 청소년 적응유연성 핸드북. (S. Goldstein & R. B. Brooks 저). 서울: 학지사.

안진희 역(2011). 회복탄력성이 높은 사람들의 비밀. (J. Borysenko 저). 서울: 이마고.

윤가현, 권석만, 김문수, 남기덕, 도경수, 박권님, 송현주, 신민섭, 유승엽, 이영순, 이현진, 정봉교, 조한익, 천성문, 최준식(2012). 심리학의 이해(4판). 서울: 학지사.

윤운성, 김홍운(2001). 생활지도와 상담. 파주: 양서원.

윤정일, 허형, 이성호, 이용남, 박철홍, 박인우(2009). 신 교육의 이해. 서울: 학지사.

이경식 역(2009). 협력의 진화. (R. Axelrod 저). 서울: 시스테마.

이성진(1986). 교육심리학 서설. 파주: 교육과학사.

이성진(2006). 행동수정. 파주: 교육과학사.

이신동, 최병연, 고영남(2011). 최신교육심리학. 서울: 학지사.

이용남(2004). 현행 한국 교육학의 성격과 문제점 분석. 교육원리연구, 9(1), 251-270.

이용남 편(2004). 교육 및 상담 심리학. 파주: 교육과학사.

이용남(2005). 학교 안의 교육과 심리: 교육심리학의 정체성 비판. 교육원리연구, 10(1), 93-115.

이용남 외 역(2005). 인지심리와 학교학습. (E. D. Gagné, C. W. Yekovich, & F. R. Yekovich 저). 파주: 교육과학사.

이용남(2007). 교육환경으로서의 인간의 심리적 특성. 교육원리연구, 12(2), 1- 20.

이용남(2008). 최근 지식관의 변화와 교육활동의 재구성. 교육원리연구, 13(1), 1-22.

이용남, 신현숙(2010). 교육심리학. 서울: 학지사.

이현욱(2002). 교육소재의 선택과 배열 탐색. 전남대학교 대학원 박사학위논문.

이홍우 역(1996). 민주주의와 교육. (J. Dewey 저). 파주: 교육과학사.

이훈구(1997). 행복의 심리학: 주관적 안녕. 서울: 법문사.

이희재 역(1999). 몰입의 즐거움. (M. Csikszentmihalyi 저). 서울: 해냄.

장상호(1991). 교육학 탐구영역의 재개념화. 서울대학교 교육학연구, 91-92, 서울대학교 사범대학 교육연구소.

장상호(1997a). 교육의 재개념화에 따른 10가지 새로운 탐구영역. 교육원리연구, 2, 111-212.

장상호(1997b). 학문과 교육(상). 서울: 서울대학교 출판부.

장상호(2005). 학문과 교육(중-I). 서울: 서울대학교 출판부.

전성연, 최병연 역(1999). 학습동기. (D. Stipek 저). 서울: 학지사.

정범모(1972). 가치관과 교육. 서울: 배영사.

정범모(1974). 성취인의 심리. 서울: 배영사.

정원식(1976). 교육환경론. 서울: 교육출판사.

정종진, 임청환, 성용구 역(2008). 뇌 기반 교수-학습전략. (J. D. Connel 저). 서울: 학
지사.

조신웅 역(2001). 신비한 인간 뇌 해부도 입문. (J. P. J. Pinel & M. Edwards 저). 서울: 학
지사.

최인수 역(2004). *Flow*. (M. Csikszentmihalyi 저). 서울: 한울림.

최준식 역(2006). 느끼는 뇌. (J. LeDoux 저). 서울: 학지사.

최호영 역(2010). 지혜의 탄생. (R. J. Sternberg 편). 서울: 21세기북스.

한국교육개발원(1991). 사고력 교육의 제 문제에 대한 교육심리학적 조명. 서울: 한국교육개
발원.

한규석(2004). 사회심리학의 이해. 서울: 학지사.

홍명희 역(1997). EQ : 감성지능 개발 학습법. (D. Maertin & K. Boeck 저). 서울: 해냄.

홍은숙(2006). 탄력성(resilience)의 개념적 이해와 교육적 방안. 특수교육학 연구, 41(2),
45-67.

홍정기(2006). 교실 수업의 교육화를 위한 교육활동의 탐색. 교육원리연구, 11(1), 1-35.

홍준표(2009). 응용행동분석. 서울: 학지사.


Abramson, L. Y., Seligman, M. E. P., & Teasdale, J. D. (1978). Learned helplessness in
humans: Critique and reformulation. *Journal of Abnormal Psychology, 87,* 40-
74.

Adler, A. (1979). *Superiority and social interest.* New York: Norton.

Ainsworth, M. D. S. (1989). Attachments beyond infancy. *American Psychologist, 44,*
709-716.

Alkin, M. C. (Ed.) (1992). *Encyclopedia of educational research. Vol. 2.* New York:
Macmillan.

Amabile, T. M. (1983). *The social psychology of creativity.* New York: Springer.

Amen, D. G. (2002). *Healing the hardware of the soul.* New York: The Free Press.

Anastasi, A. (1994). Aptitude testing. *Encyclopedia of human behavior, Vol. 1.* New
York: Academic Press.

Anderson, J. R. (1990). *Cognitive psychology and its implications*. New York: Freeman.

Arendt, H. (1963). *Eichmann in Jerusalem: A report on the banality of evil*. New York: Viking Press.

Asch, S. E. (1956). Studies of independence and conformity: A minority of one against a unanimous majority. *Psychological Monographs, 70*(9).

Atkinson, J. (1964). *An introduction to motivation*. Princeton, NJ: Van Nostrand.

Averill, J. R. (1982). *Anger and aggression: An essay on emotion*. New York: Springer.

Averill, J. R. (1994). Anger. *Encyclopedia of human behavior, Vol. 1*. New York: Academic Press.

Averill, J. R., Catlin, G., & Chon, K. K. (1990). *Rules of hope*. New York: Springer.

Averill, J. R., & More, T. A. (1993). Happiness. In L. M. Lewis & J. M. Haviland (Eds.), *Handbook of emotions*. New York: The Guilford Press.

Axelrod, R. (2006). *The evolution of cooperation*. New York: Basic Books.

Baenninger, R. (1994). Aggression. *Encyclopedia of human behavior, Vol. 1*. New York: Macmillan.

Bandura, A. (1971). *Social learning theory*. New York: General Learning Press.

Bandura, A. (1973). *Aggression: A social learning analysis*. Englewood Cliffs, NJ: Prentice Hall.

Bandura, A. (1977). Self-efficacy: Toward a unifying theory of behavioral change. *Psychological Review, 84*, 181-215.

Bandura, A. (1994). Self-efficacy. *Encyclopedia of human behavior, Vol. 4*. New York: Academic Press.

Batson, C. D. (1991). *The altruism question: Toward a social-psychological answer*. Hillsdale, NJ: Erlbaum.

Beck, A., Rush, J., Shaw, B., & Emery, G. (1979). *Cognitive therapy*. New York: Guilford.

Beck, A. T. (1967). *Depression: Clinical, experimental, and theoretical aspects*. New York: Hoeber.

Belmont, J. M., Butterfield, E. C., & Ferretti, R. P. (1982). To secure transfer of training instruct in self-management skills. In D. Detterman & R. Sternberg (Eds.), *How and how much can intelligence be increased?* Norwood, NJ: Ablex.

Benson, H. (1975). *The relaxation response*. New York: Morrow.

Benson, P. L. (2003). Developmental assets and asset-building community: Conceptual and empirical foundations. In R. M. Lerner, & P. L. Benson (Eds.), *Developmental assets and asset-building communities*. New York: Plenum.

Blanchard, F. A., Lilly, T., & Vaughn, L. A. (1991). Reducing the expression of racial prejudice. *Psychological Science, 2,* 101–105.

Bloom, B. S. (1956). *Taxonomy of educational objectives. Handbook I: Cognitive domain*. New York: David Mckay.

Bloom, B. S. (1976). *Human characteristics and school learning*. New York: McGraw-Hill.

Borysenko, J. (2009). *It's not the end of the world*. Carlsbad, CA: Hay House.

Bourne, E. J. (1990). *The anxiety and phobia workbook*. Oakland, CA: New Harbinger.

Bowlby, J. (1988). *A secure base: Clinical applications of attachment theory*. London: RKP.

Brief, A. P., Dukerich, J. M., & Doran, L. I. (1991). Resolving ethical dilemmas in management: Experimental investigations of values, accountability, and choice. *Journal of Applied Social Psychology, 21,* 380–396.

Bruner, J. S. (1966). *Towards a theory of instruction*. New York: Norton.

Buss, A. H. (1961). *The psychology of aggression*. New York: Wiley.

Cacioppo, J. T., Petty, R. E., & Crites, S. L., Jr. (1994). Attitude change. *Encyclopedia of human behavior, Vol. 1*. New York: Academic Press.

Carroll, J. (Ed.) (1989). *Applied social psychology in business organizations*. Hillsdale, NJ: Erlbaum.

Carver, C. S., & Scheier, M. F. (2000). *Perspectives on personality*. Boston: Allyn & Bacon.

Chandler, L. A. (1981). The source of stress inventory. *Psychology in the Schools, 18*(2), 164–168.

Chermers, M. M. (1994). Leadership. *Encyclopedia of human behavior, Vol. 3*. New York: Academic Press.

Chermers, M. M., & Ayman, R. (Eds.) (1993). *Leadership theory and research: Perspectives and directions*. New York: Academic Press.

Clary, E. G. (1994). Altruism and helping behavior. *Encyclopedia of human behavior, Vol. 1*. New York: Academic Press.

Clayton, V. (1975). Erikson's theory of human development as it applies to the aged:

Wisdom as contradictory cognition. *Human Development, 18,* 119-128.

Covington, M. V., Crutchfield, R. S., Davies, L., & Olton, R. M., Jr. (1974). *The productive thinking program: A course in learning to think.* Columbus, OH: Charles E. Merrill.

Cronbach, L. J., & Snow, R. E. (1977). *Aptitudes and instructional methods.* New York: Irvington.

Csikszentmihalyi, M. (1990). *Flow: The psychology of optimal experience.* New York: Harper & Row.

Csikszentmihalyi, M. (1997). *Finding flow.* New York: Brockman.

Csikszentmihalyi, M., & Csikszentmihalyi, I. S. (1988). *Optimal experience: Psychological studies of flow in consciousness.* New York: Cambridge University Press.

Dalton, K. (1964). *The premenstrual syndrome.* Springfield: Charles C. Thomas.

Damasio, A. R. (1994). *Descartes' error.* New York: G. P. Putnam's Sons.

Dansereau, D. F., Collins, K. W., McDonald, B. A., Holley, C. D., Garland, J., Diekhoff, G., & Evans, S. H. (1979). Development and evaluation of a learning strategy training program. *Journal of Educational Psychology, 71,* 64-73.

Darley, J. M. (1992). Social organization for the production of evil. *Psychological Inquiry, 3,* 199-218.

de Bono, E. (1971). *Lateral thinking for management.* New York: McGraw-Hill.

de Bono, E. (1984). The CoRT thinking program. In J. W. Segal, S. F. Chipman, & R. Glaser (Eds.), *Thinking and learning skills: Relating instruction to basic research.* Hillsdale, NJ: Erlbaum.

Deci, E., & Ryan, R. M. (1985). *Intrinsic motivation and self-determination in human behavior.* New York: Plenum.

Dewey, J. (1916). *Democracy and education.* New York: Macmillan.

Doctor, R. M., & Doctor, J. N. (1994). Stress. *Encyclopedia of human behavior, Vol. 4.* New York: Academic Press.

Douglass, D. S., & Pratkanis, A. R. (1994). Attitude formation. *Encyclopedia of human behavior, Vol. 1.* New York: Academic Press.

Dryfoos, J. (2000). The mind-body building equation. *Educational Leadership, 57*(6), 14-17.

Dweck, C. S., & Leggett, E. L. (1988). A social-cognitive approach to motivation and personality. *Psychological Review, 95*(2), 256-273.

Eisenberg, N. (1992). *The caring child*. Cambridge, MA: Harvard University Press.

Eisenberg, N. (1994). Empathy. *Encyclopedia of human behavior, Vol. 2*. New York: Academic Press.

Ellis, A. (1973). *Humanistic psychotherapy*. New York: McGraw-Hill.

Erikson, E. (1968). *Identity: Youth and crisis*. New York: Norton.

Everly, G. S. (1989). *A clinical guide to the treatment of the human stress response*. New York: Plenum.

Festinger, L. (1957). *A theory of cognitive dissonance*. Stanford: Stanford University Press.

Fiedler, F. E. (1967). *A theory of leadership effectiveness*. New York: MacGraw-Hill.

Fiez, J. A., Balota, D. A., Raichle, M. E., & Peterson, S. E. (1999). Effects of lexicality, frequency, spelling-to-consistency on the functional anatomy of reading. *Neuron, 25*, 205-218.

Finke, R. A., Ward, T. B., & Smith, S. M. (1992). *Creative cognition: Theory, research, and applications*. Cambridge, MA: MIT Press.

Fleming, J. H., & Manning, D. J. (1994). Self-fulfilling prophecies. *Encyclopedia of human behavior, Vol. 4*. New York: Academic Press.

Freud, S. (1949). *An outline of psychoanalysis*. New York: Norton.

Gagné, R. M. (1985). *The conditions of learning and theory of instruction*. New York: Holt, Rinehart, & Winston.

Gardner, R. W. (1960). Personality organization in cognitive controls and intellectual abilities. *Psychological Issues, 9*, 2-11.

Gardner, H. (1983). *Frames of mind: The theory of multiple intelligences*. New York: Basic Books.

Gardner, H. (1993). *Multiple intelligences: The theory in practice*. New York: Basic Books.

Garrett, B. (2003). *Brain and behavior*. Belmont, CA: Wadsworth.

Gazzaniga, M. (1970). *The bisected brain*. New York: Appleton-Century- Crofts.

Gentile, A. M. (2000). Skill acquisition: Action, movement, and neuromotor processes. In J. H. Carr & R. B. Sheperd (Eds.), *Movement science: Foundations for physical therapy*. Rockville, MD: Aspen.

Gergen, K. J. (1982). *Toward transformation in social knowledge*. New York: Springer.

Getzels, J. W. (1966). The problem of interests: A reconsideration. In H. A. Robinson,

(Ed.), (1969). *Reading: Seventy-five years of progress.* Supplementary Education Monographs, *66*, 97–106.

Glaser, R. (1982). Instructional psychology: Past, present, and future. *American Psychologist, 37,* 292–305.

Glaser, R. (1984). Education and thinking: The role of knowledge. *American Psychologist, 39,* 1–15.

Gluhoski, V., Leader, J., & Wortman, C. B. (1994). Grief and bereavement. *Encyclopedia of human behavior, Vol. 2.* New York: Academic Press.

Goldberg, L. R. (1990). An alternative description of personality: The Big-Five factor structure. *Journal of Personality and Social Psychology, 59,* 1216–1229.

Goldstein, S., & Brooks, R. B. (2005). *Handbook of resilience in children.* New York: Springer.

Goleman, D. (1995). *Emotional intelligence.* New York: Bantam Books.

Gordon, W. J. J. (1961). *Synectics: The development of creative capacity.* New York: Harper & Row.

Graber, K. C. (2006). Research on teaching in physical education. In V. Richardson (Ed.), *Handbook of research on teaching(4th ed.).* Washington, DC: AERA.

Guilford, J. P. (1950). Creativity. *American Psychologist, 5,* 444–454.

Guilford, J. P. (1967). *The nature of human intelligence.* New York: McGraw-Hill.

Hall, C. S., & Lindzey, G. (1978). *Theories of personality.* New York: John Wiley & Sons.

Hansford, B. C., & Hattie, J. A. (1982). Relationship between self and achievement, performance measures. *Review of Educational Research, 52,* 123–142.

Hannaford, C. (1995). *Smart moves: Why learning is not all in your head.* Arlington, VA: Great Ocean Publishers.

Harrow, A. J. (1972). *A taxonomy of the psychomotor domain: A guide for developing behavioral objectives.* New York: David Mckay.

Hartshorne, T. S. (1994). Friendship. *Encyclopedia of human behavior, Vol. 2.* New York: Academic Press.

Hatfield, E., & Rapson, R. L. (1994). Love and intimacy. *Encyclopedia of human behavior, Vol. 3.* New York: Academic Press.

Herbert, T. B., & Cohen, S. (1994). Stress and illness. *Encyclopedia of human behavior, Vol. 4.* New York: Academic Press.

Hoffman, M. (1990). Empathy and justice motivation. *Motivation and Emotion, 4,*

151-172.

Hofstede, G. (1981). Culture's consequences: *International differences in work-related values*. Beverly Hills, CA: Sage.

Holland, J. L. (1973). *Making vocational choices: A theory of careers*. Englewood Cliffs, NJ: Prentice-Hall.

Hollander, E. P. (1958). Conformity, status, and idiosyncrasy credit. *Psychological Review, 65,* 117-127.

Holliday, S. G., & Chandler, M. J. (1986). *Wisdom: explorations in adult competence*. Basel: Karger.

House, R. J., & Dessler, G. (1974). The path-goal theory of leadership: Some post-hoc and a priori tests. In J. G. Hunt, & L. L. Larson (Eds.), *Contingency approach in leadership*. Carbondale, IL: Southern Illinois University Press.

Ingram, R. E. (1994). Depression. *Encyclopedia of human behavior, Vol. 2*. New York: Academic Press.

Jenson, E. (1996). *Brain-based learning*. Del Mae, CA: Turning Point Publishing.

Jenson, E. (2000). *Brain-based learning: The new science of teaching and training*. San Diego: The Brain Store.

Kagan, J. (1964). Impulsive and reflective children. In J. D. Krumbolz (Ed.), *Learning and the educational process*. Chicago: Rand McNally.

Kanner, A. D., Coyne, J. C., Schaefer, C., & Lazarus, R. S. (1981). Comparison of two modes of stress management: Daily hassles and uplifts versus life events. *Journal of Behavioral Medicine, 4*(1), 1-37.

Kelman, H. C., & Hamilton, V. L. (1989). *Crimes of obedience*. New Haven: Yale University Press.

Kilham, W., & Mann, L. (1974). Level of destructive obedience as a function of transmitter and executant roles in the Milgram obedience paradigm. *Journal of Personality and Social Psychology, 29,* 696-702.

Klein, G. S. (1961). The personal world through perception. In R. R. Blake, & G. W. Ramsey (Eds.), *Perception: An approach to personality*. New York: Ronald.

Kluckhohn, F. R., & Strodbeck, F. L. (1961). *Variations in value orientations*. Evanston, IL: Row & Peterson.

Kohlberg, L. (1984). *The psychology of moral development*. San Francisco: Harper & Row.

Koizumi, H., Yamamoto, T., Maki, A., Yamashita, Y., Sato, H., Kawaguchi, H., &

Ichigawa, N. (2003). Optical topography: Novel applications and practical problems. *Applied Optics, 42*, 3054-3062.

Krathwohl, D. R., Bloom, B. S., & Masia, B. B. (1964). *Taxonomy of educational objectives. Handbook II: Affective domain.* New York: David Mckay.

Kubler-Ross, E. (1975). *Death: The final stage of growth.* Englewood Cliffs, NJ: Prentice-Hall.

Kuder, G. F. (1966). The occupational interest survey. *Personnel and Guidance Journal, 45*, 72-77.

Kurtines, W. M. (1993). Human behavior and development: A co-constructivist perspective. Unpublished manuscript.

Kurtines, W. M., & Gewirtz, J. L. (1995). *Moral development: An introduction.* New York: Allyn & Bacon.

Lazarus, R. S., & Folkman, S. (1984). *Stress, appraisal, and coping.* New York: Springer.

LeBuffe, P. A., & Naglieri, J. A. (1999). *Devereux early childhood assessment.* Lewisville, NC: Kaplan.

LeBuffe, P. A., & Naglieri, J. A. (2003). *Devereux early childhood assessment-clinical form.* Lewisville, NC: Kaplan.

Lipman, M., Sharp, A. M., & Oscanyan, F. S. (1980). *Philosophy in the classroom.* Philadelphia: Temple University Press.

Lorenz, K. (1966). *On aggression.* New York: Harcourt, Brace & World.

Luria, A. (1966). *Higher cortical functions in man.* New York: Basic Books.

MacLean, P. D. (1990). *The triune brain in evolution: Role in paleocerebral functions.* New York: Plenum.

Maddi, S. R. (1996). *Personality theories: A comparative analysis.* New York: Brooks/Cole.

Martens, R., Vealey, R. S., & Burton, D. (1990). *Competitive anxiety in sport.* Champaign, IL: Human Kinetics.

Maslow, A. (1968). *Toward a psychology of being.* New York: Van Nostrand.

McClelland, D. C. (1965). Toward a theory of motive acquisition. *American Psychologist, 2*, 321-333.

McNeill, D. W., Turk, C. L., & Ries, B. J. (1994). Anxiety and fear. *Encyclopedia of human behavior, Vol. 1.* New York: Academic Press.

Mead, G. H. (1934). *Mind, self, and society.* Chicago: University of Chicago Press.

Meadows, E. A., & Barlow, D. H. (1994). Anxiety disorders. *Encyclopedia of human behavior, Vol. 1.* New York: Academic Press.

Meichenbaum, D., & Biemiller, A. (1998). *Nurturing independent learners: Helping students take charge of their learning.* Cambridge, MA: Brookline Books.

Meyer, R. G. (1994). Personality disorders. *Encyclopedia of human behavior, Vol. 3.* New York: Academic Press.

Milgram, S. (1963). Behavioral study of obedience. *Journal of Abnormal and Social Psychology, 67,* 371-378.

Miller, A. G. (1994). Obedience and conformity. *Encyclopedia of human behavior, Vol. 3.* New York: Academic Press.

Misumi, J., & Peterson, M. F. (1985). The performance-maintenance(PM) theory of leadership: Review of Japanese research program. *Administrative Science Quarterly, 30,* 198-223.

Monte, C. F. (1980). *Beneath the mask.* New York: Holt, Rinehart & Winston.

Morris, D. (1971). *Intimate behavior: Triad.* London: Grafton Books.

Murray, H. A. (1938). *Explorations in personality.* New York: Oxford University Press.

Nicholls, J. G. (1984). Achievement motivation: Conceptions of ability, subjective experience, task choice, and performance. *Psychological Review, 91*(3), 328-346.

Noddings, N. (1992). *The challenge to care in schools.* New York: Teachers College Press.

Noddings, N. (1998). Caring. In P. H. Hirst & P. White (Ed.), *Philosophy of education.* London: RKP.

Noddings, N. (2006). The caring teacher. In V. Richardson (Ed.), *Handbook of research on teaching(4th ed.).* Washington, DC: AERA.

OECD (1982). *The OECD list of social indicators.* Paris: OECD.

Osborn, A. F. (1953). *Applied imagination.* New York: Scribner's.

Paulus, P. B. (1994). Group dynamics. *Encyclopedia of human behavior, Vol. 2.* New York: Academic Press.

Peterson, C. (1991). The meaning and measurement of explanatory style. *Psychological Inquiry, 2,* 1-10.

Peterson, C. (1994). Learned helplessness. *Encyclopedia of human behavior, Vol. 3.* New York: Academic Press.

Phillips, J. L., Jr. (1969). *The origin of intellect: Piaget's theory.* San Francisco:

Freeman.

Piaget, J. (1932/1965). *The moral judgment of the child* (M. Gabain, Trans.). New York: Free Press.

Piaget, J. (1953). *The origin of intelligence in the child.* London: Routledge & Kegan Paul.

Pinel, J. P. J. (1997). *Biopsychology.* Needham Heights, MA: Allyn & Bacon.

Polanyi, M. (1958). *Personal knowledge: Towards a post-critical philosophy.* London: RKP.

Posner, M. I., & Rothbart, M. K. (2007). *Educating the human brain.* Washington, DC: APA.

Power, F. C. (1994). Moral development. *Encyclopedia of human behavior, Vol. 3.* New York: Academic Press.

Rando, T. A. (1993). *Treatment of complicated mourning.* Champagne, IL: Research Press.

Raths, O. E., Harmin, M., & Simon, S. B. (1978). *Values and teaching.* Columbus, OH: Charles E. Merrill.

Reeve, J. (2001). *Understanding motivation and emotion.* New York: John Wiley & Sons.

Reivich, K., & Shatte, A. (2002). *The resilience factor: Seven essential skills for overcoming life's inevitable obstacles.* New York: Broadway Books.

Rest, J. (1986). *Moral development: Advances in research and theory.* New York: Praeger Press.

Riskind, J. H., & Mercier, M. A. (1994). Phobias. *Encyclopedia of human behavior, Vol. 3.* New York: Academic Press.

Rizzo, T. A. (1989). *Friendship development among children in school.* Norwood, NJ: Ablex.

Robinson, D. N. (1990). Wisdom through the ages. In R. J. Sternberg (Ed.), *Wisdom: Its nature, origins, and development.* New York: Cambridge University Press.

Rokeach, M. (1973). *The nature of human values.* New York: Free Press.

Rose, M. (Ed.) (1985). *When a writer can't write.* New York: Guilford Press.

Rosenthal, R., & Jacobson, L. (1968). *Pygmalion in the classroom.* New York: Holt, Rinehart & Winston.

Rosenzweig, M. R., & Leiman, A. L. (1982). *Physiological psychology.* Lexington, MA: Heath.

Rychlak, J. F. (1973). *Introduction to personality and psychotherapy*. New York: Houghton Mifflin.

Ryckman, R. M. (2000). *Theories of personality*. Belmont, CA: Wadsworth.

Ryle, G. (1949). *The concept of mind*. New York: Barnes and Noble.

Sarason, I. G., & Sarason, B. R. (1990). Test anxiety. In H. Leitenberg (Ed.), *Handbook of social and evaluation anxiety*. New York: Plenum.

Scheier, M. F., & Carver, C. S. (1985). Optimism, coping, and health: Assessment and implications of generalized outcome expectancies. *Health Psychology, 4*, 219–247.

Schoenewolf, G. (1991). *The art of hating*. Northvale, NJ: Jason Aronson.

Schoenewolf, G. (1994). Hate. *Encyclopedia of human behavior, Vol. 2*. New York: Academic Press.

Seligman, M. E. P. (1975). *Helplessness: On depression, development, and death*. San Francisco: Freeman.

Seligman, M. E. P. (1991). *Learned optimism*. New York: Knopf.

Shapiro, F. (1998). *EMDR: The breakthrough therapy for overcoming anxiety, stress, and trauma*. New York: Basic Books.

Shavelson, B. E., & Marsh, H. W. (1993). On the construct of self-concept. In R. Schwarzer (Ed.), *Anxiety and cognition*. Hillsdale, NJ: Erlbaum.

Shavelson, R. J., Hubner, J. J., & Stanton, J. C. (1976). Self-concept: Validation of construct interpretations. *Review of Educational Research, 46*, 407–441.

Shaw, B. A. (Ed.), (1990). *Research in organizational behavior*. New York: JAI Press.

Simonton, D. K. (1994). *Greatness*. New York: Guilford.

Simpson, E. J. (1969). *The classification of educational objectives: Psychomotor domain*. Urbana: Illinois Teacher of Home Economics.

Snyder, C. R. (1994). Hope and optimism. *Encyclopedia of human behavior, Vol. 2*. New York: Academic Press.

Snyder, C. R., & Lopez, S. J. (Ed.) (2005). *Handbook of positive psychology*. New York: Oxford University Press.

Spielberger, C. (Ed.) (1972). *Anxiety: Current trends in theory and research, Vol. 1*. New York: Academic Press.

Spielberger, C., & Vagg, P. (Eds.) (1995). *Test anxiety: Theory, assessment and treatment*. Washington, DC: Taylor & Francis.

Sternberg, R. J. (1985a). *Beyond IQ: A triarchic theory of human intelligence*.

Cambridge: Cambridge University Press.

Sternberg, R. J. (1985b). Implicit theories of intelligence, creativity, and wisdom. *Journal of Personality and Social Psychology, 49*(3), 607-627.

Sternberg, R. J. (Ed.) (1990). *Wisdom*. New York: Cambridge University Press.

Sternberg, R. J. (1994). Intelligence. *Encyclopedia of human behavior, Vol. 2*. New York: Academic Press.

Sternberg, R. J. (1997). *Successful intelligence*. New York: Plume.

Sternberg, R. J. (Ed.) (1999). *Handbook of creativity*. Cambridge, UK: Cambridge University Press.

Sternberg, R. J. (2003). *Wisdom, intelligence, and creativity synthesized*. New York: Cambridge University Press.

Sternberg, R. J., & Barnes, M. L. (Eds.) (1988). *The psychology of love*. New Haven: Yale University Press.

Sternberg, R. J., & Lubart, T. I. (1992). Buy low and sell high: An investment approach to creativity. *Current Directions in Psychological Science, 1*(1), 1-5.

Stearns, P. N. (1994). Jealousy. *Encyclopedia of human behavior, Vol. 3*. New York: Academic Press.

Stogdill, R. M. (1948). Personal factors associated with leadership. *Journal of Psychology, 25,* 35-71.

Stotland, E. (1969). *The psychology of hope*. San Francisco: Jossey-Bass.

Strong, E. K. (1966). *Vocational interests of men and women*. Palo Alto, CA: Stanford University Press.

Tobias, S. (1986). Anxiety and cognitive processing of instruction. In R. Schwarzer (Ed.), *Self-related cognitions in anxiety and motivation*. Hillsdale, NJ: LEA.

Toch, H. (1984). *Violent men*. Cambridge, MA: Schenkman.

Torrance, E. P. (1974). *Torrance tests of creative thinking*. Lexington, MA: Personnel Press.

Tryon, W. W. (1994). Expectation. *Encyclopedia of human behavior, Vol. 2*. New York: Academic Press.

Tyler, R. W. (1973). Assessing educational achievement in the affective domain. *Measurement in Education, 4*(3), 1-8.

Vealey, R. S. (1994). Competition. *Encyclopedia of human behavior, Vol. 1*. New York: Academic Press.

Veenhoven, R. (1991). Questions on happiness: Classical topics, modern answers, and blind spots. In F. Strack, M. Argyle, & N. Schwartz (Eds.), *Subjective well-being*. Oxford: Pergamon Press.

Veroff, J. (1969). Social comparison and the development of achievement motivation. In C. P. Smith (Ed.), *Achievement-related motives in children*. New York: Russell Sage Foundation.

Vroom, V. H., & Yetton, P. W. (1973). *Leadership and decision-making*. Pittsburgh: University of Pittsburgh Press.

Vygotsky, L. S. (1978). *Mind in society*. Cambridge, MA: Harvard University Press.

Wagner, R. K., & Sternberg, R. J. (1984). Alternative conceptions of intelligence and their implications for education. *Review of Educational Research, 54, 139-156.*

Weary, G., Edwards, J. A., & Riley, S. (1994). Attribution. *Encyclopedia of human behavior, Vol. 1.* New York: Academic Press.

Weiner, B. (1980). *Human motivation*. New York: Holt, Rinehart, & Winston.

Whimbey, A., & Lochhead, J. (1980). *Problem solving and comprehension: A short course in analytical reasoning*. Philadelphia: Franklin Institute Press.

Wickelgren, W. A. (1974). *How to solve problems: Elements of a theory of problems and problem solving*. San Francisco: Freeman.

Witkin, H. A., Moore, C. A., Goodenough, D. R., & Cox, P. W. (1977). Field-dependent and field-independent cognitive styles and their educational implications. *Review of Educational Research, 47, 375-404.*

Work, W. C., Cowen, E. L., Parker, G. R., & Wyman, P. A. (1990). Stress resilience children in an urban setting. *Journal of Primary Prevention, 11*(1), 3-17.

# 찾아보기

## 《인 명》

## 《내 용》

## 저자 소개

### 이 용 남

서울대학교 사범대학 과학교육과 중퇴

전남대학교 사범대학 교육학과 졸업(문학사)

서울대학교 대학원 교육학과 석사과정 졸업(교육학 석사)

서울대학교 대학원 교육학과 박사과정 수료

University of Missouri-Columbia 교육 및 상담심리학과 졸업(Ph. D.)

전) 한국행동과학연구소 연구원

    서울대학교 교류교수 겸 한국대학교육협의회 자문교수

    전남대학교 학생생활연구소장

    전남대학교 사범대학장 및 교육대학원장

    한국교육원리학회 회장

    전남대학교 대학원장 겸 전국대학원장협의회 회장

현) 전남대학교 사범대학 교육학과 교수

### 김 은 아

한국방송통신대학교 교육학과 졸업(문학사)

전남대학교 대학원 교육학과 석사과정 졸업

전남대학교 대학원 교육학과 박사과정 졸업(교육학 박사)

전) 동신대, 송원대, 목포 가톨릭대, 초당대, 서영대 강사

현) 전남대, 광주교대 강사

# 인간 특성과 교육

2013년  2월  15일  1판  1쇄  인쇄
2013년  2월  22일  1판  1쇄  발행

지은이 • 이용남 · 김은아
펴낸이 • 김진환
펴낸곳 • (주) **학지사**
　　　　　121-837  서울특별시 마포구 서교동 352-29 마인드월드빌딩 5층
대표전화 • 02)330-5114　　　팩스 • 02)324-2345
등록번호 • 제313-2006-000265호

홈페이지 • http://www.hakjisa.co.kr
커뮤니티 • http://cafe.naver.com/hakjisa

ISBN  978-89-997-0034-7  93370

정가  18,000원